GRAMMAIRE FRANÇAISE

Mise à niveau

Sophie Piron

GRAMMAIRE FRANÇAISE

Mise à niveau

EXERCICES INTERACTIFS en ligne

de boeck duculot

Pour toute information sur notre fonds et les nouveautés dans votre domaine de spécialisation, consultez notre site web : **www.deboeck.com**

Couverture : PaperDuck.be
Maquette intérieure et mise en page : Nord Compo

1re édition

Imprimé en Belgique

Dépôt légal :
Bibliothèque nationale, Paris : novembre 2013
Bibliothèque royale de Belgique, Bruxelles : 2013/0035/009

ISBN 978-2-8011-1645-6

À ceux et celles qui m'ont formée
À ceux et celles que je forme à mon tour

Aux miens

Avant-propos

Cet ouvrage s'adresse aux étudiants qui veulent entrer ou qui entrent à l'université et qui éprouvent des difficultés en français écrit, le français étant leur langue maternelle ou une langue seconde, voire étrangère. L'ouvrage s'adresse de manière plus large à tous ceux qui désirent remédier à d'éventuelles lacunes, se remémorer les règles de la grammaire française et comprendre son fonctionnement.

L'ouvrage commence par les unités de grammaire les plus petites et suit un ordre croissant : les mots, les groupes de mots, la phrase de base, la phrase transformée, les suites de phrases. Cet ordre permet de comprendre comment on construit peu à peu des énoncés.

Les notions de grammaire sont abordées à partir du moment où le lecteur a tous les éléments pour les comprendre. Par exemple, l'accord du participe passé ne se trouve pas dans le chapitre sur le verbe, mais dans un chapitre qui prend place après avoir vu la phrase puisqu'il faut savoir l'analyser pour accorder correctement le participe passé. Le choix de l'auxiliaire est un autre exemple. Il est abordé à plusieurs endroits : les cas des verbes qui demandent toujours le même auxiliaire sont vus dans le chapitre du verbe ; les cas des verbes qui peuvent changer d'auxiliaire selon la construction dans le groupe verbal sont vus en même temps que le groupe verbal. Un tel cheminement convient à un apprentissage progressif et structuré. L'ouvrage peut cependant aussi être utilisé comme manuel de consultation grâce à l'index et à la table des matières.

Les chapitres présentent à quoi servent les notions vues, ils proposent de nombreux exemples, ils exposent les règles à appliquer, ils montrent le système de la langue et sont associés à des exercices en ligne.

L'ouvrage décrit ce qui fait partie de la langue française, en tenant compte de la variation. Par exemple, il existe plusieurs façons de poser une question en français (*où es-tu ? où est-ce que tu es ? tu es où ? où c'est que tu es ?*), elles font toutes partie du système de la langue et sont employées par des locuteurs, mais elles n'ont pas toutes leur place dans n'importe quelle situation de la vie. Seules certaines constructions font partie du français normé, la variété de français qui est utilisée dans le monde universitaire, dans l'enseignement de manière générale et au-delà, dans le monde du travail. La grammaire que nous proposons identifie quelles constructions, quelles formes font partie du français normé. L'objectif ultime est d'exposer les règles du français en montrant le système qui le sous-tend parce que nous pensons que la connaissance de la langue passe par la compréhension de son système.

L'ouvrage de grammaire que nous publions se divise en deux volumes. Le premier traite des concepts fondamentaux de la grammaire et contient du vocabulaire fréquent (les mots présentés font partie de ceux qu'utilisent fréquemment les adultes en situation de communication normée). L'ouvrage se centre sur ce qui est utile pour une mise à niveau en français normé. Par exemple, le féminin et le pluriel des noms et des adjectifs sont réduits aux règles principales et aux mots relativement fréquents. Un temps littéraire comme le passé simple ne sera pas vu dans ce premier volume. Les listes de mots proposées relèvent du vocabulaire fréquent et sont classées par fréquence plutôt que par ordre alphabétique. Le second volume développera certains concepts du premier volume (les règles y seront moins résumées), traitera de concepts avancés en grammaire et contiendra un vocabulaire plus recherché.

Remerciements

Le texte qui suit doit beaucoup aux étudiants. Vos questions et les échanges qui en ont découlé ont orienté bien des choix et modifié le contenu de cet ouvrage.

Nos remerciements s'adressent à Diane Demers, vice-rectrice aux études et à la vie étudiante, et à Josée Lafond, doyenne de la Faculté des sciences humaines, qui croient en l'importance du français à l'université, et en particulier dans notre institution, l'Université du Québec à Montréal. Leur soutien au cours des deux dernières années a été précieux et extrêmement encourageant.

Nos remerciements chaleureux vont également à nos relecteurs attentifs et perspicaces : Geneviève Domingue, Anne Dister, Chantal Contant, Wim Remysen et Jean-Michel Sivry.

Nos remerciements s'adressent aussi à l'équipe De Boeck, en particulier à Marie-Amélie Englebienne pour sa patience et ses conseils. Ce projet a vu le jour sous les auspices de Michel Francard, que nous tenons à remercier personnellement pour son intérêt envers ce projet, les discussions que nous avons eues, ses relectures et ses suggestions.

Finalement, nous tenons à dire un merci tout particulier à ceux qui nous sont proches, en Belgique ou au Québec, et qui ont soutenu le quotidien parfois difficile de la réflexion et de la rédaction.

Symboles et abréviations

◆	Mot fréquent
*	Agrammatical
Adj	Adjectif
Adv	Adverbe
AttrCD	Attribut du complément direct
AttrS	Attribut du sujet
Aux	Auxiliaire
CD	Complément direct
CI	Complément indirect
Coord	Coordonnant
CP	Complément de phrase
Dét	Déterminant
GAdj	Groupe adjectival
GAdv	Groupe adverbial
GN	Groupe nominal
GPrép	Groupe prépositionnel
GV	Groupe verbal
Ind.	Indicatif
N	Nom
(NN)	Non normé
P	Phrase
P1-P6	Les six personnes de la conjugaison
PP	Participe passé
Prép	Prépostion
Pro	Pronom
PSub	Phrase subordonnée
(RO)	Rectifications orthographiques de 1990
S	Sujet
Sub	Subordonnant
Subj.	Subjonctif
V	Verbe

Savoir ⊕

- **Classement par fréquence**
  Les listes de mots contenues dans cet ouvrage présentent des mots fréquents et sont classées par ordre de fréquence plutôt que par ordre alphabétique.
- **Non normé et variation**
  Beaucoup d'emplois non normés se retrouvent dans l'ensemble de la francophonie (*si j'aurais su…*), mais il existe des emplois non normés qui sont restreints à des zones plus ou moins étendues (*il y a seulement que 2 personnes* s'entend par exemple au Québec). Ce dernier type d'emploi étant totalement inconnu dans certaines régions, il pourra y être jugé comme non grammatical. Puisque cet ouvrage s'ouvre à la variation, il adopte, dans de tels cas, le classement *non normé*.

Terminologie

Les termes utilisés en grammaire évoluent avec le temps. Voici un tableau comparatif des principaux termes de la grammaire traditionnelle et de ceux qui seront utilisés ici : l'ouvrage s'inscrit dans le courant de la grammaire moderne, tout en introduisant quelques propositions (notées ✪ ci-dessous).

Exemple	Grammaire traditionnelle	Grammaire moderne
Nom, adjectif, verbe, etc.	Nature d'un mot	Classe d'un mot
Le livre, un livre	Article	Déterminant
Votre livre, ce livre	Adjectif déterminatif	Déterminant
Un nouveau livre	Adjectif qualificatif	Adjectif
Quand ? pourquoi ? où ? etc.	Adverbe interrogatif	Pronom interrogatif ✪
Ici, maintenant, etc.	Adverbe	Pronom démonstratif ✪
Que, lorsque, etc.	Conjonction de subordination	Subordonnant
Qui, que, quoi, dont, où	Pronom relatif	Subordonnant relatif ✪
Et, ou, etc.	Conjonction de coordination	Coordonnant
Les infractions commises	Participe passé employé seul	Adjectif
Elle a acheté un livre.	Complément d'objet direct	Complément direct
Le gel a nui à la récolte.	Complément d'objet indirect	Complément indirect

Exemple	Grammaire traditionnelle	Grammaire moderne
Elle est allée <u>à la plage</u>.	Complément circonstanciel	Complément indirect
Elle est allée là-bas <u>l'été dernier</u>.	Complément circonstanciel	Complément de phrase
Le colis pèse <u>deux kilos</u>.	Complément circonstanciel	Complément direct
Ton parfum sent <u>bon</u>.	Complément circonstanciel	Modifieur du verbe
Un <u>nouveau</u> livre	Épithète	Complément du nom
Jean-Michel, <u>mon voisin</u>,	Apposition	Complément du nom
Un livre <u>de grammaire</u>	Complément déterminatif	Complément du nom
<u>Il</u> faut du temps.	Sujet apparent	Sujet
Il faut <u>du temps</u>.	Sujet réel	Complément direct d'un verbe impersonnel ✪
Il croit <u>que tout va bien</u>.	Proposition subordonnée	Phrase subordonnée
Être, sembler, devenir, etc.	Verbes copules, d'état, de changement d'état	Verbes attributifs

Chapitre I

Notions préliminaires

1 Français normé et non normé

1.1. Le français normé et non normé

Une langue est un système. Quand on l'utilise, on produit des sons, des séquences, des phrases qui sont conformes au système de la langue. Par contre, tout ce qu'on dit ou écrit (c'est-à-dire tout ce qui est conforme au système de la langue) n'est pas valorisé de la même façon. Le français qui n'est pas valorisé est appelé *français non normé* ; le français qui est valorisé est appelé *français normé*.

Domaines d'une langue	En dehors du système du français « Ce n'est pas du français »	À l'intérieur du système du français « C'est du français »	
		Français non normé français critiqué, les « fautes », « c'est du mauvais français »	**Français normé** français bien considéré, le « bon usage », « c'est du bon français »
Sons	*le son du* th *anglais*	*père,* *prononcé « pèyre »* *village,* *prononcé « villach »*	*père* *village*
Formes des mots	**une cherchrice* **des chevaw*	*une chercheure* *des chevals*	*une chercheuse* *des chevaux*
Choix de mots	**boursiquel*	*boulot, taf* *bouffe*	*travail* *nourriture*
Constructions de groupes et de phrases	**bien je chaussures dedans suis* **amie mon fête*	*les chaussures que je suis bien dedans* *la fête à mon amie*	*les chaussures dans lesquelles je suis bien* *la fête de mon amie*
		↓ le français non normé est surtout présent à **l'oral**, mais on peut aussi le trouver plus ou moins transposé à **l'écrit** (correspondance, pièces de théâtre, etc.)	↓ le français normé est présent à **l'écrit**, mais aussi à **l'oral** (discours, cours, réunions, etc.)

Cet ouvrage décrit essentiellement les formes écrites et les constructions du français normé. Il tente aussi de montrer les structures fréquentes du français non normé et leurs équivalences en français normé.

1.2. Les variétés du français normé et non normé

Comme n'importe quelle langue, le français est soumis à des facteurs de variation. Le résultat est un ensemble de variétés ou d'usages du français. Il faut savoir que l'on n'est pas toujours devant des situations tranchées, mais plutôt devant un continuum d'usages sur lequel se détachent deux grandes zones : le français normé et le français non normé.

Facteurs de variation	Variétés du français non normé	Variétés du français normé
L'espace Le territoire plus ou moins étendu où on parle la langue (France, Suisse romande, Belgique francophone, Québec… ; Paris, Marseille, Berne, Sion, Bruxelles, Liège, Montréal…)	Usages géographiques étendus non normés	Usages géographiques étendus normés
	Usages géographiques restreints non normés	Usages géographiques restreints normés
Exemple	*Du brol*	*Septante*
Le temps Le degré de vitalité d'un mot, d'une prononication, etc. en fonction de l'époque où on parle la langue	Usage vieux (n'est plus compris)	Usage moderne (remplace un usage ancien)
	Usage vieilli non normé (est encore compris)	Usage vieilli normé (est encore compris)
	Néologisme non normé	Néologisme normé
Exemple	*Le chien à ma voisine*	*Le chien de ma voisine*
La société L'âge des locuteurs	Usage des jeunes	Usage des plus âgés
L'habitat des locuteurs	Usage plutôt rural	Usage plutôt urbain
Le niveau d'études, l'origine socioculturelle, le milieu professionnel des locuteurs	Usage populaire	Usage neutre Usage cultivé
Exemple	*C'est trop bon.*	*C'est très bon.*
La situation La situation de communication et la relation qui unit les interlocuteurs	Usage vulgaire Usage familier	Usage courant Usage soutenu
Le milieu ou le domaine technique, scientifique, etc.	Usage argotique	Usage spécialisé (droit, informatique, botanique…)
Le style du discours, du texte des interlocuteurs	Usage vulgaire	Usage péjoratif, ironique, littéraire, poétique
Le canal de communication utilisé	Usage oral, écrit non normé	Usage écrit, oral normé
Exemple	*Boulot*	*Travail*

1.3. Où trouver les informations sur les variétés ?

• La prononciation normée des mots :	dans un dictionnaire
• La forme normée des mots (féminin, pluriel, conjugaison) :	dans un dictionnaire, dans une grammaire
• Le sens (normé ou non) des mots :	dans un dictionnaire
• La construction (normée ou non) des groupes et des phrases :	dans une grammaire, mais aussi dans un dictionnaire

Un dictionnaire présente les mots d'une langue tandis qu'une grammaire expose les règles qui s'appliquent aux mots. Les variétés normées occupent la place la plus importante dans ces deux types d'ouvrages de référence, mais les variétés non normées s'y trouvent aussi puisqu'elles font partie du système de la langue. Cependant, chaque dictionnaire, chaque grammaire fait des choix sur l'importance accordée aux usages non normés et sur la façon de les présenter.

a) Les sections d'un article de dictionnaire

Voici à quoi ressemble un article dans un dictionnaire électronique. Il s'agit du *Dictionnaire de français Larousse* accessible gratuitement en ligne (www.larousse.fr).

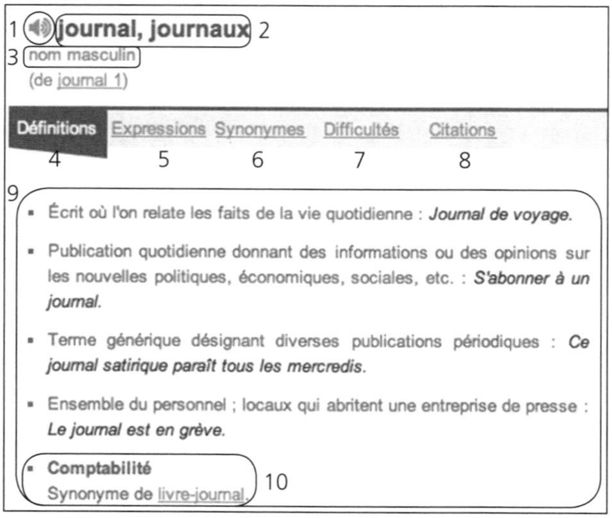

1. Icône cliquable pour obtenir la prononciation normée du mot.
2. Mot vedette (*journal*), avec les formes qu'il peut prendre (*journaux* au pluriel).
3. La classe de mots à laquelle il appartient (*nom*) et des précisions supplémentaires (*masculin*).

4. Onglet des définitions, activé.
5. Lien vers la page des expressions liées au mot *journal* (*journal intime ; journal parlé, télévisé ; papier journal*, etc.).
6. Lien vers la page des synonymes du mot *journal* (*bulletin, gazette, magazine*, etc.).
7. Lien vers la page des difficultés liées au mot *journal* (*lire dans* ou *sur le journal*).
8. Lien vers la page des citations contenant le mot *journal* (citations de Victor Hugo, de Flaubert, etc.).
9. Les sens que peut prendre le mot (*Écrit où l'on relate les faits de la vie quotidienne*, etc.), avec des exemples d'emploi (*journal de voyage*, etc.).
10. Le sens du mot dans un domaine spécialisé, celui de la comptabilité.

b) Les marques d'usage dans les dictionnaires

Un dictionnaire donne des informations sur la variation géographique, temporelle, sociale et situationnelle. Pour cela, il utilise ce que l'on appelle *des marques d'usage*. Elles sont présentées sous forme d'abréviations dans les articles du dictionnaire. S'il n'y a aucune marque devant un mot ou un de ses sens, cela signifie que la marque est neutre et qu'il s'agit d'un usage normé.

Usages non normés		Usages normés	
vx	(vieux)	vieilli	
pop.	(populaire)	mod.	(moderne)
vx ou pop.	(vieux ou populaire)	littér.	(littéraire)
fam.	(familier)	littér. et vieilli	(littéraire et vieilli)
très fam.	(très familier)	cour.	(courant)
fam. et vieilli	(familier et vieilli)	*aucune marque*	(neutre)
vulg.	(vulgaire)		
arg.	(argot)		

A. Exemple 1. Une seule marque pour tous les sens du mot

Si l'on regarde la définition du verbe « choper » dans le *Dictionnaire français Larousse*, on constate que tous les sens sont considérés comme familiers parce que la marque d'usage « familier » est inscrite au-dessus des trois sens.

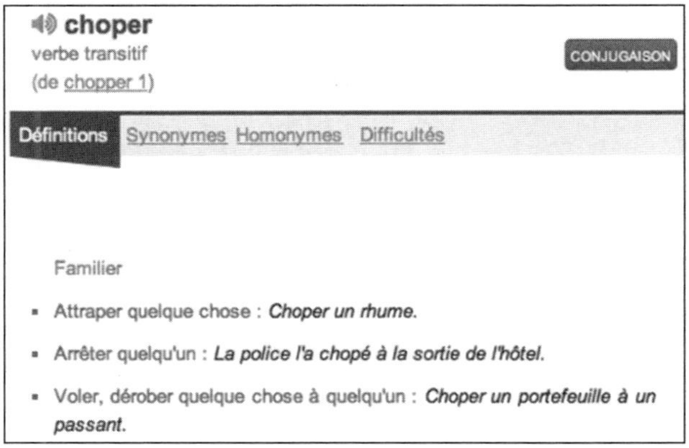
choper
verbe transitif
(de chopper 1)

CONJUGAISON

Définitions Synonymes Homonymes Difficultés

Familier

- Attraper quelque chose : ***Choper un rhume.***
- Arrêter quelqu'un : ***La police l'a chopé à la sortie de l'hôtel.***
- Voler, dérober quelque chose à quelqu'un : ***Choper un portefeuille à un passant.***

B. Exemple 2. Des marques semblables

Les sens d'un mot peuvent présenter des marques semblables, c'est-à-dire qu'elles relèvent toutes soit du français normé soit du français non normé.
Dans le cas du verbe *biaiser*, tous les sens relèvent de la variété normée. Cependant, comme le montre la définition du *Petit Robert*, le sens 1 est considéré comme vieilli ou littéraire ; le sens 2 est neutre, c'est un emploi figuré ; enfin, le sens 3 appartient au domaine spécialisé de la statistique.

> **ARTICLE** CONJUGAISON CITATIONS EXEMPLES VOIR AUSSI
>
> Imprimer A⁻ A⁺
>
> **biaiser** [bjeze] **verbe** (conjugaison **1**)
>
> **ÉTYM.** 1402 ◇ de *biais*
>
> ❖
>
> 1. **V. intr.** VIEILLI ou LITTÉR. Aller ou être en biais, de travers. → **obliquer.** *« Ayant aperçu le matelot étendu à terre, elle biaisa vers le navire »* (Loti).
>
> 2. FIG. Employer des moyens détournés, artificieux. → **louvoyer, tergiverser.** *Avec lui, inutile de biaiser. « Ils biaisent sur beaucoup d'articles, ils mentent sur d'autres »* (Bossuet). *« Je ne parviens à rien qu'en biaisant et rusant avec moi-même »* (Gide).
>
> 3. **V. tr.** STATIST. Introduire un biais dans (un échantillon).
> ◦ **P. p. adj.** *Estimateur biaisé,* avec biais*.

Dans le cas d'un verbe comme *dégoter*, tous les sens relèvent de la variété non normée, mais présentent des marques diverses (familier et populaire).

C. Exemple 3. Des marques différentes

Un mot peut avoir un sens non normé et un autre normé. C'est le cas du verbe *beurrer*, dont le sens 1 et sa nuance dans l'usage québécois (UQ) relèvent de la variété normée, alors que tous les emplois du sens 2, spécifiques au français du Québec, relèvent de la variété non normée (usage québécois familier). Voici l'article du verbe *beurrer* dans le dictionnaire *Usito*.

beurrer [bœʀe] v.

VOIR conjug. *aimer* [1].

I V. tr. dir. **Recouvrir de beurre; enduire de beurre.**
Beurrer une tranche de pain.
Beurrer un moule.
Un muffin beurré.
« Sur une plaque beurrée, dresser de petites boules en les espaçant suffisamment » (*La Presse*, 1991).

◈ UQ PAR EXT. **Recouvrir d'une substance alimentaire qui s'étale facilement.**
⇒ TARTINER.
Beurrer une rôtie avec du beurre d'arachides, de la confiture, du fromage à la crème.
« deux grosses tranches de pain beurrées de graisse de rôti » (A. Cousture, 1985).

II UQ FAM. V. tr. dir. **Couvrir d'une substance non alimentaire, enduire; salir.**
Beurrer le plancher.
« Non content de beurrer les portes, il avait débordé sur les murs. Ses derniers dessins étaient splendides » (Fr. Noël, 1983).
– (EXPRESSION) *En beurrer épais* ou (EMPLOI INTR.) *beurrer épais* : exagérer, en faire trop.
⇒ SURENCHÉRIR.
Devant les médias, il a l'habitude d'en beurrer épais.
Il « ne peut réfréner son envie de beurrer épais, plutôt que de laisser respirer les notes » (*Le Soleil*, 2010).

◈ V. pron. SE BEURRER. **Se salir; s'enduire.**
Se beurrer de crème solaire.
« je finis toujours par me beurrer les mains de gomme de sapin » (*Le Quotidien*, 2003).

1.4. Quelle variété de français choisir ?

Il faut choisir la bonne variété notamment en fonction de son interlocuteur, de la situation de communication, du moyen de communication et du message.

	Français normé	Français non normé
Conditions d'emploi	• Lorsque les interlocuteurs se connaissent peu ; • Lorsqu'il existe une relation hiérarchisée entre les personnes en présence ; • Dans des situations régies par certaines conventions : un cours, une rencontre professionnelle, une entrevue, etc.	• Lorsque les interlocuteurs se connaissent très bien ; • Lorsque la situation de communication est plus relâchée, sans relation hiérarchisée entre les interlocuteurs ; • Lorsque les interlocuteurs présentent les mêmes caractéristiques (sociales, démographiques, etc.) appartenant à la variété non normée.
Un choix approprié	Par exemple, l'usage littéraire ou poétique est approprié dans une discussion mondaine.	Par exemple, l'usage vulgaire est approprié au cours d'une dispute, l'usage du langage des jeunes entre jeunes.
Un choix inapproprié	Par exemple, l'usage littéraire ou poétique est inapproprié dans une situation qui requiert un usage courant ou soutenu, comme un message à son enseignant.	Par exemple, l'usage familier est inapproprié dans une situation qui requiert un usage courant ou soutenu, comme un message à son enseignant.

Les sons et les lettres

2

2.1. Les sons

Le français possède 37 sons distinctifs. Voici leur transcription en Alphabet phonétique international (API).

Sons voyelles (16)	Sons semi-voyelles (3)	Sons consonnes (18)
[a] *patte*	[j] *travail*	[p] *pain*
[ɑ] *pâte*	[w] *wok*	[b] *bain*
[e] *café, aimerai*	[ɥ] *lui*	[t] *tu*
[ɛ] *près, aimerais*		[d] *du*
[ə] *calmement*		[k] *quand*
[i] *lit*		[g] *gant*
[o] *propos*		[f] *fou*
[ɔ] *propos*		[v] *vous*
[u] *bijou*		[s] *sel*
[y] *tuba*		[z] *zèle*
[ø] *feu*		[ʃ] *choix*
[œ] *fleur*		[ʒ] *joie*
[ɑ̃] *amusant*		[ʀ] *rame*
[ɛ̃] *bottin*		[l] *lame*
[ɔ̃] *son*		[m] *moi*
[œ̃] *chacun*		[n] *noix*
		[ɲ] *campagne*
		[ŋ] *camping*

2.2. Les lettres

Le français utilise l'alphabet latin, qui est composé de 26 lettres. Comme il y a plus de sons que de lettres, le français utilise des signes auxiliaires (accents, cédille et tréma) et des combinaisons de lettres (*ch, gn,* etc.). Cependant, un même son peut être écrit de façons différentes (par exemple, *f, ff, ph*), ce qui constitue une difficulté.

	Caractéristiques	Lettres
Lettres	Lettres voyelles (6)	*a, e, i, y, o, u*
	Lettres consonnes (20)	*b, c, d, f, g, h, j, k, l, m, n, p, q, r, s, t, v, w, x, z*
Lettres avec un signe auxiliaire	Accent aigu (*e*)	*é*
	Accent grave (*e, a, u*)	*è, à, ù*
	Accent circonflexe (*e, a, u, o, i*)	*ê, â, û, ô, î*
	Tréma (*e, u, i*)	*ë, ü, ï*
	Cédille (*c*)	*ç*
Combinaison de lettres	Deux lettres = 1 son	*ai (aî), am, an, au, bb, cc, ce, ch, ck, dd, em, en, er, eu (eû), ff, ge, gg, gh, gn, gu, il, im, in, ll, mm, ng, nn, œ, om, on, ou (où, oû), ph, pp, qu, rr, sc, sh, ss, th, tt, ue, um, un, ym, yn, zz*
	Trois lettres = 1 son	*aim, ain, aon, chs, cqu, ean, eau, ein, eun, ill, ign, œu, sch*
	Quatre lettres = 1 son	*illi*

2.3. Les correspondances entre les sons et les lettres

a) Les voyelles

Son	Lettre(s)	Exemples
[a]	• a • à • e	*patte, achat, ça, tache* *là, celui-là, çà et là* *fréquemment, évidemment*
[ɑ]	• a • â	*passé, passe* *enchâsser, pâte, gâter, âge, tâche* Ce son n'est pas prononcé dans toute la francophonie. Il est souvent remplacé par un **[a]**, qui peut être allongé.

Son	Lettre(s)	Exemples
[e]	• e • é • ai • er • œ	prononciation possible dans *effacer, effet* *réviser* *j'écrirai* (de plus en plus souvent prononcé [ɛ] en France) *aller, danger, droitier* *œsophage, œnologie*
[ɛ]	• e • è • ê • ai • aî • ei • a • ë	*effacer, effet, des, essayer, extrême, expliquer, sec, spécimen* *près, progrès, dès* *arrêt, bête, chêne, forêt* *j'écrirais, français, lait, affaire, j'essaie, délai, plaie* *aîné* (RO) *ainé, connaître* (RO) *connaitre, maître* (RO) *maitre* *baleine, peigne, reine* *essayer, payer* *Noël, Joëlle*
[ə]	• e • on • ai	*demain, le, je, médecin, je ferai* *monsieur* *tu faisais*
[i]	• i • î • y • ï	*partir* *abîmer* (RO) *abimer, île* (RO) *ile* *analyse, anonyme, hypothèse, lycée, système* *haïr, ambiguïté* (RO) *ambigüité, naïveté*
[o]	• o • ô • au • eau	*mot, pot* (mais ils sont aussi prononcés [ɔ]), *radio, vidéo* *entrepôt, impôt* *auquel, audiovisuel, faux* *beauté, bateau, peau*
[ɔ]	• o • u • au	*botte, fort, potage* *curriculum, album, maximum* *Paul, Laure*
[u]	• ou • où • oû	*coup, amour* *où* *croûte* (RO) *croute, août* (RO) *aout, goût* (RO) *gout*
[y]	• u • û • ü	*adulte, but* *flûte* (RO) *flute, piqûre* (RO) *piqure, sûr* *gageure* (RO) *gageüre*
[ø]	• eu • eû • œu	*peu, peureux, jeudi* *jeûner* (RO) *jeuner* *œufs, bœufs, nœud*
[œ]	• eu • œu • œ • ue	*électeur, bonheur, seuil* *cœur, sœur, œuf, bœuf* *œil* *accueil, recueil*
[ɑ̃]	• an • am • en • em • aon	*plan, courant, confiance, blanc* *chambre, campagne, champ, camp* *moment, gouvernement, gens, apparent, concurrence, confidentiel* *ensemble, emploi, temps, membre* *faon, paon*

Son	Lettre(s)	Exemples
[ɛ̃]	• in • im • yn • ym • ain • aim • ein • en	*chemin, médecin, intéressant, mince, sincère* *improbable, impressionnant, impôt, impression* *syndicat, synchroniser, synthèse* *olympique, symbole, lymphome, tympan* *train, main, soudain, vain, sain, urbain* *faim, daim* *enceinte, ceinture, peindre, empreinte, éteindre* *bien, chien, rien, tien*
[ɔ̃]	• on • om	*son, raison, monde, conforme, contradictoire* *complet, nombreux, compétitif, bombe, compétence*
[œ̃]	• un • um • eun	*aucun, brun, lundi, opportun, quelqu'un, mesclun, un* *humble, parfum* *à jeun*

b) Les consonnes

Son	Lettre(s)	Exemples
[p]	• p • pp	*part, groupe, stop* *appel, rapport*
[b]	• b • bb	*besoin, ensemble* *abbé, lobby, rabbin, sabbat, scrabble*
[t]	• t • tt • th	*travail, côté* *attentif, nette* *rythme, théâtre, thème, théorie*
[d]	• d • dd	*adresse, direction, idée* *addition, addictif*
[k]	• k • c • cc • qu • q • cqu • ch • ck	*kilo, kilomètre, karaoké* *casser, cumul, alcool* *occasion, occupation* *question, lorsque, équilibre* *cinq, coq* *acquérir, acquitter, becquée, grecque, socquette* *archaïque, chronique, orchestre, psychologie, technologie* *bifteck, kopeck, nickel*
[g]	• g • gg • gu • gh • c	*regarder, grève, régulier, langage, iceberg* *agglomération, aggraver* *guerre, langue, collègue, guider* *spaghetti, ghetto* *second, eczéma* (RO) *exéma*
[f]	• f • ff • ph	*folie, fait, fois, successif* *différent, efficace, suffisant, affaire, effet, effort, effacer, difficulté* *téléphone, phase, phénomène, démographique, catastrophe*
[v]	• v • w	*vie, pouvoir* *wagon* (prononcé [w] en Belgique)

Son	Lettre(s)	Exemples
[s]	• s • ss • sc • c • ç • ce • t • x	*salon, soupe, restaurant* *essuyer, passer, assurance* *discipline, science, adolescence, descendre, conscient, susceptible* *merci, balance, cycle* *ça, garçon, reçu* *douceâtre* (RO) *douçâtre* *action, condition, accusation* *six, dix, soixante, Bruxelles*
[z]	• z • zz • s • x	*zéro, bizarre* *blizzard, jacuzzi, jazz, razzia, puzzle* *cousin, synthèse* *deuxième, sixième, dixième*
[ʃ]	• ch • sh • sc • sch • chs	*chose, recherche* *short, crash, shampooing* (RO) *shampoing* *fasciste* *schéma, schisme, schiste, haschich* (RO) *hachich* *fuchsia*
[ʒ]	• g • ge • j	*gestion, urgence, mariage* *exigeant, encourageant, négligeable, plongeon, dirigeant* *majoritaire, objectif, journaliste, jeunesse*
[R]	• r • rr • rh	*raison, savoir* *terrible, correct* *rhétorique, rhume, rhum*
[l]	• l • ll	*lieu, place* *ville, village*
[m]	• m • mm	*monde, gouvernement* *couramment, évidemment, fréquemment, homme, suffisamment*
[n]	• n • nn	*nom, semaine* *annuel, bonne*
[ɲ]	• gn	*gnocchi, enseignement, campagne*
[ŋ]	• ng	*bing, baby-sitting* (RO) *babysitting, camping*

c) Les semi-voyelles

Son	Lettre(s)	Exemples
[j]	• y • ill • il • ll • i • ï • illi	*payer, employer, moyen, voyage, yaourt* *taille, travailler, vieille, merveilleux* *travail, chandail* *famille, gentille, griller* *dossier, papier, métier, quartier, rien* *faïence, aïeul, aïeux* *groseillier, joaillier* (RO) *joailler, médaillier* (RO) *médailler*

Son	Lettre(s)	Exemples
[w]	• ou • w • u	*oui, baragouiner* *wallon, wasabi, web* (*wagon*, en Belgique) *adéquat, aquarium*
[ɥ]	• u	*cuire, luire, lui, linguistique, pluie*

d) Quelques combinaisons de sons

Sons	Lettre(s)	Exemples
[wa]	• oi • o	*fois, savoir, droit, choix, moitié, emploi, voie, roi* *moyen, voyage, employé, foyer, loyal*
[wɛ̃]	• oin • ouin	*point, besoin, témoin, soin, coin, moindre* *babouin, maringouin, marsouin, pingouin, sagouin, tintouin*
[ks]	• x • cc • xc • ct	*excuser, expliquer, extraordinaire, exclu, oxygène, réflexion* *accent, accepter, accès, accessible, accident, succès* *excellent, exception* *affection, action*
[gz]	• x	*exemple, exact, exister, exigeant, examen, exercice*
[sjɔ̃]	• tion	*situation, condition, information*
	• ssion	*commission, impression, discussion, expression*

2.4. Quelques régularités

a) Quand faut-il écrire *c* avec une cédille ?

- **c** + *a, o, u*
  - *ca, co, cu* → son [k]
    avocat, blocage, cabine, localiser
    coffre, cogner, collaborer, économie
    culture, obscur, occuper
  - *ça, ço, çu* → son [s]
    ça, façade, remplaçant
    leçon, poinçon, rançon, soupçon, tronçon
    aperçu, déçu, gerçure, reçu, perçu
- **c** + *e, i, y*
  - *ce, ci, cy* → son [s]
    agence, absence, assistance
    acide, anglicisme, anticiper, merci
    cycle, recycler
  - *que, qui* → son [k]
    attaquer, embarquement, remarque
    banquise, équipe, quitter

b) Quand faut-il écrire *ge* au lieu de *g* ?

g	+ *a, o, u*	*ga, go, gu*	→ son [g] *arrogance, bagage, langage, regarder* *agora, catégorie, gonfler* *figure, envergure, inaugurer, régulier*
		gea, geo, geu	→ son [ʒ] *décourageant, dirigeant, envisageable* *bougeoir, bourgeois, flageolet, nageoire* *gageure* (RO) *gageüre*
	+ *e, i, y*	*ge, gi, gy*	→ son [ʒ] *âge, avantage, gêne, gendre* *agilité, biologie, givre* *gymnastique, gynécologue*
		gue, gui, guy	→ son [g] *bague, guerre, langue, conjuguer* *aiguiser, guichet, guitare, sanguin* *Guy*

c) Quand faut-il écrire *m* au lieu de *n* ?

an, en, in, yn, un, on prononcés [ɑ̃], [ɛ̃], [œ̃] ou [ɔ̃]	+ *p, b*	*n* → *m*	*am*	*chambre, campagne, champ, camp*
			em	*ensemble, emploi, temps, membre*
			im	*improbable, impôt, impression, timbre*
			ym	*olympique, symbole, tympan*
			um	*humble, humblement*
			om	*complet, nombreux, compétence*
	+ autre lettre que *p* ou *b*	*n*	*an*	*abandon, aimant, fanfare, sandale*
			en	*agent, aliment, apprendre, attendre*
			in	*intelligent, interdit, dinde, indécis*
			yn	*syndicat, synchroniser, synthèse*
			un	*emprunt, lundi, untel*
			on	*conforme, contradictoire, monde*

d) Quand faut-il mettre un *tréma* ?

ai, oi, oe, ue, au, ui, etc.	Prononciation : un son avec ou sans semi-voyelle	pas de tréma	*lait, fois, œil, décrue, applaudir, pluie*
	Prononciation : deux sons voyelles prononcés séparément	*tréma sur la 2ᵉ voyelle : ï, ë, ü*	*haïr* *égoïsme, héroïne* *Noël, canoë* *aiguë, ambiguë, ambiguïté*
		tréma sur la 1ʳᵉ voyelle : (RO) *ü*	(RO) *aigüe,* (RO) *ambigüe,* (RO) *ambigüité*
		*_h_*	*ahuri, trahir, cahier* *appréhender, compréhension, dehors* *bohème, cohérent, souhait*

e) Quand faut-il mettre un accent circonflexe ?

Lettres	Caractéristiques	Exemples
â ê ô	Son long en principe, mais pas chez tous les locuteurs (aussi son fermé ou d'arrière)	*bâche, bâiller, pâte, tâche* *être, fenêtre, rêve, arrêt, forêt* *côte, pôle, nôtre*
â ê î ô û	Marque une lettre disparue associée ou non à une caractéristique de prononciation	*âge* *être, fenêtre, rêve, arrêt, forêt* *île* (RO) ile *hôtel* *dû, goût* (RO) *gout*
î û oû	Selon les rectifications orthographiques, il n'y a plus d'accent circonflexe sur le *i* et le *u*	*île* (RO) *ile* *piqûre* (RO) *piqure* *goût* (RO) *gout* Exceptions : les homophones *mûr, sûr, dû, jeûne, croîs, croît* et *crû.*
+ *s*	Pas d'accent circonflexe devant *s*	*accès, cesser*
â, î, ô, û	Distinction d'homophones ou de mots aux prononciations très proches	*tache – tâche* *cote – côte* *sur – sûr*

f) Quand faut-il écrire *e* avec un accent aigu ?

Son	Lettre	Caractéristiques	Exemples
[e]	*é*	à la fin d'un mot, sans lettre muette	*abrégé, acné, blé, clé, été, mangé, pré*
		en syllabe graphique ouverte à l'intérieur d'un mot	*abrégé, déblayer, médecin*

Savoir +

Une syllabe graphique ouverte contient une consonne ou plus et une voyelle, voire une seule voyelle. C'est donc une suite < consonne (consonne) – voyelle > ou < voyelle >.
Dé – bla – yer ; mé – de – cin ; a – bré – gé

g) Quand faut-il mettre un accent grave ?

Lettre		Caractéristiques	Exemples
a	*a – à*	distinction d'homophones	*a* (verbe *avoir*) – *à* (préposition) ; *ça* (chose) – *çà* (lieu) ; *la* (chose, personne) – *là* (lieu)
	à	composés sur le mot de lieu *là* ou sur l'ancien mot de temps *jà*	*en deçà, au-delà, holà, voilà, celui-là* *déjà* exception : *cela*

Lettre		Caractéristiques	Exemples
e son [ɛ]	e – è	distinction d'homophones	*des* (déterminant) – *dès* (préposition)
	è	devant un *s* final (prononcé ou non)	*abcès, aloès, après, congrès, exprès, près, procès, succès, très*
		en syllabe graphique ouverte à l'intérieur d'un mot	*achète, analphabète, chèvre, mère*
	é (RO) è	en syllabe graphique ouverte et un *e* dans la syllabe suivante	*crémerie, réglement, événement* (RO) *crèmerie, règlement, évènement*
u	ù	un seul cas en français	*ou* (coordonnant) – *où* (lieu, temps)

Savoir +

Une syllabe graphique ouverte est une suite < consonne (consonne) – voyelle > ou < voyelle >.
A – chè – te ; a – nal – pha – bè – te ; chè – vre ; mè – re ; cré – me – rie ; ré – gle – ment.

h) Quand ne met-on pas d'accent sur le *e* ?

Lettre		Caractéristiques	Exemples
[e]	e	à la fin d'un mot, avec une lettre muette (*d, f, r, z*)	*pied, clef, manger, mangez, nez*
[ɛ]	e	en syllabe graphique fermée, cas de consonnes doubles	*actuel, prestigieux, tel, personne* *allumette, appelle, dilemme, jette, terre*
		déterminants d'une seule syllabe	*les, ces, des, mes, ses, tes*

Savoir +

Une syllabe graphique fermée est une suite < consonne (consonne) – voyelle – consonne >.
Clef ; man – ger ; ac – tu – el ; per – son – ne ; al – lu – met – te ; jet – te.

i) Quelle est la différence entre un *h* muet et un *h* aspiré ?

Lettre		Caractéristiques	Exemples
h en début de mot	*h* aspiré	Un *h* aspiré correspond à un son qui a été prononcé il y a longtemps et qui l'est encore dans certaines régions de la francophonie. Le *h* aspiré compte pour une consonne. Les dictionnaires indiquent le *h* aspiré dans la transcription phonétique des mots.	*le handicap* *le héros* *la hauteur*
	h muet	Un *h* muet est une lettre qui n'a aucune correspondance dans la prononciation. Le *h* muet compte pour une lettre invisible et est toujours suivi d'une voyelle.	*l'habitant* *l'hiver* *l'herbe*

VOIR liste de mots avec un *h* aspiré et muet dans le GN

2.5. Ce qui s'écrit mais ne s'entend pas

Les lettres muettes, l'apostrophe, l'espace et le trait d'union sont des éléments orthographiques qui ne s'entendent pas.

a) Les lettres muettes

Les mots peuvent présenter à l'écrit une ou plusieurs lettres qui ne se prononcent pas.

Types de lettres muettes	Exemples
Lettres étymologiques (marques de l'origine latine, grecque, etc.)	*compter, doigt, homme, pot, temps*
Lettres historiques (marques de l'histoire du mot)	*huile, huit* (ancienne distinction *u-v*) *homme, bonne* (ancienne prononciation)
Certains finales porteuses de traits (pluriel, personne, etc.)	*chaussures, mangeais, tu as, ils trouvent*

b) L'apostrophe

L'apostrophe est le signe du remplacement des lettres finales *a, e* et *i*. Ce remplacement s'appelle une élision. L'apostrophe ne peut être utilisée qu'avec une courte liste de mots et sous certaines conditions.

Liste de mots pouvant se terminer par une apostrophe	Lettre finale qui est remplacée par une apostrophe	Condition
je, ce *me, te, se, le* *de, ne* *que* (*dès que, bien que*, etc.), *lorsque, puisque, quoique*	Remplacement du e	+ un mot qui commence par une voyelle ou un *h* muet
la	Remplacement du *a*	
si	Remplacement du i	+ *il, ils*

L'apostrophe peut aussi faire partie de groupes de mots qui ont subi une élision et qui se sont ensuite figés.

aujourd'hui
quelqu'un
d'abord
d'ailleurs
presqu'île (RO) *presqu'ile*
à l'aide de
à l'occasion de
à l'égard de
jusqu'à
etc.

c) L'espace et le trait d'union

Certains mots contiennent plusieurs mots (par exemple, *pomme de terre*). Ce sont des mots composés parce qu'ils forment un ensemble inséparable qui possède un sens. À l'écrit, les mots composés s'écrivent soit avec des espaces soit avec des traits d'union. Il faut consulter un dictionnaire pour vérifier l'orthographe admise.

Sans trait d'union (avec espaces)	Avec trait d'union (sans espaces)
trait d'union *machine à laver* *cuillère à café* *pomme de terre* etc.	*après-midi* *là-haut* *c'est-à-dire* *peut-être* etc.

3 L'orthographe

3.1. Définition

L'orthographe est la façon d'écrire les mots selon ce qui est consigné dans les dictionnaires et les grammaires. L'orthographe se divise en deux domaines : l'orthographe lexicale (c'est-à-dire l'orthographe des mots du vocabulaire) et l'orthographe grammaticale (c'est-à-dire l'orthographe des accords).

Orthographe

Orthographe lexicale
(orthographe d'usage)

C'est la ou les façons d'écrire un mot
- selon sa prononciation,
- selon toutes ses formes (masculin, féminin, temps, mode, personne)
- selon le sens qu'il possède.

souci, soucis
manger, mangez, mangé, mangés
social, sociale, sociales
sociaux
ver, vers, vert, verre

→ Voir les chapitres sur les classes de mots

Orthographe grammaticale
(orthographe de règles, accords)

C'est la mise en place d'un accord (en personne, en genre ou en nombre). L'orthographe grammaticale joue en contexte (groupe, phrase) et fait appel à l'orthographe lexicale.

une aide sociale
des services sociaux
ils parlent
cette définition est différente

→ Voir le chapitre sur les accords

Où trouver des informations sur l'orthographe ?

- **Les dictionnaires** présentent systématiquement la façon d'écrire les mots de la langue et les différentes formes qu'ils peuvent prendre (pluriel, féminin et conjugaison). C'est l'orthographe lexicale.
- **Les grammaires** présentent les règles de formation des mots variables (c'est en partie du vocabulaire, en partie de l'orthographe lexicale), ainsi que les règles d'accord du verbe, du participe passé, etc. (c'est de l'orthographe grammaticale).

3.2. Orthographe fixe ou variable

Certains mots ont **une orthographe fixe**, c'est-à-dire qu'ils s'écrivent d'une seule façon en tout temps.

- Des mots qui ne portent jamais de traits (singulier, pluriel, masculin, féminin, temps, mode ou personne) : *dans, de, abondamment, déjà, lorsque,* etc. Ils sont invariables.
- Des mots qui portent toujours des traits (singulier, pluriel, masculin ou féminin), mais qui s'écrivent de la même manière quels que soient les traits portés : *nez, corps, temps,* etc. La tradition grammaticale les appelle aussi *invariables*.

D'autres mots ont **une orthographe variable**, c'est-à-dire qu'ils peuvent s'écrire de différentes façons.

- Certains mots possèdent plusieurs formes (masculin, féminin, singulier, pluriel ou formes de conjugaison) qui se prononcent de la même manière, mais qui s'écrivent différemment. C'est le cas de *primordial, primordiale, primordiales ; unique, uniques ; parle, parles, parlent ;* etc. Le choix est conditionné par l'orthographe grammaticale.
- Certains mots peuvent s'écrire de façons différentes (*clé* ou *clef* ; *paie* ou *paye* ; *cuiller* ou *cuillère ; bistro* ou *bistrot* ; etc.). Ce sont des variantes orthographiques qui, d'ailleurs, ne sont pas tellement nombreuses. Le choix relève de la personne qui écrit.
- Environ 2 000 mots sont touchés par les rectifications orthographiques de 1990 (RO). Ils peuvent s'écrire selon l'orthographe dite *traditionnelle* (*deux cents, un compte-gouttes, tu régleras, un porte-monnaie,* etc.) ou selon l'orthographe rectifiée (*deux-cents, un compte-goutte, tu règleras, un portemonnaie,* etc.). Le choix relève de la personne qui écrit.

Chapitre II

Classes de mots

1 Les classes de mots

Utilité

- L'orthographe lexicale : par exemple, pour savoir s'il faut écrire *a* ou *à*, il faut savoir s'il s'agit du verbe *avoir* (*a*) ou de la préposition (*à*).
- L'orthographe grammaticale : pour savoir si l'on doit accorder un mot et comment le faire, il faut savoir à quelle classe il appartient. Par exemple, une préposition ne pourra pas être accordée parce qu'il s'agit d'une classe invariable ; à l'inverse, un nom et un verbe pourront varier, mais chacun à sa manière parce qu'ils suivent des règles de variation qui leur sont propres.
- La structure des groupes et des phrases : une bonne connaissance des classes de mots permet de mieux construire les groupes de mots et les phrases.

Classement

Classes de mots

Classes lexicales

- Mots qui se définissent au moyen de concepts (couleur, lieu, sentiment, action, état, qualité, etc.);
- Plus de 98 % des mots (les classes peuvent contenir des milliers de mots);
- Classes ouvertes : les listes ne sont pas figées, les mots apparaissent et disparaissent avec le temps, l'évolution est perceptible sur quelques années.

  - Nom
  - Adjectif
  - Verbe
  - Adverbe
  - Mot-phrase

Classes grammaticales

- Mots qui se définissent essentiellement au moyen de caractéristiques grammaticales (lien entre des phrases ou des groupes, remplacement d'un groupe de mots, etc.);
- Moins de 2% des mots (les classes contiennent peu de mots);
- Classes fermées : les listes sont figées, les mots apparaissent et disparaissent très peu, l'évolution n'est perceptible que sur plusieurs siècles.

  - Déterminant
  - Pronom
  - Préposition
  - Coordonnant
  - Subordonnant
  - Présentatif

Variation

Il existe des classes de mots variables et d'autres invariables.

	Qu'est-ce qu'une classe invariable ?	Qu'est-ce qu'une classe variable ?
Traits	• Les mots ne sont pas porteurs de traits comme le singulier, le pluriel, le masculin, le féminin, la première personne, etc.	• Les mots sont obligatoirement porteurs de traits comme le singulier, le pluriel, le masculin, le féminin, la première personne, etc.
Formes	• Les mots ne présentent par conséquent aucune variation de forme et s'écrivent d'une seule façon, quel que soit le contexte. Par exemple, *si*, *calmement*.	• La plupart des mots présentent des variations de forme, c'est-à-dire qu'ils peuvent prendre des formes différentes selon les traits qu'ils portent (en fonction du contexte). *Lampe – lampes ; cheval – chevaux ; gentil – gentille – gentils – gentilles.* • Certains mots appartenant à une classe variable, comme *gaz*, ne possèdent qu'une seule forme, mais ils sont toujours porteurs de traits (pour preuve, on écrira *des gaz nocifs*).

Il est important de savoir à quelle classe appartient un mot pour savoir comment il varie. De plus, il arrive que des mots se prononcent de la même manière, leur classe permet de savoir comment les écrire et comment les faire varier.

Nom	*Il a obtenu un très bon emploi.* *Les emplois dans cette compagnie sont difficiles à obtenir.*
Verbe	*J'emploie ce mot très souvent.* *Tu emploies des produits très nocifs pour l'environnement.* *Ils emploient beaucoup de travailleurs peu qualifiés.*

Un ou plusieurs mots ?

Un mot est une unité de sens, fixée, qui peut s'écrire en un seul ou en plusieurs mots.

Un mot, unité de sens

Mot simple

Un seul mot graphique

Nom : *table, chaise, Amsterdam*
Adjectif : *gris, bleu*
Déterminant : *le, la, les*
Préposition : *à, de*
Pronom : *je, tu, il*
Verbe : *avoir, être*

Mot composé

Plusieurs mots graphiques séparés par des espaces, des apostrophes ou des traits d'union

Nom : *chemin de fer, grand-père, New York*
Adjectif : *gris clair, bleu pâle*
Déterminant : *beaucoup de*
Préposition : *à cause de*
Pronom : *la plupart, quelqu'un*
Verbe : *avoir besoin*

Mots modèles

	Classe de mot	Mots modèles
Mots	Un nom	*Marie, Pierre, Paris; animal, table, ami, grand-père*
	Un adjectif	*gentil, calme, rouge, présidentiel*
	Un déterminant	*le, la, les, un, une, des*
	Une préposition	*à, de, dans, sur, par, avec*
	Un pronom	*je, tu, il, elle, on*
	Un adverbe	*très, encore, calmement*
	Un verbe	*avoir, être, faire, parler, voir*
	Un présentatif	*voici*
	Un coordonnant	*et, ou*
	Un subordonnant	*que, quand, parce que*
	Un mot-phrase	*bonjour, ouf, plouf*

Le nom

Classe variable

• Genre :	masculin, féminin
• Nombre :	singulier, pluriel

Les noms portent toujours des traits de genre et de nombre. La plupart peuvent changer de forme (par exemple, *ami, amie, amis, amies*).

2.1. Les noms propres

Noms propres modèles

Marie, Pierre, Montréal

Caractéristiques générales

La construction :	un nom propre peut être accompagné ou non d'un déterminant ou d'un adjectif. Il constitue le noyau d'un groupe appelé *groupe nominal.*
La forme :	un nom propre possède généralement un genre (masculin, féminin) et un nombre (singulier, pluriel) fixes. Il peut être simple (*Hélène*) ou composé (*Marie-Jeanne, rue Berri*).

Le sens :	un nom propre désigne avant tout des lieux ou des personnes (uniques ou non) par convention. Il n'a pas véritablement de signification, dans le sens où on ne peut pas lui associer de définition comme on le fait pour des mots comme *table, chaise*, etc.
La typographie :	les noms propres s'écrivent avec une majuscule.

a) Le masculin et le féminin des noms propres

Noms propres	Genre généralement fixe	Exemples
Noms de personnes	Variation selon le sexe	*un Andalou, une Andalouse* *un Bénédictin, une Bénédictine*
	Noms masculins	*Pierre, Dominique*
	Noms féminins	*Marie, Dominique*
Noms géographiques (il peut y avoir des variations selon les locuteurs)	Féminin : *-e* ou *-es*	*l'Italie, la Toscane, Florence*
	Masculin : autre finale que *-e* ou *-es*	*le Canada, le Québec, Montréal*
	S'il y a un déterminant contenu dans le nom propre, il dicte le genre.	*le Caire, la Nouvelle-Orléans*
Noms de marques	Le genre dépend du nom sous-entendu (*un mouchoir, une voiture, un avion*, etc.)	*un Kleenex, une Ferrari, un Airbus*

b) Le singulier et le pluriel des noms propres

Le singulier et le pluriel des noms propres

Nombre fixe

- Noms propres toujours au singulier (cas le plus fréquent) *Anne, Jacques, Berlin, Bruxelles*
- Noms propres toujours au pluriel : *les États-Unis, les Caraïbes*

Nombre variable

Marque du pluriel sur le nom et le déterminant

- Noms d'habitants : *un Grec, des Grecs une Grecque, des Grecques*
- Noms de membres d'ordres religieux : *une Bénédictine, des Bénédictines*
- Noms de descendants d'une dynastie : *un Capétien, des Capétiens*

Marque du pluriel sur le déterminant

- Noms de famille : *un Dupont, les Dupont*
- Noms de marques commerciales : *une Citroën, des Citroën*
- Noms d'œuvres : *un Magritte, des Magritte*

2.2. Les noms communs

Noms communs modèles

animal, table, ami, grand-père

Caractéristiques générales des noms communs

La construction :	un nom commun est généralement accompagné d'un déterminant et éventuellement d'un adjectif. Il constitue le noyau d'un groupe appelé *groupe nominal.*
La forme :	un nom commun peut varier en genre et en nombre.
Le sens :	un nom commun peut signifier des objets et des concepts de toutes sortes (êtres, choses, propriétés, sentiments, actions, états, procès, qualités, quantités, etc.). Les noms communs entretiennent entre eux des relations de sens (mots semblables, mots qui s'opposent, mots qui sont plus généraux, etc.).
La typographie :	un nom commun s'écrit sans majuscule.

Comment repérer un nom commun ?

Possibilité d'avoir un déterminant :	*[$_{Dét.}$ un] chat perdu, [$_{Dét.}$ des] problèmes épineux*
Possibilité de variation :	*une chatte perdue, des chats perdus*
Remplacement par un nom modèle :	*un lézard au soleil = un animal au soleil*

a) Le masculin et le féminin des noms communs

La variation en genre (masculin, féminin) dépend du classement des noms communs en animés et inanimés.

Le masculin et le féminin des noms communs

Noms inanimés

Ce sont des noms qui désignent des choses **sans vie ou qui ne se déplacent pas**, c'est-à-dire :

- des objets (*chaise, pierre*, etc.);
- des phénomènes (*vent, pluie*, etc.);
- des sentiments (*amour, haine*, etc.);
- des plantes (*rose, cactus*, etc.);
- etc.

Genre fixe :
Le masculin ou le féminin est fixé par la langue.

Il faut mémoriser si le nom est masculin ou féminin.

Les informations se trouvent dans le dictionnaire (en tête d'article).

Noms animés

Ce sont des noms qui désignent des êtres **en vie**, pouvant se déplacer d'eux-mêmes, c'est-à-dire :

- des êtres humains (*ami, bijoutier*, etc.);
- des animaux (*chien, chat*, etc.).

Genre variable :
On met le masculin ou le féminin selon que l'être vivant est un homme ou une femme, un mâle ou une femelle.

Il faut mémoriser les règles de formation du féminin.

Les informations se trouvent dans le dictionnaire (en tête d'article). Le féminin moderne des noms de métier (*cafetier, chauffeur*, etc.) se trouve dans les dictionnaires et sur Internet. Il existe quelques différences au sein de la francophonie.

A. Le masculin et le féminin des noms communs inanimés

Le masculin et le féminin des noms communs inanimés

Genre prévisible

- Fin du mot en *-isme* : masculin
  un alarmisme, un mécanisme
- Fin du mot en *-té* : féminin
  la diversité, une éternité
  (mais *un été*)
- Fin du mot en *-tion* : féminin
  une abréviation, une conception
- Etc.

Genre imprévisible

- Mot commençant par une voyelle
  un allumage, une allure
- Mot commençant par *h*
  un hachoir, une hache, un habitat, une habitude
- Etc.

L'information se trouve dans les dictionnaires : en tête d'article, le genre du nom est indiqué (*m.* pour *masculin*, *f.* pour *féminin*).

Les hésitations les plus courantes

Noms masculins

un âge ♦
un air ♦
de l'amiante
un anchois
un anniversaire ♦
un ascenseur ♦
de l'asphalte
un astérisque
un atome
un autobus ♦
un automne ♦
un autographe
un avion ♦
un cerne
un échange ♦
un élastique
un éloge
un épisode ♦
un équilibre ♦
un été ♦
un exemple ♦
un granule
un hiver ♦
un hôpital ♦
un horaire ♦
un humour ♦
un incendie ♦
un indice
un intervalle
un midi ♦
un moustique
un obstacle ♦
un ongle
un orage ♦
un orchestre
un organe
un orteil
un ouvrage ♦
un pétale
un rail ♦
un stade ♦
un ustensile

Noms féminins

une affaire ♦
une agrafe
une aire ♦
une année ♦
une astuce
une atmosphère
une attache
une auto ♦
une autoroute ♦
une entrevue ♦
une équivoque
une heure ♦
une icône
une idole
une impasse
une insulte
une moustiquaire
une offre ♦
une once
une optique
une orbite

Cas particuliers : le sens est différent au masculin et au féminin

Un même mot peut avoir un sens différent s'il est utilisé au masculin ou au féminin.

Sens au masculin	Sens au féminin
un espace (étendue) ♦	*une espace* (blanc entre deux mots) ♦
un livre (ouvrage) ♦	*une livre* (unité de masse) ♦
un manche (par exemple, *le manche d'un balai*)	*une manche* (par exemple, *la manche d'une veste*)
un mémoire (écrit, dissertation) ♦	*la mémoire* (faculté mentale) ♦
un mode (par exemple, *le mode subjonctif*) ♦	*une mode* (par exemple, *la mode des pantalons*) ♦
un moule (forme)	*une moule* (mollusque)
un physique (au sens de physionomie) ♦	*la physique* (science)♦
un poêle (fourneau)	*une poêle* (ustensile de cuisine)
un poste (notamment au sens d'emploi)	*la poste* (organisme de distribution du courrier)
un somme (sieste)	*une somme* (addition)
un vase (récipient)	*de la vase* (dépôt de terre)
un voile (étoffe) завеса	*une voile* (voilure d'un bateau) платно

B. Le masculin et le féminin des noms communs animés

Les noms communs animés peuvent être employés au masculin ou au féminin selon que l'on parle d'un homme ou d'une femme, d'un mâle ou d'une femelle. La finale de ces mots prend des formes différentes selon le genre masculin ou le genre féminin.

Le tableau ci-dessous présente un résumé de la formation du féminin.

Pour former le féminin, le principe de base consiste à ajouter un e à la forme masculine.

Règle		Exemple
1. Aucune modification du nom		
• Pas de modification du déterminant		***une*** *vedette*
• Modification du déterminant		***un, une*** *peintre*
2. Ajout d'un e		
• -consonne	→ -consonne + e	*un candida**t**, une candida**te***
• -voyelle	→ -voyelle + e	*un am**i**, une am**ie***
• *-eur*	→ *-eure*	*un profess**eur**, une profess**eure***
3. Accent grave + e		
• *-er*	→ *-ère*	*un conseill**er**, une conseill**ère***
4. Modification de la fin du mot + e		
4.1. Doublement de la consonne finale + e		
• *-en, -on*	→ *-enne, -onne*	*un académici**en**, une académici**enne***
• *-el*	→ *-elle*	*un crimin**el**, une crimin**elle***
• *-et*	→ *-ette*	*un blondin**et**, une blondin**ette***
• *-s*	→ *-sse*	*un gro**s**, une gro**sse***
4.2. Changement de la consonne finale + e		
• *-eur*	→ *-euse*	*un vend**eur**, une vend**euse***
• *-x*	→ *-se*	*un épou**x**, une épou**se***
• *-f*	→ *-ve*	*un nati**f**, une nati**ve***
• *-c*	→ *-que*	*un laï**c**, une laï**que***
5. Ajout de lettres à la fin du mot		
• *-e*	→ *-sse*	*un maîtr**e**, une maître**sse*** (RO) *un maitr**e**, une maitre**sse***
6. Modification des lettres à la fin du mot		
• *-eur*	→ *-rice*	*un direct**eur**, une direct**rice***
• *-eau*	→ *-elle*	*un jum**eau**, une jum**elle***
• *-eur*	→ *-eresse*	*un défend**eur**, une défend**eresse***

Attention !

Les noms en *-eur*

- Féminin en *-eure* : *une inférieure, une supérieure, une procureure, une proviseure*, etc.
- Féminin en *-euse* : *une acheteuse, une fraudeuse, une vendeuse*, etc. (Il existe un verbe.)
- Féminin en *-rice* : *une administratrice, une amatrice, une collaboratrice, une directrice, une éditrice, une inspectrice, une lectrice, une rectrice*, etc.

b) Le singulier et le pluriel des noms communs

La variation en nombre (singulier, pluriel) dépend du classement des noms communs en noms simples et en noms composés, et non de la différence entre noms animés et inanimés comme c'était le cas pour le masculin et le féminin.

Le singulier et le pluriel des noms communs

Noms simples	**Noms composés**
Pour former le pluriel, la règle la plus fréquente consiste à ajouter un *s* à la forme du singulier.	→ Consulter un dictionnaire ; niveau 2

Le tableau ci-dessous est un résumé de la formation du pluriel.

Règle	Exemple
1. Aucune modification du nom La dernière lettre du nom est • *-s* • *-x* • *-z*	 *un pay**s**, des pay**s*** *un afflu**x**, des afflu**x*** *un ne**z**, des ne**z***
2. Ajout d'un *s* • -consonne → -consonne + *s* • -voyelle → -voyelle + *s*	 *un détail, des détail**s*** *un trou, des trou**s*** SAUF *un bijou, des bijou**x*** *un chou, des chou**x*** *un caillou, des caillou**x*** *un genou, des genou**x*** *un hibou, des hibou**x*** *un joujou, des joujou**x*** *un pou, des pou**x***
3. Ajout d'un *x* • *-au* → *-aux* • *-eu* → *-eux*	 *un cadeau, des cadeau**x*** SAUF *un landau, des landau**s*** *un sarrau, des sarrau**s*** *un lieu, des lieu**x*** SAUF *un bleu, des bleu**s*** *un pneu, des pneu**s***
4. Modification des dernières lettres du mot • *-al* → *-aux* • cas particulier	 *un chev**al**, des chev**aux*** SAUF *un bal, des bal**s*** *un carnaval, des carnaval**s*** *un festival, des festival**s*** *un trav**ail**, des trav**aux***

Règle		Exemple
5. Modification à l'intérieur du mot Cas particuliers		
• *bon-*	→ *bons-*	*un **bon**homme, des **bons**hommes*
• *ma-*	→ *mes-*	***ma**dame, **mes**dames*
• *mon-*	→ *mes-*	***mon**sieur, **mes**sieurs*

A. Cas particuliers : noms fixés au singulier ou au pluriel

Voici une liste de mots qui sont fixés au singulier ou au pluriel, ainsi que des mots qui s'emploient au pluriel dans l'usage courant.

	Masculin		Féminin	
Toujours au singulier	*le nord* ♦ *l'est* ♦	*le sud* ♦ *l'ouest* ♦	–	
Toujours au pluriel	*les alentours* *des décombres* *aux dépens* *les environs* ♦ *des errements* *des frais* ♦	*des gens* ♦ *des gravats* *des honoraires* ♦ *les parages*	*des condoléances* ♦ *des fiançailles* *des funérailles* *des intempéries*	*des mœurs* *des obsèques* *des représailles* *les ténèbres*
Courant au pluriel	*des applaudissements* *des débris* *des pleurs* *des pourparlers*	*des préparatifs* *des proches* *des ravages* *des vestiges*	*des félicitations* ♦	

B. Cas particuliers : noms acceptés au singulier ou au pluriel

Certains mots désignant des objets composés de deux parties symétriques (*un pantalon*) ou de plusieurs sous-parties (*un escalier*) peuvent être employés au singulier ou au pluriel, tout en ne désignant qu'un seul objet. Au pluriel, le mot peut être ambigu : *des pantalons* peut vouloir dire un ou plusieurs pantalons. Des variations d'emploi s'observent au sein de la francophonie.

Un objet (sens du mot : singulier)		Plusieurs objets (sens du mot : pluriel)
Forme du mot : singulier	Forme du mot : pluriel	Forme du mot : pluriel
un escalier	*des escaliers*	*des escaliers*
de la confiture	*des confitures*	*des confitures*
une culotte	*des culottes*	*des culottes*
	une paire de culottes	*des paires de culottes*

Un objet (sens du mot : singulier)		Plusieurs objets (sens du mot : pluriel)
Forme du mot : singulier	Forme du mot : pluriel	Forme du mot : pluriel
un jean (aussi *un jeans*)	*des jeans*	*des jeans*
	une paire de jeans	*des paires de jeans*
un pantalon	*des pantalons*	*des pantalons*
	une paire de pantalons	*des paires de pantalons*
une moustache	*des moustaches*	*des moustaches*
	une paire de moustaches	*des paires de moustaches*

C. Cas particuliers : noms dont le sens est différent au singulier et au pluriel

Dans le cas de certains mots qui possèdent plusieurs sens, l'un de ceux-ci présente un nombre fixe, soit le singulier, soit le pluriel. L'un des sens n'est donc accessible qu'à condition de respecter le nombre fixe. Par exemple, le pluriel peut être ambigu sans contexte : *j'ai subi plusieurs échecs* (revers) *en jouant aux échecs* (jeu) *cet après-midi.*

	Sens (a) au singulier et au pluriel	Sens (b) fixé, au singulier ou au pluriel
Un sens accessible au pluriel	*un cheveu, des cheveux* (pilosité sur le crâne) ♦	*des cheveux* (la chevelure) ♦
	un ciseau, des ciseaux (outil pour tailler le bois, le fer, etc.)	*des ciseaux* (instrument servant à couper) ♦
	une dame, des dames (femme)	*les dames* (jeu)
	un échec, des échecs (revers)	*les échecs* (jeu)
	une lettre, des lettres (signe graphique, texte)	*les lettres* (la littérature)
	une lunette, des lunettes (ouverture ronde; longue-vue)	*des lunettes* (paire de verres correcteurs) ♦
	une toilette, des toilettes (habillement ; meuble)	*des toilettes* (cabinets) [parfois accepté au sing.]
	une vacance, des vacances (état de ce qui est vide, disponible)	*des vacances* (période de congé) ♦
Un sens accessible au singulier	*un poids, des poids* (au sens d'*objets d'un certain poids servant à peser*)	*le poids* (au sens de *masse*)
	Sens concret : Le mot désigne une chose qui est perceptible par les sens (vue, ouïe, odorat, etc.) *une gentillesse, des gentillesses* (au sens d'*actions pleines de gentillesse*) *une méchanceté, des méchancetés* (actions)	Sens abstrait, au singulier : Le mot désigne une chose qui n'est pas perceptible par les sens (vue, ouïe, odorat, etc.) *la gentillesse* (au sens d'*amabilité*) *la méchanceté* (au sens de *caractère*)
	Objet concret : *une sculpture, des sculptures* *une statistique, des statistiques*	Certains noms d'arts et de sciences, au singulier : *la sculpture* *la statistique*

	Sens (a) au singulier et au pluriel	Sens (b) fixé, au singulier ou au pluriel
Un sens accessible au singulier ou au pluriel	–	Matières, **au singulier** ♦ *de l'or, de l'argent, du cuivre, du plomb*, etc. Objets concrets, **au pluriel** *les cuivres* (instruments), *les plombs* (fusibles)
	un air, des airs (mélodie) *un feu, des feux* (incendie, signalisation) *une terre, des terres*	Éléments naturels, **au singulier** ♦ *l'air, le feu, l'eau, la terre* Concret, **au pluriel** *les eaux territoriales, usées, industrielles*
	–	Les cinq sens, **au singulier** ♦ *la vue, le toucher, l'odorat, le goût* (RO) *gout, l'ouïe* Concret, **au pluriel** *les ouïes* (organes des poissons)

c) Orthographe des noms communs fréquents

A. Noms qui s'écrivent avec des consonnes doubles

CC	*une occasion, un accord, un succès, un accès, un accident, un accent, une occupation, une préoccupation*
FF	*une affaire, un effet, un effort, une difficulté, une différence, un chiffre, une offre, une efficacité*
LL	*une famille, une ville, un million, un milliard, une fille, une salle, un conseiller, un(e) collègue, une échelle, un village, une folle, une taille, une surveillance, une veille, une alliance*
MM	*un homme, une femme, un programme, une commission, une somme, un commerce, une communication, une recommandation, un dommage, une consommation, un sommet, un consommateur, un commentaire*
NN	*une personne, une année, une connaissance, un environnement, une donnée, un honneur, une reconnaissance, un personnage, un fonctionnement*
PP	*un rapport, un développement, un appel, une opposition, une application, un appareil, une approche, un appui*
RR	*une erreur, un territoire, un concurrent, une concurrence, une arrivée, une carrière, un arrêt, une pierre, une guerre, une terre, un terrain*
SS	*une croissance, un passage, un processus, une classe, un message, un dossier, une impression, une pression, une ressource, une discussion, un investissement, une nécessité, une expression, une association, la presse, une vitesse, une émission, une puissance, un professeur, une promesse, une naissance, une reconnaissance, une baisse, un essai, une hausse, la jeunesse, un poisson, une réussite, une assurance, un(e) commissaire, une essence, une masse, une commission, une mission*
TT	*une lettre, une attention, une lutte, une attitude, une attente, une attaque, une recette, une dette*

B. Noms qui s'écrivent avec *gu* et avec un *m* au lieu d'un *n*

GU	*un(e) collègue, un dialogue, une drogue, une guerre, une langue, une vague, de la vigueur*
M au lieu de N	*une chambre, une campagne, un champ, un camp* *une compagnie, un combat, un comportement, une bombe, une compétence* *un temps, un ensemble, un exemple, un membre, un emploi, un printemps, un employé* *une importance, une impression, un impôt*

C. Noms qui s'écrivent avec des accents et des cédilles

Ç	*une façon, un garçon, une leçon*
É	*une année, une idée, une région, un président, un intérêt, un détail, un état, un début, une présence, une décision, un développement, une économie, une période, un résultat, une étude, une réponse, une époque, une école, un régime, un départ, un événement* (RO) *évènement, une journée, une conséquence, un élément, un débat, une création, une expérience, une énergie, un réseau, une différence, une opération, un numéro, une entrée, une équipe, un médecin, une série, une élection, un secrétaire, une mémoire, une défense, une réaction, une réunion, une réforme, une procédure, une éducation, une déclaration, une armée, un échec, un témoin, une portée, un(e) élève, une assemblée, une émission, une arrivée, un établissement, une conférence, une donnée, une étape, une méthode, un crédit, une réserve, une télévision, un représentant, une libération, une échelle, une pensée, un défaut, une démocratie, une stratégie, une édition, une résistance, une résolution, une évolution, un téléphone, une génération, un dépit, un équilibre, une réflexion, une catégorie, un propriétaire, une référence, une séance, une durée, une inquiétude, une représentation, une réduction, une évidence, un délai, une soirée, un témoignage, une dépense, un mécanisme, un métier, un média, une définition, une prévision, une séparation, une révolution, un cinéma, une réalisation, une démarche, une réussite, un désir, une indépendance, un déficit, une épreuve, un théâtre, un équipement, une présentation, un défi, un écrivain, une réputation, un écart, une précision, une compétence, une théorie, un phénomène, une église, une découverte, une préoccupation*
È	*un problème, un système, une manière, une règle, une matière, un père, un siècle, un succès, une mère, une scène, une pièce, un accès, un ministère, un progrès, un caractère, un modèle, un frère, une espèce, une lumière, un(e) élève, un(e) collègue, un règlement, une frontière, une carrière, un(e) après-midi, un kilomètre, un procès, une colère, un siège, une hypothèse, un thème, un phénomène, une grève*
Ê	*un intérêt, une tête, un prêt, une enquête, un rêve, un arrêt, une fête, une fenêtre, une forêt, une pêche*
Â	*un âge, une tâche, une âme, un théâtre*
Ô	*un impôt, un hôpital, une côte, le chômage, un hôtel*
Î	*un maître, une chaîne, une île, une boîte* (RO) *un maitre, une chaine, une ile, une boite*
Û	*un goût, un coût* (RO) *un gout, un cout*

D. Finale des noms

Noms qui se terminent par le son [e]

É final	*un côté, un marché, une société, une liberté, un député, une activité, une moitié, une sécurité, une volonté, une réalité, une communauté, une difficulté, une unité, une qualité, un été, une santé, un comité, une responsabilité, une possibilité, une vérité, une nécessité, une majorité, une université une clé, une cité, un traité, un degré, une priorité, une identité, une propriété, un employé, une humanité, une quantité, une efficacité, une totalité*

Noms qui se terminent par le son [sjɔ̃] (systématiquement féminins)

-TION	*situation, condition, information, action, relation, position, attention, population, fonction, organisation, nation, direction, solution, création, production, intervention, opération, intention, proposition, formation, élection, institution, négociation, réaction, disposition, protection, association, opposition, construction, éducation, déclaration, application, communication, recommandation, administration, exception, gestion, libération, augmentation, édition, résolution, utilisation, constitution, participation, évolution, tradition, génération, station, explication, publication, consommation, obligation, représentation, réduction, coopération, convention, notion, modification, définition, séparation, révolution, instruction, réalisation, exportation, autorisation, présentation, réputation, conversation, contribution, exécution, prestation, exploitation, manifestation, préoccupation*
-SSION	*commission, mission, impression, pression, discussion, expression, émission*

Noms qui se terminent par une consonne qui ne se prononce pas

T	*une part, un point, un enfant, un fait, un droit, un moment, un gouvernement, un effet, un rapport, un mot, un projet, un président, la mort, un intérêt, un état, un sujet, un début, un produit, un développement, un effort, un objet, un prêt, un résultat, un but, de l'argent, un mouvement, un bout, un changement, un esprit, un départ, un événement* (RO) *évènement, une nuit, un élément, un débat, un endroit, un instant, un coût* (RO) *cout, un contrat, un conflit, un agent, un sentiment, un fruit, un investissement, un client, un transport, un environnement, un budget, un document, un aspect, un profit, un jugement, un engagement, un combat, un établissement, un soldat, un traitement, un crédit, un règlement, un art, un avocat, un accident, un représentant, un impôt, un défaut, un port, un circuit, un candidat, un habitant, un transfert, un institut, un arrêt, un vent, un dépit, un trait, un amendement, un mandat, un statut, un sommet, un comportement, un bruit, un syndicat, un renseignement, un fonctionnement, un enseignement, un instrument, un tort, un financement, un accent, un concert, un équipement, une forêt, un front, un cabinet, un écart, un sort, un achat, un goût* (RO) *gout, un lit*
D	*un accord, un milliard, un fond, un pied, un bord, un regard, un retard*
R	*un dossier, un danger, un papier, un millier, un foyer, un métier*
P	*un coup, un champ, un camp*
G	*du sang, un rang, un poing*

S	**Le singulier et le pluriel s'écrivent de la même manière** *une fois, un temps, un pays, un cas, un cours, un mois, un bas, un propos, un corps, un succès, un travers, un discours, un progrès, un accès, un fonds, un poids, un envers, un bras, un printemps, un concours, un bois, un procès, un refus, un dos, un recours*
X	**Le singulier et le pluriel s'écrivent de la même manière** *un prix, une voix, un choix, une paix, un taux*

Noms qui se terminent au singulier par une voyelle

I	*un souci, un pari, un abri, un défi, un appui*
OI	*un roi, la foi, une loi, un emploi*
AI	*un essai, un délai*
E	*une année, une vie, une idée, une voie, une entrée, une armée, une portée, une assemblée, une arrivée, une donnée, une sortie, une pensée, une démocratie, une stratégie, une soirée, un musée*
U	*un revenu, un individu, une vertu*

E. Noms homophones

Ce sont des noms qui se prononcent de la même manière, mais qui s'écrivent différemment.

Noms	Moyen pour faire la différence : le sens
Air – aire – ère ♦	***de l'air*** (masculin) : gaz *L'air est très sec. Il y a du changement dans l'air.*
	une aire : surface, zone *une aire de repos ; l'aire de diffusion d'un mot*
	une ère : période *l'ère chrétienne ; une ère nouvelle*
Amende – amande	***une amande*** : fruit, graine *des amandes grillées ; de la pâte d'amande(s)*
	une amende : somme d'argent à payer (sanction) *amende pour excès de vitesse ; faire amende honorable*
Ancre – encre	***une ancre*** : pièce d'un navire *jeter l'ancre ; lever l'ancre*
	de l'encre *(féminin)* : liquide *de l'encre bleue effaçable ; cal(a)mars à l'encre*
Cahot – chaos	***un cahot*** : secousse *les cahots d'une voiture sur une route mal entretenue*
	le chaos : bouleversement *chaos provoqué par une décision politique*

Noms	Moyen pour faire la différence : le sens
Champ – chant	***un champ*** : terrain *un champ de fraises*
	un chant : sons *Nous entendions un chant très doux.*
Chœur – cœur	***un chœur*** : troupe de personnes *Le Chœur de Montréal présentera une composition classique.*
	un cœur : organe *un cœur en bonne santé ; savoir par cœur*
Compte – conte ♦	***un compte*** : calcul *Le compte est bon. Faire les comptes.*
	un conte : histoire *un conte à dormir debout ; un conte de fées*
Cou – coup – coût (RO) ***cout*** ♦	***un cou*** : partie du corps *les vertèbres du cou*
	un coup : choc *Elle a reçu un coup au visage.*
	un coût (RO) ***cout*** : montant *Le coût est beaucoup plus élevé que prévu.*
Cours – cour– court ♦	***un cours*** : mouvement (de l'eau, du temps, etc.), leçon *un cours d'eau, le cours du temps, le cours du dollar, un cours de grammaire*
	une cour : espace, juridiction *cour d'école, du roi ; la Cour suprême*
	un court : terrain de tennis *le court central de Roland-Garros*
Dessin – dessein	***un dessin*** : représentation *des dessins d'enfants*
	un dessein : but, intention *des desseins secrets, avoir de noirs desseins, sans dessein*
Faim – fin ♦	***la faim*** : sensation *J'ai très faim.*
	la fin : limite *La fin de l'histoire est triste.*
Foi – foie – fois	***la foi*** : croyance *avoir la foi, avoir une foi aveugle en…*
	le foie : organe *huile de foie de morue, crise de foie*
	une fois : fréquence de temps, degré de grandeur *C'est arrivé deux fois ; cent fois pire*

Noms	Moyen pour faire la différence : le sens
Gène – gêne	***un gène*** : unité génétique *C'est inscrit dans les gènes.*
	la gêne : malaise *avoir de la gêne à respirer*
Golf – golfe	***le golf*** : sport *jouer au golf*
	le golfe : baie *le golfe du Mexique ; la guerre du Golfe*
Lice – liste (prononciations différentes en français normé)	***la lice*** : terrain d'affrontement *les candidats en lice ; entrer en lice ; rester en lice*
	la liste : répertoire *dresser une liste ; être sur la liste*
Mal – mâle – malle (prononciations différentes en français normé)	***un mal*** : douleur *Je me suis fait mal à la cheville.*
	un mâle : du sexe masculin *Voici mon chien, c'est un mâle.*
	une malle : coffre *Le linge sale se trouve dans cette malle d'osier.*
Mer – mère ♦	***une mer*** : étendue d'eau *La mer est agitée.*
	une mère : femme *Ma mère est adorable.*
Pair – paire – père ♦	***un pair*** : personne semblable *être jugé par ses pairs*
	une paire : ensemble de deux choses *une paire de chaussures*
	un père : homme *Mon père est adorable.*
Pâté – pâtée (prononciations différentes en français normé)	***du pâté*** : hachis de viande *un pâté de lapin, un pâté chinois*
	de la pâtée : mélange pour les animaux *de la pâtée pour chiens faite maison*
Pause – pose ♦	***une pause*** : temps de repos *faire une pause de 30 minutes*
	une pose : attitude, action de poser *une pose très déplacée ; la pose d'un revêtement pour toiture*
Point – poing ♦	***un point*** : petite portion *mettre un point final à un travail ; les points cardinaux*
	un poing : main fermée *donner un coup de poing*

Noms	Moyen pour faire la différence : le sens
Pou – pouls	***un pou*** : insecte *être fier comme un pou ; avoir des poux*
	un pouls : battement dans les veines *avoir un pouls lent*
Repère – repaire	***un repère*** : référence *un point de repère pour se retrouver ; perdre ses repères*
	un repaire : lieu *un repaire de terroristes*
Tache – tâche ♦ (prononciations différentes en français normé)	***une tache*** : marque *avoir une tache de naissance, des taches de vieillesse*
	une tâche : travail *une tâche difficile*
Ver – verre ♦	***un ver*** **:** animal *J'ai trouvé un ver de terre. Ver solitaire. Ver parasite. Ver luisant. Ver à soie.*
	un verre : récipient *un verre de vin*
Voie – voix ♦	***une voie*** : route *Le train entre en gare, voie 6 ; la voie publique*
	une voix : son *avoir une extinction de voix. Ma voix ne porte pas bien.*

d) Noms communs et dictionnaires

Voici les informations que l'on peut trouver dans les dictionnaires au sujet des noms communs.

Type d'information	Explication
Classe du nom • Une seule classe	L'information est indiquée en tête d'article, parfois sous forme d'abréviation. n. (nom) s. (substantif, appellation traditionnelle)
• Plusieurs classes	Dans certains cas, on trouve un article pour chaque classe à laquelle le mot peut appartenir. Exemple : *manger* (verbe et nom) Dans d'autres cas, on trouve un seul article qui sera alors divisé en plusieurs sections, consacrées aux classes du mot. Exemple : *sérieux* (adjectif et nom)

Type d'information	Explication
Masculin ou féminin ? • Nom inanimé : fixe	L'information est indiquée en tête d'article. n. m. (nom masculin) n. f. (nom féminin)
• Nom animé : variable	Les formes que prend le nom (par exemple, *boulanger, boulangère*) sont indiquées en tête d'article, parfois en abrégé (*boulanger, ère*). Des exemples seront généralement présentés à l'intérieur de l'article. Les dictionnaires électroniques présentent des tableaux de formes du mot au masculin et au féminin. S'il n'y a qu'une forme en tête d'article, c'est que le mot ne change pas (par exemple, *un, une collègue*). La féminisation des noms de métier, fonction, grade ou titre (*un plombier, une plombière*) peut varier au sein de la francophonie. Il existe des sites Internet présentant les listes officielles, par exemple http://www2.cfwb.be/franca/femini/.
• Sens différent	Si le mot présente un sens différent au masculin et au féminin, les dictionnaires présentent en général un article pour chaque mot (par exemple, *moule*).
Singulier et pluriel • Forme du pluriel	Les formes que prend le nom (par exemple, *boulanger, boulangers, boulangère, boulangères*) ne sont pas toujours indiquées en tête d'article. Des exemples seront généralement présentés à l'intérieur de l'article. Les dictionnaires électroniques présentent des tableaux de formes du mot au singulier et au pluriel. S'il n'y a qu'une forme en tête d'article, c'est que le mot ne change pas de forme (par exemple, *prix*).
• Fixe au singulier	n. m. inv. (nom masculin invariable) Le mot vedette est indiqué uniquement au singulier (par exemple, *nord*).
• Fixe au pluriel	n. m. pl. n. f. pl. Le mot vedette est indiqué uniquement au pluriel (par exemple, *environs*, *condoléances*).
• Sens différent	Une section de l'article identifiera que le mot a un sens particulier au singulier ou au pluriel (par exemple, « au pluriel », *vacances*).

L'adjectif

Adjectifs modèles

gentil, calme, rouge, présidentiel

Caractéristiques générales de l'adjectif

La construction :	un adjectif dépend toujours d'un autre mot, le plus souvent un nom. Il constitue le noyau d'un groupe appelé *groupe adjectival.*
La forme :	un adjectif peut varier en genre et en nombre. Dans certains cas, il est formé à partir d'un autre mot.
Le sens :	un adjectif peut exprimer notamment une propriété, une relation, une séquence ordonnée, une évaluation affective ou la possession.

Comment repérer un adjectif ?

Présence d'un nom devant ou derrière :	*un chat <u>perdu</u>, un <u>petit</u> chat*
Possibilité de variation :	*des chats perdu<u>s</u>, une affaire épineu<u>se</u>*
Remplacement par un adjectif modèle :	*des chats <u>perdus</u> = des chats <u>gentils</u>*

Classe variable

• Genre :	masculin, féminin
• Nombre :	singulier, pluriel

Les adjectifs portent toujours des informations de genre et de nombre. La plupart peuvent changer de forme (par exemple, *gentil, gentille, gentils, gentilles*).

3.1. Le féminin des adjectifs

Le tableau ci-dessous présente un résumé de la formation du féminin.

Pour former le féminin, le principe de base consiste à ajouter un e à la forme masculine.

Règle			Exemple
1.	Aucune modification de l'adjectif • Masculin se termine déjà par -e		*brusq**ue***
2.	Ajout d'un e		
	• -consonne	→ -consonne + e	*peti**t**, peti**te** ; assi**s**, assi**se***
	• -voyelle	→ -voyelle + e	*accompl**i**, accompl**ie***
	• *-eur*	→ *-eure*	*extéri**eur**, extéri**eure***
3.	Accent grave + e		
	• *-er*	→ *-ère*	*enti**er**, enti**ère***
	• *-et*	→ *-ète*	*compl**et**, compl**ète***
4.	Modification de la fin du mot + e **4.1.** Doublement de la consonne finale + e		
	• *en, -on*	→ *-enne, -onne*	*quotidi**en**, quotidi**enne***
	• *-el*	→ *-elle*	*actu**el**, actu**elle***
	• *-et*	→ *-ette*	*n**et**, n**ette***
	• *-s*	→ *-sse*	*gro**s**, gro**sse***
	4.2. Changement de la consonne finale + e		
	• *-eur*	→ *-euse*	*ment**eur**, ment**euse***
	• *-x*	→ *-se*	*nombreu**x**, nombreu**se***
	• *-f*	→ *-ve*	*abusi**f**, abusi**ve***
	• *-c*	→ *-que*	*publi**c**, publi**que*** SAUF *gre**c**, gre**cque***
	• *-c*	→ *-che*	*se**c**, sè**che***

Règle		Exemple
5. Ajout de lettres à la fin du mot		
• *-e*	→ *-sse*	*maître*, *maîtr**esse*** (RO) *maitre*, *maitr**esse***
6. Modification des lettres à la fin du mot		
• *-teur*	→ *-trice*	*direc**teur***, *direc**trice***
• *-eau, -el*	→ *-elle*	*nouv**eau***, *nouv**el***, *nouv**elle***
• *-eux,- eil*	→ *-eille*	*vi**eux***, *vi**eil***, *vi**eille***

Attention !

Les adjectifs en *-eur*

- Féminin en *-eure* : *antérieur, extérieur, intérieur,* etc. (voir liste en fin de chapitre).
- Féminin en *-euse* : *nombreuse, généreuse,* etc. (voir liste en fin de chapitre).
- Féminin en *-rice* : *accélératrice, assimilatrice, directrice,* etc.

Attention !

Les adjectifs en *-et*

- Féminin en – *ète* : *(in)complète, concrète, désuète, (in)discrète, inquiète, secrète.*
- Féminin en – *ette* : *muette, nette,* etc. (la majorité des adjectifs).

3.2. Le pluriel des adjectifs

Le pluriel des adjectifs

Adjectifs simples

Pour former le pluriel, le principe de base consiste à ajouter un *s* à la forme du singulier.

Adjectifs composés

→ Dictionnaire ; niveau 2

Le tableau ci-dessous présente un résumé de la formation du pluriel. Certaines règles de formation du pluriel présentées ci-dessous ne valent que pour le masculin ou le féminin tandis que d'autres valent pour les deux genres.

Règle			Exemple
1.	Aucune modification de l'adjectif		
	• La dernière lettre du mot est o -*s* o -*x*		 *assi**s**, assi**s*** *heureu**x**, heureu**x***
2.	Ajout d'un *s*		
	• -consonne	→ -consonne + *s*	*bon, bon**s***
	• -voyelle	→ -voyelle + *s*	*adverse, adverse**s***
3.	Ajout d'un *x*		
	• *-au*	→ *-aux*	*be**au**, be**aux***
	• *-eu*	→ *-eux*	*hébr**eu**, hébr**eux*** SAUF *bleu, bleu**s***
4.	Modification des dernières lettres du mot		
	• *-al*	→ *-aux*	*amic**al**, amic**aux*** SAUF *fatal, fatal**s***

a) Cas particulier : le sens est différent selon la forme du pluriel

Sens (a) au singulier et au pluriel	Sens (b) au singulier et au pluriel
Banal, banale – banals, banales ♦ « Sans grande importance » *un problème banal, des problèmes banals* *une histoire banale, des histoires banales*	*Banal, banale – banaux, banales* « Qui relève du ban, du suzerain (au Moyen-Âge) » *un four banal, des fours banaux* *une prairie banale, des prairies banales*

3.3. Formes d'adjectifs fréquents

a) Prononciation différente au féminin ou au pluriel

-EAU, -ELLE, -EAUX, -ELLES	*nouveau, beau*
-AL, -ALE, -AUX, -ALES	*mondial, spécial, normal, global, fondamental, médical, familial, fiscal, électoral, gouvernemental, initial, municipal, légal, royal, vital, illégal, spatial, crucial, pénal, syndical, territorial, musical, maximal, amical, bilatéral, environnemental, postal, salarial, minimal, primordial, génial, verbal, vocal, unilatéral, loyal, conjugal, expérimental, intégral, continental, racial*

-EUX, -EUSE, -EUX, -EUSES	*nombreux, dangereux, généreux, fameux, merveilleux, douloureux, rigoureux, coûteux* (RO) *couteux, scandaleux, soucieux, prestigieux, honteux, respectueux, chaleureux, vigoureux, lumineux, désireux, odieux, désastreux*
-..., -CHE, -S, -CHES	*frais (fraîche* (RO) *fraiches, frais, fraîches* (RO) *fraiches), blanc, franc, sec (sèche, secs, sèches)*
-ER, -ÈRE, -ERS, -ÈRES	*léger, régulier, grossier, minier, saisonnier, irrégulier*
-F, -VE, -FS, -VES	*significatif, respectif, progressif, attentif, décisif, successif, consécutif, représentatif, consultatif, tardif, productif, constructif, compétitif, radioactif, alternatif, préventif, bref (brève, brefs, brèves), objectif, neuf*

b) Consonnes doubles au féminin

-N, -NNE, -NS, -NNES	*bon, moyen, ancien, aérien*
-T, -TTE, -TS, -TTES	*net*
-S, -SSE, -S, -SSES	*épais, gras*
-L, -LLE, -LS, -LLES	*actuel, nul, habituel, culturel, sexuel, annuel, individuel, présidentiel, formel, mutuel, inhabituel, maternel, artificiel, structurel, manuel, substantiel, cruel, virtuel, concurrentiel, confidentiel, ponctuel, superficiel, visuel, perpétuel* *traditionnel, opérationnel, additionnel, institutionnel, fonctionnel, proportionnel*

c) Pas de consonnes doubles au féminin

-L, -LE, -LS, -LES	*seul, subtil*
-T, -TE, -TS, -TES	*fort, droit, mort, courant, différent, prêt, court, ouvert, complet, exact, récent, excellent, intéressant, permanent, évident, prudent, suffisant, conscient, constant, étroit, content, strict, inquiétant, plat, urgent, désert, impressionnant, gratuit, insuffisant, intelligent, satisfaisant, brillant, lent, existant, décevant, correct, discret, fréquent, distinct, surprenant, restant, compétent, cohérent, dépendant, exigeant, pertinent, reconnaissant, imminent, adéquat, indirect, apparent, flagrant, subit, rassurant, charmant, convaincant, encourageant, confiant, intact, menaçant, passionnant, grandissant, troublant, décent, éminent, inhérent, élégant, inexistant, distant, écrasant, vigilant, performant*

d) Formes identiques au masculin et au féminin

-LE, -LE, -LES, -LES	*facile, fragile, hostile, pâle, immobile*
-QUE, -QUE, -QUES, -QUES	*unique, démocratique, juridique, quelconque, électrique, magnifique, spécifique, stratégique, téléphonique, numérique, psychologique, pacifique, technologique, chimique, atomique, identique, biologique, automatique, mécanique, islamique, olympique, géographique, théorique, magique, artistique, touristique, authentique, médiatique, climatique, écologique, idéologique, catastrophique, philosophique, ironique, démographique, organique, bénéfique, énergique, civique*
-TE, -TE, -TES, -TES	*apte, explicite*

e) Formes identiques à l'oral, mais différentes à l'écrit au masculin et au féminin

-C, -QUE, -CS, -QUES	*public (publique, publics, publiques),* *turc (turque, turcs, turques),* *grec (grecque, grecs, grecques)*
-EUR, -EURE, -EURS -EURES	*antérieur, extérieur, intérieur, inférieur, majeur, meilleur, mineur, postérieur, supérieur, ultérieur*
-ER, -ÈRE, -ERS, -ÈRES	*cher, fier, amer*

3.4. Orthographe d'adjectifs fréquents

a) Accent circonflexe

Accent circonflexe	*honnête, prêt, âgé, pâle, sûr, drôle*

b) *M* au lieu de *n*

M au lieu de N	(+*b*) *innombrable, nombreux, sombre, humble* (+*p*) *comparable, compétent, incompatible, accompli, compétitif, compréhensible, complet, temporaire, improbable, impressionnant, olympique*

c) Lettre finale muette au masculin

T	*fort, droit, mort, courant, différent, prêt, court, ouvert, complet, récent, excellent, intéressant, permanent, évident, prudent, suffisant, conscient, constant, étroit, content, inquiétant, plat, urgent, désert, tournant, gratuit, insuffisant, intelligent, satisfaisant, brillant, lent, existant, décevant, discret, fréquent, distinct, surprenant, dominant, touchant, restant, compétent, cohérent, dépendant, exigeant, pertinent, reconnaissant, imminent, adéquat, apparent, flagrant, subit, rassurant, charmant, convaincant, encourageant, confiant, menaçant, sanglant, manuscrit, passionnant, grandissant, troublant, décent, éminent, inhérent, élégant, inexistant, distant, écrasant, vigilant, performant, insignifiant*
X	*nombreux, vieux, dangereux, généreux, fameux, merveilleux, douloureux, rigoureux, coûteux* (RO) *couteux, scandaleux, soucieux, prestigieux, honteux, respectueux, chaleureux, vigoureux, lumineux, désireux, odieux, désastreux*
D	*second, lourd, standard*
S	*frais, divers, surpris, confus, épais, gras*
C	*blanc, franc*
R	*léger, régulier, grossier, minier, saisonnier, irrégulier*

d) Adjectifs homophones

Ce sont des adjectifs qui se prononcent de la même manière, mais qui s'écrivent différemment.

Adjectifs	Moyen pour faire la différence : le sens
Censé – sensé ♦	**censé** : supposé *Il est censé être au travail.*
	sensé : qui a du bon sens *Une personne sensée*
Sain – saint ♦	**sain** : bien constitué, bon *Des os, des aliments sains*
	saint : caractère sacré *La Saint-Sylvestre, l'histoire sainte*
Sceptique – septique	**sceptique** : qui a des doutes *Rester sceptique ; un sourire sceptique*
	septique : fait référence à des microorganismes *Fosse septique ; choc septique*

Adjectifs	Moyen pour faire la différence : le sens
Sûr – sur ♦	***sûr, sûrs*** (RO) ***surs, sûre*** (RO) ***sure, sûres*** (RO) ***sures*** : certain *Un placement sûr*
	sur, surs, sure, sures : acide, amer *Un fruit sur ; une pomme qui est sure*

3.5. Adjectifs et dictionnaires

Type d'information	Explication
Classe de l'adjectif • Une seule classe	L'information est indiquée en tête d'article, parfois sous forme d'abréviation. adj. (adjectif)
• Plusieurs classes	Dans certains cas, on trouve un article pour chaque classe à laquelle le mot peut appartenir. Exemple : *faux* (adjectif), *une faux* (nom féminin). Dans d'autres cas, on trouve un seul article qui sera alors divisé en plusieurs sections, consacrées aux classes du mot. Exemple : *sérieux* (adjectif et nom).
Le masculin et le féminin • Forme du féminin	L'information est indiquée en tête d'article. Les dictionnaires électroniques présentent des tableaux de formes du mot au masculin et au féminin. S'il n'y a qu'une forme en tête d'article, c'est que le mot ne change pas au féminin (par exemple, *brusque*). Les dictionnaires en format papier indiquent en abrégé les formes que peut prendre l'adjectif. Exemple : *sérieux, -ieuse*.
Le singulier et le pluriel • Formes du pluriel	Les formes que prend l'adjectif au masculin pluriel et au féminin pluriel (par exemple, *sérieux, sérieuse, sérieux, sérieuses*) ne sont pas toujours indiquées en tête d'article. Des exemples seront généralement présentés à l'intérieur de l'article. Les dictionnaires électroniques présentent des tableaux de formes du mot au singulier et au pluriel.

Le déterminant

4

Déterminants modèles

le, la, les, un, une, des

Caractéristiques générales du déterminant

La construction :	un déterminant est suivi d'un nom, avec lequel il forme un groupe nominal.
La forme :	un déterminant varie en genre et en nombre.
Le sens :	un déterminant permet d'exprimer des notions qui s'appliquent au nom commun qu'il accompagne : le statut connu ou inconnu que le nom a dans l'énoncé, la possession, la quantité, etc.

Comment repérer un déterminant ?

Obligation d'être suivi d'un nom :	*la plage, ce parasol, ma nouvelle serviette*
Possibilité d'être seul devant un nom :	**autre classe*
Remplacement par un déterminant modèle :	*quelques problèmes = les problèmes* *beaucoup de problèmes = des problèmes*

Classe variable

• Genre :	masculin, féminin
• Nombre :	singulier, pluriel

Les déterminants portent toujours des informations de genre et de nombre. La plupart peuvent changer de forme (par exemple, *tout, toute, tous, toutes*).

Caractéristiques de sens des déterminants

Les déterminants sont classés essentiellement à partir de notions de sens.

Les déterminants identifiants identifient le nom qui suit.

- Le déterminant de base identifie une entité connue.
- Le déterminant démonstratif identifie une entité en la pointant, de manières diverses.
- Le déterminant possessif identifie une entité au moyen de son possesseur.
- Le déterminant identifiant exclamatif identifie une entité en exprimant un jugement avec force.
- Le déterminant identifiant interrogatif interroge sur l'identification de l'entité présentée.
- Le déterminant identifiant indéfini identifie une entité de manière imprécise.

Les déterminants quantifiants quantifient le nom qui suit.

- Le déterminant de base présente une entité, en posant son existence unique ou plurielle.
- Les déterminants quantifiants définis quantifient avec précision le nombre d'entités.
  - Le déterminant numéral cardinal quantifie avec précision le nombre d'entités.
  - Le déterminant négatif précise que le nombre d'entités est nul.
- Les déterminants quantifiants indéfinis quantifient avec imprécision le nombre d'entités.
  - Le déterminant partitif présente une portion imprécise d'une entité non comptable.
  - Le déterminant quantifiant indéfini marque une quantité imprécise qui peut être combinée à d'autres notions telles que la comparaison ou l'altérité.
  - Le déterminant quantifiant interrogatif interroge sur la quantité.
  - Le déterminant quantifiant exclamatif exprime un jugement avec force sur la quantité imprécise d'une entité.

4.1. Liste des déterminants

Type de déterminant			Singulier		Pluriel	
			Masculin	Féminin	Masculin	Féminin
Identifiants	base	Déterminant de base	*le (l')*	*la (l')*	*les*	
	définis	Déterminant démonstratif	*ce (cet)* *ce…-ci* *(cet…-ci)* *ce…-là* *(cet…-là)*	*cette* *cette …-ci* *cette …-là*	*ces* *ces …-ci* *ces …-là*	
		Déterminant possessif	*mon*	*ma (mon)*	*mes*	
			ton	*ta (ton)*	*tes*	
			son	*sa (son)*	*ses*	
			notre	*notre*	*nos*	
			votre	*votre*	*vos*	
			leur	*leur*	*leurs*	
		Déterminant exclamatif	*quel*	*quelle*	*quels*	*quelles*
	indéfinis	Déterminant indéfini	*tout*	*toute*	*tous*	*toutes*
			n'importe quel	*n'importe quelle*	*n'importe quels*	*n'importe quelles*
		Déterminant interrogatif	*quel*	*quelle*	*quels*	*quelles*
Quantifiants	base	Déterminant de base (d'existence)	*un*	*une*	*des (de, d')*	
	définis	Déterminant numéral	*un*	*une*	*deux, trois,* etc.	
		Déterminant négatif	*aucun* *nul* *pas un*	*aucune* *nulle* *pas une*	*aucuns* *nuls* –	*aucunes* *nulles* –

Type de déterminant			Singulier		Pluriel	
			Masculin	Féminin	Masculin	Féminin
Quantifiants	indéfinis	Déterminant partitif	*du (de l')*	*de la (de l')*	*des*	
		Déterminant indéfinis	–	–	*quelques, plusieurs*	
			(un) peu de		*peu de*	
			–		*certains*	*certaines*
			tout	*toute*	*tous*	*toutes*
			chaque		–	
			–		*différents, divers*	*différentes, diverses*
			assez de, beaucoup de, énormément de, quantité de, suffisamment de, tant de, tellement de, trop de, Dieu sait combien de, je ne sais combien de, on ne sait combien de *Usage familier : pas mal de, (tout) plein de*			
			bien du	*bien de la*	*bien des*	
			la plupart du	*la plupart de la*	*la plupart des*	
			autant de, moins de, plus de, davantage de			
		Déterminant interrogatif	*combien de*			
		Déterminant exclamatif	*combien de, tant de, tellement de, que de*			

Savoir ⊕

- Le choix du **déterminant possessif** dépend de la personne grammaticale que représente le possesseur : P1 (*mon, ma, mes*), P2 (*ton, ta, tes*), P3 (*son, sa, ses*), P4 (*notre, nos*), P5 (*votre, vos*) et P6 (*leur, leurs*).
- Anciennement, ***plusieurs*** signifiait « un nombre considérable ». Ce sens est conservé au Québec aux côtés du sens moderne (un petit nombre).
  Plusieurs Montréalais pensent qu'il y a trop de corruption dans leur ville.
- Les emplois au singulier de ***la plupart*** *du, de la* sont vieillis ou figés : *la plupart du temps.*

4.2. Déterminant numéral cardinal

a) Formes

	Nombre	Déterminants		
Unité	1-9	*un, une, deux, trois, quatre, cinq, six, sept, huit, neuf*		
Dizaine	10	*dix*		
Dizaine	20	*vingt*		
Dizaine	30	*trente*		3 x 10
Dizaine	40	*quarante*		4 x 10
Dizaine	50	*cinquante*		5 x 10
Dizaine	60	*soixante*		6 x 10
Dizaine	70	*septante* (Belgique, Suisse) *soixante-dix* (Canada, France)		7 x 10 60 + 10
Dizaine	80	*huitante* (Suisse) *octante* (Suisse) *quatre-vingts* (Belgique, Canada, France, Suisse)		8 x 10 8 x 10 4 x 20
Dizaine	90	*nonante* (Belgique, Suisse) *quatre-vingt-dix* (Canada, France)		9 x 10 80 + 10
Dizaine et unité	**Unité = 1** 11	*onze*		
Dizaine et unité	21	*vingt et un*	(RO) *vingt-et-un*	
Dizaine et unité	31	*trente et un*	(RO) *trente-et-un*	
Dizaine et unité	41	*quarante et un*	(RO) *quarante-et-un*	
Dizaine et unité	51	*cinquante et un*	(RO) *cinquante-et-un*	
Dizaine et unité	61	*soixante et un*	(RO) *soixante-et-un*	
Dizaine et unité	71	*septante et un* *soixante et onze*	(RO) *septante-et-un* (Belgique, Suisse) (RO) *soixante-et-onze* (Canada, France)	
Dizaine et unité	81	*huitante et un* *octante et un*	(RO) *huitante-et-un* (Suisse) (RO) *octante-et-un* (Suisse) *quatre-vingt-un* (Belgique, Canada, France)	
Dizaine et unité	91	*nonante et un*	(RO) *nonante-et-un* (Belgique, Suisse) *quatre-vingt-onze* (Canada, France)	
Dizaine et unité	**Unité ≠ 1** 12-16	*douze, treize, quatorze, quinze, seize* (déterminants simples)		
Dizaine et unité	17-99	*dix-sept, dix-huit, dix-neuf,* *vingt-deux, vingt-trois, nonante-neuf,* *soixante-quinze, quatre-vingt-six, quatre-vingt-dix-neuf,* etc.		

	Nombre	Déterminants	
Centaine	100	*cent*	
	200-900	*deux cents, trois cents*, etc.	(RO) *deux-cents, trois-cents*, etc.
	+ unité	*cent un, deux cent trois*, etc.	(RO) *cent-un ; deux-cent-trois*, etc.
	+ dizaine	*cent dix, deux cent vingt*, etc.	(RO) *cent-dix, deux-cent-vingt*, etc.
	+ dizaine + unité	*cent dix-huit, deux cent trente et un, cent quatre-vingt-onze*, etc.	(RO) *cent-dix-huit ; deux-cent-trente-et-un ; cent-quatre-vingt-onze*, etc.
Millier	1 000	*mille*	
	1 001-1 099	*mille un* *mille soixante-six*	(RO) *mille-un* (1 000 + 1) (RO) *mille-soixante-six* (1 000 + 66)
	1 100-1 900	*onze cents* *mille cent* *dix-sept cent quatre-vingts* *mille sept cent quatre-vingts*	(RO) *onze-cents* (11 x 100, traditionnel) (RO) *mille-cent* (1 000 + 100, moderne) (RO) *dix-sept-cent-quatre-vingts* (17 x 100 + 80, traditionnel) (RO) *mille-sept-cent-quatre-vingts* (1 000 + 700 + 80, moderne)
	2 000- …	*deux mille treize*	(RO) *deux-mille-treize* (2 000 + 13)

Savoir +

(NN) ***Soixante et deux, etc.*** Anciennement, le *et* reliait systématiquement les unités aux dizaines (*soixante et deux, et trois, et quatre*, etc.), et même plus largement reliait l'unité à un autre nombre (*cent et un, et deux*, etc.). Cet usage s'entend encore dans certaines zones de la francophonie, mais est désormais considéré comme non normé.
Aujourd'hui, cette façon de compter est normée uniquement pour les chiffres dizaine-unité exprimant le *un* (21, 31, 41, 51, 61, etc.), excepté *quatre-vingt-un*.

Mille et un Il s'agit de la forme ancienne, où l'unité était reliée au nombre précédent par un *et*. Cette forme est normée uniquement dans l'expression figurée de grande quantité, *mille et un problèmes, mille et une difficultés*, etc., qui ne signifie donc pas une quantité précise. Cette ancienne façon de compter se trouve dans le titre *Les mille et une nuits*.

b) Trait d'union

Orthographe traditionnelle

nombre objet

portion < 100 : traits d'union
portion > 100 : pas de traits d'union

deux cent vingt-six lignes
quatre cent quatre-vingt-une lignes
deux mille treize lignes

(RO) **Rectifications orthographiques de 1990**

nombre objet

↓

un déterminant composé dont l'unité est marquée par des traits d'union

deux-cent-vingt-six lignes
quatre-cent-quatre-vingt-une lignes
deux-mille-treize lignes

c) Variation

Forme unique (la majorité des numéraux)	Forme variable	
	masculin / féminin	singulier / pluriel
deux élèves *trois élèves* *quatre élèves* *cinq élèves* *dix élèves* *mille élèves* etc.	*un, une* et les composés (21, 31, 41, etc.)	*vingt / vingts ; cent / cents* à condition qu'ils soient multipliés et qu'ils terminent le nombre : 20 — *vingt élèves* 100 — *cent élèves* 4 x 20 — *quatre-vingts* (4 x 20) + 4 — *quatre-vingt-quatre* 2 x 100 — *deux cents* (RO) *deux-cents* (2 x 100) + 6 — *deux cent six* (RO) *deux-cent-six*
		Noms (et non déterminants) de nombre : *zéro(s), millier(s), milliard(s), billion(s)* *Son code secret contient plusieurs zéros.* *Les pertes s'élèvent à trois milliards de dollars.*

4.3. Déterminants homophones

Ce sont des déterminants qui se prononcent de la même manière, mais qui s'écrivent différemment.

Déterminants	Moyen pour faire la différence : le sens
ces – ses	***ces*** : déterminant démonstratif, sens de désignation, « ceux-là » < ces (+ adjectif) + nom > *Ces livres sont vieux. Ces vieux livres sont poussiéreux.*
	ses : déterminant possessif, sens de possession, « à lui, à elle » < ses (+ adjectif) + nom > *Il n'aime pas prêter ses livres. Ses nouveaux souliers.*

4.4. Déterminants et dictionnaires

Type d'information	Information
Classe du déterminant	L'information est indiquée en tête d'article, parfois sous forme d'abréviation. La plupart des dictionnaires utilisent encore un classement traditionnel, qui peut gêner le lecteur habitué à la grammaire moderne. Voici les classements traditionnels. art. (article) Exemples : *le, la, les, un, une, des, du, de la.* adj. (adjectif) Exemples : *mon, ce, chaque,* etc. Voici le classement moderne. dét. (déterminant) Exemples : *le, un, mon, chaque,* etc.

5 La préposition

Prépositions modèles

à, de, dans, sur, par, avec

Caractéristiques générales de la préposition

La construction :	une préposition introduit un nom (avec ou sans déterminant), un pronom ou un adjectif. Elle constitue le noyau d'un groupe prépositionnel.
La forme :	une préposition est invariable.
Le sens :	une préposition peut exprimer de nombreuses notions, notamment le temps, l'espace, la cause.

Comment repérer une préposition ?

Présence requise d'un autre mot :	*à [$_{\text{Dét. + nom}}$ la plage], en [$_{\text{Nom}}$ colère], avec [$_{\text{pronom}}$ lui], de [$_{\text{Adjectif}}$ gentil]*
Remplacement par une préposition modèle :	*le long de la route = sur la route*

Classe invariable

• Genre :	aucun
• Nombre :	aucun

Les prépositions ne portent aucun trait de variation et ne changent pas de forme en fonction du genre et du nombre.

5.1. Prépositions suivies d'un nom, d'un pronom ou d'un adjectif

Ces prépositions sont toutes des prépositions simples.

Préposition	+ (déterminant) nom	+ pronom	+ adjectif
de	*de la maison, de Noémie*	*de vous*	*quelqu'un de gentil*
en	*en avril*	*en nous*	*en blanc*
pour	*pour ton frère, pour Alexandre*	*pour vous*	*passer pour gentil*
comme	*comme un chat, comme ami*	*comme lui*	*considérer comme gentil*

5.2. Prépositions suivies d'un nom ou d'un pronom

Le classement ci-dessous ne tient compte que du sens le plus général ou le plus courant des prépositions. Il faut vérifier dans un dictionnaire les nuances de sens et d'emploi.
Les prépositions composées subissent une évolution plus rapide que les prépositions simples. Ainsi certaines prépositions sont désormais jugées vieillies et critiquées à ce titre : *en suite de* (désormais *à la suite de*), *vis-à-vis* (désormais *vis-à-vis de*), *dessous* (désormais *en dessous de*).

a) LIEU

Prépositions simples

à
après
avant
chez
contre
dans
depuis
derrière
devant
entre
jusque
par
parmi
passé
sous
sur
vers
via

Prépositions composées

aux alentours de
autour de
au bas de
en bas de
à compter de
à côté de
du côté de
aux côtés de
en deçà de
en dehors de
au-delà de
par-delà
par-dessous
en dessous de
par-dessus
au-dessus de
par-devant
au-devant de
par-devers
aux environs de
face à
en face de
à fleur de
hors de
jusqu'à
le long de
loin de
au milieu de
à partir de
près de
auprès de
proche de
à travers
au travers de
vis-à-vis de

Prépositions en série

de… jusqu'à
de… à
de… en
depuis… jusqu'à

b) TEMPS

Prépositions simples

après
avant
depuis
dès
durant
passé
pendant

Prépositions composées

à compter de
à l'issue de
à l'occasion de
à la fin de
à partir de
au début de
au fur et à mesure de
au terme de
en cours de
il y a
lors de
préalablement à
par suite de
à la suite de
comme suite à
suite à (parfois critiqué)
en suite de (vieilli)
ensuite de (vieilli)
voici
voilà

c) CAUSE – MOYEN

Prépositions composées

à cause de (sens négatif)
pour cause de
grâce à (sens positif)
(NN) *dû à*
à force de
à l'aide de
à la faveur de
au moyen de
au prix de
de par
du fait de
en faveur de
en raison de
en vertu de

d) BUT

Prépositions composées
de crainte de
sans crainte de
dans la crainte de
de peur de
par peur de

e) NÉGATION

Prépositions simples
excepté
hormis
hors
nonobstant
sans
sauf

Prépositions composées

à défaut de
à l'exception de
à l'exclusion de
à part
abstraction faite de
au contraire de
au lieu de
au mépris de
en dépit de
en l'absence de
exception faite de
indépendamment de
faute de
non compris

f) POINT DE VUE

Prépositions simples
selon
suivant

Prépositions composées
d'après
du point de vue de

g) THÈME

Prépositions simples

attendu
concernant
côté (familier)
envers
moyennant
outre
question (familier)
touchant
vu

Prépositions composées

à l'égard de
à propos de
au regard de
au sujet de
au vu de
compte tenu de
dans le cadre de
dans le cas de
en ce qui concerne
en fait de
en matière de
en regard de
en réponse à
en termes de
étant donné
histoire de
(registre familier)
par rapport à
rapport à (familier)
pour ce qui est de
quant à
relativement à
sur le plan de

h) COMPARAISON

Préposition simple
comme

Prépositions composées

à concurrence de (usage moderne)
à l'instar de
à l'instigation de (usage moderne)
à titre de
conformément à
contrairement à
en guise de
en tant que
parallèlement à

i) OPPOSITION

Préposition simple
malgré

Prépositions composées
à l'encontre de
à l'inverse de
à l'opposé de
en dépit de

5.3. Orthographe des prépositions composées

Comme ces prépositions sont composées de plusieurs éléments, il faut savoir si ceux-ci doivent être reliés par des espaces ou par des traits d'union.

Orthographe des prépositions composées

Éléments reliés par un trait d'union

<au>
au-delà de
au-dessus de
au-devant de

<par>
par-delà
par-dessus
par-dessous
par-devant
par-devers

vis-à-vis de

Éléments non reliés par un trait d'union

la majorité des prépositions composées
à côté de
en dessous de
à l'inverse de
etc.

5.4. Prépositions et dictionnaires

Type d'information	Information
Classe de la préposition	L'information est indiquée en tête d'article, parfois sous forme d'abréviation (*prép.*). Les propositions composées sont classées comme des locutions prépositives (*loc. prép.*).

Le pronom

6.1. Les pronoms de conjugaison

Pronoms modèles

je, tu, il, elle, on

Caractéristiques générales du pronom

La construction :	un pronom est l'équivalent d'une séquence de mots (notamment déterminant-nom).
La forme :	les pronoms sont porteurs de traits de genre (masculin, féminin), de nombre (singulier, pluriel) et de personne (première, deuxième, etc.).
Le sens :	un pronom permet de faire référence à des éléments présents dans le contexte, à des interlocuteurs présents dans la situation de communication ou à des éléments par défaut. Un pronom peut préciser la possession, la désignation, etc.

Classe variable

• Genre :	masculin, féminin
• Nombre :	singulier, pluriel
• Personne :	P1, P2, P3, P4, P5, P6
• Fonction :	sujet, complément

Les pronoms portent toujours des informations de genre, de nombre et de personne. La plupart peuvent changer de forme (par exemple, *je, tu, il, elle, me, moi*).

Ce chapitre ne présentera pas tous les pronoms, mais uniquement certains pronoms personnels, plus spécifiquement les pronoms de conjugaison. D'autres chapitres traiteront des pronoms qui interviennent surtout dans des structures plus complexes. VOIR l'utilisation des pronoms, la phrase négative, la phrase interrogative.

6.1. Les pronoms de conjugaison

Les pronoms de conjugaison permettent de conjuguer un verbe. Ils se placent généralement avant celui-ci et ne peuvent en être séparés que par *ne* ou certains pronoms (*le*, *lui*, etc.).

> ***Attention*** **!**
> Quand on parle de personne de conjugaison, on ne parle pas d'une personne, d'un être humain, mais d'un trait grammatical, comme le trait du genre ou celui du nombre.

Les pronoms de conjugaison portent des traits de personne, de nombre et de genre. Le trait grammatical de *personne* possède six valeurs, de P1 à P6.

<table>
<tr><th>Personne</th><th>Nombre</th><th>Genre</th><th>Pronom de conjugaison
(pronom sujet)</th></tr>
<tr><td>P1</td><td>singulier</td><td>masculin / féminin</td><td>je</td></tr>
<tr><td>P2</td><td>singulier</td><td>masculin / féminin</td><td>tu</td></tr>
<tr><td rowspan="4">P3</td><td rowspan="2">singulier</td><td>masculin</td><td>il</td></tr>
<tr><td>féminin</td><td>elle</td></tr>
<tr><td>pluriel</td><td>masculin / féminin</td><td rowspan="2">on</td></tr>
<tr><td>singulier</td><td>masculin</td></tr>
<tr><td rowspan="2">P4</td><td>pluriel</td><td rowspan="4">masculin / féminin</td><td rowspan="2">nous</td></tr>
<tr><td>singulier</td></tr>
<tr><td rowspan="2">P5</td><td>pluriel</td><td rowspan="2">vous</td></tr>
<tr><td>singulier</td></tr>
<tr><td rowspan="2">P6</td><td rowspan="2">pluriel</td><td>masculin</td><td>ils</td></tr>
<tr><td>féminin</td><td>elles</td></tr>
</table>

Savoir +

- ***On***

  Le *on* peut être un pluriel, équivalent en français familier du *nous*.

  On est rentrés. On est rentrées.

  Le *on* peut être un singulier, équivalent de *quelqu'un* → VOIR l'utilisation des pronoms.

  On ne fume pas ici.

- ***Nous* au singulier**

  Le *nous* de modestie et celui de majesté renvoient à une seule personne. *Nous* est alors au singulier, mais il peut être au masculin ou au féminin.

  Dans cette étude, nous nous sommes penché(e) sur le point de vue des consommateurs.

- ***Vous* au singulier**

  Le *vous* de politesse renvoie à une seule personne. Il est donc au singulier, mais peut être masculin ou féminin.

  Marie-Françoise, vous êtes ravissante ce soir. Charles-Henri, vous êtes très gentil.

Il est intéressant d'utiliser les dénominations modernes *personne 1, personne 2,* etc. dans la mesure où le parallélisme n'est pas parfait entre les personnes traditionnellement dites du singulier et celles du pluriel. Par exemple, *nous* n'est pas un *je* au pluriel ; *vous* peut signifier un singulier et ne désigner qu'une seule personne. De plus, l'accord du verbe repose sur le trait de personne tandis que d'autres accords comme celui du participe passé reposent sur les traits de genre et de nombre : *nous nous [$_{P4}$ sommes] [$_{F\ sg}$ penchée].*

Pronoms de conjugaison	Dénomination traditionnelle	Dénomination moderne
je	1re personne du singulier	P1
tu	2e personne du singulier	P2
il, elle, on	3e personne du singulier	P3
nous	1re personne du pluriel	P4
vous	2e personne du pluriel	P5
ils, elles	3e personne du pluriel	P6

7 Le verbe

Verbes modèles

avoir, être, faire, parler, voir

Caractéristiques générales du verbe

La construction :	un verbe ne dépend pas d'un autre mot. Il est le mot le plus important dans une phrase. Il constitue le noyau d'un groupe verbal.
La forme :	un verbe varie selon le mode, le temps, la personne, le genre et le nombre.
Le sens :	un verbe peut exprimer une action, un état ou un changement d'état ; et plus précisément, un déplacement, une prise de parole, etc.

Comment repérer un verbe ?

Possibilité d'utiliser la négation *ne... pas* :	*ne pas parler ; il ne parle pas ; il n'a pas parlé*
Possibilité de conjuguer le verbe :	*je parle, tu parles*
Remplacement possible par un verbe modèle :	*Il lézarde au soleil = il est au soleil*

Classe variable

• Mode :	indicatif, subjonctif, impératif, infinitif, participe, gérondif.
• Temps :	présent, passé, passé composé, imparfait, plus-que-parfait, futur simple, futur antérieur, conditionnel présent, conditionnel passé.
• Personne :	de P1 à P6.
• Nombre :	singulier, pluriel (uniquement pour le participe passé).
• Genre	masculin, féminin (uniquement pour le participe passé).

Les verbes portent toujours des traits de mode et de temps. La plupart portent un trait de personne. La difficulté réside dans le fait que ces éléments de variation sont combinés dans la finale du verbe. Par exemple, dans *prenait, -ait* comprend les marques de variation du mode (indicatif), du temps (imparfait) et de la personne (P3).

Forme des verbes

Les classements qui tiennent compte de la forme des verbes sont relativement nombreux. Ils n'aboutissent pas aux mêmes regroupements. En pratique, ils se combinent pour décrire la classe du verbe.

Verbe	Classement	Exemple
Unité du lexique	• Verbes simples • Verbes composés	*marcher, nager, dormir* *avoir besoin, avoir peur, tomber d'accord*
Mot qui se conjugue	• Verbes à un temps simple • Verbes à un temps composé	*marchons, nagez, avons peur* *avons marché, avez nagé, avons eu peur*
Mot formé sur une base (radical)	• 1 base • 2 bases • 3 bases • 4 bases • 5 bases et plus	*[parl]er, je [parl]e, je [parl]ais* *[achev]er, tu [achèv]es, nous [achev]ons* *[craind]re, je [crain]s, [craign]ant* *[bo]re, nous [buv]ons, qu'il [boiv]e, je [bu]s* *[sav]oir, je [sai]s, que je [sach]e, je [sau]rai, je [su]s*
Mot contenant une terminaison (désinence)	4 classes à partir des terminaisons de l'infinitif à l'écrit • *-er* (environ 5 800 verbes) • *-ir* (environ 400 verbes) • *-re* (environ 250 verbes) • *-oir* (environ 40 verbes)	 *aboy[er], annonc[er], parl[er]* *about[ir], fin[ir], ten[ir], ment[ir]* *apprend[re], craind[re], résoud[re]* *décev[oir], dev[oir], v[oir]*

Verbe	Classement	Exemple
Mot contenant une terminaison (désinence)	2 classes à partir des terminaisons de l'infinitif à l'oral • [e] (environ 5 800 verbes) • [R] (environ 700 verbes)	 *[abwaje], [anɔ̃se], [paRle]* *[abutiR], [apRɑ̃dR], [vwaR]*
	2 classes à partir des terminaisons de l'indicatif présent à l'écrit • *e, es, e* (environ 5 800 verbes) • *s, s, t* (environ 700 verbes)	 *je parle, tu parles, il parle* *j'aboutis, tu aboutis, il aboutit ;* *je vois, tu vois, il voit*
Mot formé d'une base et d'une terminaison	3 classes • infinitifs en *-er* • infinitifs en *-ir* avec élargissement de la base en *iss* • infinitifs en *-ir* sans élargissement de la base en *iss*, en *-oir*, en *-re*	 *aboyer, annoncer, parler* *finir, je finis, nous finissons* *partir, je pars, nous partons* *apprendre, décevoir*

7.1. Les principes de la conjugaison aux temps simples

a) Liste des temps simples courants

Dénomination	Mode	Temps	Personne
Indicatif présent	Indicatif	présent	de P1 à P6
Indicatif imparfait		imparfait	
Indicatif futur simple		futur simple	
Indicatif conditionnel présent		conditionnel présent	
Subjonctif présent	Subjonctif	présent	
Impératif présent	Impératif	présent	P2, P4 et P5
Infinitif présent	Infinitif	présent	–
Participe présent	Participe	présent	
Participe passé		passé	
Gérondif présent	Gérondif	présent	

Savoir

- Le **conditionnel** a longtemps été considéré comme un mode. Aujourd'hui, il est considéré comme un temps de l'indicatif, essentiellement pour des raisons de forme : il se construit très similairement à l'indicatif futur simple. Ses valeurs de mode (expression de la condition, de la possibilité) ne doivent pas empêcher ce reclassement, d'autres temps de l'indicatif étant, eux aussi, en mesure d'exprimer des valeurs modales.
- Le **passé simple** n'est pas présenté dans cet ouvrage. Ce temps est surtout utilisé aux P3 et P6 dans des récits très soutenus, en particulier à l'écrit. En dehors de ces usages et de quelques expressions, l'utilisation du passé simple est en régression et serait maladroite en français courant. Le subjonctif imparfait ne sera pas non plus présenté ici pour les mêmes raisons.

b) Décomposition d'un verbe à un temps simple

Un verbe à un temps simple = | **Base** | **Terminaison** |

Base (radical) =
La partie du verbe qui porte les informations sur **le sens** (déplacement, opinion, etc.).
parl-, mang-, souffr-, etc.

Terminaison (désinence) =
La partie du verbe qui porte les informations **grammaticales** (mode, temps et personne).
-e, -es, -t, -ons, -aient, etc.

A. Les bases

Les verbes se distinguent en fonction du nombre de bases qu'ils peuvent avoir dans leur conjugaison.

Verbes réguliers **1 base**	**Comment trouver la base ?** 1. Prendre le verbe à l'infinitif. 2. Enlever la terminaison de l'infinitif (*er, ir, oir, re*). *Réclamer* → *réclamer* → *réclam* *Offrir* → *offrir* → *offr* *Conclure* → *conclure* → *conclu*

Verbes irréguliers **au moins 2 bases**	**Selon les verbes, combinaisons des possibilités suivantes** • Base initiale à partir de l'infinitif *Prendre* → *prend[re]* → *prend (prends)* • Rétrécissement de la base initiale *Prendre* → *pren[dre]* → *pren (prenons)* • Modification de la base initiale *Prendre* → *pren[dre]* → *prenn (prennent)* *Pouvoir* → *pou[voir]* → *peu (peux)*
	Certains verbes en *ir* ont une base sans le *r* de l'infinitif (*agir, finir, subir*, etc.) et une autre élargie en *-iss-* *Agir* → *agi[r]* → *agi (agis)* *agiss (agissons)*

Les verbes les plus fréquents sont généralement les plus irréguliers, c'est-à-dire qu'ils possèdent de nombreuses bases. En effet, leur haut taux d'apparition a permis que se maintiennent des formes très variées, issues de la longue histoire des mots. Il peut arriver que la base et la terminaison soient tellement réduites et imbriquées l'une dans l'autre qu'il devient impossible de les dissocier (*tu es, il a,* etc.).

B. Les terminaisons

Voici la liste des terminaisons régulières lorsqu'on conjugue un verbe aux temps simples courants. Les deux listes de terminaisons sont établies en fonction de la prononciation du verbe à l'infinitif : verbes en [e] (*parler, manger*, etc.) et verbes en [R] (*finir, voir, prendre*, etc.)

Verbes en [e]	Mode et temps							
P1-P6	Infinitif présent	Indicatif présent	Indicatif imparfait	Indicatif futur simple	Indicatif conditionnel présent	Impératif présent	Subjonctif présent	Participe présent
–	er	–	–	–	–	–	–	ant
je	–	e	ais	erai	erais	–	e	–
tu	–	es	ais	eras	erais	e	es	–
il, elle	–	e	ait	era	erait	–	e	–
nous	–	ons	ions	erons	erions	ons	ions	–
vous	–	ez	iez	erez	eriez	ez	iez	–
ils, elles	–	ent	aient	eront	eraient	–	ent	–

Verbes en [R]	Mode et temps							
P1-P6	Infinitif présent	Indicatif présent	Indicatif imparfait	Indicatif futur simple	Indicatif conditionnel présent	Impératif présent	Subjonctif présent	Participe présent
–	ir, oir, re	–	–	–	–	–	–	ant
je	–	s	ais	rai	rais	–	e	–
tu	–	s	ais	ras	rais	s	es	–
il, elle	–	t	ait	ra	rait	–	e	–
nous	–	ons	ions	rons	rions	ons	ions	–
vous	–	ez	iez	rez	riez	ez	iez	–
ils, elles	–	ent	aient	ront	raient	–	ent	–

En résumé

Conjuguer un verbe à un temps simple =	**Choisir la base**	**Choisir la terminaison**

7.2. Les principes de la conjugaison aux temps composés

a) Liste des temps composés courants

Dénomination	Mode	Temps	Personne
Indicatif passé composé	Indicatif	passé composé	de P1 à P6
Indicatif plus-que-parfait		plus-que-parfait	
Indicatif futur antérieur		futur antérieur	
Indicatif conditionnel passé		conditionnel passé	
Subjonctif passé	Subjonctif	passé	
Impératif passé	Impératif	passé	P2, P4 et P5

Dénomination	Mode	Temps	Personne
Infinitif passé	Infinitif	passé	–
Participe passé composé	Participe	passé composé	
Gérondif passé	Gérondif	passé	

b) Décomposition d'un verbe à un temps composé

Un verbe à un temps composé est formé de l'auxiliaire de conjugaison (*avoir* ou *être*) au temps simple correspondant, suivi du participe passé.
Voici la conjugaison des verbes *écrire* (auxiliaire *avoir*) et *partir* (auxiliaire *être*).

Temps composé	=	auxiliaire	au temps simple correspondant	+ participe passé
Indicatif passé composé	=	*j'ai* *je suis*	(à l'indicatif présent)	+ *écrit* + *parti*
Indicatif plus-que-parfait	=	*j'avais* *j'étais*	(à l'indicatif imparfait)	
Indicatif futur antérieur	=	*j'aurai* *je serai*	(à l'indicatif futur simple)	
Indicatif conditionnel passé	=	*j'aurais* *je serais*	(à l'indicatif conditionnel présent)	
Subjonctif passé	=	*j'aie* *je sois*	(au subjonctif présent)	
Impératif passé	=	*aie* *sois*	(à l'impératif présent)	
Infinitif passé	=	*avoir* *être*	(à l'infinitif présent)	
Participe passé composé	=	*ayant* *étant*	(au participe présent)	
Gérondif passé	=	*en ayant* *en étant*	(au gérondif présent)	

A. Choix de l'auxiliaire de conjugaison

Le choix de l'auxiliaire peut dépendre
- du verbe (expliqué dans cette section)
- de la construction du groupe verbal (VOIR le groupe verbal)

Auxiliaire fixe		
Avoir	• Verbe *avoir* • Verbe *être* • La plupart des verbes : *avoir* est l'auxiliaire par défaut	*Éric a eu un malaise.* *Éric a été malade.* *Éric a dormi.*
Être	• Une liste de verbes exprimant notamment un déplacement : *aller, arriver, (re)partir, rester, tomber, venir, parvenir, provenir, revenir, survenir, intervenir* • Une liste de verbes de changement d'état : *décéder, (re)devenir, mourir, naître* (RO) *naitre* • Verbes pronominaux	*Éric est parvenu au sommet.* *Il est resté à la maison.* (NN) *Il a resté à la maison.* *Il est tombé dans la piscine.* (NN) *Il a tombé dans la piscine.* *Éric est devenu désagréable.* *Éric s'est absenté.*

Qu'est-ce qu'un verbe pronominal ?

Un verbe pronominal présente un pronom personnel réfléchi placé avant le verbe et représentant exactement le sujet. C'est pour cette raison d'identité qu'on parle de *pronom réfléchi*, il est le reflet du sujet.

Personne	Pronom personnel sujet	Pronom personnel réfléchi	Verbe pronominal à un temps simple	Verbe pronominal à un temps composé
P1	*je*	*me* *m'*	*absenterai*	*suis absenté(e)*
P2	*tu*	*te* *t'*	*absenteras*	*es absenté(e)*
P3	*il* *on* *elle*	*se* *s'*	*absentera*	*est absenté(e)*
P4	*nous*	*nous*	*absenterons*	*sommes absenté(e)(s)*
P5	*vous*	*vous*	*absenterez*	*êtes absenté(e)(s)*
P6	*ils* *elles*	*se* *s'*	*absenteront*	*sont absenté(e)s*

Identité de sens

B. Liste des terminaisons du participe passé

Le participe passé présente quatre formes puisqu'il peut varier en genre (masculin, féminin) et en nombre (singulier, pluriel).

Terminaisons de l'infinitif	Terminaisons du participe passé				Exemples
	masc. sg.	fém. sg.	masc. pl.	fém. pl.	
-er	*-é*	*-ée*	*-és*	*-ées*	*manger* → *mangé, mangée, mangés, mangées*
-re	*-é*	*-ée*	*-és*	*-ées*	*naître* (RO) *naitre* → *né, née, nés, nées*
	-i	*-ie*	*-is*	*-ies*	*suivre* → *suivi, suivie, suivis, suivies*
	-u	*-ue*	*-us*	*-ues*	*conclure* → *conclu, conclue, conclus, conclues*
	-s	*-se*	*-s*	*-ses*	*admettre* → *admis, admise, admis, admises*
	-t	*-te*	*-ts*	*-tes*	*écrire* → *écrit, écrite, écrits, écrites*
-ir	*-i*	*-ie*	*-is*	*-ies*	*finir* → *fini, finie, finis, finies*
	-u	*-ue*	*-us*	*-ues*	*devenir* → *devenu, devenue, devenus, devenues*
	-s	*-se*	*-s*	*-ses*	*conquérir* → *conquis, conquise, conquis, conquises*
	-t	*-te*	*-ts*	*-tes*	*couvrir* → *couvert, couverte, couverts, couvertes*
-oir	*-u*	*-ue*	*-us*	*-ues*	*voir* → *vu, vue, vus, vues*
	-s	*-se*	*-s*	*-ses*	*asseoir* (RO) *assoir* → *assis, assise, assis, assises*

7.3. Les cas particuliers de la conjugaison

a) Quelques formations particulières à l'indicatif présent

Verbes	Formations particulières	
Pouvoir, valoir, vouloir ✦	Pour cette liste de verbes → Terminaisons P1 et P2 : ***-x*** → Base différente de celle de l'infinitif	
P1	peu	x
P2	vau +	x
P3	veu	t
Cueillir, offrir, couvrir, découvrir, ouvrir, souffrir, tressaillir, défaillir, assaillir	Pour cette liste de verbes → Terminaisons P1, P2 et P3 des verbes en *-er*	
P1		e
P2	cueill ; offr ; couvr ; souffr ; etc. +	es
P3		e
Verbes en ***-dre*** (sauf ceux en *-indre* et en *-soudre*)	***-ds, -ds, -d*** aux P1, P2 et P3 (avec consonne *d* de la base) Exemple : *entendre, j'entends, tu entends, il entend.*	
	Verbes fréquents *apprendre* *attendre* *comprendre* *défendre* *dépendre* *descendre* *détendre* *entendre* *entreprendre* *étendre*	 *pendre* *prendre* *prétendre* *rendre* *répondre* *reprendre* *surprendre* *suspendre* *tendre* *vendre*
Verbes en *-ttre*	***-ts, -ts, -t*** aux P1, P2 et P3 (avec consonne *t* de la base) Exemple : *admettre, j'admets, tu admets, il admet.*	
	Verbes fréquents *abattre* *admettre* *battre* *combattre* *commettre* *compromettre* *débattre*	 *émettre* *mettre* *omettre* *permettre* *promettre* *soumettre* *transmettre*

Verbes	Formations particulières
Verbes en *-pre*	***-ps, -ps, -pt*** aux P1, P2 et P3 (avec consonne *p* de la base) Exemple : *interrompre, j'interromps, tu interromps, il interrompt.*
	Verbes fréquents *corrompre* *interrompre* *rompre*
Verbes en *-cre*	***-cs, -cs, -c*** aux P1, P2 et P3 (avec consonne *c* de la base) Exemple : *convaincre, je convaincs, tu convaincs, il convainc.*
	Verbes fréquents *vaincre* *convaincre*
Verbes en *-indre*, en *-soudre*, en *-aître* (RO) *aitre* en *-tir*, en *-vir*, en *-vre*	***-s, -s, -t*** aux P1, P2 et P3 (perte de la consonne de la base) Exemple : *joindre, je joins, tu joins, il joint.* Exemple : *résoudre, je résous, tu résous, il résout.* Exemple : *partir, je pars, tu pars, il part.*
	Verbes fréquents en *-indre* *atteindre* *contraindre* *craindre* *éteindre* *joindre* *peindre* *plaindre* *rejoindre* *restreindre*
	Verbes en *-soudre* *absoudre* *dissoudre* *résoudre*
	Verbes en *-aître* (RO) *-aitre* *apparaître* (RO) *apparaitre* *comparaître* (RO) *comparaitre* *(re)connaître* (RO) *(re)connaitre* *naître* (RO) *naitre* *(dis)paraître* (RO) *(dis)paraitre*
	Verbes en *-tir, -vir, -vre* *consentir* *démentir* *mentir* *partir* *ressentir* *sentir* *servir* *sortir* *suivre*

b) Comment former l'indicatif futur simple et conditionnel présent ?

Voici comment conjuguer facilement ces deux temps si l'on ne veut pas procéder à partir de la base suivie de la terminaison *(e)rai, (e)rais*, etc. : il faut ajouter les finales suivantes à l'infinitif (sans le *e* final s'il en possède un).

Personne	Infinitif	Indicatif futur simple	Indicatif conditionnel présent
P1 P2 P3 P4 P5 P6	Infinitif Infinitif sans le e final	*ai* *as* *a* *ons* *ez* *ont*	*ais* *ais* *ait* *ions* *iez* *aient*
Exemple : P2	*partir +* *vendre → vendr +*	*as* = partiras *as* = vendras	*ais* = partirais *ais* = vendrais

Quelques formes spécifiques à l'indicatif futur simple et conditionnel présent

vouloir	*voudr-*	*avoir*	*aur-*	*être*	*ser-*
venir	*viendr-*	*aller*	*ir-*	*faire*	*fer-*
falloir	*faudr-*	*savoir*	*saur-*	*cueillir*	*cueiller-*
tenir	*tiendr-*	*devoir*	*devr-*		
valoir	*vaudr-*	*apercevoir*	*apercevr-*		

Verbes avec un double « r » à l'indicatif futur simple et conditionnel présent

pouvoir	*je pourrai*	*je pourrais*
voir	*je verrai*	*je verrais*
mourir	*je mourrai*	*je mourrais*
courir	*je courrai*	*je courrais*
envoyer	*j'enverrai*	*j'enverrais*
acquérir	*j'acquerrai*	*j'acquerrais*

c) Comment trouver les bases pour certains modes et temps ?

Bases modèles	À utiliser pour…
• **Indicatif présent P4** *nous finissons*	• **Toutes les personnes de l'indicatif imparfait** → *base* + terminaisons P1 à P6
• **Indicatif présent P4 et P6** *elles finissent*	• **Toutes les personnes du subjonctif présent** → *base* + terminaisons P1 à P6
elles boivent *nous buvons*	→ *base* + terminaisons P1, P2, P3 et P6 → *base* + terminaisons P4 et P5
• **Indicatif présent P4** *nous finissons*	• **Le participe présent et le gérondif présent** → *base* + terminaisons *ant*

Quelques bases au subjonctif présent

aller	*aill-, all-*	*faire*	*fass-*	*être*	*soi-, soy-*
vouloir	*veuill-, voul-*	*pouvoir*	*puiss-*	*avoir*	*ai-, ay-*
falloir	*faill-*	*agir*	*agiss-*	*voir*	*voi-, voy-*
valoir	*vaill-, val-*	*savoir*	*sach-*		
venir	*vienn-, ven-*	*devoir*	*doiv-, dev-*		
tenir	*tienn-, ten-*	*boire*	*boiv-, buv-*		

***Verbes en* -ir *ayant une base élargie en* -iss-**

Exemple : *applaudir, j'applaudis, nous applaudissons, vous applaudissez*, etc.

abolir	*bâtir*	*garantir*	*se réjouir*
aboutir	*choisir*	*grandir*	*remplir*
accomplir	*convertir*	*grossir*	*répartir*
affaiblir	*définir*	*guérir*	*rétablir*
agir	*éclaircir*	*investir*	*réunir*
agrandir	*élargir*	*nourrir*	*réussir*
alourdir	*enrichir*	*obéir*	*saisir*
anéantir	*envahir*	*périr*	*sévir*
applaudir	*épanouir*	*punir*	*subir*
approfondir	*établir*	*ralentir*	*surgir*
assortir	*finir*	*réagir*	*trahir*
avertir	*fournir*	*réfléchir*	*unir*
bannir	*franchir*	*régir*	*vieillir*

***Verbes en* -ir *n'ayant pas de base élargie en* -iss-**

Exemple : *courir, je cours, nous courons, vous courez*, etc.

acquérir	*desservir*	*offrir*	*ressentir*
conquérir	*dormir*	*ouvrir*	*retenir*
consentir	*endormir*	*parcourir*	*revêtir*
courir	*enfuir*	*partir*	*sentir*
couvrir	*fuir*	*recourir*	*servir*
découvrir	*mentir*	*recouvrir*	*sortir*
démentir	*mourir*	*recueillir*	*souffrir*

d) Combinaison de lettres étonnante, mais régulière

Il existe des cas de conjugaison où la jonction de la base et de la terminaison se fait de manière régulière, mais aboutit à une combinaison de lettres jugée suspecte, à tort.

Type de verbes	Caractéristiques de la base	Combinaisons étonnantes	Exemples
-ier *crier* [environ 300 verbes]	Base se terminant par *i*	*ii*	Indicatif imparfait, subjonctif présent : *nous criions, vous criiez*
-iller *briller* [environ 230 verbes]	Base se terminant par *ill*	*illi*	Indicatif imparfait, subjonctif présent : *nous brillions, vous brilliez*
-yer *ennuyer* [environ 100 verbes]	Base se terminant par *y*	*yi*	Indicatif imparfait, subjonctif présent : *nous payions, vous ennuyiez*
-gner *signer* [environ 60 verbes]	Base se terminant par *gn*	*gni*	Indicatif imparfait, subjonctif présent : *nous signions, vous signiez*
-quer *expliquer* [environ 180 verbes]	Base se terminant par *qu*	*quo, qua*	Indicatif présent : *nous expliquons* Indicatif imparfait : *il expliquait* Participe présent : *expliquant*
-guer *distinguer* [environ 80 verbes]	Base se terminant par *gu*	*guo, gua*	Indicatif présent : *nous distinguons* Indicatif imparfait : *il distinguait* Participe présent : *distinguant*
-éer *créer* [environ 20 verbes]	Base se terminant par *é*	*éé, éée, éés, éées*	Participe passé : *créé, créée, créés, créées*
		ée, ées, éo	Indicatif présent : *je supplée, tu supplées, nous suppléons, vous suppléez*, etc.
		éi	Indicatif imparfait, subjonctif présent : *nous suppléions, vous suppléiez*

Liste de verbes fréquents

Type de verbes	Vebes fréquents		
-ier	*amplifier*	*initier*	*renier*
	approprier	*parier*	*replier*
	clarifier	*photographier*	*s'allier*
	concilier	*planifier*	*sacrifier*
	contrarier	*plier*	*se méfier*
	copier	*privilégier*	*simplifier*
	dédier	*rallier*	*soucier*
	défier	*ratifier*	*spécifier*
	différencier	*réconcilier*	*supplier*
	diversifier	*rectifier*	
	expédier	*remédier*	

Type de verbes	Vebes fréquents		
-iller	*briller* *brouiller* *conseiller* *débrouiller* *dépouiller*	*détailler* *éveiller* *fouiller* *habiller* *réveiller*	*surveiller* *tailler* *veiller*
-yer	*aboyer* *appuyer* *balayer* *déployer* *effrayer* *employer*	*ennuyer* *envoyer* *essayer* *essuyer* *nettoyer* *noyer*	*octroyer* *payer* *rayer* *renvoyer*
-gner	*accompagner* *aligner* *assigner* *baigner* *désigner* *éloigner*	*enseigner* *épargner* *gagner* *regagner* *régner* *renseigner*	*signer* *soigner* *souligner* *témoigner*
-quer	*appliquer* *attaquer* *bloquer* *choquer* *claquer* *communiquer* *compliquer* *convoquer* *craquer* *critiquer*	*débarquer* *débloquer* *embarquer* *évoquer* *expliquer* *fabriquer* *impliquer* *indiquer* *invoquer* *manquer*	*marquer* *masquer* *piquer* *pratiquer* *provoquer* *remarquer* *répliquer* *revendiquer* *risquer* *se moquer*
-guer	*déléguer* *distinguer* *droguer* *fatiguer*	*léguer* *naviguer* *reléguer*	
-éer	*agréer* *créer* *maugréer*	*procréer* *suppléer*	

e) Cas particuliers en lien avec la prononciation

A. Modification de la base à l'écrit pour conserver un son présent à l'infinitif

1 base à l'oral dans toute la conjugaison

↓

Plusieurs bases à l'écrit
pour conserver la prononciation de la base

Types de verbes	Caractéristiques de la base	Ajustements graphiques	Exemples	
-ger *rédiger* [environ 190 verbes]	Base se terminant par *g* (son [ʒ] et non [g])	*go* → *geo* *ga* → *gea*	Indicatif présent : Participe présent :	*nous rédigeons* *rédigeant*
-cer *annoncer* [environ 120 verbes]	Base se terminant par c (son [s] et non [k])	*co* → *ço* *ca* → *ça*	Indicatif présent : Indicatif imparfait : Participe présent :	*nous annonçons* *tu annonçais* *annonçant*
-cevoir *apercevoir, concevoir, décevoir, percevoir, recevoir*		*co* → *ço* *cu* → *çu*	Indicatif présent : Participe passé :	*tu aperçois* *aperçu*

Listes de verbes fréquents

Type de verbes	Vebes fréquents		
-ger	*alléger* *allonger* *aménager* *arranger* *bouger* *corriger* *décharger* *décourager* *dégager* *déménager* *déranger* *échanger* *émerger* *encourager*	*envisager* *ériger* *exiger* *figer* *forger* *infliger* *interroger* *loger* *manger* *mélanger* *ménager* *négliger* *piéger* *plonger*	*prolonger* *propager* *protéger* *purger* *ranger* *ravager* *rédiger* *siéger* *songer* *soulager* *venger* *voyager*
-cer	*amorcer* *annoncer* *avancer* *balancer* *coincer* *commencer* *dénoncer* *déplacer* *effacer*	*efforcer* *enfoncer* *énoncer* *exercer* *financer* *forcer* *influencer* *lancer* *menacer*	*percer* *placer* *remplacer* *renforcer* *renoncer* *replacer* *tracer*

B. Modification de la base à l'écrit pour indiquer un changement de son

Plusieurs bases à l'oral dans la conjugaison ↓ Plusieurs bases à l'écrit pour transcrire les différentes prononciations

Les verbes qui changent le « y » en « i »

Types de verbes	Prononciation	Ajustements à l'écrit	Exemples
-yer *employer, envoyer, déployer, nettoyer, noyer, octroyer* *balayer, effrayer, essayer, payer, rayer* *appuyer, ennuyer, essuyer*	finale de la base se prononce [j]	*y* conservé	*nous* [*employ*] *ons* *vous* [*envoy*] *ez*
	finale de la base ne se prononce pas [j]	*y* → *i*	• Indicatif présent (P1, P2, P3 et P6) • Subjonctif présent (P1, P2, P3 et P6) • Impératif présent (P2) *j'* [*emploi*] *e* *tu* [*emploi*] *es* *il, elle, on* [*emploi*] *e* *ils, elles* [*emploi*] *ent*
			• Indicatif futur simple (de P1 à P6) • Indicatif conditionnel présent (de P1 à P6) *j'* [*emploi*] *erai, erais* *tu* [*emploi*] *eras, erais* *il, elle, on* [*emploi*] *era, erait* *nous* [*emploi*] *erons, erions* *vous* [*emploi*] *erez, eriez* *ils, elles* [*emploi*] *eront, eraient*

Savoir +

Les verbes en -*ayer* peuvent conserver le « y » tout au long de leur conjugaison ou le changer dans les mêmes conditions que celles présentées ci-dessus. Ils ont donc deux prononciations.

Je paye / je paie ; nous payerons / nous paierons ; etc.

Les verbes qui changent le « e » en « è »

Types de verbes	Prononciation	Ajustements à l'écrit	Exemples
-e_er *achever, crever, élever, enlever, prélever, relever, soulever ;* *amener, emmener, mener, promener, ramener ;* *parsemer, semer ;* *déceler, geler, harceler ;* *acheter ;* *renouveler, ruisseler* selon les (RO)	finale de la base se prononce [ə]	e conservé	*il* [enlev] *ait* *nous* [enlev] *ons* *vous* [soulev] *ez*
	finale de la base se prononce [ɛ]	e → è	• Indicatif présent (P1, P2, P3 et P6) • Subjonctif présent (P1, P2, P3 et P6) • Impératif présent (P2) *j'* [enlèv] *e* *tu* [enlèv] *es* *il, elle, on* [enlèv] *e* *ils, elles* [enlèv] *ent*
			• Indicatif futur simple (de P1 à P6) • Indicatif conditionnel présent (de P1 à P6) *j'* [enlèv] *erai, erais* *tu* [enlèv] *eras, erais* *il, elle, on* [enlèv] *era, erait* *nous* [enlèv] *erons, erions* *vous* [enlèv] *erez, eriez* *ils, elles* [enlèv] *eront, eraient*

Les verbes qui peuvent changer le « é » en « è »

Types de verbes	Prononciation	Ajustements à l'écrit	Exemples
-é_er *accéder, céder, concéder, décéder, excéder, obséder, posséder, précéder, procéder, succéder ; alléger, piéger, protéger, siéger ; révéler ; accélérer, adhérer, avérer, conférer, considérer,*	finale de la base se prononce [e]	é conservé	*il* [accéd] *ait* *nous* [tolér] *ons* *vous* [tolér] *ez*
	finale de la base se prononce [ɛ]	é → è	• Indicatif présent (P1, P2, P3 et P6) • Subjonctif présent (P1, P2, P3 et P6) • Impératif présent (P2) *je* [transfèr] *e* *tu* [transfèr] *es* *il, elle, on* [transfèr] *e* *ils, elles* [transfèr] *ent*

Types de verbes	Prononciation	Ajustements à l'écrit	Exemples
coopérer, délibérer, désespérer, différer, énumérer, espérer, exagérer, générer, gérer, insérer, libérer, modérer, opérer, préférer, récupérer, référer, réitérer, rémunérer, repérer, suggérer, tolérer, transférer ; compléter, décréter, inquiéter, interpréter, refléter, répéter		(RO) é → è (sinon é conservé en orthographe traditionnelle)	• Indicatif futur simple (de P1 à P6) • Indicatif conditionnel présent (de P1 à P6) *je* [transfèr] *erai, erais* *tu* [transfèr] *eras, erais* *il, elle, on* [transfèr] *era, erait* *nous* [transfèr] *erons, erions* *vous* [transfèr] *erez, eriez* *ils, elles* [transfèr] *eront, eraient*

Les verbes qui doublent le « l » ou le « t »

Types de verbes	Prononciation	Ajustements à l'écrit	Exemples
-eler, -eter *appeler, rappeler* *jeter, rejeter, projeter* (*renouveler, ruisseler*, etc. en orthographe traditionnelle)	finale de la base se prononce [ə]	un seul *l* ou *t*	*il* [appel] *ait* *nous* [appel] *ons* *vous* [projet] *ez*
	finale de la base se prononce [ɛ]	*l* → *ll* *t* → *tt*	• Indicatif présent (P1, P2, P3 et P6) • Subjonctif présent (P1, P2, P3 et P6) • Impératif présent (P2) *j'* [appell] e *tu* [appell] *es* *il, elle, on* [jett] e *ils, elles* [jett] *ent*
			• Indicatif futur simple (de P1 à P6) • Indicatif conditionnel présent (de P1 à P6) *j'* [appell] *erai, erais* *tu* [jett] *eras, erais* *il, elle, on* [appell] *era, erait* *nous* [jett] *erons, erions* *vous* [appell] *erez, eriez* *ils, elles* [jett] *eront, eraient*

Les verbes qui doublent le « n »

Types de verbes	Prononciation	Ajustements à l'écrit	Exemples
prendre *tenir* *venir*	finale de la base ne se prononce pas [ɛ]	un seul *n*	*je* *retien* *s* *nous* *déten* *ons* *vous* *déten* *ez*
	finale de la base se prononce [ɛ]	*n* → *nn*	• Indicatif présent (P6) • Subjonctif présent (P1, P2, P3 et P6) *je* *retienn* e *tu* *détienn* *es* *il, elle, on* *retienn* e *ils, elles* *détienn* *ent*

Listes de verbes fréquents qui doublent le « n »

Verbes fréquents formés sur *prendre*	Verbes fréquents formés sur *tenir*	Verbes fréquents formés sur *venir*
apprendre *comprendre* *entreprendre* *reprendre* *s'éprendre* *se méprendre* *surprendre*	*s'abstenir* *appartenir* *contenir* *détenir* *entretenir* *maintenir* *obtenir* *soutenir*	*advenir* *convenir* *devenir* *intervenir* *parvenir* *prévenir* *provenir* *redevenir* *revenir* *se souvenir* *survenir*

Le verbe haïr

Verbe	Prononciation	Ajustements à l'écrit	Exemples
haïr	la base contient le son [a], suivi du son [i]	*aï*	Base *haïss* Indicatif présent (P4 à P6) : *nous haïssons* Indicatif imparfait (P1 à P6) : *je haïssais* Subjonctif présent (P1 à P6) : *que tu haïsses* Impératif présent (P4 et P5) : *haïssons*
			Base *haï* Participe passé : *haï, haïe, haïs, haïes* Indicatif futur simple et indicatif conditionnel présent (P1 à P6) : *tu haïras, tu haïrais*
	la base contient le son [ɛ]	*ai*	Base *hai* Indicatif présent (P1 à P3) : *je hais* Impératif présent (P2) : *hais*

C. Modification à l'écrit pour distinguer des verbes homophones

Mots différents, mais à la prononciation identique
↓
Ajustement à l'écrit pour marquer la différence

***Les verbes* croître ((RO) croitre) *et* croire**

Les verbes *croître* ((RO) *croitre*) et *croire* se prononcent de la même manière à certains temps et à certaines personnes de leur conjugaison. Les formes équivoques portent un accent circonflexe s'il s'agit du verbe *croître*.

Formes identiques à l'oral	*Croître* (RO) *croitre*	*Croire*
Indicatif présent (de P1 à P3)	*je croîs, tu croîs, il croît*	*je crois, tu crois, il croit*
Impératif présent (P2)	*croîs*	*crois*
Participe passé	*crû* (mais *crue, crus, crues*)	*cru, crue, crus, crues*

***Le verbe* devoir *et le mot* du**

	Verbe *devoir* (participe passé)	Déterminant ou préposition contractée avec le déterminant
Formes identiques à l'oral	*dû* (mais *due, dus, dues*)	*du*

f) Accent circonflexe

La règle ne vaut plus qu'en orthographe traditionnelle.

Verbes	Formes touchées	Orthographe traditionnelle	Rectifications orthographiques (RO)
-aître (RO) *aitre* [environ 10 verbes] *apparaître, connaître, naître*	*i + t* Indicatif présent (P3) Indicatif futur simple (de P1 à P6) Indicatif conditionnel présent (de P1 à P6)	*Il connaît* *Je connaîtrai* *Je connaîtrais*	*Il connait* *Je connaitrai* *Je connaitrais*
-oître (RO) *oitre* *croître, accroître, décroître*		*Il accroît* *Tu accroîtras* *Tu accroîtrais*	*Il accroit* *Tu accroitras* *Tu accroitrais*
plaire, déplaire, complaire	*i + t* Indicatif présent (P3)	*Il plaît* *Il se complaît*	*Il plait* *Il se complait*
-aîner (RO) *ainer* *déchaîner, enchaîner, entraîner, traîner*	Toute la conjugaison	*Je traîne*	*Je traine*

7.4. Le système de la conjugaison des verbes

a) Les verbes dont la conjugaison est complète

Le système de conjugaison se définit comme un ensemble de formes que peut prendre le verbe, celles-ci sont au nombre de 97 si l'on tient compte des temps littéraires (indicatif présent P1, indicatif présent P2, indicatif présent P3, etc.).

- Certaines formes verbales sont identiques au sein du système de la conjugaison, tant à l'oral qu'à l'écrit (formes homophones et homographes) :
  - *parle* : indicatif présent P1, P3 ; impératif présent P2 et subjonctif présent P1, P3 ;
  - *parlions* : indicatif imparfait P4 et subjonctif présent P4 ;
  - etc.
- D'autres formes verbales sont identiques uniquement à l'oral (formes homophones) et distinctes à l'écrit :
  - [paRl] : *parle* (indicatif présent P1 et P3, impératif présent P2, subjonctif présent P1 et P3) ; *parles* (indicatif présent P2, subjonctif présent P2) ; *parlent* (indicatif présent P6, subjonctif présent P6).
  - [vwa] : *vois* (indicatif présent P1, P2 ; impératif présent P2) ; *voit* (indicatif présent P3) ; *voie* (subjonctif présent P1, P3) ; *voies* (subjonctif présent P2) ; *voient* (indicatif présent P6, subjonctif présent P6).
  - etc.

b) Les verbes dont la conjugaison est incomplète

On appelle *verbes défectifs* les verbes dont la conjugaison est incomplète. On distingue deux types de verbes défectifs.

Verbes défectifs	
Manque systématique de personnes	**Verbes impersonnels (ou unipersonnels)** La conjugaison ne se fait qu'à une seule personne, qui ne présente qu'une forme, *il* (et non *elle, on*). Le pronom ne réfère à aucun être. Les verbes impersonnels ne peuvent être mis ni à l'impératif ni au participe présent. • Verbes météorologiques : *bruiner, dégeler, geler, grêler, neiger, pleuvoir, tonner, venter* • Quelques autres verbes, notamment : *Advenir, falloir, s'agir*
Manques variables	**Verbes en perte de vitesse dans l'usage** Certains verbes ne se conjuguent plus à tous les modes, tous les temps, ni à toutes les personnes. Parmi ces formes restantes, certaines ont plus de vitalité que d'autres. Chaque verbe présente ses particularités. *accroire* (en composition : *faire accroire, laisser accroire)* *clore* (notamment, indicatif présent P1 à P3 et futur simple) : *je clos, je clorai* *faillir* (surtout à l'infinitif et aux temps composés) : *j'ai failli* *gésir* (indicatif présent et imparfait, participe présent) : *il gît* (RO) *git, gisant* seoir (surtout à l'indicatif présent, P3 et P6) : *il sied, ils siéent*

c) Tableaux de conjugaison des verbes modèles

AVOIR

INDICATIF

présent	passé composé		
j' ai	j' ai		eu
tu as	tu as		eu
il a	il a		eu
nous avons	nous avons		eu
vous avez	vous avez		eu
ils ont	ils ont		eu
imparfait	**plus-que-parfait**		
j' avais	j' avais		eu
tu avais	tu avais		eu
il avait	il avait		eu
nous avions	nous avions		eu
vous aviez	vous aviez		eu
ils avaient	ils avaient		eu
futur simple	**futur antérieur**		
j' aurai	j' aurai		eu
tu auras	tu auras		eu
il aura	il aura		eu
nous aurons	nous aurons		eu
vous aurez	vous aurez		eu
ils auront	ils auront		eu
conditionnel présent	**conditionnel passé**		
j' aurais	j' aurais		eu
tu aurais	tu aurais		eu
il aurait	il aurait		eu
nous aurions	nous aurions		eu
vous auriez	vous auriez		eu
ils auraient	ils auraient		eu

SUBJONCTIF

présent	passé	
que j' aie	que j' aie	eu
que tu aies	que tu aies	eu
qu'il ait	qu'il ait	eu
que nous ayons	que nous ayons	eu
que vous ayez	que vous ayez	eu
qu'ils aient	qu'ils aient	eu

IMPÉRATIF

présent	passé	
aie	aie	eu
ayons	ayons	eu
ayez	ayez	eu

INFINITIF

présent	passé	
avoir	avoir	eu

PARTICIPE

présent	passé composé	
ayant	ayant	eu
passé		
eu		

GÉRONDIF

présent	passé	
en ayant	en ayant	eu

ÊTRE

INDICATIF

présent	passé composé		
je suis	j' ai	été	
tu es	tu as	été	
il est	il a	été	
nous sommes	nous avons	été	
vous êtes	vous avez	été	
ils sont	ils ont	été	

imparfait	plus-que-parfait	
j' étais	j' avais	été
tu étais	tu avais	été
il était	il avait	été
nous étions	nous avions	été
vous étiez	vous aviez	été
ils étaient	ils avaient	été

futur simple	futur antérieur	
je serai	j' aurai	été
tu seras	tu auras	été
il sera	il aura	été
nous serons	nous aurons	été
vous serez	vous aurez	été
ils seront	ils auront	été

conditionnel présent	conditionnel passé	
je serais	j' aurais	été
tu serais	tu aurais	été
il serait	il aurait	été
nous serions	nous aurions	été
vous seriez	vous auriez	été
ils seraient	ils auraient	été

SUBJONCTIF

présent	passé	
que je sois	que j' aie	été
que tu sois	que tu aies	été
qu'il soit	qu'il ait	été
que nous soyons	que nous ayons	été
que vous soyez	que vous ayez	été
qu'ils soient	qu'ils aient	été

IMPÉRATIF

présent	passé	
sois	aie	été
soyons	ayons	été
soyez	ayez	été

INFINITIF

présent	passé	
être	avoir	été

PARTICIPE

présent	passé composé	
étant	ayant	été

passé
été

GÉRONDIF

présent	passé	
en étant	en ayant	été

FAIRE

INDICATIF

présent		passé composé		
je	fais	j'	ai	fait
tu	fais	tu	as	fait
il	fait	il	a	fait
nous	faisons	nous	avons	fait
vous	faites	vous	avez	fait
ils	font	ils	ont	fait
imparfait		**plus-que-parfait**		
je	faisais	j'	avais	fait
tu	faisais	tu	avais	fait
il	faisait	il	avait	fait
nous	faisions	nous	avions	fait
vous	faisiez	vous	aviez	fait
ils	faisaient	ils	avaient	fait
futur simple		**futur antérieur**		
je	ferai	j'	aurai	fait
tu	feras	tu	auras	fait
il	fera	il	aura	fait
nous	ferons	nous	aurons	fait
vous	ferez	vous	aurez	fait
ils	feront	ils	auront	fait
conditionnel présent		**conditionnel passé**		
je	ferais	j'	aurais	fait
tu	ferais	tu	aurais	fait
il	ferait	il	aurait	fait
nous	ferions	nous	aurions	fait
vous	feriez	vous	auriez	fait
ils	feraient	ils	auraient	fait

SUBJONCTIF

présent		passé		
que je	fasse	que j'	aie	fait
que tu	fasses	que tu	aies	fait
qu'il	fasse	qu'il	ait	fait
que nous	fassions	que nous	ayons	fait
que vous	fassiez	que vous	ayez	fait
qu'ils	fassent	qu'ils	aient	fait

IMPÉRATIF

présent	passé	
fais	aie	fait
faisons	ayons	fait
faites	ayez	fait

INFINITIF

présent	passé	
faire	avoir	fait

PARTICIPE

présent	passé composé	
faisant	ayant	fait
passé		
fait		

GÉRONDIF

présent	passé	
en faisant	en ayant	fait

VERBES EN *-ER* : PARLER

INDICATIF

présent		**passé composé**		
je	parle	j'	ai	parlé
tu	parles	tu	as	parlé
il	parle	il	a	parlé
nous	parlons	nous	avons	parlé
vous	parlez	vous	avez	parlé
ils	parlent	ils	ont	parlé
imparfait		**plus-que-parfait**		
je	parlais	j'	avais	parlé
tu	parlais	tu	avais	parlé
il	parlait	il	avait	parlé
nous	parlions	nous	avions	parlé
vous	parliez	vous	aviez	parlé
ils	parlaient	ils	avaient	parlé
futur simple		**futur antérieur**		
je	parlerai	j'	aurai	parlé
tu	parleras	tu	auras	parlé
il	parlera	il	aura	parlé
nous	parlerons	nous	aurons	parlé
vous	parlerez	vous	aurez	parlé
ils	parleront	ils	auront	parlé
conditionnel présent		**conditionnel passé**		
je	parlerais	j'	aurais	parlé
tu	parlerais	tu	aurais	parlé
il	parlerait	il	aurait	parlé
nous	parlerions	nous	aurions	parlé
vous	parleriez	vous	auriez	parlé
ils	parleraient	ils	auraient	parlé

SUBJONCTIF

présent		**passé**		
que je	parle	que j'	aie	parlé
que tu	parles	que tu	aies	parlé
qu'il	parle	qu'il	ait	parlé
que nous	parlions	que nous	ayons	parlé
que vous	parliez	que vous	ayez	parlé
qu'ils	parlent	qu'ils	aient	parlé

IMPÉRATIF

présent	**passé**	
parle	aie	parlé
parlons	ayons	parlé
parlez	ayez	parlé

INFINITIF

présent	**passé**	
parler	avoir	parlé

PARTICIPE

présent	**passé composé**	
parlant	ayant	parlé

passé
parlé

GÉRONDIF

présent	**passé**	
en parlant	en ayant	parlé

VERBES EN -*IR*, sans élargissement de la base en -*iss*- : OFFRIR

INDICATIF

présent		passé composé		
j'	offre	j'	ai	offert
tu	offres	tu	as	offert
il	offre	il	a	offert
nous	offrons	nous	avons	offert
vous	offrez	vous	avez	offert
ils	offrent	ils	ont	offert

imparfait		plus-que-parfait		
j'	offrais	j'	avais	offert
tu	offrais	tu	avais	offert
il	offrait	il	avait	offert
nous	offrions	nous	avions	offert
vous	offriez	vous	aviez	offert
ils	offraient	ils	avaient	offert

futur simple		futur antérieur		
j'	offrirai	j'	aurai	offert
tu	offriras	tu	auras	offert
il	offrira	il	aura	offert
nous	offrirons	nous	aurons	offert
vous	offrirez	vous	aurez	offert
ils	offriront	ils	auront	offert

conditionnel présent		conditionnel passé		
j'	offrirais	j'	aurais	offert
tu	offrirais	tu	aurais	offert
il	offrirait	il	aurait	offert
nous	offririons	nous	aurions	offert
vous	offririez	vous	auriez	offert
ils	offriraient	ils	auraient	offert

SUBJONCTIF

présent		passé		
que j'	offre	que j'	aie	offert
que tu	offres	que tu	aies	offert
qu'il	offre	qu'il	ait	offert
que nous	offrions	que nous	ayons	offert
que vous	offriez	que vous	ayez	offert
qu'ils	offrent	qu'ils	aient	offert

IMPÉRATIF

présent	passé	
offre	aie	offert
offrons	ayons	offert
offrez	ayez	offert

INFINITIF

présent	passé	
offrir	avoir	offert

PARTICIPE

présent	passé composé	
offrant	ayant	offert

passé
offert

GÉRONDIF

présent	passé	
en offrant	en ayant	offert

VERBES EN *-IR*, avec élargissement de la base en *-iss-* : AGIR

INDICATIF

présent		passé composé		
j'	agis	j'	ai	agi
tu	agis	tu	as	agi
il	agit	il	a	agi
nous	agissons	nous	avons	agi
vous	agissez	vous	avez	agi
ils	agissent	ils	ont	agi

imparfait		plus-que-parfait		
j'	agissais	j'	avais	agi
tu	agissais	tu	avais	agi
il	agissait	il	avait	agi
nous	agissions	nous	avions	agi
vous	agissiez	vous	aviez	agi
ils	agissaient	ils	avaient	agi

futur simple		futur antérieur		
j'	agirai	j'	aurai	agi
tu	agiras	tu	auras	agi
il	agira	il	aura	agi
nous	agirons	nous	aurons	agi
vous	agirez	vous	aurez	agi
ils	agiront	ils	auront	agi

conditionnel présent		conditionnel passé		
j'	agirais	j'	aurais	agi
tu	agirais	tu	aurais	agi
il	agirait	il	aurait	agi
nous	agirions	nous	aurions	agi
vous	agiriez	vous	auriez	agi
ils	agiraient	ils	auraient	agi

SUBJONCTIF

présent		passé		
que j'	agisse	que j'	aie	agi
que tu	agisses	que tu	aies	agi
qu'il	agisse	qu'il	ait	agi
que nous	agissions	que nous	ayons	agi
que vous	agissiez	que vous	ayez	agi
qu'ils	agissent	qu'ils	aient	agi

IMPÉRATIF

présent	passé	
agis	aie	agi
agissons	ayons	agi
agissez	ayez	agi

INFINITIF

présent	passé	
agir	avoir	agi

PARTICIPE

présent	passé composé	
agissant	ayant	agi

passé

agi

GÉRONDIF

présent	passé	
en agissant	en ayant	agi

VERBES RÉGULIERS EN -*RE* : INCLURE

INDICATIF

présent		passé composé		
j'	inclus	j'	ai	inclus
tu	inclus	tu	as	inclus
il	inclut	il	a	inclus
nous	incluons	nous	avons	inclus
vous	incluez	vous	avez	inclus
ils	incluent	ils	ont	inclus

imparfait		plus-que-parfait		
j'	incluais	j'	avais	inclus
tu	incluais	tu	avais	inclus
il	incluait	il	avait	inclus
nous	incluions	nous	avions	inclus
vous	incluiez	vous	aviez	inclus
ils	incluaient	ils	avaient	inclus

futur simple		futur antérieur		
j'	inclurai	j'	aurai	inclus
tu	incluras	tu	auras	inclus
il	inclura	il	aura	inclus
nous	inclurons	nous	aurons	inclus
vous	inclurez	vous	aurez	inclus
ils	incluront	ils	auront	inclus

conditionnel présent		conditionnel passé		
j'	inclurais	j'	aurais	inclus
tu	inclurais	tu	aurais	inclus
il	inclurait	il	aurait	inclus
nous	inclurions	nous	aurions	inclus
vous	incluriez	vous	auriez	inclus
ils	incluraient	ils	auraient	inclus

SUBJONCTIF

présent		passé		
que j'	inclue	que j'	aie	inclus
que tu	inclues	que tu	aies	inclus
qu'il	inclue	qu'il	ait	inclus
que nous	incluions	que nous	ayons	inclus
que vous	incluiez	que vous	ayez	inclus
qu'ils	incluent	qu'ils	aient	inclus

IMPÉRATIF

présent	passé	
inclus	aie	inclus
incluons	ayons	inclus
incluez	ayez	inclus

INFINITIF

présent	passé	
inclure	avoir	inclus

PARTICIPE

présent	passé composé	
incluant	ayant	inclus

passé

inclus

GÉRONDIF

présent	passé	
en incluant	en ayant	inclus

d) Liste des 200 verbes les plus fréquents

1. être
2. avoir
3. aller
4. faire
5. dire
6. pouvoir
7. plaire
8. vouloir
9. savoir
10. voir
11. devoir
12. venir
13. suivre
14. parler
15. prendre
16. partir
17. croire
18. aimer
19. falloir
20. passer
21. penser
22. entrer
23. attendre
24. trouver
25. laisser
26. arriver
27. mettre
28. donner
29. regarder
30. appeler
31. taire
32. rester
33. arrêter
34. demander
35. connaître
    (RO) connaitre
36. tuer
37. mourir
38. comprendre
39. sortir
40. courir
41. tenir
42. entendre
43. sentir
44. chercher
45. compter
46. aider
47. essayer
48. porter
49. entreprendre
50. permettre
51. revenir
52. présenter
53. devenir
54. vivre
55. employer
56. former
57. sembler
58. jouer
59. finir
60. placer
61. perdre
62. produire
63. prévoir
64. maintenir
65. rendre
66. mesurer
67. regrouper
68. élever
69. ouvrir
70. oublier
71. écrire
72. travailler
73. écouter
74. manger
75. répondre
76. utiliser
77. offrir
78. pendre
79. paraître
    (RO) paraitre
80. boire
81. tomber
82. lever
83. commencer
84. rechercher
85. programmer
86. payer
87. retrouver
88. tirer
89. changer
90. poser
91. monter
92. excuser
93. agir
94. asseoir
    (RO) assoir
95. dormir
96. assurer
97. tourner
98. centrer
99. occuper
100. importer
101. miser
102. marcher
103. envoyer
104. recevoir
105. causer
106. apprendre
107. reprendre
108. garder
109. jeter
110. viser
111. montrer
112. livrer
113. lire
114. poster
115. rire
116. reconnaître
     (RO) reconnaitre
117. quitter
118. se souvenir
119. constituer
120. prier
121. baser
122. servir
123. représenter
124. sommer
125. forcer
126. descendre
127. espérer
128. expliquer
129. obtenir
130. désoler
131. noter

132. gagner
133. présider
134. retourner
135. acheter
136. pousser
137. continuer
138. rappeler
139. créer
140. presser
141. atteindre
142. ajouter
143. emmener
144. toucher
145. considérer
146. marier
147. pratiquer
148. titrer
149. sourire
150. raconter
151. exister
152. demeurer
153. régler
154. concerner
155. appliquer
156. rencontrer
157. manquer
158. charger
159. dater
160. sauver
161. limiter
162. établir
163. risquer
164. unir
165. imaginer
166. crier
167. voler
168. fermer
169. nuire
170. ruer
171. valoir
172. douter
173. choisir
174. apercevoir
175. effectuer
176. priver
177. suffire
178. glisser
179. proposer
180. analyser
181. contenir
182. tendre
183. classer
184. modifier
185. décider
186. marquer
187. inquiéter
188. indiquer
189. déterminer
190. bouger
191. apporter
192. situer
193. préciser
194. serrer
195. vendre
196. cacher
197. remettre
198. traverser
199. battre
200. enseigner

7.5. Homophones

a) Verbes homophones

Il s'agit de verbes qui se prononcent de la même manière, mais qui s'écrivent différemment. Les cas les plus fréquents sont identifiés par le symbole « ♦ ».

Verbes	Moyen pour faire la différence : le sens
Bâiller – bailler – bayer	***bâiller*** : « ouvrir la bouche, être ouvert » *Bâiller d'ennui ; col qui bâille*
	bailler : « donner » (expression) *La bailler belle à quelqu'un*
	bayer : « rêvasser » (expression) *Bayer aux corneilles*
♦ ***Compter – conter***	***compter*** : « calculer, s'appuyer, avoir de l'importance » *Savoir compter ; compter sur qqn ; c'est le résultat qui compte.*
	conter : « raconter » *Conter sa vie à tout le monde*

Verbes	Moyen pour faire la différence : le sens
♦ ***Goûter – goutter***	***goûter*** Ⓡⓞ ***gouter*** : « percevoir par le sens du goût Ⓡⓞ gout » *Goûter (à) un plat*
	goutter : « tomber par gouttes » *L'eau goutte du plafond.*
Panser – penser	***panser*** : « mettre un pansement » *Il faudra panser cette blessure.*
	penser : « réfléchir » *Ils pensent à leurs vacances.*
Raisonner – résonner	***raisonner*** : « utiliser la raison » *Il raisonne mal.*
	résonner : « faire du bruit » *Des pas résonnent dans le couloir.*
Roder – rôder	***roder*** : « mettre au point » *Roder une voiture ; une façon de faire bien rodée*
	rôder : « errer de manière suspecte » *Rôder autour de la maison*
♦ ***Tacher – tâcher***	***tacher*** : « faire une tache » *Mon stylo a taché ma veste.*
	tâcher : « essayer » *Il tâchera de faire ce travail dans les temps.*

b) Verbes et noms homophones

Il existe des verbes qui se prononcent comme des noms lorsqu'ils sont conjugués à l'indicatif et au subjonctif présent, aux P1, P2, P3 et P6. Pour savoir comment écrire ces mots qui se prononcent de la même manière, il faut les remplacer par un verbe ou un nom modèle. Les mots du contexte peuvent aussi être utiles : un verbe peut être précédé d'un pronom sujet (*je, tu, il,* etc.) tandis qu'un nom peut être précédé d'un déterminant (*un, une,* etc.) ou d'une préposition (*à, avec*, etc.).

Séquence contenant un nom	Séquence contenant un verbe
Veuillez vous présenter à l'accueil.	*Un agent vous accueille à votre arrivée.*
Nous avons reçu un appel.	*J'appelle ma mère. Je l'appelle dès mon retour.*
Vous avez mon appui pour cette décision.	*Il appuie sur tous les boutons.*
C'est un calcul un peu complexe.	*Je calcule les pourcentages rapidement.*
Il m'a donné un très bon conseil.	*Dominique me conseille souvent.*
C'est mon désir.	*Je désire vous parler. Je le désire.*
C'est un détail.	*Je détaille mes raisons dans cette lettre.*
Il cherche un emploi.	*On emploie ce mot dans ce cas. On l'emploie.*
C'est d'un ennui mortel.	*C'est un enfant qui ne s'ennuie jamais.*

Séquence contenant un nom	Séquence contenant un verbe
C'est seulement un essai.	*J'essaie (essaye) de vous contacter depuis hier.*
Le maintien d'un bon rythme est important.	*Je maintiens ma décision. Il maintient ses dires.*
Il fait partie de mon équipe. Ils en font partie. (Verbe composé *faire partie*)	*Il est parti, elle est partie, ils sont partis, elles sont parties.*
C'est avec regret que je vous annonce ce refus.	*Je regrette ce geste. Je le regrette.*
Il faut faire un renvoi à l'expéditeur.	*Ce mot renvoie à un autre mot.*
Le réveil sera difficile demain matin.	*Il se réveille à sept heures chaque matin.*
Une importante saisie de drogue a eu lieu ce matin.	*Je saisis toutes les occasions qui se présentent.*
Il m'a fait un salut de la main.	*Le président salue la foule.*
La soie est chère.	*Il ne faut pas que je sois /qu'elle soit en retard.*
Il a reçu le soutien de ses amis.	*Je soutiens ta décision. Il soutient son ami.*
Il y a un souci avec ce dossier.	*Je me soucie, il se soucie des étudiants.*
Je ferai un test la semaine prochaine.	*Je teste un nouveau médicament. Je le teste.*
La banque fera un transfert d'argent.	*Je te transfère le document.*
C'est un travail difficile.	*Je travaille toute la journée.*
Le train entre en gare, voie 6 ; la voie publique.	*Je te vois d'ici. Il me voit.* (Indicatif)
Avoir une extinction de voix.	*Il faut qu'on se voie.* (Subjonctif)

7.6. Verbes et dictionnaires

Type d'information	Explication
Classe du verbe • Une seule classe	L'information est indiquée en tête d'article, parfois sous forme d'abréviation. v. (verbe)
• Plusieurs classes	On trouve un article pour chaque classe à laquelle le mot peut appartenir. Par exemple, *manger* (verbe et nom).
Conjugaison • Variations de forme	Dans les dictionnaires en format électronique, l'information est le plus souvent indiquée dans une zone *conjugaison* qui présente toutes les formes du verbe. Il est possible d'obtenir la conjugaison avec un auxiliaire spécifique. Dans les dictionnaires en format papier, l'information est indiquée en tête d'article. Un chiffre donne la référence du verbe modèle de conjugaison. Il faut alors se reporter aux tableaux de conjugaisons situés en début ou en fin d'ouvrage. La conjugaison présentée est alors celle du verbe modèle.

8 L'adverbe

Adverbes modèles

très, encore, calmement

Caractéristiques générales de l'adverbe

La construction :	un adverbe modifie un autre mot ou une phrase. Il constitue le noyau d'un groupe adverbial.
La forme :	un adverbe est invariable (sauf exception).
Le sens :	il peut exprimer une série de notions, comme le temps, l'intensité et la manière. L'adverbe est un modulateur (de degré-quantité, de manière, de temps).

Comment repérer un adverbe ?

Un adverbe peut porter sur un mot :	*C'est très [$_{Mot}$ gentil].*
Un adverbe peut porter sur une phrase :	*Franchement, [$_{Phrase}$ ce n'est pas simple].*
Il peut être remplacé par un adverbe modèle :	*Il travaille vite = Il travaille calmement*

Classe invariable

• Genre :	aucun
• Nombre :	aucun

Les adverbes ne portent aucun trait de variation. Ils ne changent pas de forme.

8.1. Modifieurs de degré-quantité

a) Sens

Ces adverbes permettent de situer le sens du mot modifié sur une échelle de valeurs. Par exemple, voici une partie de l'échelle de valeurs de l'adjectif *difficile.*

↑

extrêmement difficile
tellement difficile
trop difficile
très difficile
plutôt difficile
suffisamment difficile
légèrement difficile

b) Construction

De manière générale, les adverbes de degré-quantité peuvent modifier

- un adjectif : *si* $[_{\text{Adjectif}}$ ***difficile***] ;
- un autre adverbe : *tellement* $[_{\text{Adverbe}}$ ***calmement***] ;
- un verbe : ***elle*** $[_{\text{Verbe}}$ ***respire***] ***faiblement*** ;
- un déterminant numéral : *plus de* $[_{\text{Déterminant}}$ *20*] *invités, environ* $[_{\text{Déterminant}}$ *15*] *mètres.*

c) Liste

Simples	Simples en – *ment*	Composés
assez	*absolument*	*le plus, la plus, des plus*
beaucoup	*complètement*	*le moins, la moins, des moins*
environ	*extrêmement*	*plus de, moins de*
fort	*faiblement*	
moins	*légèrement*	
peu	*particulièrement*	
plus	*passablement*	
plutôt	*principalement*	
si	*suffisamment*	
surtout	*tellement*	
tant	*totalement*	
tout, toute, toutes	*vraiment*	
très		
trop		

8.2. Modifieurs de déroulement dans le temps

a) Sens

Ces adverbes permettent d'envisager, notamment pour les verbes, le déroulement dans le temps, en spécifiant la durée, la répétition, etc.

Il travaille encore

→

b) Construction

De manière générale, ces adverbes peuvent modifier
- un verbe : *il [$_{Verbe}$ est déjà parti], il [$_{Verbe}$ part] déjà, il [$_{Verbe}$ tombe] souvent.*
- un adjectif : *toujours [$_{Adjectif}$ fâché], déjà [$_{Adjectif}$ parti], encore [$_{Adjectif}$ malade].*

c) Liste

Accompli *déjà* **Inaccompli** *encore* *toujours*	**Avant** *bientôt* *presque* *quasiment* **Au début** *aussitôt* *illico* *soudain* **À la fin** *enfin* *finalement*	**Répétition** *encore* *souvent* *quelquefois* *parfois* *toujours* **Durée** *longtemps*

8.3. Modifieurs de manière

a) Sens

Ces adverbes indiquent la manière dont l'action du verbe se fait (*parler vite, travailler mieux, travailler ensemble,* etc.) ou qualifient un état (*aveuglément amoureux, vite fatigué*, etc.). La manière peut aussi être en lien avec le temps (*immédiatement, finalement*, etc.) ou le degré, la quantité (*tellement*, etc.).

b) Construction

De manière générale, ces adverbes modifient
- un verbe : *il [$_{Verbe}$ parle] vite, il [$_{Verbe}$ travaille] bien, il [$_{Verbe}$ a bien travaillé].*
- un adjectif : *il est aveuglément [$_{Adjectif}$ amoureux].*

c) Liste

A. Liste irrégulière

bien	*mieux*	*vite*
mal		*volontiers*

B. Liste régulière : les adverbes en *-ment*

Les adverbes de manière se terminant par *-ment* sont formés à partir d'adjectifs que l'on transforme en leur ajoutant la finale *-ment*. Voici leurs règles de formation.

		Adjectif masculin singulier	Modification et adverbe résultant
Lorsque la finale est une voyelle	**Règle 1.**		
	1.1.	**Finale = *é, i, u***	**+ *ment***
		démesuré	*démesuré*ment
		étourdi	*étourdi*ment
		absolu	*absolu*ment
	1.2.	**Finale = *e***	***e* → (*é*) + *ment* selon les adjectifs**
		unique	*unique*ment
		aveugle	*aveuglé*ment
		commode	*commodé*ment
	1.3.	**Cas particuliers**	
		gai	*gaie*ment / *gaî*ment (RO) *gai*ment
		grave	*grave*ment, *griève*ment
		traître (RO) *traitre*	*traîtreuse*ment (RO) *traitreuse*ment
Lorsque la finale est une consonne	**Règle 2.**		
	2.1.	**Finale en *-ant / -ent***	***ant* → *amment*** ***ent* → *emment***
		insuffisant	*insuffis*ant → *insuffis*amment
		différent	*différ*ent → *différ*emment
	2.2.	**Autre finale**	**→ féminin + *ment***
		seul	*seule* — *seule*ment
		ancien	*ancienne* — *ancienne*ment
		défensif	*défensive* — *défensive*ment
	2.3.	**Autre finale**	**→ féminin — e → é + *ment***
		commun	*commune* — *communé*ment
		précis	*précise* — *précisé*ment
	2.4.	**Cas particulier**	
		gentil	*genti*ment

		Adjectif masculin singulier	Modification et adverbe résultant
Pas d'adjectif	**Règle 3.**	Pas d'adjectif	*notamment* *précipitamment* *quasiment* *sciemment*

8.4. Orthographe des adverbes formés sur les adjectifs fréquents

-E → -ÉMENT	*conformément, énormément, immensément, intensément, uniformément*
-É → -ÉMENT	*exagérément, forcément, immodérément, inconsidérément, isolément, modérément, momentanément, passionnément, séparément, simultanément*
-I → + MENT	*hardiment, impoliment, indéfiniment, joliment, poliment, vraiment*
-U → + MENT	*assidûment* (RO) *assidument, continûment* (RO) *continument, crûment* (RO) *crument, dûment* (RO) *dument, goulûment* (RO) *goulument, indûment* (RO) *indument* *éperdument, ingénument, prétendument, résolument*
-ANT → -AMMENT	*brillamment, constamment, couramment, élégamment, insuffisamment, suffisamment*
-ENT → -EMMENT	*apparemment, consciemment, décemment, différemment, éminemment, fréquemment, évidemment, excellemment, intelligemment, prudemment, récemment, urgemment*
→ féminin + MENT	*actuellement, adéquatement, amèrement, anciennement, amicalement, annuellement, artificiellement, attentivement, banalement, bonnement, certainement, chaleureusement, chèrement, complètement, correctement, cruellement, culturellement, dangereusement, discrètement, distinctement, diversement, divinement, douloureusement, étroitement, exactement, expérimentalement, fameusement, fatalement, faussement, fièrement, finement, fiscalement, fonctionnellement, fondamentalement, formellement, fortement, follement, fraîchement* (RO) *fraichement, franchement, généreusement, génialement, globalement, gratuitement, grossièrement, habituellement, honteusement, illégalement, incomplètement, indirectement, individuellement, inhabituellement, initialement, institutionnellement,*

→ féminin + MENT	*intégralement, irrégulièrement, légalement, légèrement, lentement, lourdement, loyalement, majoritairement, manuellement, maximalement, médicalement, merveilleusement, minimalement, mondialement, mollement, moyennement, musicalement, nettement, normalement, nouvellement, nullement, objectivement, odieusement, ouvertement, pareillement, particulièrement, pénalement, perpétuellement, platement, ponctuellement, prestigieusement, préventivement, prochainement, progressivement, publiquement, régulièrement, respectivement, respectueusement, rigoureusement, royalement, sainement, scandaleusement, sèchement, seulement, significativement, soucieusement, soudainement, spécialement, strictement, subitement, substantiellement, subtilement, successivement, superficiellement, sûrement* (RO) *surement, tardivement, traditionnellement, ultérieurement, unilatéralement, vainement, verbalement, vigoureusement, virtuellement, visuellement*

9 Le mot-phrase

Mots-phrases modèles

Bonjour. Ouf ! Plouf.

Caractéristiques générales des mots-phrases

La construction :	un mot-phrase est autonome et constitue un énoncé à lui seul.
La forme :	il est invariable.
Le sens :	les mots-phrases peuvent exprimer l'affirmation, la négation, toute une série de notions reliées aux émotions, etc.

Comment repérer un mot-phrase ?

Un mot-phrase peut être employé seul :	*Bonjour. Ouf ! Plouf.*

Classe invariable

• Genre :	aucun
• Nombre :	aucun

Les mots-phrases ne portent aucun trait de variation. Ils ne changent pas de forme.

9.1. Les mots-phrases de communication

Il s'agit de mots liés à la communication : début et fin de conversation, mots de politesse, approbation, refus, etc.

adieu
allô (allo)
attention
au revoir
basta
bof
bonjour
bonsoir
bravo
bye
chut
ciao
coucou
d'accord
eh
euh
hein
hep
holà
merci
mouais
nenni
non
non merci
ohé
ouais
oui
psst
s'il vous plaît
(RO) *s'il vous plait*
salut
si
soit
tant mieux
tant pis
etc.

9.2. Les mots-phrases d'émotion

Ces mots portent aussi le nom d'interjections. Il s'agit de mots centrés sur la personne qui parle et son émotivité (tristesse, rage, etc.).

ah
aïe
berk (ou *beurk*)
bigre
diantre
hop
m'enfin
merde
oh
ouache
ouf
oups
pouah
waouh
youpi
zut
etc.

9.3. Les mots-phrases d'imitation

Ces mots portent aussi le nom d'onomatopées. Il s'agit d'imitation de sons produits par des humains, des animaux ou d'autres sortes de sons encore.

atchoum
badaboum
bang
bardaf
bing
blablabla
boum
cocorico
couic
dring
meuh
miaou
paf
pan
plouf
tic-tac (RO) *tictac*
vlan
etc.

10 Le présentatif

Liste des présentatifs

fini, soit, voici, voilà, vive

Caractéristiques générales du présentatif

La construction :	un présentatif introduit un nom (avec ou sans déterminant) ou un pronom.
La forme :	il est généralement invariable.
Le sens :	il présente un être ou un objet, il en pose l'existence.

Comment repérer un présentatif ?

Un présentatif est suivi d'un élément présenté :	*Voici mon travail.*

Classe invariable

• Genre :	aucun
• Nombre :	aucun

Les présentatifs ne portent aucun trait de variation. Ils ne changent pas de forme.

10.1. Forme

Les présentatifs ont une seule forme.

Voici Pierre. Voici mon dictionnaire. Voici ma cousine. Voici mes livres.
Voilà votre enseignant. Voilà vos élèves.
Soit un triangle. Soit deux rectangles.
Vive la mariée ! Vive les mariés !
Fini le farniente. Fini les vacances.

Savoir +

Il ne serait pas faux d'écrire *soient deux rectangles, finies les vacances* ou *vivent les mariés*. Cependant, *soit*, *fini* et *vive*, dans ces emplois, tendent fortement aujourd'hui à être employés de manière invariable.

10.2. Emploi figé d'un verbe

Les présentatifs correspondent à des emplois verbaux qui se sont figés.

Voici et *voilà* sont des formes issues de l'impératif présent du verbe *voir* et de *ici, là* : *vois ici, vois là.*
Soit et *vive* sont des formes au subjonctif présent des verbes *être* et *vivre* : *que (un triangle) soit, que (la mariée) vive.*
Fini est une forme au participe passé du verbe *finir.*

Savoir +

Séquences ***c'est*** et ***il y a*** : VOIR Phrase de base avec un groupe nominal impersonnel
Contrairement à *soit*, *voici* et *voilà*, ces séquences peuvent subir un certain nombre de modifications (temps, mode, interrogation, négation, insertion dans une autre phrase).
Il y aura…, il y a eu…, il n'y a pas eu…, y a-t-il eu…, ce sont…, je veux qu'il y ait…

11 Résumé sur les classes de mots

Les mots peuvent être classés de différentes manières : selon leur sens, leur forme ou les constructions dans lesquelles ils apparaissent. Les classements qui reposent sur la construction sont privilégiés en grammaire moderne.

11.1. Constructions

Classe	Construction	Mot modèle
Un nom	*Nom propre* Séquence : un nom propre peut être ou non accompagné d'un déterminant ou d'un adjectif. Groupe : il est le noyau d'un groupe nominal.	*Marie, Pierre, Montréal*
	Nom commun Séquence : un nom commun est généralement accompagné d'un déterminant et éventuellement d'un adjectif. Groupe : il est le noyau d'un groupe nominal.	*animal, table, ami, grand-père*
Un adjectif	Séquence : un adjectif dépend toujours d'un autre mot, le plus souvent un nom. Groupe : il est le noyau d'un groupe adjectival.	*gentil, calme, rouge, présidentiel*

Classe	Construction	Mot modèle
Un déterminant	Séquence : un déterminant est suivi d'un nom. Groupe : il n'est pas le noyau d'un groupe, il fait partie d'un groupe nominal.	*le, la, les, un, une, des*
Une préposition	Séquence : une préposition introduit un nom (avec ou sans déterminant), un pronom ou un adjectif. Groupe : elle est le noyau d'un groupe prépositionnel.	*à, de, dans, sur, par, avec*
Un pronom	Séquence : un pronom est l'équivalent notamment d'une séquence déterminant-nom. Groupe : il est le noyau d'un groupe nominal.	*je, tu, il, elle, on*
Un verbe	Séquence : un verbe ne dépend pas d'un autre mot. Il est le mot le plus important dans une phrase. Groupe : il est le noyau d'un groupe verbal.	*avoir, être, faire, parler, voir*
Un adverbe	Séquence : un adverbe modifie un autre mot ou une phrase. Groupe : il est le noyau d'un groupe adverbial.	*très, encore, calmement*
Un mot-phrase	Séquence : un mot-phrase constitue un énoncé à lui seul. Groupe : il n'est le noyau d'aucun groupe.	*bonjour, ouf, plouf*
Un présentatif	Séquence : un présentatif introduit un nom (avec ou sans déterminant) ou un pronom. Groupe : il n'est le noyau d'aucun groupe.	*voici*

Les coordonnants et les subordonnants : VOIR subordination, coordination.

11.2. Axes de remplacement et de construction

Les critères pour identifier la classe à laquelle appartient un mot imposent d'analyser le mot sur deux axes.

- **L'axe de construction**, sur lequel les mots se positionnent en séquence, les uns à la suite des autres, selon un ordre spécifique autorisé par la grammaire.
- **L'axe de remplacement**, sur lequel prennent place tous les mots appartenant à la même classe, au comportement équivalent. Le sens n'intervient pas vraiment sur cet axe. Il s'agit de l'ensemble des possibilités de remplacement autorisées par la grammaire.

Axe
de remplacement

Ce	garçon	prend	des	décisions	très	réfléchies
Un	voisin	a dit	deux	choses	vraiment	intéressantes
Son	ami	a fait	plusieurs	remarques	si	désagréables

Axe
de construction

11.3. Formes

Voici les caractéristiques principales concernant la forme des mots.

- Tout mot est simple ou composé.
- Tout mot est porteur de variation ou non.
- Les traits de variation peuvent être de types différents selon les classes de mots.
- Les traits de variation en français sont les suivants :
  - o genre : masculin, féminin ;
  - o nombre : singulier, pluriel ;
  - o personne : P1, P2, P3, P4, P5, P6 ;
  - o mode : indicatif, subjonctif, impératif, participe, gérondif, infinitif ;
  - o temps : présent, passé, passé composé, imparfait, plus-que-parfait, futur (simple, antérieur), conditionnel (présent, passé) ;
  - o fonction : sujet, complément.

	Classe variable (variation visible ou non)					Classe invariable
	Genre	Nombre	Personne	Mode et temps	Fonction	
Nom	✓	✓	—	—	—	—
Déterminant	✓	✓	—	—	—	—
Adjectif	✓	✓	—	—	—	—
Verbe						
temps simple	—	—	✓	✓	—	—
auxiliaire	—	—	✓	✓	—	—
participe passé	✓	✓	—	—	—	—
Pronom	✓	✓	✓	—	✓	—
Préposition	—	—	—	—	—	✓
Adverbe	—	—	—	—	—	✓
Mot-phrase	—	—	—	—	—	✓
Présentatif	—	—	—	—	—	✓

Chapitre III

Groupes de mots

Les groupes de mots : notions de base

Utilité

- La construction des groupes et des phrases : une bonne connaissance de la structure des groupes de mots permet de produire des groupes et des phrases conformes aux règles de la grammaire.
- L'identification des fonctions : seuls les groupes ont une fonction.
- Les accords : les groupes et leurs fonctions sont essentiels dans le système des accords.

Avertissement

- Les explications sur les groupes de mots reposent sur une bonne connaissance des classes de mots.

Classes de mots et groupes de mots

Seules certaines classes de mots ont la capacité de former des groupes.

Classe de mot	Groupe	Abréviation
Nom	Groupe nominal	GN
Adjectif	Groupe adjectival	GAdj
Préposition	Groupe prépositionnel	GPrép
Pronom	Groupe nominal, prépositionnel ou adjectival selon les cas	GN, GPrép, GAdj

?

Classe de mot	Groupe	Abréviation
Adverbe	Groupe adverbial	GAdv
Verbe	Groupe verbal	GV

Savoir +

La dénomination scolaire est parfois *groupe du nom, de l'adjectif,* etc. La terminologie linguistique utilise plutôt les dénominations *syntagme nominal, adjectival,* etc.

Caractéristiques générales des groupes

Un groupe
- contient au minimum un noyau (non supprimable) ;
- se définit à partir de son noyau, qui lui donne ses caractéristiques (un nom est à l'origine d'un groupe nominal ; un adjectif, à l'origine d'un groupe adjectival ; etc.) ;
- est une unité d'analyse intermédiaire entre la classe de mot et la phrase ;
- est une notion qui n'a rien à voir avec le nombre de mots (puisqu'un groupe peut être constitué uniquement de son noyau), mais qui a tout à voir avec la structure (les noms, adjectifs, etc. sont des noyaux qui ont la capacité de recevoir des expansions) ;
- occupe une fonction ;
- est remplaçable par une séquence de mots équivalente.

Aperçu de la structure des groupes

On représente habituellement les groupes sous forme d'arbres qui permettent de visualiser la structure.

Groupe nominal

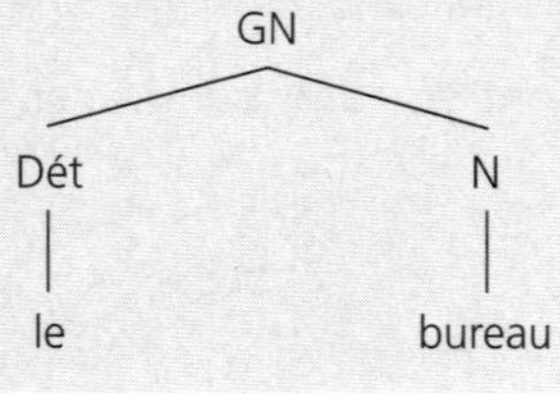

Le noyau d'un GN est un nom ou un pronom.
Un GN de base = Dét + N
Exemples :

des livres
cinq lampes
ma chaise
quelques difficultés

Groupe adjectival

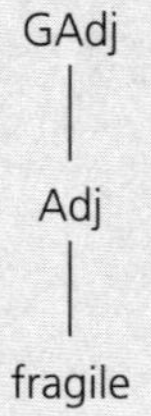

Le noyau d'un GAdj est un adjectif.
Un GAdj de base = Adj
Exemples :

gentil
bleu
posé
livré

Groupe prépositionnel

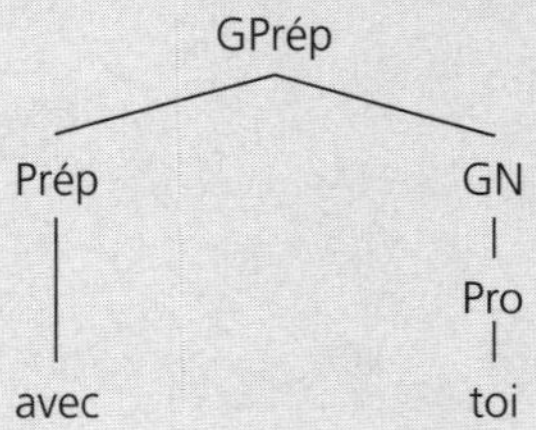

Le noyau d'un GPrép est une préposition.
Un GPrép de base = Prép + GN
Exemples :

depuis *ma fenêtre*
pour *lui*
à *la maison*

Groupe adverbial

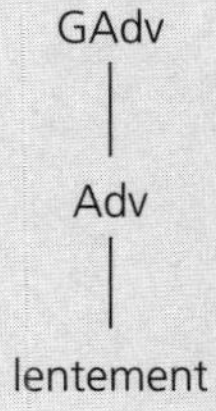

Le noyau d'un GAdv est un adverbe.
Un GAdv de base = Adv
Exemples :

très
beaucoup
suffisamment

Groupe verbal

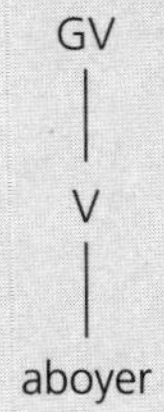

Le noyau d'un GV est un verbe.
Un GV de base = V
Exemples :

dormir
travailler

Les fonctions

Une fonction grammaticale (sujet, complément, etc.) est un rôle grammatical que joue un groupe de mots par rapport à un autre élément (un mot ou un groupe de mots) dans une séquence de mots (un groupe ou une phrase). Le lien qu'une fonction établit entre deux éléments peut se marquer par un accord grammatical.
VOIR chapitre sur les accords.

2 Le groupe nominal

2.1. Construction

Cette section traite de la façon de construire un groupe nominal : quelle est sa forme de base ? Quels autres groupes peuvent en faire partie ? Où doivent-ils être placés ?

a) Groupe nominal de base

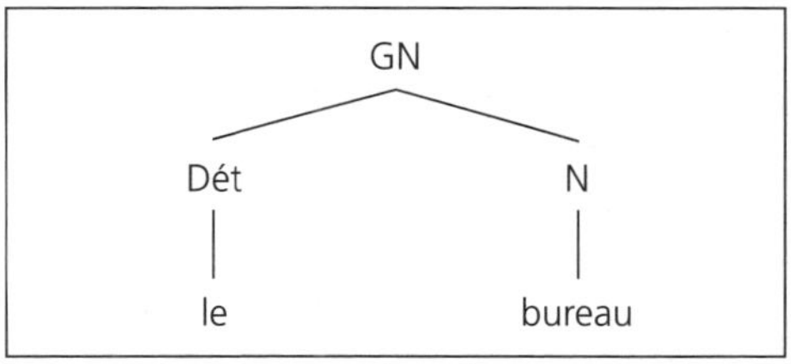

- Le GN de base le plus typique est constitué d'un **déterminant** et d'un **nom**.
- Le nom est le noyau du groupe.

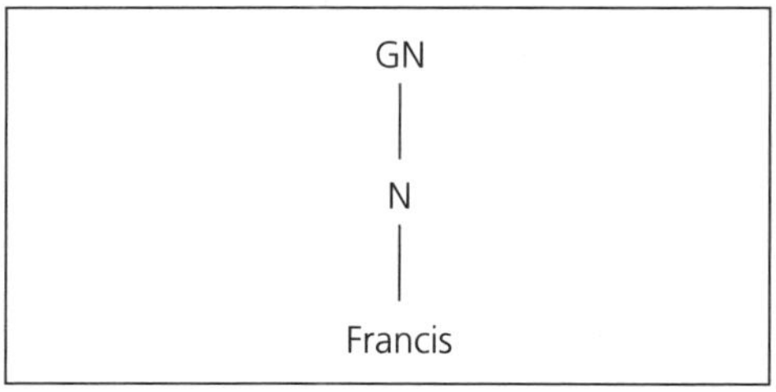

- Un GN de base peut être un **nom sans déterminant**.
- Le groupe n'est constitué que de son noyau.

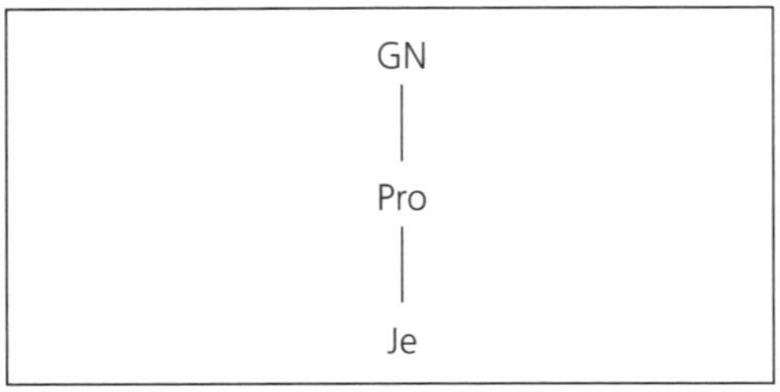

- Un GN de base peut être un **pronom**.
- Le groupe n'est constitué que de son noyau.

b) Groupe nominal avec expansions

Le nom ou pronom est le noyau du groupe, la partie essentielle au sens et à la constitution du groupe. Il ne peut pas être supprimé. Il est accompagné d'expansions qui peuvent se combiner.

A. Le groupe nominal contient un groupe adjectival

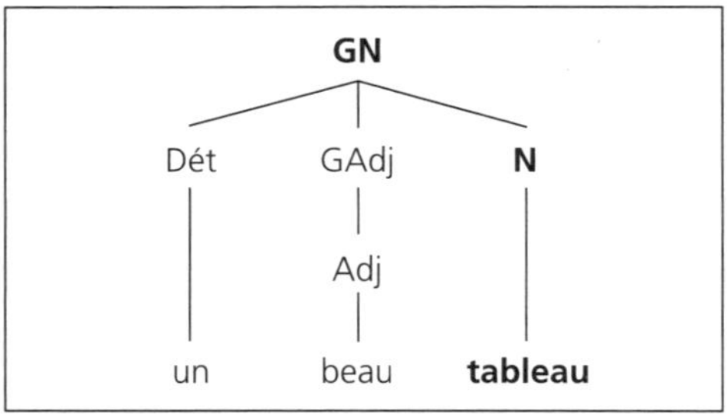

- Noyau du GN : un nom commun.
- Expansion **à gauche** du noyau : un groupe adjectival.
- Exemples :

le	*petit*	*cahier*
un	*bon*	*chien*
une	*grande*	*pièce*
ce	*vieux*	*livre*

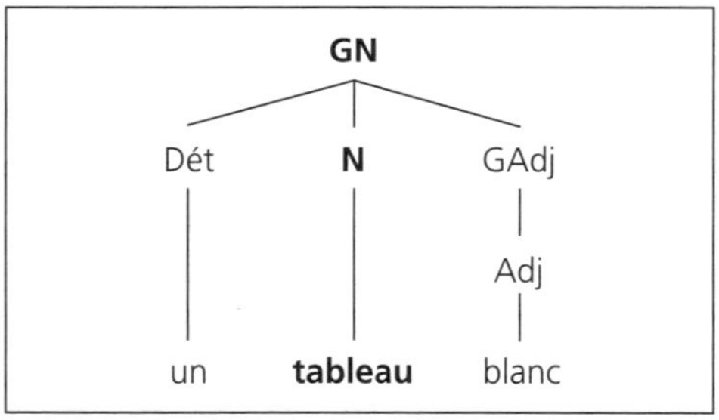

- Noyau du GN : un nom commun.
- Expansion **à droite** du noyau : un groupe adjectival.
- Exemples :

ce	*parc*	*public*
un	*bureau*	*ancien*
le	*carré*	*rouge*
une	*contestation*	*populaire*
quel	*cadeau*	*empoisonné*

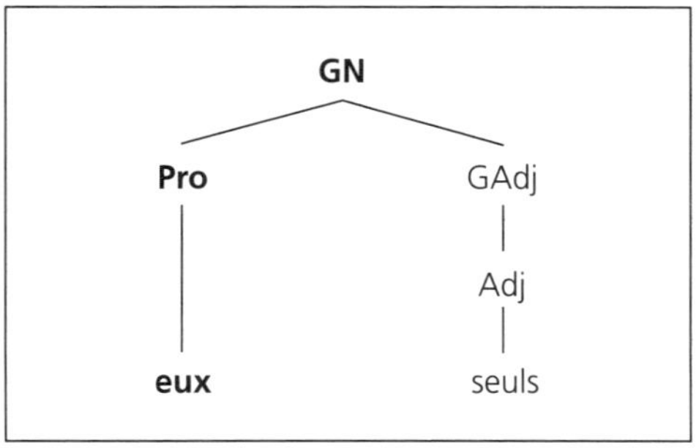

- Noyau du GN : un pronom, un nom propre.
- Expansion **à droite** du noyau : un groupe adjectival.
- Exemples :

Charles,	*endetté,*
Madame Durand,	*très énervée,*
le mien,	*caché dans mon sac,*
le troisième,	*arrivé en retard,*
ceux	*construits au XVIIe siècle*
elle	*seule*

B. Le groupe nominal contient un autre groupe nominal

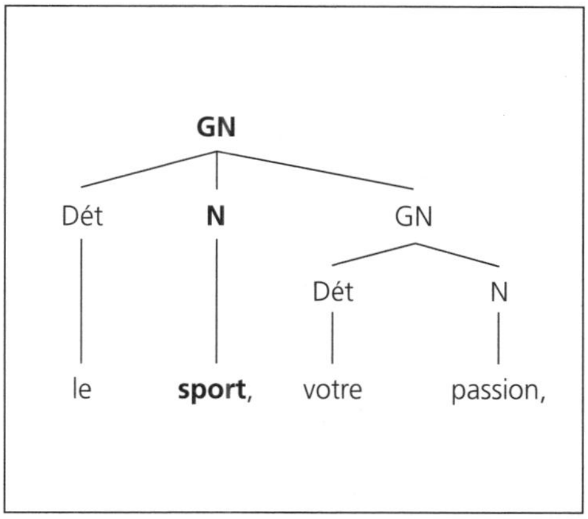

- Noyau du GN : un nom, certains pronoms.
- Expansion **à droite** du noyau : un groupe nominal.
- Pour pouvoir construire un groupe de ce type, l'expansion GN doit signifier la même chose que l'ensemble formé par le déterminant et le noyau.
- Exemples :

le sport,	*votre passion,*
son bureau,	*un endroit propre,*
cette horloge,	*un héritage familial,*
Jean-Michel,	*mon voisin,*
le mien,	*un endroit propre,*
le troisième,	*un garçon sympathique,*

C. Le groupe nominal contient un groupe prépositionnel

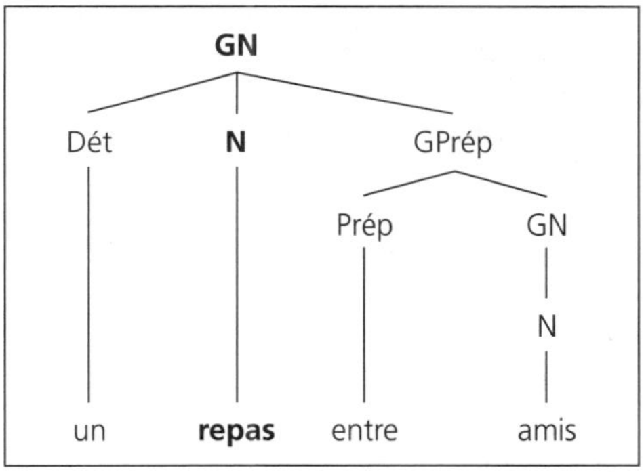

- Noyau du GN : un nom.
- Expansion **à droite** du noyau : un groupe prépositionnel.
- Exemples :

mon	*livre*	*de grammaire*
ce	*vol*	*à destination de Madrid*
une	*bague*	*en or*
un	*vote*	*par procuration*
votre	*départ*	*pour Copenhague*
notre	*promenade*	*le long du quai*

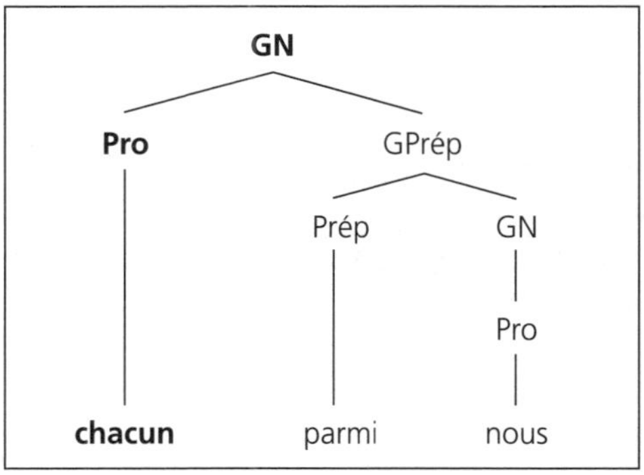

- Noyau du GN : un pronom.
- Expansion **à droite** du noyau : un groupe prépositionnel.
- Exemples :

ceux	*du cours de grammaire*
quelqu'un	*parmi vous*
laquelle	*d'entre elles*
deux	*de ceux-là*
aucun	*des étudiants*
beaucoup	*parmi nous*
combien	*d'entre vous*

D. Le groupe nominal contient plusieurs groupes

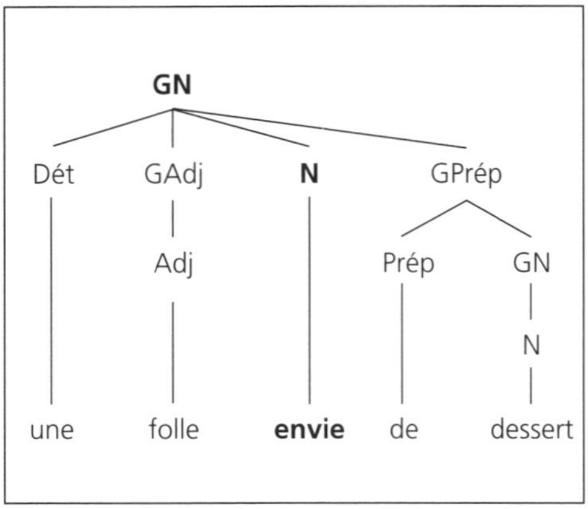

- Noyau du GN : un nom commun.
- Expansions **à gauche et à droite** du noyau :
  des groupes adjectivaux ; ou un groupe adjectival et un groupe prépositionnel.
- Exemples :

ce	*grand*	*parc*	*public*
un	*beau*	*bureau*	*ancien*
votre	*petit*	*carnet*	*vert*
ce	*bon*	*gâteau*	*aux carottes*
quel	*incroyable*	*coup*	*du destin*
le	*beau*	*livre*	*d'histoires*
une	*fausse*	*idée*	*sur ton travail*
trois	*belles*	*poires*	*sur le comptoir*

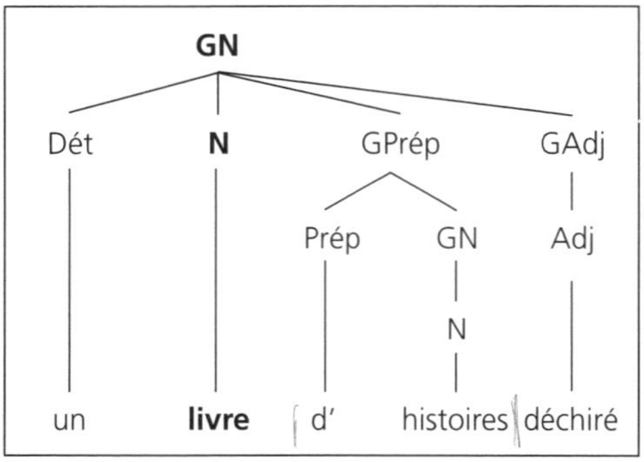

- Noyau du GN : un nom commun.
- Expansions **à droite** du noyau : un groupe prépositionnel et un groupe adjectival.
- Exemples :

un	*gâteau*	*aux carottes*	*délicieux*
quel	*coup*	*du destin*	*incroyable*
le	*livre*	*d'histoires*	*déchiré*
une	*idée*	*sur ton travail*	*vraiment fausse*
ce	*cours*	*de danse*	*difficile*

2.2. Analyse

Tout groupe à l'intérieur du groupe nominal est analysé comme un complément du noyau. Sa fonction est d'être *complément du nom* ou *du pronom*. Il s'agit d'une relation de construction (rattachement à gauche ou à droite du noyau), doublée d'une relation de sens (précision du sens du noyau).

Complément du nom	Complément du pronom

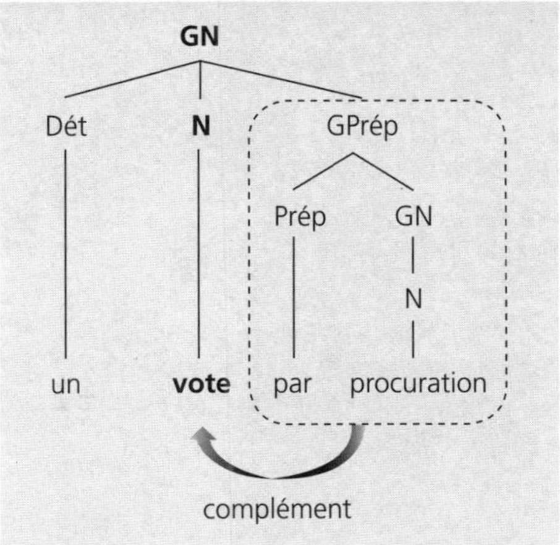

un vote *par procuration*
une belle *peinture*
notre promenade *le long du quai*
quel cadeau *empoisonné*
Madame Durand, *très énervée,*
Jean-Michel, *mon voisin,*

par procuration est complément du nom *vote*, *belle* est complément du nom *peinture*, etc.

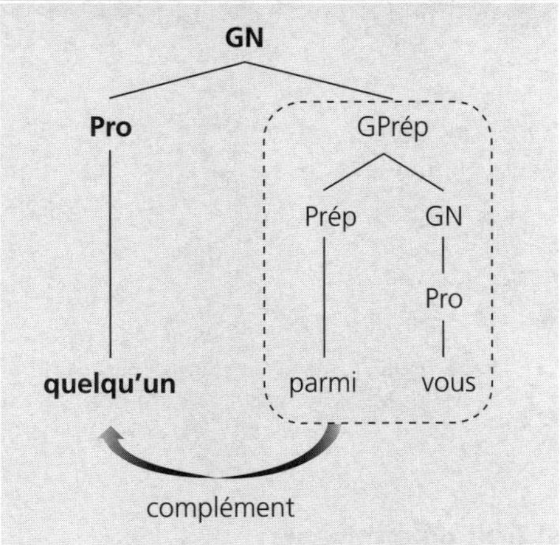

quelqu'un *parmi vous*
deux *de nous*
ceux *du cours de grammaire*
aucun *des voisins*
plusieurs *d'entre vous*
chacun *de mes amis*

parmi vous est complément du pronom *quelqu'un*, *de nous* est complément du pronom *deux*, etc.

2.3. Ordre dans le groupe nominal

Les mots et les groupes de mots à l'intérieur du groupe nominal respectent un certain ordre.

a) Deux déterminants

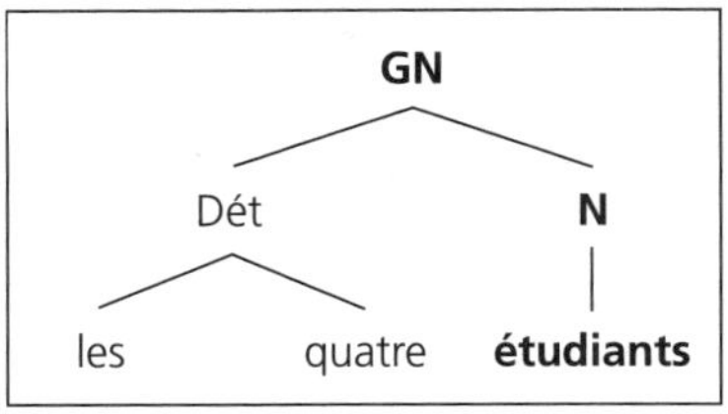

Déterminants combinés en séquence		Exemples
Déterminant 1	Déterminant 2	
les *ces* *mes, tes, ses, etc.* *quels, quelles*	*deux, trois, etc.*	*Les deux étudiants, les trois personnes* *Ces deux coussins* *Mes deux amies* *Quels deux beaux plongeons !*
les *ces* *mes, tes, ses, etc.*	*quelques*	*Les quelques employés* *Ces quelques fleurs* *Leurs quelques livres*
tout, toute, *tous, toutes*	*le, la, les* *ce, cet, cette, ces* *mon, ma, mes, etc.* *un, une*	*Tout le quartier, toute la ville, tous les garçons* *Tout ce papier, tout cet espace, toute cette salle* *Tout son temps, toute sa famille, tous leurs cours* *Tout un livre, toute une famille*

b) Trois déterminants

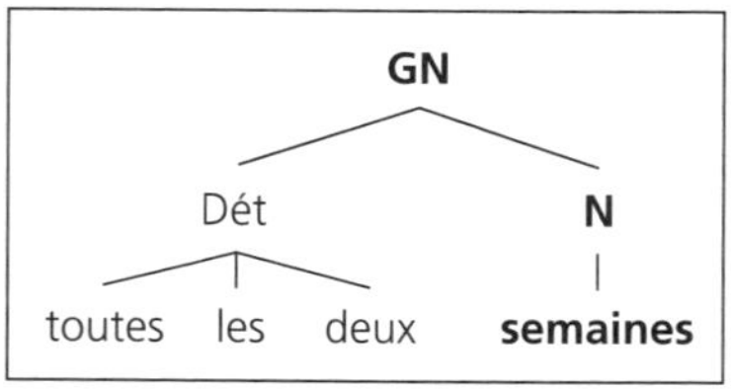

Déterminants combinés en séquence			Exemples
Déterminant 1	Déterminant 2	Déterminant 3	
Tous, toutes	*les*	*deux, trois, etc.*	*Tous les quatre ans,* *toutes les deux semaines*

Savoir +

En français normé, le sens de cette séquence est la périodicité et non la totalité.
Sens de périodicité : *cette compétition a lieu [$_{GN}$ tous les quatre ans].*
Sens de totalité : (NN) *[$_{GN}$ toutes les douze joueuses] portent le même maillot.*

c) Déterminants et groupe adjectival devant le nom

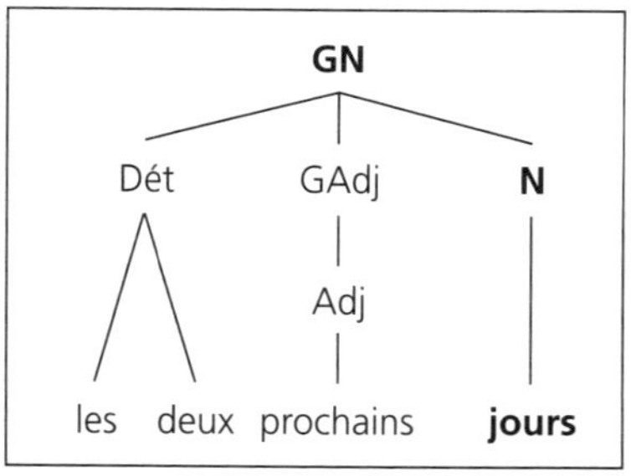

Avant le nom			Exemples
Déterminant 1	Déterminant 2 non obligatoire	Groupe adjectival (quantité, identité)	
le, la, les *ce, cet, cette, ces* *mon, ma, mes,* etc.	(*deux, trois*, etc.)	*autre, autres*	*L'autre voiture* *Les deux autres personnes*
			Cet autre problème *Ces deux autres livres*
			Mon autre chemisier *Mes deux autres amies*
		même, mêmes	*Le même animateur* *Les trois mêmes exercices*
			Ce même policier *Ces deux mêmes copies*
			**Mon même chemisier*
		seul, seule, seuls, seules	*Le seul problème* *Les deux seules personnes*
			Ces seules empreintes *Ces trois seuls pays*
			Leur seule excuse *Leurs deux seules jupes*
		seul autre, seule autre, seuls autres, seules autres	*Le seul autre clou* *Les deux seuls autres clous*
			Ce seul autre forum *Ces deux seuls autres sites*
			Votre seul autre choix *Vos deux seuls autres choix*
		premier, première, premiers, premières ; *prochain, prochaine, prochains, prochaines ;* *dernier, dernière, derniers, dernières*	*La première femme* *Le prochain carrefour* *Le dernier empereur* *Les trois premières années* *Les deux prochains jours* *Les trois derniers jours*
			Ce premier étage *Ces deux derniers étages*, etc.
			Notre prochain bonbon *Nos deux dernières fraises*, etc.

Attention ❗

L'ordre < *dernier, premier, prochain*, etc. + déterminant numéral > est un calque de l'anglais.

(NN) *les dernières deux années, les premières deux heures, les prochains dix jours.*

d) Un déterminant et un ou deux groupes adjectivaux avant le nom

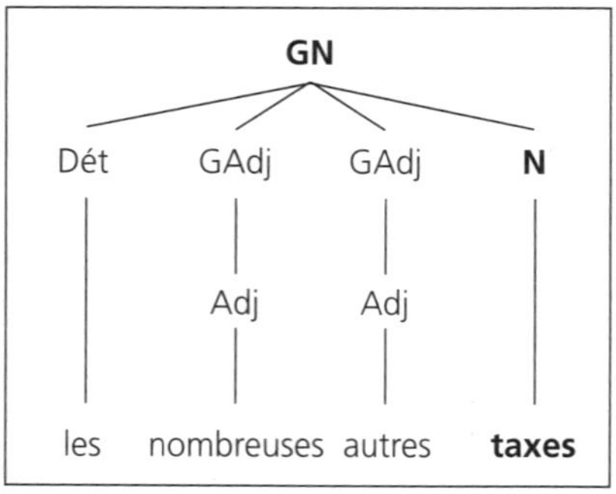

	Avant le nom		Exemples
	Déterminant	Adjectif (quantité, identité)	
Singulier	*un, une*	*certain, certaine*	*Un certain temps* *Une certaine tendance*
		même	*Un même toit* *Une même journée*
		seul, seule	*Un seul mot* *Une seule erreur*
		seul autre, seule autre	*Un seul autre bruit* *Une seule autre taxe*
		premier, première, deuxième, etc.	*Un troisième enfant* *Une cinquième place*
		dernier, dernière	*Un dernier verre* *Une première discussion*
Pluriel	*les* *ces* *mes, tes, ses,* etc.	*nombreux, nombreuses (autres)*	*Les nombreux (autres) trous* *Les nombreuses (autres) failles*
			Ces nombreux (autres) terrains *Ces nombreuses (autres) erreurs*
			Mes nombreux (autres) crayons *Leurs nombreuses (autres) valises*
		différents, différentes	*Les différents angles* *Les différentes approches*
			Ces différents modèles *Ces différentes expériences*
			Mes différents comptes *Mes différentes activités*
		divers, diverses	*Les divers aspects* *Les diverses solutions*
			Ces divers formats *Ces diverses propositions*
			Leurs divers jardins *Leurs diverses fontaines*

	Avant le nom		Exemples
	Déterminant	Adjectif (quantité, identité)	
Singulier ou pluriel	*un, une, d'*	*autre, autres*	*Un autre coup de fil* *D'autres problèmes*
	le, la, les	*deuxième, deuxièmes, etc.*	*Le quatrième concurrent* *Les troisièmes cycles*
	ce, cette, ces		*Cette dixième carte* *Ces onzièmes jeux*
	mon, ma, mes, etc.		*Ma troisième montre* *Leurs deuxièmes valises*

Attention ❗
Pas de déterminant numéral avec *différent* ou *divers*.
(NN) *les deux différents angles, mes deux différentes recettes.*

e) Un modifieur de quantité

Mots devant le nom		Exemples
Modifieur de quantité	Déterminant	
presque *environ* *jusqu'à* *dans les* *(un peu) plus de* *(un peu) moins de*	*un, deux, trois, etc.*	*presque vingt personnes* *environ dix minutes* *jusqu'à quatre fois* *dans les cinquante dollars* *(un peu) plus de cinq jours* *(un peu) moins de dix ans*
presque	*tout, toute, tous, toutes* *+ le, le, la, les ;* *ce, cet, cette, ces ;* *mon, ma, mes, etc.*	*presque tout le tableau* *presque toute la pièce* *presque tous ces enfants* *presque toutes mes feuilles*
encore	*du, de la, de l', des*	*encore du lait, du café, de l'or* *encore de l'eau, de la soupe* *encore des pâtes*

f) Position du groupe adjectival par rapport au nom

Voici les principales tendances pour la position du GAdj dans le GN.

<table>
<tr><th></th><th>Groupe adjectival avant le nom</th><th>Groupe adjectival après le nom</th></tr>
<tr><td rowspan="1">Usage</td><td>• Expressions figées (emplois anciens)
La légitime défense, une piètre opinion, en parfait état, en piteux état, etc.
• Calque de l'anglais.</td><td>• Position par défaut en français contemporain.</td></tr>
<tr><td rowspan="2">Type d'adjectif</td><td>• Adjectif
Autre, même, premier, deuxième, dernier, seul autre, nombreux, etc.</td><td>• Adjectif exprimant une propriété objective (forme, couleur, etc.)
Carré, rouge, sec, sucré, etc.
• Adjectif dérivant d'un verbe
Un problème résolu (résoudre),
une histoire convaincante (convaincre).
• Adjectif équivalant à < de + nom >
Ministériel, paternel, européen, etc.</td></tr>
<tr><td colspan="2">• Adjectif exprimant une propriété subjective (insistance si l'adjectif est avant le nom)
Charmant, étrange, excellent, énorme, important, atroce, merveilleux, horrible, etc.</td></tr>
<tr><td rowspan="2">Longueur</td><td>• L'adjectif est court (liste ci-dessous)
Beau, bon, grand, gros, haut, jeune, joli, long, petit, vieux, vilain</td><td>• L'adjectif est plus long ou égal au nom
Une mesure <u>impopulaire</u>, un cas <u>difficile</u>, un pas <u>lent</u>
• L'adjectif fait partie d'un groupe adjectival complexe
Un chien <u>très gentil</u>, un chien <u>gentil avec les visiteurs</u></td></tr>
<tr><td colspan="2">• Les adjectifs de la liste ci-dessus (beau, bon, etc.), modifiés au moyen de très, assez, plus, si, etc. :
très beau, si bon, assez grand, plutôt gros, plus haut, si jeune, etc.</td></tr>
</table>

Certains adjectifs présentent des nuances de sens selon qu'ils sont avant ou après le nom. Ces emplois peuvent dépendre du nom qui accompagne l'adjectif.

Adjectif	Groupe adjectival avant le nom	Groupe adjectival après le nom
ancien	Qui n'est plus ce qu'exprime le nom *Un ancien bureau* (maintenant autre chose)	Qui existe depuis longtemps *Un bureau ancien*
brave	Qui est honnête et simple *Un brave soldat*	Qui est courageux *Un soldat brave*
certain	Qui est imprécis, qui est indéterminé *Un certain temps, un certain âge*	Qui est sûr, qui est évident *Un placement certain, une mort certaine*
curieux	Qui est bizarre *Un curieux voisin*	Qui est intéressé, indiscret *Un voisin curieux*
grand	Qui est mature, célèbre *Une grande personne, un grand homme*	Qui est de taille supérieure à la moyenne *Un homme grand*

Adjectif	Groupe adjectival avant le nom	Groupe adjectival après le nom
gros	Qui est considérable *Un gros inconvénient, une grosse perte*	Qui a de l'embonpoint *Une personne grosse (grosse personne)*
jeune	Qui débute, qui est nouveau *Un jeune professeur, de jeunes mariés*	Qui est peu âgé *Un professeur jeune*
pauvre	Qui est à plaindre *Un pauvre étudiant*	Qui n'a pas beaucoup d'argent *Un étudiant pauvre*
petit	Affectueux, familier ou méprisant *Ma petite maman, la petite dame*	Qui est de taille inférieure à la moyenne *Un homme petit (petit homme)*
propre	Qui insiste sur la possession *Mon propre père*	Qui n'est pas sale *Du linge propre*
pur	Qui est totalement ce qu'exprime le nom *Une pure invention, de la pure folie*	Qui est sans mélange *Une science pure*
sacré	Nuance de renforcement, d'ironie *Un sacré menteur, une sacrée chance*	Qui est digne de respect (religieux) *Un endroit sacré*
sale	Qui est mauvais, méprisable, désagréable *Un sale type, une sale bête, un sale état*	Qui manque de propreté *Une personne sale*
seul	Dont le nombre est *un* *La seule candidate*	Qui n'est pas accompagné *Un enfant seul*
simple	Qui est uniquement ce qu'exprime le nom *Un simple citoyen, une simple formalité*	Qui est de condition modeste ; facile *Une personne simple ; une question simple*
triste	Qui est lamentable, pitoyable *Un triste état, une triste situation*	Qui est rempli de tristesse *Une personne triste*
vrai	Qui est conforme à ce qu'exprime le nom *Un vrai problème*	Qui est loyal, sincère ; certain *Un homme vrai ; une chose vraie*

2.4. **Déterminant**

Cette section traite de choix liés au déterminant dans le groupe nominal.

a) Déterminant partitif

Voici une liste de noms fréquents qui s'utilisent avec des déterminants partitifs (*du, de la, des*) : il s'agit de noms qui ont un sens non comptable.

Du, de l'	*De la, de l'*	*Des*	
Masculin singulier	Féminin singulier	Masculin pluriel	Féminin pluriel
du béton *du bruit* *du courant* *du dessert* *du monde* *du pain* *du papier* *du retard* *du sable* *du sang* *du temps*	*de la chance* *de la confiture* *de la famille* *de la lumière* *de la neige* *de la peine* *de la peinture* *de la place* *de la poussière* *de la soupe* *de la terre*	*des épinards* *des œufs*	*des pâtes*
de l'air *de l'argent* *de l'exercice*	*de l'eau* *de l'électricité* *de l'essence*		

Il est possible de donner à certains de ces noms un sens comptable en les employant avec un déterminant non partitif. Il vaut mieux vérifier dans un dictionnaire si un tel emploi est possible.

Déterminant partitif Nom de sens non comptable	Déterminant autre que partitif Nom de sens comptable
acheter du poisson	*acheter deux poissons*
boire du café	*commander un café*
montrer de la gentillesse envers quelqu'un	*faire une gentillesse à quelqu'un*

b) Déterminant transformé

Certains déterminants subissent une transformation de forme (élision, allongement, etc.) en fonction du mot qui les suit.

Type de déterminant	Type de transformation	Formes transformées du déterminant		
		Masculin singulier	Féminin singulier	Masculin et féminin pluriel
Dét. identifiant de base	Élision	*le → l'*	*la → l'*	–
Déterminant identifiant démonstratif	Allongement	*ce → cet* *ce…-ci → cet…-ci* *ce…-là → cet…-là*	–	–
Déterminant quantifiant partitif	Décontraction Élision Réduction	*du → de l'*	*de la → de l'*	*(des → de → d')*
Déterminant quantifiant de base	Réduction Élision	–	–	*(des → de → d')*

Type de déterminant	Type de transformation	Formes transformées du déterminant		
		Masculin singulier	Féminin singulier	Masculin et féminin pluriel
Déterminant identifiant possessif	Utilisation de la forme du masculin	–	*ma* → *mon* *ta* → *ton* *sa* → *son*	
		obligatoire si + un mot		**facultatif si + GAdj**
		commençant par une voyelle ou un *h* muet		

A. *Le haricot* ou *l'haricot* ?

Pour que la forme de ces déterminants soit modifiée, ceux-ci doivent être suivis d'un mot qui commence par une voyelle ou un *h* muet. Parmi les mots qui commencent par un *h,* il faut savoir lesquels ont un *h* muet.

	Mots commençant par un *h*		
	***h* aspiré** Le *h* aspiré compte pour une consonne.	***h* muet** Le *h* muet compte pour une lettre invisible et est toujours suivi d'une voyelle.	
Noms masculins	*le hall* *le hamburger* *le handicap* *le hangar* *le harcèlement* *le hareng* *le haricot* *le hasard* *le héros* *le hidjab, hijab* *le homard*	*le* → *l'* *ce* → *cet* *du* → *de l'*	*l'habit* *l'habitant* *l'hameçon* *l'hélicoptère* *l'hiver* *l'homicide* *l'homme* *l'hôpital* *l'horizon* *l'humour, de l'humour*
Noms féminins	*la hache* *la haie* *la haine* *la halte* *la hanche* *la hargne* *la hâte* *la hauteur* *la hernie* *la hiérarchie*	*la* → *l'* *de la* → *de l'* *ma, ta, sa* → *mon, ton, son*	*l'haleine* *l'hallucination* *l'harmonie* *l'hépatite* *l'herbe, de l'herbe* *l'héroïne, de l'héroïne* *l'hésitation* *l'histoire* *l'horloge* *l'horreur* *l'huile, de l'huile* *l'huître* (RO) *l'huitre* *l'humeur* *l'humidité, de l'humidité* *l'hygiène* *l'hyperactivité* *l'hypothèque*

	Mots commençant par un *h*		
	h aspiré Le *h* aspiré compte pour une consonne.	*h* muet Le *h* muet compte pour une lettre invisible et est toujours suivi d'une voyelle.	
Adjectifs	*hardi, hardie* *haut, haute* *hautain, hautaine* *hideux, hideuse* *honteux, honteuse*	*le, la → l'* *du, de la → de l'* *ce → cet* *ma, ta, sa → mon, ton, son*	*hétérogène* *heureux, heureuse* *homogène* *honnête* *horrible* *humain, humaine*

Voici quelques exemples de groupes nominaux.

	Pas de transformation		Transformation obligatoire	
	+ consonne	+ *h* aspiré	+ voyelle	+ *h* muet
Nom masculin	*le divan* *le seul arbre* *du café* *du mauvais alcool* *ce divan* *ce beau divan*	*le harcèlement* *le hideux été*	*l'arbre* *l'autre garçon* *de l'alcool* *de l'excellent café* *cet arbre* *cet autre garçon*	*l'hiver, cet hiver* *l'horrible divan* *cet horrible divan*
Nom féminin	*ma grande école* *ma hanche* *de la farine* *ta mauvaise humeur* *sa plaie*	*la hiérarchie* *la haute école*	*mon école* *de l'excellente farine* *ton incroyable mère*	*l'heureuse mère* *ton humeur* *son horrible plaie*

B. *Des excellentes nouvelles* ou *d'excellentes nouvelles* ?

Si un nom au pluriel est précédé d'un groupe adjectival (par exemple, *excellentes nouvelles*), le déterminant peut avoir la forme *des* ou *de* (*d'*). C'est une transformation facultative.

En français courant	Forme ***des*** en tout temps *des bons épinards, des belles vacances, des hauts dirigeants* *des excellents homards, des excellentes nouvelles, des honnêtes gens*
En français soutenu	Forme ***de*** si + groupe adjectival commençant par une consonne ou un *h* aspiré *de bons épinards, de bonnes vacances, de hauts dirigeants*
	Forme ***d'*** si + groupe adjectival commençant par une voyelle ou un *h* muet *d'excellents homards, d'excellentes nouvelles, d'honnêtes gens*

c) Quand mettre un trait d'union avec *ci* et *là* ?

Le déterminant démonstratif composé requiert un trait d'union avant les particules *ci* et *là* si elles apparaissent juste après le nom.

Avec trait d'union La particule est juste après le nom	Sant trait d'union La particule n'est pas juste après le nom
Ce manteau-ci *Ce manteau-là* *Ce beau manteau-ci*	*Ce manteau de laine ci* *Ce manteau gris là*

2.5. Nombre

Cette section traite de choix liés au singulier et au pluriel dans le groupe nominal.

a) Déterminants dont le sens est lié au singulier ou au pluriel

Certains déterminants doivent être employés avec un nombre fixe (toujours le singulier ou toujours le pluriel) tandis que d'autres n'ont pas une restriction aussi forte sur le nombre.

	Sens	Choix du déterminant	Singulier ou pluriel du nom	Exemples
Nombre fixe	Quantité nulle	*aucun, aucune*	singulier	*aucun problème* *aucune attente*
			pluriel obligatoire si le nom ne s'emploie pas au singulier	*aucuns frais* *aucuns honoraires* *aucunes représailles*
	Un à la fois dans un ensemble	*chaque*	singulier	*chaque pont* *chaque personne*
	Petite quantité	*plusieurs*	pluriel	*plusieurs problèmes* *plusieurs femmes*
	Pluriel et insistance sur la différence	*différents* *divers*	pluriel	*différents réglages* *diverses possibilités*
	Quantité précise	*deux, trois,* etc.	pluriel	*deux ordinateurs* *quatre lampes*

	Sens	Choix du déterminant	Singulier ou pluriel du nom	Exemples
Nombre variable	Petite quantité	*quelque*	singulier (rare)	expressions : *(dans) quelque temps* *à quelque distance*
			pluriel	*quelques problèmes* *quelques personnes*
		peu de	singulier + nom non comptable	*peu de café* *peu de patience*
			pluriel	*peu de gens* *peu de personnes*
	Grande quantité	*beaucoup de, trop de, assez de,* etc.	singulier + nom non comptable	*beaucoup de sable* *trop de neige*
			pluriel	*beaucoup de gens* *trop de personnes*

b) *Leur* ou *leurs* ?

Le déterminant possessif *leur(s)* est employé pour indiquer qu'il y a plusieurs possesseurs. Le choix du singulier (*leur*) ou du pluriel (*leurs*) dépend du nombre d'objets possédés.

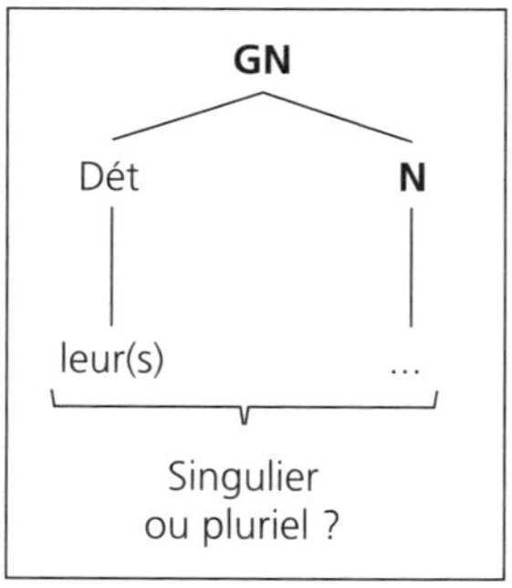

Possesseurs	« Objet » possédé	Singulier ou pluriel du groupe nominal	Exemples
Plusieurs possesseurs	Un seul « objet » pour tous les possesseurs	Singulier	*Nos voisins adorent leur piscine.*
	Un « objet » par possesseur	Singulier ou pluriel, au choix	*Les étudiants doivent remettre leur examen / leurs examens maintenant.*
		Singulier obligatoire si le mot n'existe qu'au singulier ou s'il a un sens spécifique au singulier	*Ils ne pouvaient cacher leur tristesse.* *Nous soulignons leur courage.*
	Plusieurs « objets » par possesseur	Pluriel	*Les enfants ont laissé leurs chaussures dans l'entrée.*

c) Singulier ou pluriel après une préposition ?

Dans le cas d'un groupe nominal contenant un groupe prépositionnel (par exemple, *une base de données*), le nom introduit par la préposition peut être utilisé sans déterminant. Il est alors difficile de savoir s'il faut l'utiliser au singulier ou au pluriel.

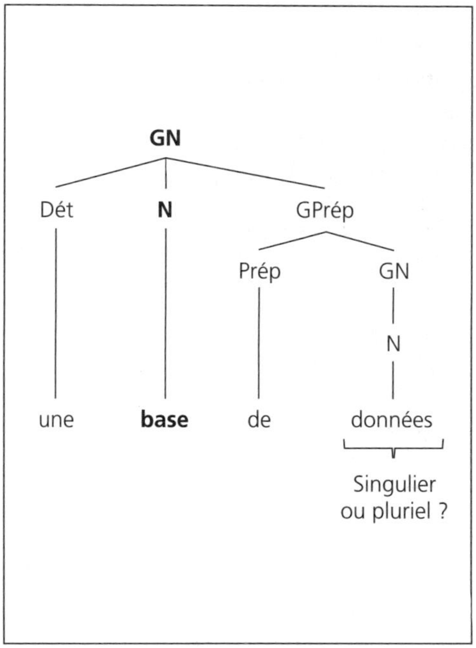

- Le groupe prépositionnel contient **un nom sans déterminant** : il n'y a pas d'indication s'il faut le singulier ou le pluriel.
  → Le **sens** est un facteur important.
- Parfois, plusieurs usages sont possibles. Il vaut mieux consulter un dictionnaire.

un coucher	*de*	*soleil*
un coup	*de*	*poing*
une offre	*d'*	*emploi*
un ouvrage	*de*	*référence*
un moteur	*de*	*recherche*
du jus	*d'*	*orange*
un battement	*d'*	*ailes*
une base	*de*	*données*
un programme	*d'*	*études*
une agence	*de*	*voyages*
du jus	*de*	*fruits*
de la confiture	*de*	*fraises (fraise)*
une salle	*de*	*bain (bains)*
un programme	*d'*	*activité (activités)*

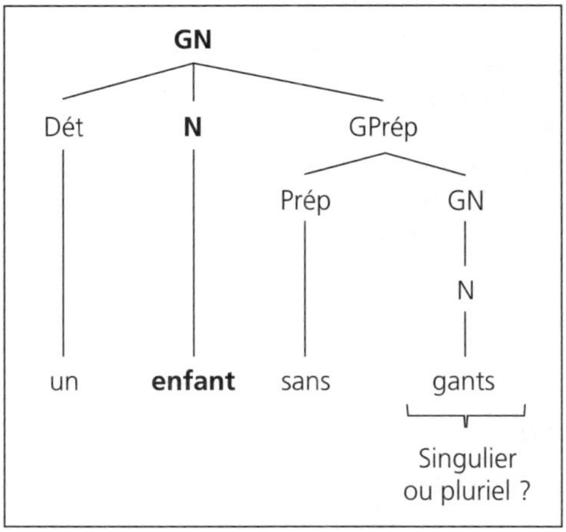

- Le groupe prépositionnel contient **un nom sans déterminant,** la préposition est ***sans***.
  → Le sens est un facteur important : il faut remplacer *sans* par *avec* pour savoir s'il faut le singulier ou le pluriel.
- Parfois, plusieurs usages sont possibles. Il vaut mieux consulter un dictionnaire.
- Exemples :

un enfant	*sans*	*gants*
un texte	*sans*	*fautes*
un homme	*sans*	*chapeau*
ce joueur	*sans*	*casque*
un prêt	*sans*	*intérêt(s)*
une réaction	*sans*	*explication(s)*

2.6. Préposition

Cette section traite de problèmes liés à l'emploi d'une préposition dans un groupe nominal.

a) Choix de la préposition

Pour vérifier quelle préposition utiliser avec un nom (par exemple, *une promenade dans les bois*), il faut consulter un dictionnaire. On pourra trouver la réponse à des endroits variés : au nom auquel se raccroche la préposition (*promenade*), à celui qu'elle introduit (*bois*) ou même encore à la préposition choisie (*dans*).

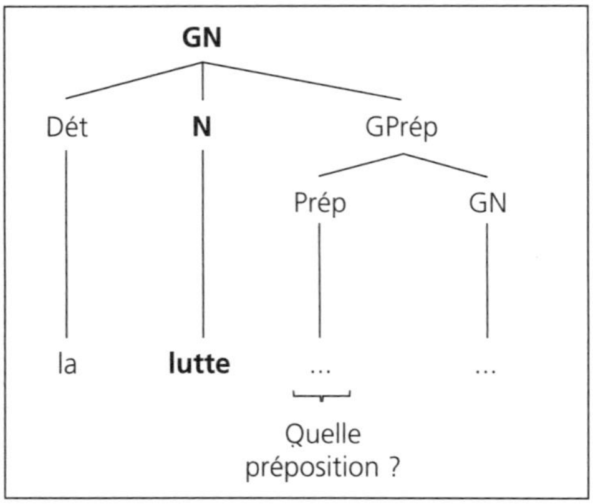

- Un **nom formé à partir d'un verbe** (*promenade, se promener ; course, courir*; etc.) sera souvent construit avec la ou les mêmes prépositions que le verbe.
- Plusieurs usages sont possibles selon le sens.
- Exemples :

une promenade	*dans*	*les bois*
quelle course	*le long du*	*quai*
nos glissades	*sur*	*la piste*
sa chute	*dans*	*l'eau*
la lutte	*contre*	*l'échec scolaire*
la lutte	(NN) *à*	*l'échec scolaire*

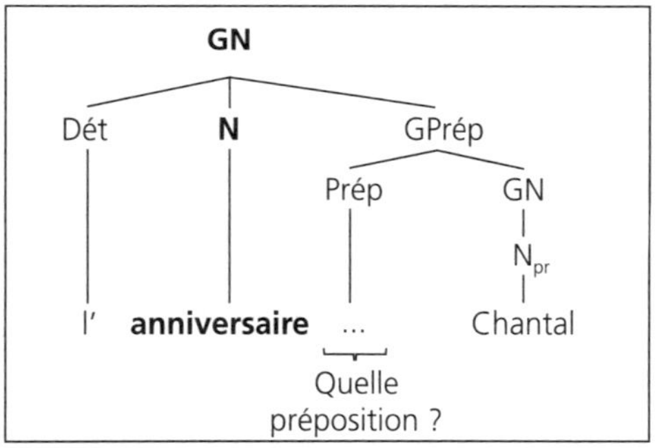

- Le sens de **possession** requiert la préposition ***de***.
- L'usage ancien de la préposition *à* (quand le possesseur est un être humain) est aujourd'hui non normé.
- Exemples :

l'anniversaire	*de*	*Chantal*
la fête	*de*	*mon amie*
le chien	*de*	*son voisin*
	(NN) *à*	

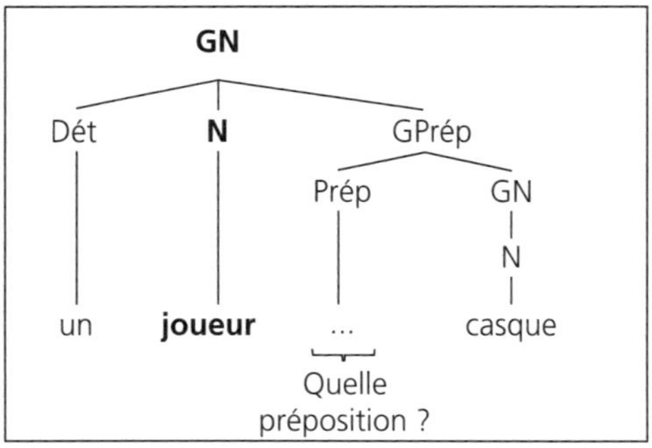

- Le sens de l'**absence,** de la **négation** requiert la préposition ***sans***.
- Exemples :

un texte	*sans*	*fautes*
un joueur	*sans*	*casque*
	(NN) *pas de*	...
	(NN) *avec pas de*	...

b) Contraction de la préposition et du déterminant

Lorsqu'un groupe prépositionnel contient la préposition *à, de* ou leurs composées, cette préposition et le déterminant *le* ou *les* du groupe nominal inclus doivent se contracter en un seul mot : *au, aux, du, des*. Il n'y a pas de contraction si le déterminant *le* est élidé.

A. La préposition *à*

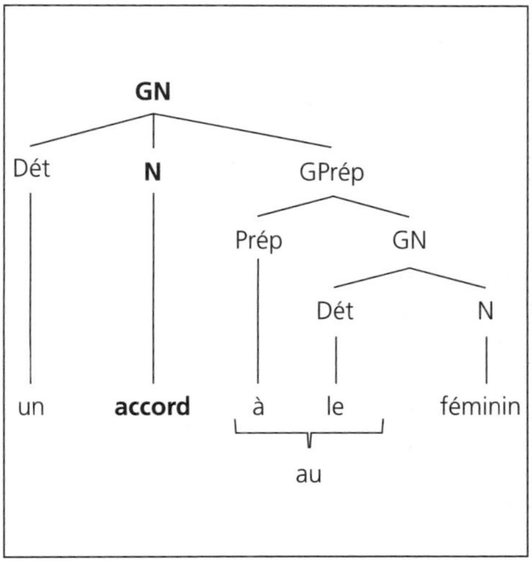

- Contraction de la préposition *à* et du déterminant de base *le, les*
  à le → ***au***
  à les → ***aux***
- Pas de contraction de la préposition *à* et du déterminant de base *la : à la*
- Exemples :

la course	*au*	*pouvoir*
les légumes	*au*	*menu*
un accord	*au*	*féminin*
une information	*au*	*potentiel explosif*
un investisseur	*au*	*profil particulier*
une escapade	*au*	*Havre*
l'assistance	*aux*	*personnes âgées*
une course	*aux*	*armements*
un voyage	*aux*	*États-Unis*

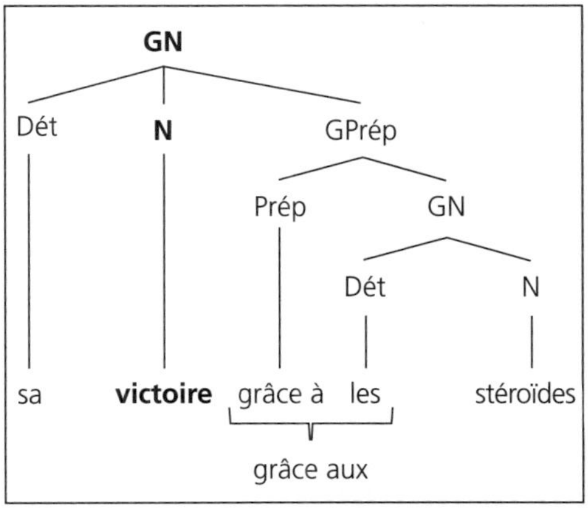

- Contraction des prépositions composées contenant *à* (*grâce à, jusqu'à*, etc.) et du déterminant de base *le, les*
  ...à le → ***au***
  ...à les → ***aux***
- Exemples :

une promenade	*jusqu'au*	*pont*
un hôtel	*face aux*	*pistes*
sa victoire	*grâce aux*	*stéroïdes*
leur position	*par rapport aux*	*axes*

B. La préposition *de*

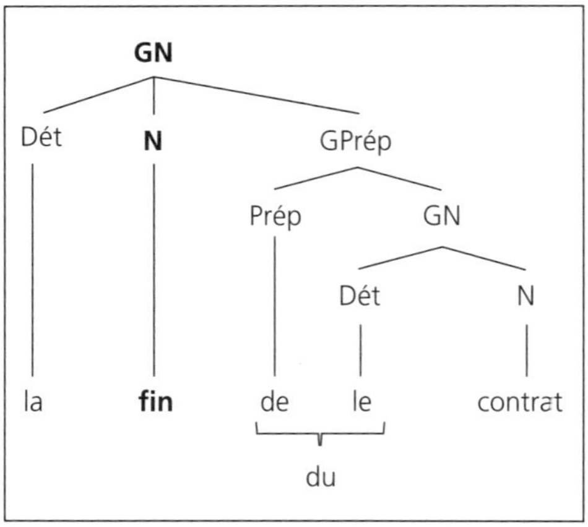

- Contraction de la préposition *de* et du déterminant de base *le, les*
  de le → ***du***
  de les → ***des***
- Pas de contraction de la préposition *de* et du déterminant de base *la : de la*
- Exemples :

l'accord	*du*	*participe passé*
la bénédiction	*du*	*patron*
le président	*du*	*comité*
le port	*du*	*Havre*
la directrice	*des*	*ressources humaines*
le passage	*des*	*oiseaux*
l'engrenage	*des*	*troubles affectifs*

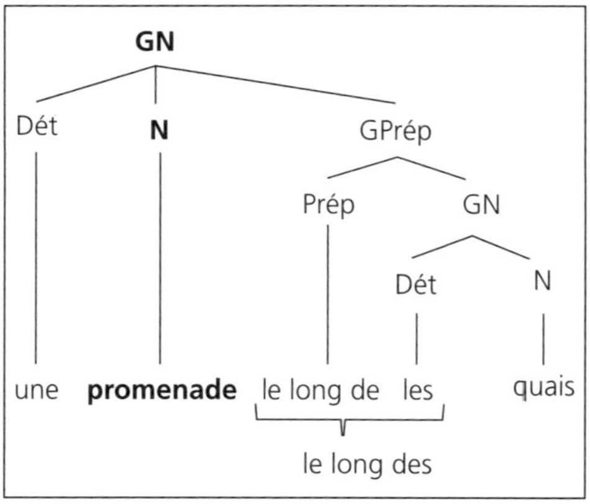

- Contraction des prépositions composées contenant *de* (*le long de, en dehors de*, etc.) et du déterminant de base *le, les*
  … de le → *…* ***du***
  … de les → *…* ***des***
- Exemples :

les maisons	*le long du*	*canal*
une excursion	*en dehors du*	*Cap*
sa position	*en dépit du*	*bon sens*
une promenade	*le long des*	*quais*
votre chalet	*en face des*	*chutes*

Le groupe adjectival 3

3.1. Construction

a) Groupe adjectival de base

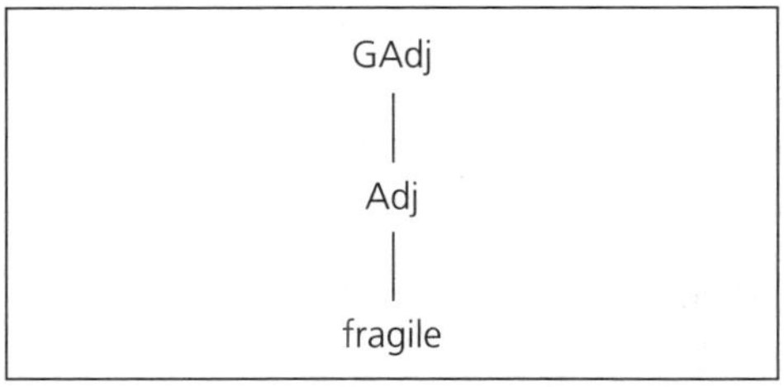

- Un GAdj de base est constitué d'un adjectif.
- Le groupe n'est constitué que de son noyau.

b) Groupe adjectival avec expansions

L'adjectif est le noyau du groupe, la partie essentielle au sens et à la constitution du groupe. Il ne peut être supprimé. Il est accompagné d'expansions qui peuvent se combiner.

A. Le groupe adjectival contient un groupe adverbial

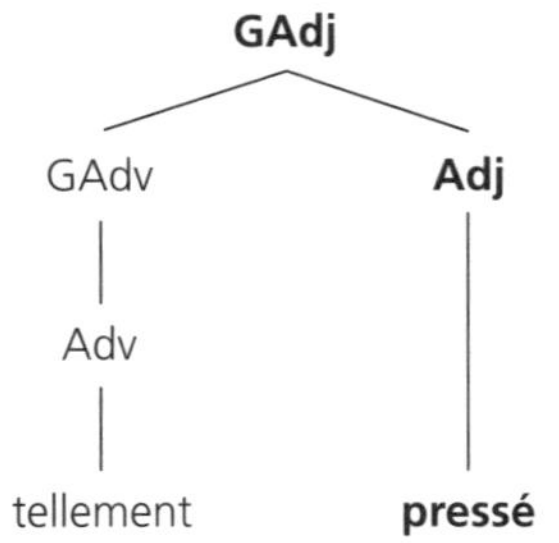

- Noyau du GAdj : un adjectif.
- Adjectif noyau : une propriété ou un état.
- Expansion **à gauche** du noyau : un **groupe adverbial**.
- Expansion non obligatoire
- Exemples :

très	*gentil*
tout	*doux*
vraiment	*poli*
trop	*fatigué*
bien	*aimable*
toujours	*détendu*
si	*triste*
absolument	*faux*
tellement	*énervé*
le moins	*droit*
déjà	*endormi*

B. Le groupe adjectival contient un groupe prépositionnel

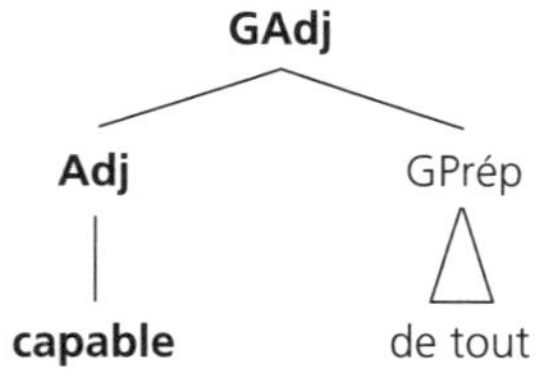

- Noyau du GAdj : un adjectif.
- Adjectif noyau : certains adjectifs seulement.
- Expansion **à droite** du noyau : un **groupe prépositionnel**
- Expansion obligatoire pour certains adjectifs
- Exemples :

fier	*de ses enfants*
déçue	*du spectacle*
fidèles	*à leurs convictions*
riche	*en rebondissements*
certaine	*de ses choix*

C. Le groupe adjectival contient plusieurs groupes

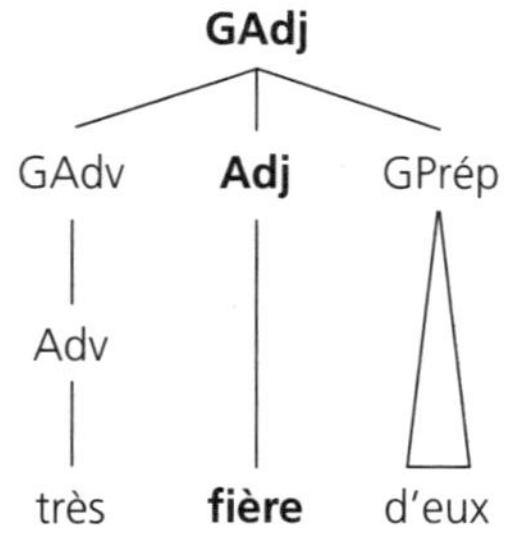

- Adjectif noyau : certains adjectifs seulement.
- Expansions : un **groupe adverbial** et un **groupe prépositionnel**.
- Exemples :

très	*fière*	*d'eux*
vraiment	*déçue*	*de lui*
encore	*confiant*	*en sa réussite*
trop	*poli*	*envers son voisin*

3.2. Analyse

Tout groupe à l'intérieur du groupe adjectival est analysé soit comme un complément du noyau soit comme un modifieur de celui-ci. Il s'agit d'une relation de construction (rattachement à gauche ou à droite du noyau), doublée d'une relation de sens.

- Le **modifieur de l'adjectif** se positionne à gauche du noyau et exprime une modulation de sens (degré, manière, déroulement).
- Le **complément de l'adjectif** se positionne à droite du noyau et exprime une précision de sens.

Modifieur de l'adjectif	Complément de l'adjectif
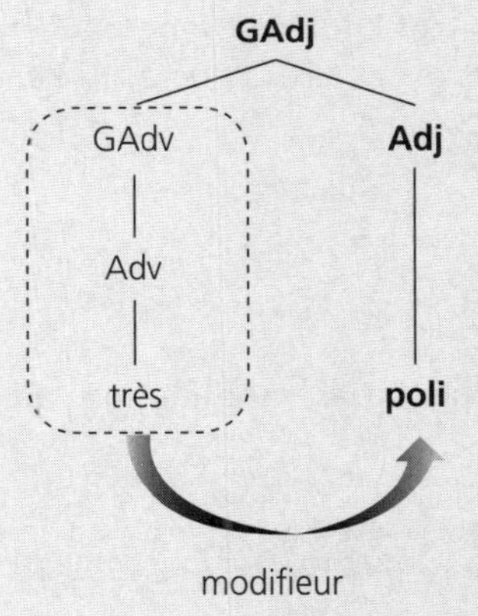	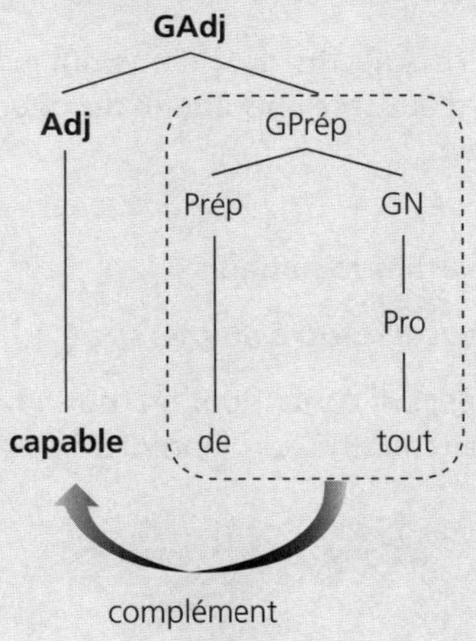

très *poli*
si *triste*
tout *doux*
trop *fatigué*
encore *énervée*
le moins *endormi*

très est modifieur de l'adjectif *poli*, *si* est modifieur de l'adjectif *triste*, etc.

capable *de tout*
poli *envers nous*
prêt *pour le départ*
confiant *en ses capacités*
riche *en rebondissements*
fidèle *à ses idées*

de tout est complément de l'adjectif *capable*, *envers nous* est complément de l'adjectif *poli*, etc.

3.3. Modifieurs

a) Adjectifs qui peuvent être modifiés

Il n'existe pas de liste exhaustive des adjectifs pouvant être construits avec un modifieur. De manière générale, ils appartiennent à un sous-ensemble d'adjectifs que l'on appelle *les adjectifs qualifiants* (ou *qualificatifs*) et qui expriment une propriété ou un état.

Qualité, défaut :	*gentil, ennuyeux*, etc.
État :	*tendu, calme, énervé*, etc.
Couleur :	*blanc, rouge, bleu*, etc.

Certains adjectifs qualifiants qui expriment déjà un très haut degré ne peuvent pas avoir d'adverbe modifieur de degré : **plus merveilleux*, **très spectaculaire*, **très ravissant.*

b) Adverbes modifieurs

A. *Beaucoup sucré* ou *très sucré* ?

En français contemporain normé, *beaucoup* ne peut pas modifier un adjectif, contrairement à son emploi à l'époque classique.

Construction normée

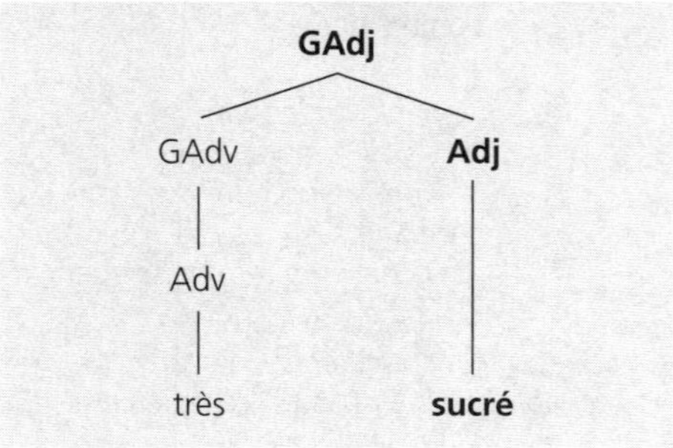

(NN) Construction non normée

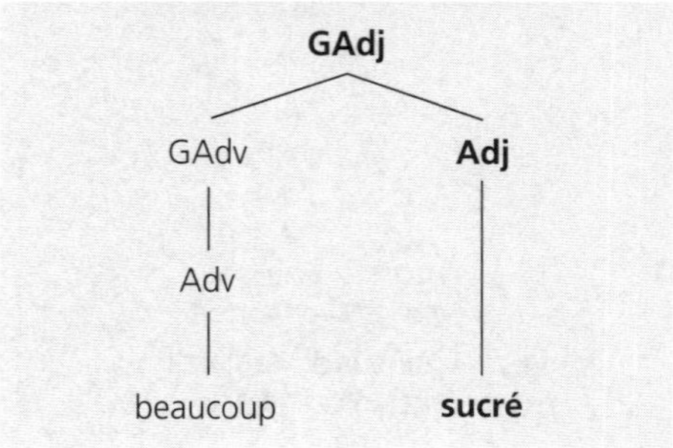

B. *Plus bon* ou *meilleur* ?

Lorsque l'adjectif *bon* est modifié par l'adverbe *plus,* il présente en français normé la forme *meilleur,* qui est l'équivalent de *plus* + *bon*.

Formes normées

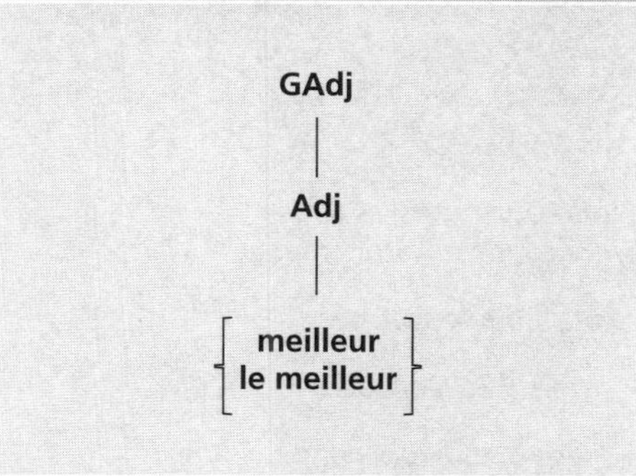

meilleur	*le meilleur*
meilleure	*la meilleure*
meilleurs	*les meilleurs, des meilleurs*
meilleures	*les meilleures, des meilleures*

(NN) Constructions non normées

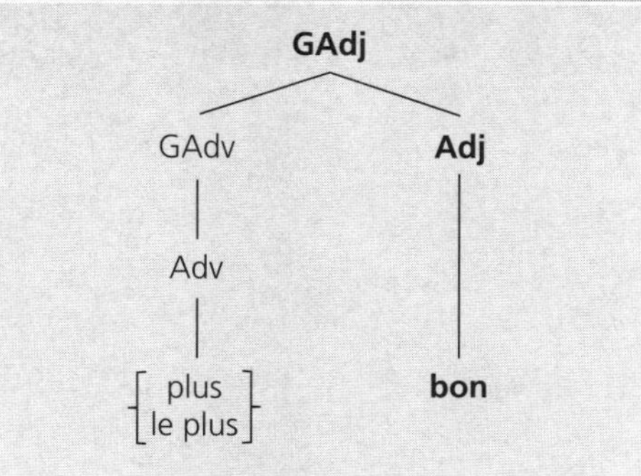

plus bon	*le plus bon*
plus bonne	*la plus bonne*
plus bons	*les plus bons, des plus bons*
plus bonnes	*les plus bonnes, des plus bonnes*

3.4. Compléments

Il n'existe pas de liste exhaustive des adjectifs pouvant être construits avec un complément. Il faut consulter un dictionnaire à l'article de l'adjectif et vérifier les exemples proposés. Voici les adjectifs fréquents qui peuvent se construire avec un complément.

	Complément	
Adjectif noyau	Préposition fréquente	Exemple
Apte	*à*	*apte au travail*
Capable	*de*	*capable de beaucoup de choses*
Certain	*de*	*certain de sa réussite*
Confiant	*dans* *en*	*confiant dans l'avenir* *confiant en ses capacités*
Confus	*de*	*confus de son erreur*
Conscient	*de*	*conscient de ses lacunes*
Content	*de*	*content de soi*
Dépendant	*de*	*dépendant de sa mère*
Digne	*de*	*digne de confiance*

	Complément	
Adjectif noyau	Préposition fréquente	Exemple
Enclin	*à*	*enclin à la paresse*
Exigeant	*envers* *sur*	*exigeant envers les autres* *exigeant sur l'orthographe*
Fatal	*pour*	*fatal pour la santé*
Favorable	*à*	*favorable à la modernité*
Fidèle	*à*	*fidèle à ses habitudes*
Fier	*de*	*fier de sa réussite*
Généreux	*de* *envers*	*généreux de son temps* *généreux envers les autres*
Hostile	*à*	*hostile à la modernité*
Injuste	*avec* *envers*	*injuste avec ses amis* *injuste envers ses collègues*
Libre	*de*	*libre de ses mouvements*
Loyal	*en* *envers*	*loyal en affaires* *loyal envers les autres*
Ouvert	*à*	*ouvert à toute proposition*
Prêt	*à* *pour*	*prêt à l'emploi* *prêt pour le départ*
Reconnaissant	*à* *de*	*reconnaissant à ses parents* *reconnaissant de sa générosité*
Respectueux	*à l'égard de* *avec* *de* *envers*	*respectueux à l'égard de la morale* *respectueux avec sa mère* *respectueux de l'environnement* *respectueux envers ses parents*
Riche	*de* *en*	*riche d'enseignement* *riche en matières organiques*
Sensible	*à*	*sensible à la chaleur*
Sûr	*de*	*sûr de lui*
Utile	*à*	*utile à la société*

Le groupe prépositionnel

4.1. Construction

a) Groupe prépositionnel de base

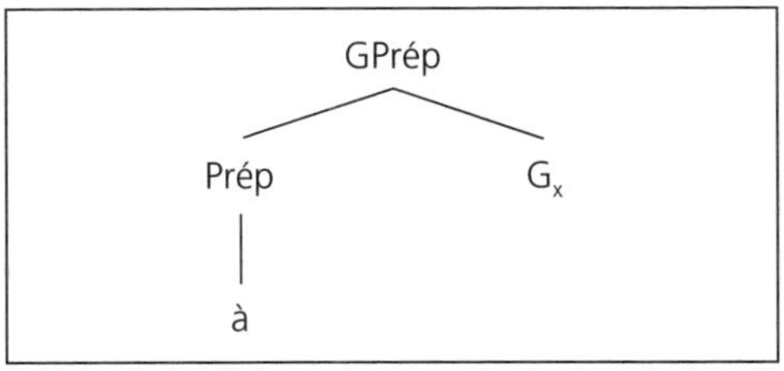

- Le GPrép de base est constitué d'une **préposition** et d'un autre groupe.
- La préposition est le noyau du groupe.
- Prépositions simples : *à, de, avec, sans*, etc.
- Prépositions composées : *à partir de, le long de, vis-à-vis de, face à, exception faite de, conformément à*, etc.

b) Groupe prépositionnel avec expansions

Sauf cas particuliers, l'expansion du groupe prépositionnel est obligatoire.

A. Le groupe prépositionnel contient un groupe nominal

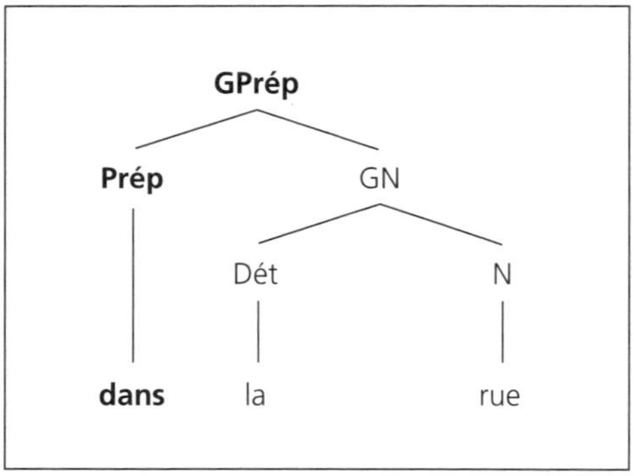

- Noyau du GPrép : une préposition.
- Expansion **à droite** du noyau : un groupe nominal contenant un déterminant.
- Exemples :

dans	*la rue*
avec	*un sac*
sous	*le lit*
aux alentours de	*la maison*
au début de	*l'été*
par-dessus	*ton épaule*
vis-à-vis de	*la fenêtre*
relativement à	*cette question*

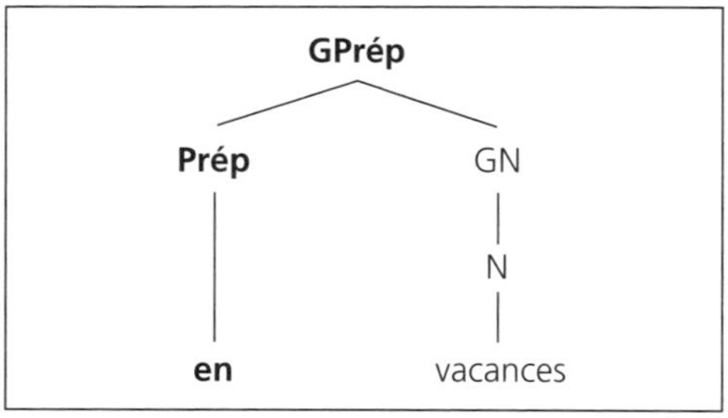

- Noyau du GPrép : une préposition.
- Expansion **à droite** du noyau : un groupe nominal sans déterminant.
- Exemples :

en	*vacances*
sans	*sucre*
avec	*crème*
par	*amour*
faute de	*temps*

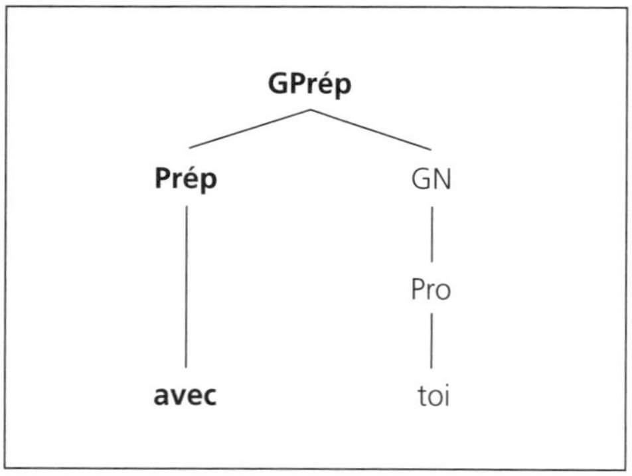

- Noyau du GPrép : une préposition.
- Expansion **à droite** du noyau : un groupe nominal contenant un pronom.
- Le pronom a la forme forte.
- Exemples :

avec	*moi*
pour	*toi*
en	*lui, elle*
contre	*nous*
à	*vous*
parmi	*eux*
sans	*elles*

B. Le groupe prépositionnel contient un autre groupe prépositionnel

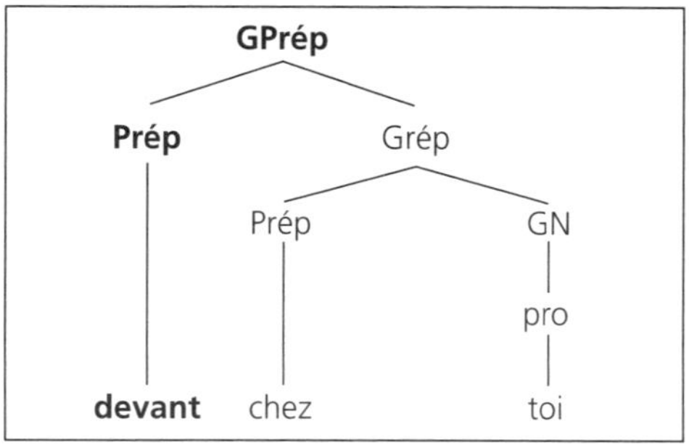

- Noyau du GPrép : une préposition.
- Expansion **à droite** du noyau : un groupe prépositionnel.
- Exemples :

pour	*dans une semaine*
du côté de	*chez Swann*
devant	*chez toi*

C. Le groupe prépositionnel contient un groupe adjectival

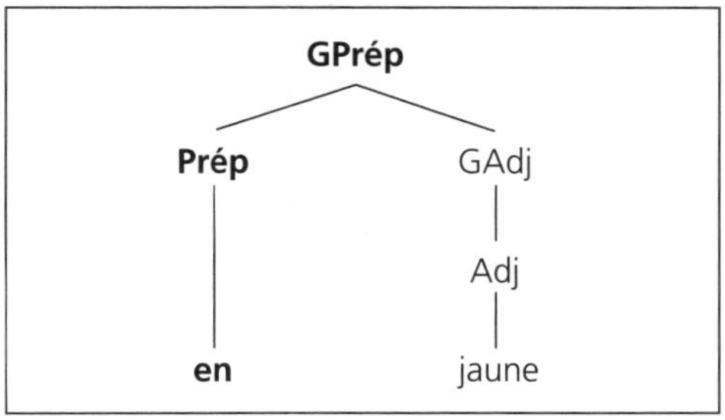

- Noyau du GPrép : une préposition.
- Expansion **à droite** du noyau : un groupe adjectival.
- Exemples :

en grand
en jaune
de gentil
pour mort
comme intelligent

c) Groupe prépositionnel ne contenant que son noyau

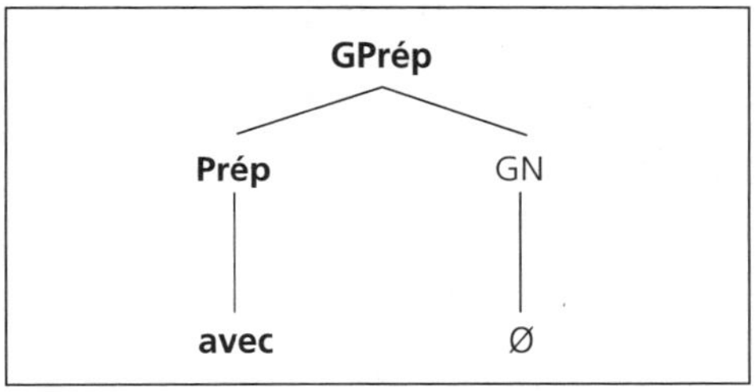

- Noyau du GPrép : une préposition.
- Expansion **à droite** du noyau : un groupe nominal vide.
- Exemples :

Laissez la porte contre.
C'est selon.
Il est sorti avec.
Elle est sortie sans.

4.2. Analyse

Tout groupe à l'intérieur du groupe prépositionnel est analysé comme un complément du noyau. Sa fonction est d'être *complément de la préposition*. Il s'agit d'une relation de construction (rattachement au noyau), doublée d'une relation de sens (précision du sens du noyau).

Complément de la préposition

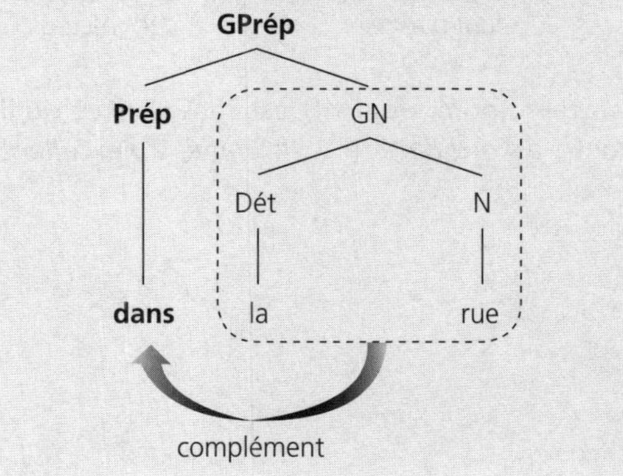

dans *la rue*
parmi *eux*
avec *un sac*
en *vacances*
pour *dans une semaine*
en *jaune*

la rue est complément de la préposition *dans*,
eux est complément de la préposition *parmi*, etc.

4.3. Forme de la préposition

a) Contraction de la préposition et du déterminant

Lorsqu'un groupe prépositionnel contient la préposition *à, de* ou leurs composées, cette préposition et le déterminant *le* ou *les* du groupe nominal inclus doivent se contracter en un seul mot : *au, aux, du, des.*

A. La préposition *à*

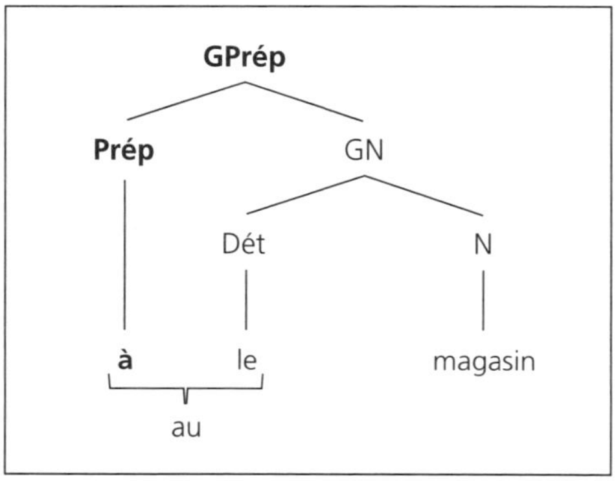

- Contraction de la préposition *à* et du déterminant de base *le, les*
  à le → ***au***
  à les → ***aux***
- Exemples :

au	*magasin*
au	*menu*
au	*soleil*
au	*Canada*
au	*Caire, Cap, Havre*
aux	*étudiantes*
aux	*États-Unis, Caraïbes*

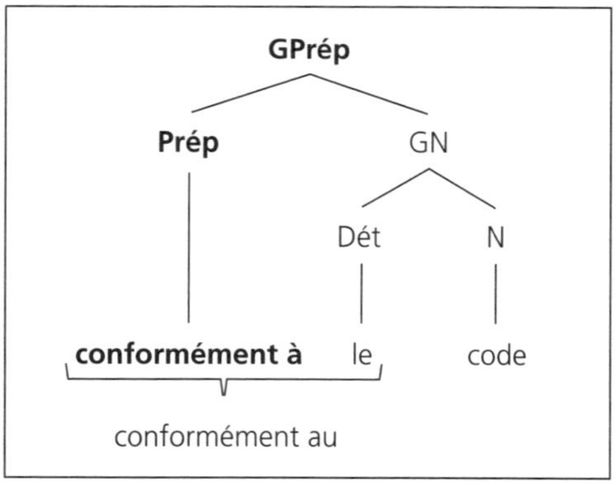

- Contraction des prépositions composées contenant *à* (*grâce à, jusqu'à*, etc.) et du déterminant de base *le, les*
  … à le → *…* ***au***
  … à les → *…* ***aux***
- Exemples :

grâce	*au*	*travail*
grâce	*auquel*	
conformément	*au*	*code*
jusqu'	*au*	*parc*
relativement	*aux*	*cas rencontrés*
contrairement	*aux*	*idées reçues*

Il n'y a pas de contraction si le mot suivant (nom, adjectif) est masculin et qu'il commence par une voyelle ou un *h* muet : *à l'ordinateur, à l'homme, à l'excellent restaurant.*

B. La préposition *de*

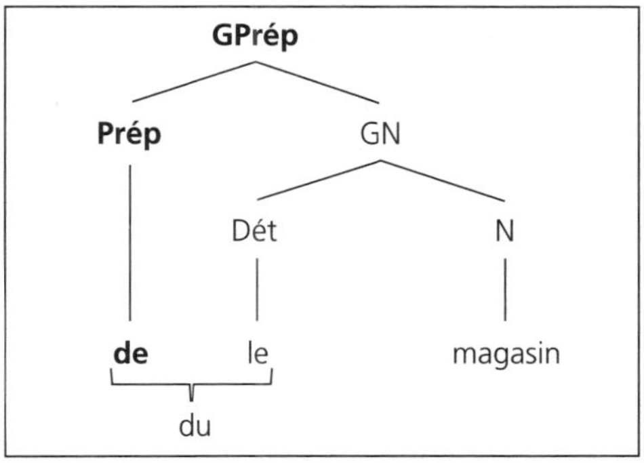

- Contraction de la préposition *de* et du déterminant de base *le, les*
  de le → ***du***
  de les → ***des***
- Exemples :
  du magasin
  du train
  du Canada
  du Caire, Cap, Havre
  des États-Unis, Caraïbes

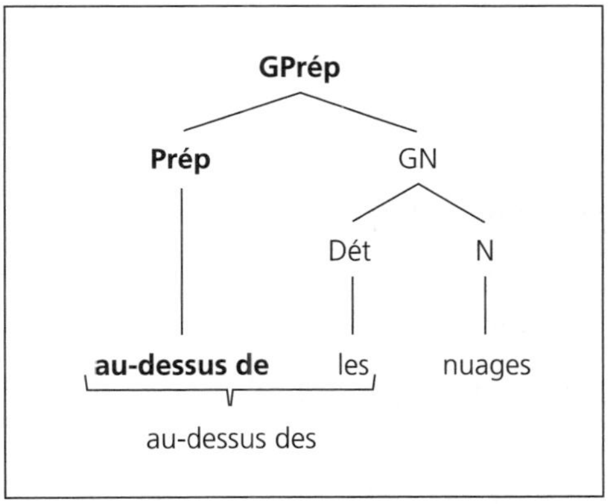

- Contraction des prépositions composées contenant *de* (*le long de, vis-à-vis de*, etc.) et du déterminant de base *le, les*
  … de le → ***… du***
  … de les → ***… des***
- Exemples :
  le long du canal
  en dépit du bon sens
  vis-à-vis du musée
  à partir du feu rouge
  le long des quais
  en face des chutes
  au-dessus des nuages

Il n'y a pas de contraction si le mot suivant (nom, adjectif) est masculin et qu'il commence par une voyelle ou un *h* muet : *de l'ordinateur, de l'homme, de l'excellent repas.*

b) Prépositions composées

Certaines prépositions composées présentent des formes non normées dont l'emploi varie selon la région de la francophonie.

Français normé		(NN) Français non normé	
À la hauteur de	*À la hauteur de Saint-Denis*	*À la hauteur*	*À la hauteur Saint-Denis*
À part	*À part ça (cela)*	*À part de*	*À part de ça*
À travers	*À travers le brouillard* *À travers la porte, la robe*	*À travers de*	*À travers du brouillard* *À travers de la porte*
Au travers de	*Au travers de la foule*	*Au travers*	*Au travers la foule*
En face de	*En face de la porte*	*En face**	*En face la porte*
Jusqu'à	*Jusqu'à demain* *Jusqu'à Québec*	*Jusque*	*Jusque demain* *Jusque Québec*

Français normé		(NN) Français non normé	
Près de	*Près de la piscine*	*Près**	*Près la piscine*
Proche de	*Proche de la boulangerie*	*Proche**	*Proche la boulangerie*
Quant à	*Quant à moi*	*Tant qu'à*	*Tant qu'à moi*
Vis-à-vis de	*Vis-à-vis de l'entrée*	*Vis-à-vis**	*Vis-à-vis l'entrée*

*Emplois anciens

Savoir +

Anciennement, *au travers de* marquait qu'il y avait de la résistance. Cette distinction ne fait plus partie de l'usage actuel courant.

c) Préposition *de*

La préposition *de*, qu'elle fasse partie ou non d'une préposition composée, s'élide devant un mot commençant par une voyelle ou un *h* muet.

*De une chute → *d'une chute*
*Au travers de un mur → *au travers d'un mur*

Les déterminants *du*, *de la*, *de l'*, *des* et *de* s'effacent lorsqu'ils suivent la préposition *de*.

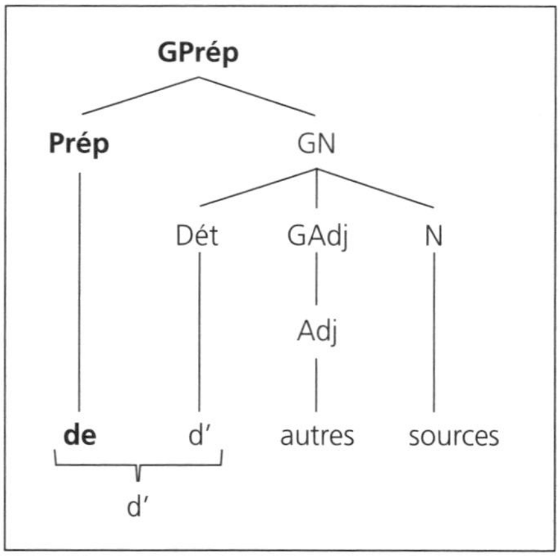

- La séquence < *de d'autres* > doit être réduite
  de d'autres → ***d'autres***
- Exemples :

  (NN) *L'eau venait de d'autres sources.*
  → *L'eau venait d'autres sources.*

  (NN) *Parlons de d'autres modèles de récupération.*
  → *Parlons d'autres modèles de récupération.*

- Ne pas confondre
  Tu t'occupes d'enfants (*de* + *des enfants*, *des* est effacé).
  Tu t'occupes des enfants (*de* + *les enfants*, *de* et *les* sont contractés).

4.4. Préposition sans complément

Les prépositions qui peuvent être utilisées sans complément (prépositions orphelines) sont relativement peu nombreuses. Elles ne peuvent être employées que lorsque le contexte est suffisamment clair pour interpréter le complément sous-entendu de la préposition. Ces emplois sont évités en français soutenu.

Préposition	Emploi en préposition orpheline
après	*Il est venu après* ____.
avant	*Il est arrivé avant* ____.
avec	*Il est parti avec* ____.
contre	*Il a voté contre* ____.
depuis	*Il habite là depuis* ____.
derrière	*Il est derrière* ____.
devant	*Il est resté devant* ____.
par-dessous	*Elle l'a mis par-dessous* ____.
par-dessus	*Elle a sauté par-dessus* ____.
pour	*Il a voté pour* ____.
sans	*Il est sorti sans* ____.
selon	*C'est selon* ____.

Pour les emplois de prépositions orphelines avec changement de forme (*dessus, dessous*, etc.), voir l'utilisation des pronoms.

4.5. Quelle préposition choisir ?

Il faut consulter un dictionnaire aux articles consacrés à la préposition (*dans, chez, sur*, etc.) ou au mot qui en dépend (*ferme, coiffeur*, etc.) ou encore au mot qui appelle la préposition (*aller*, etc.) : des explications ou des exemples seront proposés.

Choix de la préposition

Dépend du mot auquel le GPrép se rattache

Aller [$_{\text{GPrép}}$ *à Paris*]
**Aller* [$_{\text{GPrép}}$ *de Paris*]

C'est le verbe *aller* qui guide le choix de la préposition.

Dépend du mot inclus dans le GPrép

Travailler [$_{\text{GPrép}}$ *dans* [*une ferme*]]
(NN) *Travailler* [$_{\text{GPrép}}$ *sur* [*une ferme*]]

C'est le mot *ferme* qui guide le choix de la préposition.

Les emplois non normés présentés ci-dessous varient au sein de la francophonie.

a) Des mots qui requièrent une préposition spécifique

Certains mots (*abord, campagne*, etc.) requièrent l'emploi d'une préposition spécifique. Ils forment ainsi des séquences à retenir.

	Groupe prépositionnel normé	(NN) Groupe prépositionnel non normé
Abord	*De prime abord, il est gentil.* *Au premier abord, il est gentil.*	*À prime abord, il est sympathique.*
Aucun	*Il est arrivé sans (aucun) cadeau.*	*Il est arrivé avec aucun cadeau.*
Campagne	*Il habite à la campagne.* *Le parti est en campagne électorale.*	*Il habite en campagne.*
Coiffeur, médecin, etc.	*Je vais chez le coiffeur, chez le docteur, chez le médecin, chez le boucher,* etc.	*Je vais au coiffeur, au docteur, au médecin, au boucher,* etc.
Salon de coiffure, clinique, boucherie, etc.	*Je vais au salon de coiffure, à la clinique, à la boucherie,* etc.	–
Moment	*Elle est très occupée en ce moment, pour le moment.*	*Elle est très occupée dans le moment.*
Plan	*Sur le plan de l'éducation, il faudra faire mieux.*	*Au plan de l'éducation, il faudra faire mieux.*
Rue, ferme, réserve	*Je l'ai rencontré dans la rue.* *Au Canada, certains Autochtones vivent dans des réserves.* *Son cousin travaille dans une ferme.*	*Je l'ai rencontré sur la rue.* *Au Canada, certains Autochtones vivent sur des réserves.* *Son cousin travaille sur une ferme.*
Semaine	*Il travaille en semaine, pendant la semaine.*	*Il travaille sur semaine.*
Nom de ville	*Il travaille à Paris.* *Il est à Perpignan* en ce moment.	*Il travaille sur Paris.* *Il est sur Perpignan* en ce moment.

Savoir +

La construction ***sur + ville*** peut comporter des nuances de sens (endroit plus large, passage, séjour bref), mais cet emploi appartient au français de France non normé. Dans la variété normée, la préposition *sur* signifie qu'il y a une relation *en haut de, sur une surface* : par exemple, *le livre est sur le bureau.*

b) Des prépositions qui requièrent un sens spécifique pour leur complément

Certaines prépositions imposent que leur complément ait un sens particulier.

	Groupe prépositionnel normé	(NN) Groupe prépositionnel non normé
Au niveau de	Sens de niveau, d'échelon, de hiérarchie, etc. *Au niveau du doctorat / de la maîtrise* (RO) *maitrise / du baccalauréat* *Au niveau de la direction de l'entreprise*	–
	En ce qui concerne / dans le domaine de	*Au niveau de l'électricité, il faudrait faire des économies.*
À cause de	Suivi d'un groupe signifiant une cause défavorable *J'ai échoué à mon examen à cause d'elle.*	*J'ai réussi à cause d'elle.*
Grâce à	Suivi d'un groupe signifiant une cause favorable *J'ai été sauvé grâce à cette personne.*	–
	Pour marquer le moyen *Il a été tué par un gros calibre.*	*Il a été tué grâce à un gros calibre.*

c) Des mots qui ne requièrent pas de préposition

En français non normé dans plusieurs régions de la francophonie, certains mots sont employés avec une préposition (*à matin, à quelque part, à tous les jours*). Ils forment donc des groupes prépositionnels. Ce sont des usages anciens que le français normé actuel a remplacés par des groupes nominaux.

Français normé : un groupe nominal		(NN) Français non normé : un groupe prépositionnel	
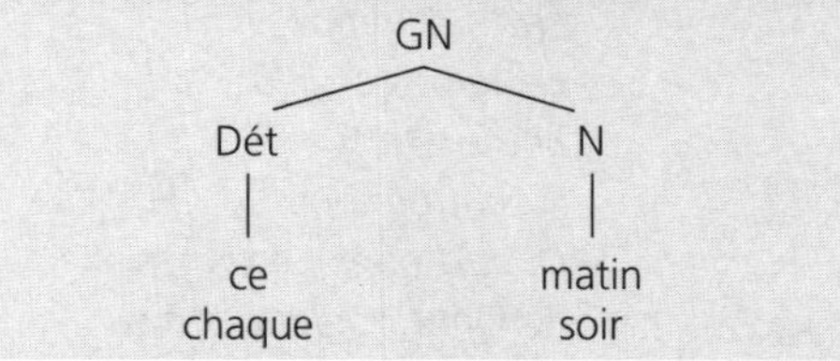		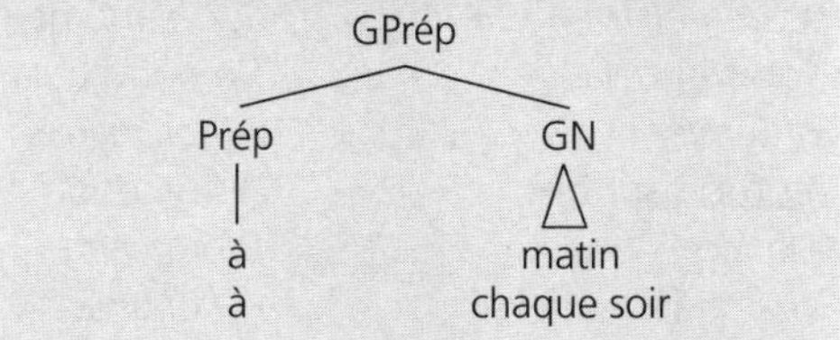	
Il fait chaud	*ce matin.*	*Il fait chaud*	*à matin.*
Je ferai la vaisselle	*ce soir.*	*Je ferai la vaisselle*	*à soir.*
Il court	*chaque matin.*	*Il court*	*à chaque matin.*
Il va au restaurant	*tous les soirs.*	*Il va au restaurant*	*à tous les soirs.*
Que faut-il manger	*chaque jour ?*	*Que faut-il manger*	*à chaque jour ?*
Elle mange un œuf	*tous les jours.*	*Elle mange un œuf*	*à tous les jours.*
Elle part en vacances	*toutes les six semaines.*	*Elle part en vacances*	*à toutes les six semaines.*
C'est la même chose	*chaque année.*	*C'est la même chose*	*à chaque année.*
Un rappel	*tous les cinq ans*	*Un rappel*	*à tous les cinq ans*
Il y a un problème	*quelque part.*	*Il y a un problème*	*à quelque part.*
J'ai déjà lu ça	*quelque part.*	*J'ai déjà lu ça*	*en quelque part.*

4.6. Groupes prépositionnels figés

Certains groupes de mots ont une forme qui ne peut être que très peu modifiée, voire pas du tout. Ces groupes constituent des figements qui font partie du vocabulaire. Voici une liste de groupes prépositionnels figés. Une dizaine de groupes d'autres sortes sont inclus dans cette liste.

a) Sens de lieu

À domicile
En diagonale
À droite
Par endroits
À l'envers
À gauche
Au loin
En oblique
À vol d'oiseau
À part
À perte de vue
À terre
Par terre
De travers

b) Sens de temps

D'abord
Après coup
À l'avance
D'avance
En avance
Par avance
À l'avenir
Sur-le-champ
À chaud
À contretemps
De coutume
Par degré(s)
D'ores et déjà
En dernier
Neuf fois sur dix
À la fois
Par intervalles
À jamais
À tout jamais
Au jour le jour
De nos jours
De jour en jour
De justesse
À la longue
Depuis lors
Dès lors
Pour lors
À tout moment
D'un moment à l'autre
En ce moment
Par moments
Pour le moment
Sur le moment
De nouveau
À nouveau
À l'occasion
D'ordinaire
À l'origine
En permanence
À perpétuité
À point
Au préalable
À présent
Sans relâche
Sans répit
À plusieurs reprises
De suite
Tout de suite
À temps
Dans le même temps
En même temps
De temps en temps
De tout temps
En tout temps
En temps et lieu
Entre-temps
(RO) *entretemps*
Depuis quelque temps
Pendant quelque temps
D'une traite
Sans trêve
Au triple galop
D'urgence

c) Sens de manière

À l'abandon
Par à-coups
Sans ambages
À l'amiable
À l'anglaise
En aparté
D'aplomb
En apparence
Sans apprêt

À l'aveuglette
Bel et bien
De biais
En biais
Pour de bon
En cachette
Avec certitude
Sans certitude
En toute certitude
De concert
À contre-courant
(RO) *à contrecourant*
À contresens
Corps à corps
De côté
Coude à coude
Coûte que coûte
(RO) *coute que coute*
À couvert
À mots couverts
À demi-mot
Au dépourvu
En douce
En douceur
À la dure
Par écrit
Par essence
À l'étroit
À l'évidence
De toute évidence
Par excellence
Face à face
En file
À la file
À fond
De force
Par force
En fraude
En friche
De front
De gaieté de cœur
À genoux
Goutte à goutte
En grand
Grandeur nature
Bon gré mal gré
À perdre haleine
À la hâte
Haut la main
À l'identique
Par inadvertance
En toute innocence
D'instinct
À loisir
Par mégarde
De même
De mémoire
Par le menu
À merveille
Par miracle
Avec peine
À grand-peine
Pêle-mêle (RO) *pêlemêle*
À la perfection
En pure perte
À plat
Autant que possible
En privé
En public
À la queue leu leu
À ravir
À regret
À la renverse
À tête reposée
À tour de rôle
De sang-froid
Sens dessus dessous
De la sorte
En sursaut
Tête à tête
En tête à tête
À tort
À l'unisson
En vain
À la verticale
À vide
En vrac

d) Sens de degré, quantité

En abondance
En abrégé
D'autant
D'autant plus
En bloc
Sans borne(s)
Un brin
Au centuple
En double
En entier
À l'excès
À l'extrême
Tout à fait
À foison
À la folie
À l'infini
Pas mal
Par milliers
À outrance
Outre mesure
(NN) *À mort*
À peine
Un peu
Un (tout) petit peu
Au possible
À profusion
Sans restriction
Un rien
À souhait
Un tantinet

e) Organisation discours

D'ailleurs
En bref
En tout cas
En conclusion
Par conséquent
Par contraste

Par contre
En définitive
À cet égard
En effet
Dans l'ensemble
Bien entendu
De fait
En fait
À la fin
Au final
Au fond
En général
En gros
Au juste
Dans les grandes lignes
Dans la négative
En plus
Entre parenthèses
En outre
D'une part… d'autre part
En réalité
Du reste
En résumé
En revanche
En somme
Somme toute
Bien sûr
De surcroît (RO) *de surcroit*
À juste titre
Après tout
Avant tout

f) Divers

Au besoin
Par bonheur
En compensation
Sans contredit
Par définition
Sans doute
Sans aucun doute
Sans nul doute
Le cas échéant
À cet effet
Sans faute
De grâce
De préférence
En retour
À la rigueur
En suspens
En vérité

Le groupe adverbial 5

5.1. Construction

a) Groupe adverbial de base

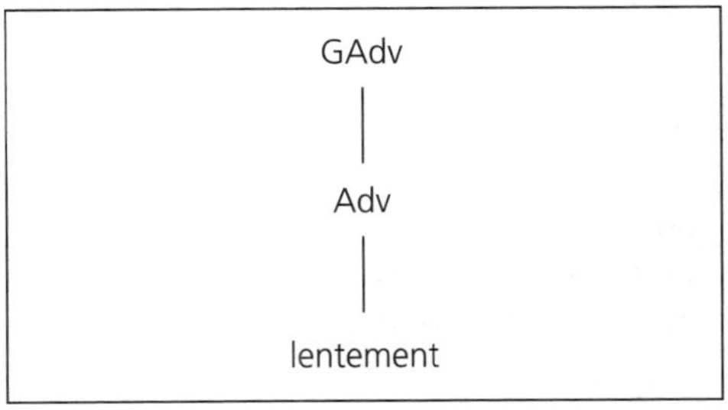

- Un GAdv de base est constitué d'un adverbe.
- Le groupe n'est constitué que de son noyau.

b) Groupe adverbial avec expansions

L'adverbe est le noyau du groupe, la partie essentielle au sens et à la constitution du groupe. Il ne peut pas être supprimé. Il est accompagné d'expansions qui peuvent se combiner.

A. Le groupe adverbial contient un autre groupe adverbial

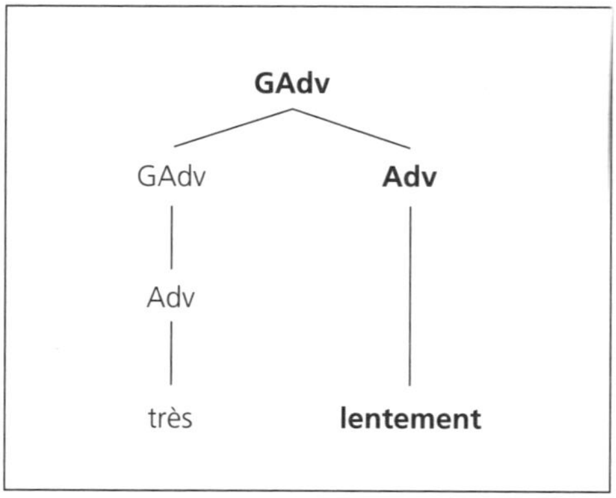

- Noyau du GAdv : un adverbe.
- Expansion **à gauche** du noyau : un autre **groupe adverbial**.
- Expansion non obligatoire
- Exemples :

assez vite
si souvent
toujours poliment
encore gentiment
beaucoup mieux
vraiment calmement
souvent mal
le moins rapidement

B. Le groupe adverbial contient un groupe prépositionnel

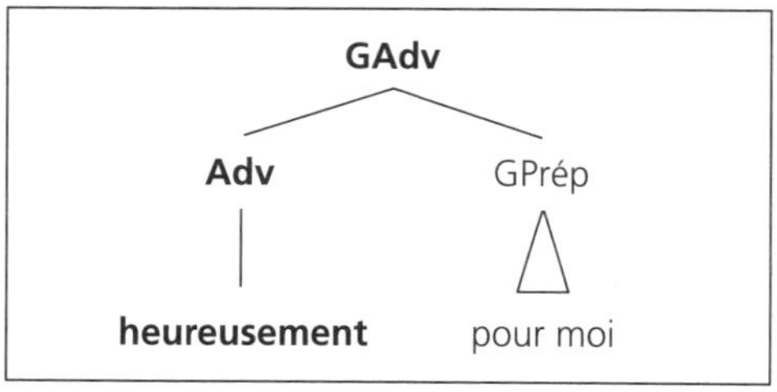

- Noyau du GAdv : un adverbe.
- Adverbe noyau : certains adverbes.
- Expansion **à droite** du noyau, non obligatoire : un groupe prépositionnel.
- Exemples :

heureusement pour lui
malheureusement pour moi

5.2. Analyse

Tout groupe à l'intérieur du groupe adverbial est analysé soit comme un complément du noyau soit comme un modifieur de celui-ci. Il s'agit d'une relation de construction (rattachement à gauche ou à droite du noyau), doublée d'une relation de sens.

- Le **modifieur de l'adverbe** se positionne à gauche du noyau et exprime une modulation de sens (degré-quantité, manière, déroulement). C'est le cas le plus fréquent.
- Le **complément de l'adverbe** se positionne à droite du noyau et exprime une précision de sens. Cette construction est moins productive.

Modifieur de l'adverbe

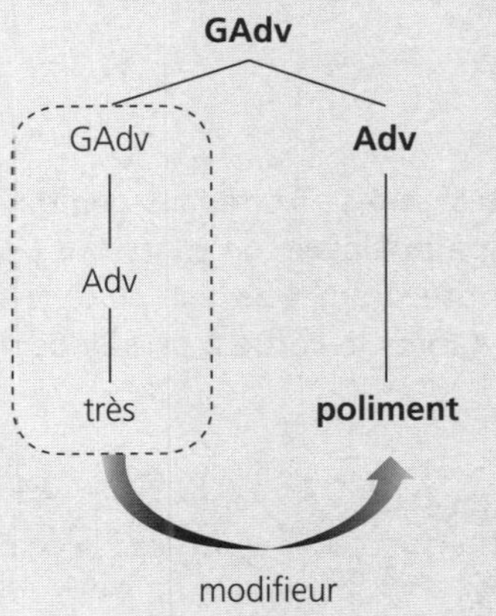

très	*poliment*
assez	*vite*
tout	*doucement*
encore	*insuffisamment*
le moins	*confusément*

très est modifieur de l'adverbe *poliment*, *assez* est modifieur de l'adverbe *vite*, etc.

Complément de l'adverbe

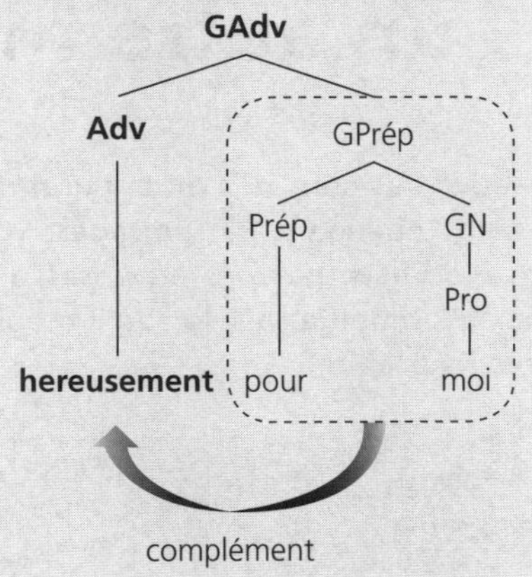

heureusement	*pour moi*
malheureusement	*pour le groupe*

pour moi est complément de l'adverbe *heureusement*, etc.

5.3. Groupe adverbial contenant un modifieur

Lorsque les adverbes *peu* et *bien* sont modifiés par l'adverbe *plus,* ils prennent les formes normées suivantes :

Formes non grammaticales		Formes normées
**plus peu* **le plus peu*	→	*moins* *le moins*
**plus bien* **le plus bien*		*mieux* *le mieux*

5.4. Adverbes pouvant modifier un autre mot

Les adverbes sont des mots qui modifient d'autres mots. Toutes les combinaisons ne sont cependant pas permises. Voici les principales classes de mots qui peuvent être modifiées par des adverbes de degré-quantité. L'adverbe est placé avant le mot qu'il modifie sauf lorsqu'il modifie un verbe (après le verbe à un temps simple, après l'auxiliaire).

Adverbe de degré-quantité	+ adverbe (dans un groupe adverbial)	+ adjectif (dans un groupe adjectival)	+ verbe (dans un groupe verbal)
beaucoup	–	–	*Il a beaucoup travaillé.*
surtout	–	–	*Il a surtout travaillé.*
tant	–	–	*Il a tant travaillé.*
assez	*assez facilement*	*assez facile*	*Il a assez travaillé.*
fort	*fort calmement*	*fort calme*	*Il a fort travaillé.*
moins	*moins rigoureusement*	*moins rigoureux*	*Il a moins travaillé.*
plus	*plus rigoureusement*	*plus rigoureux*	*Il a plus travaillé.*
peu	*peu aimablement*	*peu aimable*	*Il a peu travaillé.*
plutôt	*plutôt étourdiment*	*plutôt étourdi*	*Il a plutôt travaillé.*
trop	*trop fréquemment*	*trop fréquent*	*Il a trop travaillé.*
si	*si différemment*	*si différent*	–
tout	*tout gentiment*	*tout gentil*	–
très	*très prudemment*	*très prudent*	–

Savoir ⊕

L'adverbe ***trop*** signifie l'excès. Des expressions comme *c'est trop bon, c'est trop bien* relèvent d'un usage non normé pour indiquer un très haut degré.

6

Le groupe verbal

6.1. Construction

a) Groupe verbal de base

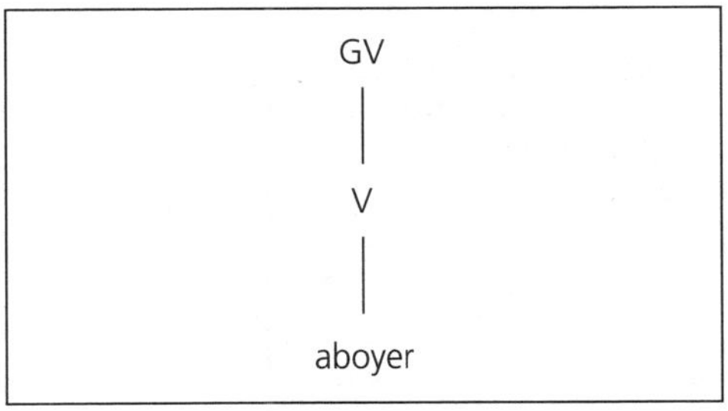

- Un GV de base peut être constitué d'un verbe à un **temps simple**.
- Le groupe n'est constitué que de son noyau.

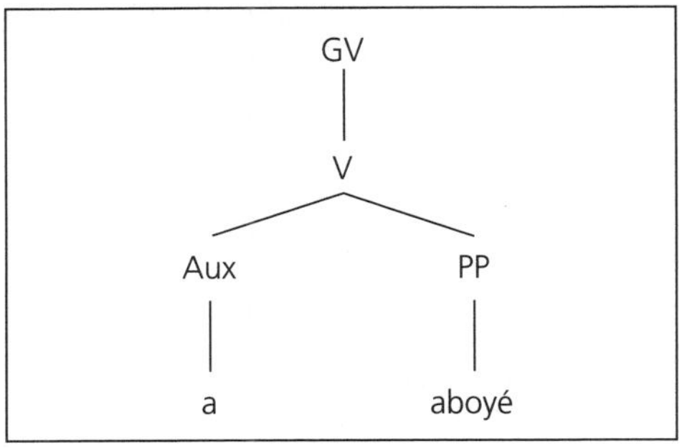

- Un GV de base peut être constitué d'un verbe à un **temps composé**.
- Le noyau comprend deux éléments : un auxiliaire et un participe passé.

b) Groupe verbal avec expansions sélectionnées

Le verbe est le noyau du groupe, la partie essentielle au sens et à la constitution du groupe. Il ne peut pas être supprimé. De nombreux verbes se construisent avec une ou plusieurs expansions sélectionnées. Il s'agit de groupes de mots qui sont commandés par le verbe,

- certains sont obligatoires en tout temps (*valoir cent dollars, habiter à Montréal*) ;
- d'autres sont obligatoires pour obtenir un sens particulier (*mourir de rire, crouler sous la neige*) ;
- d'autres enfin sont facultatifs mais sont en lien avec le sens même du verbe (*marcher sur le trottoir, circuler dans le corps, discuter avec un collègue*).

A. Le groupe verbal contient un groupe nominal

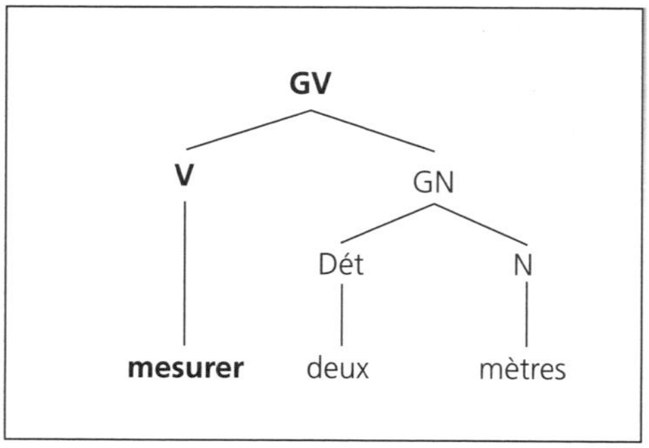

- Noyau du GV : un verbe.
- Expansion **à droite** du noyau : un groupe nominal.
- Exemples :

prendre	*un café*
couper	*du pain*
parler	*français*
habiter	*Berlin*
quitter	*son pays*
mesurer	*deux mètres*
coûter (RO) *couter*	*500 euros*

B. Le groupe verbal contient un groupe prépositionnel

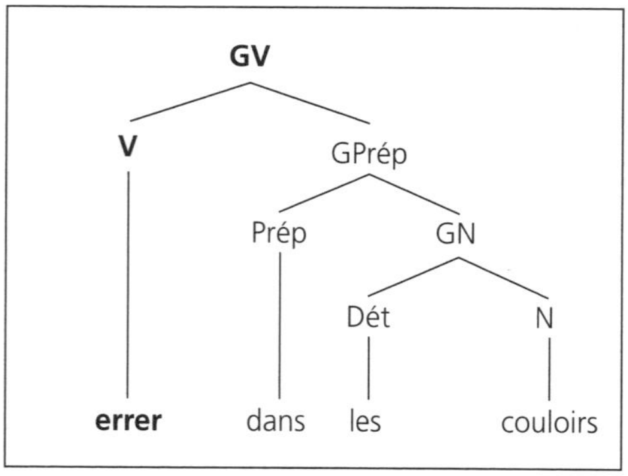

- Noyau du GV : un verbe.
- Expansion **à droite** du noyau : un groupe prépositionnel.
- Exemples :

obéir	*aux lois du marché*
discuter	*avec son collègue*
aller	*à Genève*
entrer	*par la grande porte*
marcher	*le long du quai*
errer	*dans les couloirs*
crouler	*sous la neige*
mourir	*de rire*

C. Le groupe verbal contient un groupe adverbial

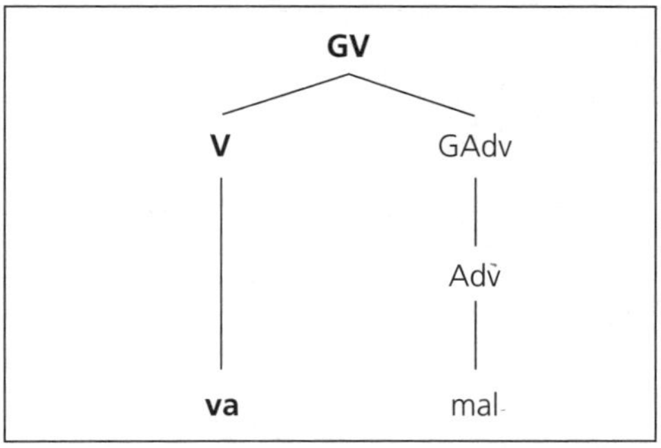

- Noyau du GV : un verbe.
- Expansion **à droite** du noyau : un groupe adverbial.
- Exemples :

La bourse va mal.
Il se comporte bien.

D. Le groupe verbal contient un groupe adjectival

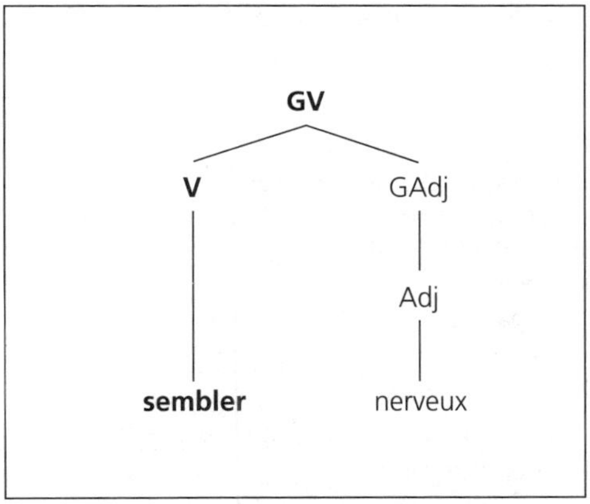

- Noyau du GV : un verbe.
- Expansion **à droite** du noyau : un groupe adjectival.
- Exemples :

être gentil
sembler nerveux
devenir musclé
paraître (RO) *paraitre fatigué*
sentir bon
rire jaune
coûter (RO) *couter cher*
manger salé, sucré
voir grand
faire beau, chaud, froid, sec, gris

E. Le groupe verbal contient plusieurs groupes

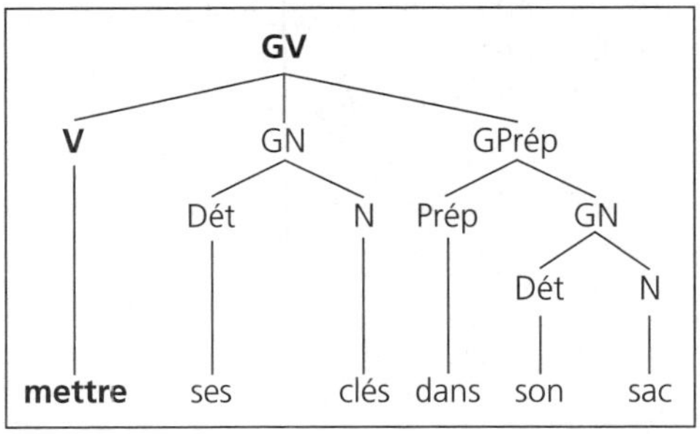

- Noyau du GV : un verbe.
- Expansions **à droite** du noyau : deux groupes.
- Exemples :

GN GN :	*payer*	*un livre*	*20 dollars*
GN GPrép :	*mettre*	*ses clés*	*dans son sac*
GPrép GPrép :	*parler*	*de chimie*	*avec un ami*
GN GAdj :	*trouver*	*quelqu'un*	*désagréable*

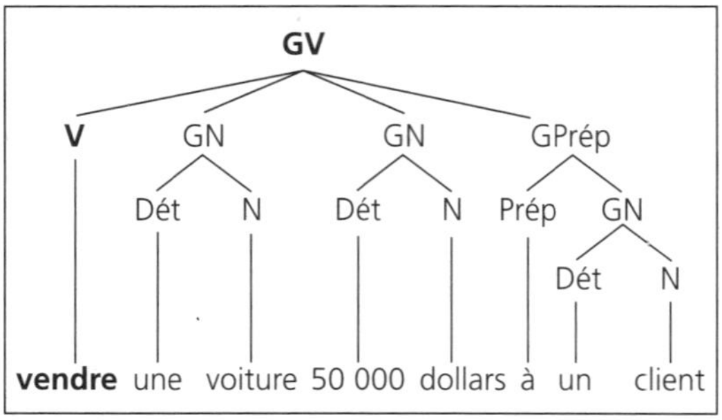

- Noyau du GV : un verbe.
- Expansions **à droite** du noyau : trois groupes.
- Exemples :

GN GN GPrép : *vendre* <u>*une voiture*</u> <u>*50 000 dollars*</u> <u>*à un client*</u>

c) Groupe verbal avec expansions non sélectionnées

Une expansion verbale non sélectionnée n'est pas obligatoire, elle n'est pas non plus commandée par le sens du verbe. Elle fait partie du groupe verbal parce qu'elle porte sur le verbe et en décrit l'intensité, la manière ou le déroulement dans le temps.

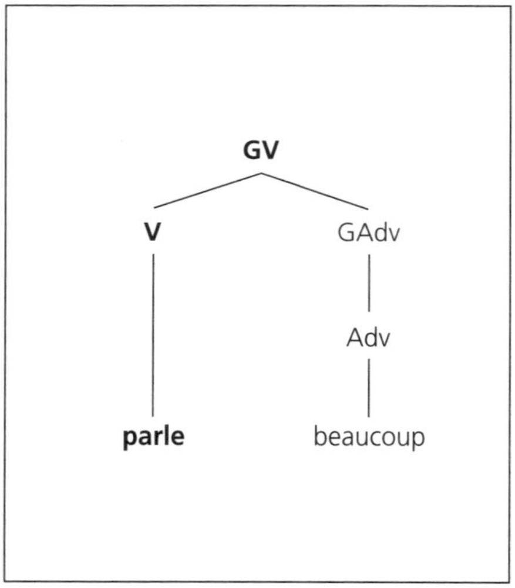

- Noyau du GV : un verbe.
- Expansion **à droite** du noyau : un groupe adverbial, un groupe prépositionnel, un groupe nominal ou un groupe adjectival.
- Exemples :

Il marche	*[$_{GAdv}$ <u>vite</u>]*
On travaille	*[$_{GAdv}$ <u>encore</u>]*
L'assassin court	*[$_{GAdv}$ <u>toujours</u>]*
Le blessé respire	*[$_{GAdv}$ <u>faiblement</u>]*
Louisette parle	*[$_{GAdv}$ <u>beaucoup</u>]*
Le bébé crie	*[$_{GAdv}$ <u>fort</u>]*
L'employée écrit	*[$_{GPrép}$ <u>avec attention</u>]*
Éric a réussi	*[$_{GPrép}$ <u>avec brio</u>]*
(NN) *Il se donne*	*[$_{GPrép}$ <u>à fond</u>]*
(NN) *Tu exagères*	*[$_{GN}$ <u>un max</u>]*
(NN) *On s'ennuie*	*[$_{GAdj}$ <u>ferme</u>], [$_{GAdj}$ <u>grave</u>]*

6.2. Analyse

À l'intérieur d'un groupe verbal, les groupes de mots peuvent occuper deux types de fonctions : une fonction en lien avec le verbe ou une fonction en lien avec le sujet. Il s'agit toujours d'une relation de construction (rattachement au noyau du groupe verbal), doublée d'une relation de sens.

a) Fonctions en lien avec le verbe

À l'intérieur du groupe verbal, les fonctions suivantes sont en lien avec le verbe :

- Le **modifieur du verbe** se positionne à gauche ou à droite du noyau, voire entre l'auxiliaire et le participe passé, et exprime une modulation du verbe : degré, manière, quantité, durée, fréquence. Il s'agit d'un groupe sélectionné (*il se comporte bien*) ou non (*il marche lentement*) par le verbe.
- Le **complément du verbe** se positionne en principe à droite du noyau et est la réalisation d'un ou de plusieurs éléments inclus dans le sens du verbe : un objet qui est le terme d'une action dans le cas d'un verbe d'action (*taper sur un clou*), l'interlocuteur dans le cas d'un verbe de parole (*parler avec quelqu'un*), un lieu dans le cas d'un verbe de déplacement (*aller en Suisse*) ou de localisation (*habiter à Montréal*), etc. C'est un groupe sélectionné par le verbe.

Modifieur du verbe

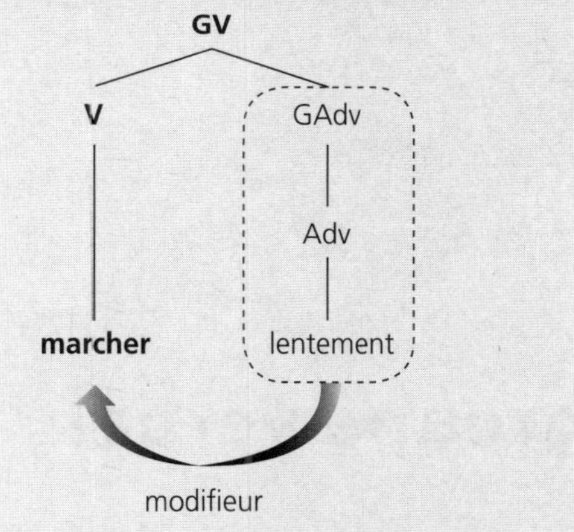

il marche	*lentement*
on travaille	*encore*
elle court	*toujours*
elle lit	*avec attention*
il rit	*jaune*
il va	*mal*

lentement est modifieur du verbe *marcher*, *encore* est modifieur du verbe *travaille*, etc.

Complément du verbe

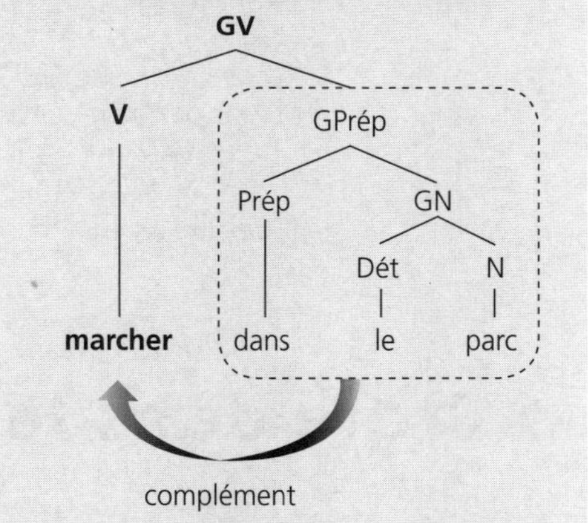

marcher	*dans le parc*
quitter	*son pays*
être	*dans sa chambre*
mesurer	*deux mètres*
mourir	*de rire*
discuter	*avec un collègue*

dans le parc est complément du verbe *marcher*, *son pays* est complément du verbe *quitter*, etc.

b) Fonction en lien avec le sujet

À l'intérieur du groupe verbal, la fonction d'attribut du sujet est sélectionnée par le verbe, mais elle établit un lien avec le sujet, c'est-à-dire avec un constituant situé en dehors du groupe verbal. VOIR la fonction *sujet* dans la phrase.

- L'**attribut du sujet** se positionne en principe à droite du verbe et exprime une qualification à propos du sujet : caractéristique, état, catégorisation.

Attribut du sujet

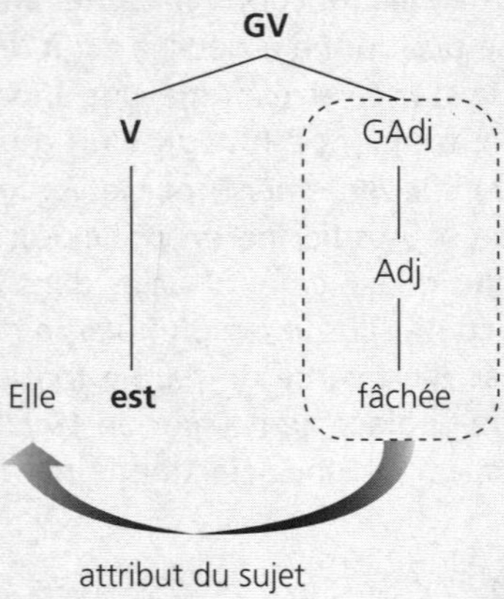

Elle est *fâchée*
Charline est tombée *amoureuse*
Sa bague était *en or*
Noémie deviendra *avocate*
Vous êtes *une personne sympathique*

fâchée est attribut du sujet *elle*,
amoureuse est attribut du sujet *Charline*, etc.

6.3. Ordre dans le groupe verbal

a) Le groupe adverbial

Le groupe adverbial peut être placé à différents endroits à l'intérieur d'un groupe verbal. Voici les principales tendances.

Verbe à l'infinitif à un temps simple	Verbe conjugué à un temps simple	Verbe conjugué ou à l'infinitif à un temps composé
À gauche ou à droite du verbe	À droite du verbe	Entre l'auxiliaire et le participe passé, mais aussi après
trop parler	*il parle trop*	*avoir trop parlé, il a trop parlé*
encore dormir	*il dort encore*	*il a encore dormi*
déjà étudier	*il étudie déjà*	*il a déjà étudié*
toujours courir	*il court toujours*	*il a toujours couru*
marcher tranquillement	*il marche tranquillement*	*il a tranquillement marché, il a marché tranquillement*

b) Plusieurs expansions dans le groupe verbal

Lorsqu'il y a un groupe nominal et un groupe prépositionnel, le groupe nominal se place ordinairement avant le groupe prépositionnel, à moins qu'il ne soit beaucoup plus long que lui.

J'ai prêté [$_{GN}$ un livre] [$_{GPrép}$ à ma collègue].

J'ai prêté [$_{GPrép}$ à ma collègue] [$_{GN\ long}$ un livre particulièrement passionnant].

6.4. Choix des expansions

a) Expansions et norme

Voici quelques constructions verbales qui présentent des emplois non normés. La vitalité de ces emplois peut varier au sein de la francophonie.

	Verbe	Construction normée	(NN) Construction non normée
Choix de la préposition	Correspondre	*Cette offre correspond **à** mes attentes.* *Je corresponds **avec** Anne par Internet.*	*Cette offre correspond **avec** mes attentes.*
	S'opposer	*Elle s'est opposée **à** sa mère.*	*Elle s'est opposée **contre** sa mère.*
	Équivaloir	*Ce niveau équivaut **à** un niveau B.*	*Ce niveau équivaut **avec** un niveau B.*
Pléonasme	Monter	*Elle est montée.*	*Elle est montée en haut.*
	Descendre	*Elle est descendue.*	*Elle est descendue en bas.*
	Sortir	*Elle est sortie.*	*Elle est sortie dehors.*
GPrép / GN	Débuter	*Nous allons débuter.* *Nous allons débuter **par** un résumé.*	*Nous allons débuter la séance.*
	Échouer	*Elle a échoué **à** l'examen.*	*Elle a échoué l'examen.*
	Marier	*Francis s'est marié **avec** Hélène.* *Francis et Hélène se sont mariés.*	*Francis a marié Hélène.*
	Répondre	*Elle a répondu **à** la demande.*	*Elle a répondu la demande.*
GN / GPrép	Pallier	*Il faut pallier cet inconvénient.*	*Il faut pallier **à** cet inconvénient.*
	Se rappeler	(Sout.) *Elle se rappelle ce voyage.* (Cour.) *Elle se rappelle **de** ce voyage.* *Je me rappelle **de** toi.*	– – **Je me te rappelle.*

b) Informations dans le dictionnaire

Pour savoir comment employer un verbe, il faut consulter un dictionnaire à l'article qui lui est consacré et regarder les exemples qui sont proposés. Les classements (*v. tr., v. tr. ind.*, etc.) sont utiles, mais il faut faire attention au fait qu'ils ne sont pas forcément des indicateurs de la construction du groupe verbal. Voici à quoi correspond le classement verbal traditionnel. C'est celui que les dictionnaires utilisent presque toujours.

Abréviation	Signification	Construction du GV	Exemple
v. tr.	Verbe transitif direct	GV = V GN GV = V GN GPrép	*Manger un gâteau* *Poser un vase sur la table*
v. tr. ind.	Verbe transitif indirect	GV = V GPrép GV = V GPrép GPrép	*Succéder à quelqu'un* *Parler de grammaire à son ami*
v. intr.	Verbe intransitif	GV = V GV = V GN GV = V GPrép GV = V GAdj	*Dormir* *Peser 60 kilos* *Aller à Bruxelles* *Être malade*
v. pron.	Verbe pronominal	GV = se V GV = se V GN GV = se V GPrép	*Se calmer* *Se donner des cadeaux* *S'enfuir de prison*

L'utilisation du classement verbal moderne permet de savoir facilement quelle est la construction du groupe verbal. C'est l'option choisie par le dictionnaire *Usito*. Dans l'extrait ci-dessous, les constructions *basculer au fond de, dans*, etc. donnent lieu au classement moderne « transitif indirect ». La bulle « GT » est une zone cliquable qui présente le classement en grammaire traditionnelle (verbe intransitif dans ce cas).

basculer [baskyle] v.

VOIR conjug. *aimer* [1].

1 V. intr. **Faire un mouvement de bascule ; culbuter.**
« *la roue avant frappe une racine, je bascule, je m'érafle les mains* » (J. Godbout, 1967).

– V. tr. indir. GT **BASCULER AU FOND DE, DANS, SUR, ETC.** (+ lieu)
Basculer sur le côté.
La voiture a basculé dans le vide.
« *Déséquilibré, il bascula soudain au fond de la chaloupe* » (L. Hamelin, 1994).

2 V. intr. FIG. **Passer radicalement d'une situation donnée à une situation opposée.**
« *Dès le réveil, l'univers de Joseph bascula à une incroyable vitesse* » (M. Gagnon, 1995).

– V. tr. indir. GT **BASCULER DANS.**
Basculer dans le camp adverse.
« *D'autres fois, elle devenait tout à fait extravagante. Elle basculait dans un dédoublement que j'avais peine à suivre* » (F. Ouellette, 1985).

3 V. tr. dir. **Renverser, faire tomber en déséquilibrant.**
« *il s'était installé dans son fauteuil, avait basculé le dossier vers l'arrière* » (A. Gagnon, 1973).

– FIG. *Elle « ouvrit un œil, se demandant pourquoi, encore une fois, on la basculait dans la réalité alors qu'elle vivait un rêve agréable* » (A. Cousture, 1986).

6.5. Choix de l'auxiliaire

Le choix de l'auxiliaire est tantôt fixé par le verbe que l'on emploie, tantôt dépendant de la construction dans laquelle le verbe prend place.

Quel auxiliaire pour un verbe à un temps composé?

Auxiliaire fixe
L'auxiliaire dépend du verbe (le verbe se construit soit toujours avec *avoir*, soit toujours avec *être*)

- **AVOIR**
  Auxiliaire par défaut : *marcher, être, falloir,* etc.
- **ÊTRE**
  - Liste de verbes : *aller, arriver, (re)partir, rester, tomber, venir, parvenir, provenir, revenir, survenir, intervenir; décéder, (re)devenir, mourir, naître* (RO) *naitre.*
  - V. pronominaux : *s'absenter, s'abstenir, se démener, s'efforcer, s'enfuir, s'évader,* etc.

Auxiliaire à choisir
L'auxiliaire dépend de la construction dans le groupe verbal (un même verbe pourra être conjugué tantôt avec *avoir*, tantôt avec *être*)

- Liste de verbes construits tantôt avec un GN tantôt sans GN : *descendre, entrer, monter, passer, retourner, sortir*
  - avec GN → **AVOIR**
  - sans GN → **ÊTRE**
- Verbes ayant un emploi pronominal : *(se) dire, (se) donner, (se) parler,* etc.
  - emploi non pronominal → **AVOIR**
  - emploi pronominal → **ÊTRE**

Auxiliaire à choisir : verbes avec ou sans groupe nominal

	Français normé	(NN) Français non normé
descendre	*Le chien est descendu du divan.* *Il est descendu.* *Elle a descendu [$_{GN}$ les bouteilles] à la cave.*	*Le chien a descendu du divan.*
entrer	*Je suis entré par la porte de la cuisine.* *Ils sont entrés.* *Elle a entré [$_{GN}$ les sacs] à la cuisine.*	*J'ai entré par la porte de la cuisine.*
monter	*Il est monté à l'étage.* *Il est monté.* *Il a monté [$_{GN}$ les valises] à l'étage.*	*Il a monté à l'étage.*
passer	*Le camion est passé sous le pont.* *Le camion est passé.* *Il a passé [$_{GN}$ l'aspirateur] dans le salon.*	*(Le camion a passé sous le pont.)*

	Français normé	(NN) Français non normé
rentrer	*L'eau serait rentrée dans la pièce.* *L'eau serait rentrée.* *Il a rentré [$_{GN}$ le bac de recyclage] ici.*	*L'eau aurait rentré dans la pièce.*
retourner	*Il est retourné au magasin.* *Il est retourné.* *Il a retourné [$_{GN}$ son achat] au magasin.*	*Il a retourné au magasin.*
sortir	*La nouvelle est sortie dans les journaux.* *La nouvelle est sortie.* *Il a sorti [$_{GN}$ la voiture] du garage.*	*La nouvelle a sorti dans les journaux.*

Attention !

On emploie l'auxiliaire *être* dès que le verbe a la forme pronominale (*je me, tu te, il se, elle se, on se, nous nous, vous vous, ils se, elles se* + verbe), et cela même s'il y un groupe nominal dans le groupe verbal.

Je me suis acheté [$_{GN}$ un nouvel ordinateur].

Elles se sont donné [$_{GN}$ des cadeaux].

Elle s'est trouvé [$_{GN}$ une remplaçante].

Chapitre IV

Phrase de base

La phrase de base

Utilité

- La structure de la phrase : une bonne connaissance du fonctionnement de la phrase de base permet de produire des phrases grammaticales en français.
- L'orthographe grammaticale : certains accords reposent sur la fonction *sujet,* qui prend place dans la phrase.
- La ponctuation : la délimitation de la phrase et la position des groupes à l'intérieur de celle-ci ont une incidence sur la ponctuation.

Avertissement

- Les explications sur la phrase de base reposent sur une bonne compréhension et une bonne connaissance des groupes de mots.

Définitions

- Une phrase est une **séquence de groupes** de mots qui sont construits et ordonnés selon les règles de la grammaire.
- Du point de vue de la **construction**, une phrase de base est constituée d'un groupe nominal suivi d'un groupe verbal. Elle peut contenir un groupe non obligatoire dont la classe n'est pas fixe (groupe nominal ou groupe prépositionnel).

$P = GN + GV\ (+\ G_X)$
$G_X = GN$ ou $GPrép$

- Du point de vue des **fonctions**, une phrase de base est constituée d'un sujet suivi d'un prédicat. Elle peut contenir un complément de phrase, qui est une fonction non obligatoire.

P = sujet + prédicat (+ complément de phrase)

- Une phrase à l'écrit est une ***phrase graphique*** : c'est une suite de mots qui commence par une majuscule et se termine par une ponctuation finale (point, point d'interrogation, point d'exclamation ou points de suspension).

1.1. Construction

a) Caractéristiques de la phrase de base

- La phrase contient un verbe, et un seul.
- Le verbe est conjugué à l'indicatif (à un temps simple ou composé).
- Tous les groupes occupent leur position de base.
- Aucun groupe n'est un pronom de remplacement.
- Le verbe n'est pas modifié par une négation.
- La phrase n'a pas une structure de question, d'ordre, d'exclamation ou de mise en évidence.

Phrases correspondant au modèle de la phrase de base	Phrases ne correspondant pas au modèle de la phrase de base
[$_{GN}$ Hélène] [$_{GV}$ fera attention au chien]. *[$_{GN}$ Hélène] [$_{GV}$ a fait attention au chien].*	*Attention au chien !* *Je veux que tu fasses attention au chien.* *Faire attention au chien.* *Hélène y a fait attention.* *Hélène ne fera pas attention au chien.* *Est-ce que tu as fait attention au chien ?* *Fais attention au chien.* *Toi, tu feras attention au chien.*
[$_{GN}$ Le douanier] [$_{GV}$ rend les papiers d'immigration aux passagers] [$_{Gprép}$ dans la salle principale].	*Il les leur rend dans la salle principale.* *C'est dans la salle principale que le douanier rend les papiers d'immigration aux passagers.* *Dans la salle principale, le douanier rend les papiers d'immigration aux passagers.* *Le douanier rend aux passagers les papiers d'immigration.*

b) Constructions de la phrase de base

La phrase de base présente deux types de construction d'après le groupe nominal. Cette distinction a un impact sur les fonctions à l'intérieur du groupe verbal.

P = GN + GV

Les phrases à groupe nominal personnel

Un groupe nominal personnel est variable selon les personnes de la conjugaison (P1, P2, P3, P4, etc.). Il fait référence à des entités animées (un animal, une personne) ou inanimées (une chose, une pensée, etc.).

Le four chauffe.
Ma valise pesait 20 kilos.
Nos invités prendront un apéritif.
Je vis à Montréal.
Nous partons pour Copenhague.
La comptable aurait besoin de plus de temps.
La bourse va mal.
La soupe sent bon.
La nageuse sera fatiguée.
Mon voisin a payé son divan une somme folle.
Tu poseras les verres sur la table basse.
Je considère cette affaire comme terminée.
Le médecin parle de ce médicament avec son patient.
La juge a trouvé cette explication très convaincante.
L'agent immobilier a vendu cette maison une fortune à des acheteurs étrangers.

Les phrases à groupe nominal non personnel

Le groupe nominal non personnel est un pronom impersonnel (*il*) ou en emploi impersonnel (*ce, ça*). Il n'est pas possible de reconstruire la phrase avec un GN personnel.

Il pleut.
Il gèle.
Il neige.
Il fait chaud.
Il faudrait une calculatrice.
Il faudra du temps.
Il faudrait un autre formulaire à cette personne.
Il a fallu beaucoup de temps aux secouristes.
Il y a une fuite.
Il est onze heures.
Il était une fois une princesse.
Il s'agit d'une fuite de gaz.
Il s'agit de votre fils.
C'est l'heure.
C'est de ta faute.
C'est Papa. Ce sont mes parents.
Ça fait deux heures.
Ça fait longtemps.

1.2. Analyse

La phrase de base présente trois fonctions à ce niveau d'analyse : sujet, prédicat et complément de phrase.

Fonctions	Caractéristiques
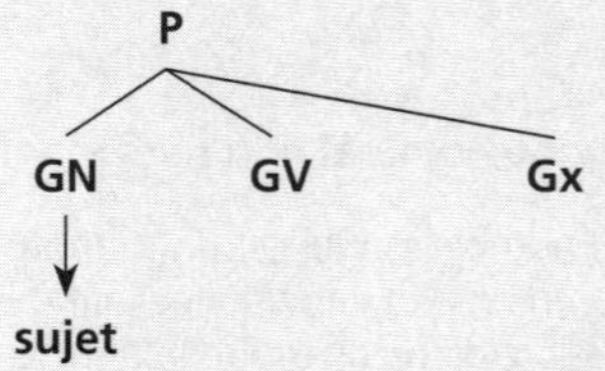	**Position dans la phrase de base** 1re position **Classe du groupe** Groupe nominal **Comportement** • Remplacement par un pronom sujet (*je, tu, il, elle, on*, etc.) *Les voyageurs ont reçu un repas à 19 heures.* *Ils ont reçu un repas à 19 heures.* • Encadrement par *c'est… qui, ce sont… qui* *Ce sont les voyageurs qui ont reçu un repas à 19 heures.* • Groupe obligatoire **____ Ont reçu un repas à 19 heures.* • Groupe fixe (non déplaçable) ** Ont reçu un repas les voyageurs à 19 heures.*
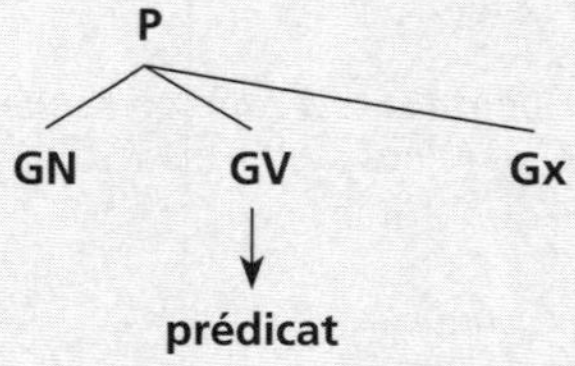	**Position dans la phrase de base** 2e position **Classe du groupe** Groupe verbal **Comportement** • Groupe obligatoire *Les voyageurs ont reçu un repas à 19 heures.* ** Les voyageurs ____________ à 19 heures.* • Groupe fixe (non déplaçable) **Ont reçu un repas les voyageurs à 19 heures.*
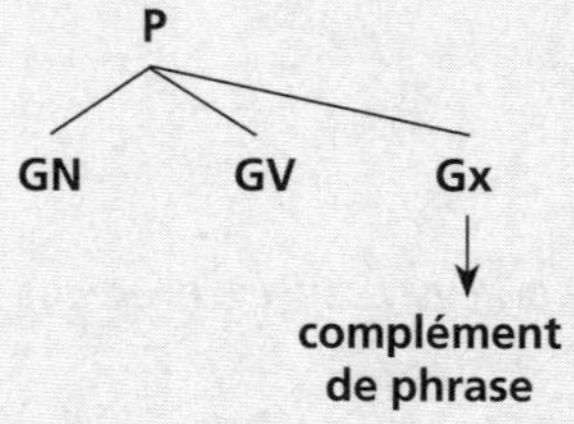	**Position dans la phrase de base** 3e position **Classe du groupe** Groupe nominal, groupe prépositionnel **Comportement** • Groupe non obligatoire *Les voyageurs ont reçu un repas à 19 heures.* *Les voyageurs ont reçu un repas.* • Groupe déplaçable (sans effet d'insistance très marqué, positionnement possible entre l'auxiliaire et le participe passé) *À 19 heures, les voyageurs ont reçu un repas.* *Les voyageurs, à 19 heures, ont reçu un repas.* *Les voyageurs ont, à 19 heures, reçu un repas.* • Groupe qui n'est pas commandé par le sens du verbe *recevoir quelque chose* • Pas de remplacement par un pronom (sauf si expression d'un lieu) • Dédoublement *Les voyageurs ont reçu un repas, et cela s'est passé à 19 heures.*

Phrases modèles 2

Ce chapitre présente des phrases à partir des 100 verbes les plus fréquents en français.

- Les verbes sont classés **par ordre de fréquence.**
- Le verbe est présenté à l'infinitif présent (par exemple, *être*) et à l'infinitif passé (par exemple, *avoir été*), ce qui permet de voir le **choix de l'auxiliaire** et la **forme du participe passé** au masculin singulier.
- Les emplois de chaque verbe sont regroupés selon le **sens très général** qu'ils ont.
- Seules les **constructions les plus courantes** sont présentées.
- Les constructions présentées correspondent à des **phrases à un seul verbe**.
- Les constructions pronominales (*se taire*, *se parler*, *s'écrire*, etc.) seront présentées après le chapitre sur les pronoms.
- **Les exemples sont au féminin**
  - o pour montrer la différence entre un emploi impersonnel (*il*) et un emploi personnel ;
  - o pour montrer les accords lorsqu'il y en a.
- Toutes les phrases présentées correspondent au **modèle de base** « GN + GV » excepté pour l'utilisation de certains pronoms, notamment les pronoms en fonction *sujet*. Quelques constructions courantes qui ne correspondent pas au modèle de base ont été intégrées (par exemple, le verbe *pouvoir*).
- La **constitution du groupe verbal** est systématiquement présentée. Par exemple, « GN [$_{GV}$ V GPrép] » signifie que le groupe verbal contient le verbe et un groupe prépositionnel.

1. ÊTRE - Avoir été	
« Être quelque part »	GN [$_{GV}$ V GPrép] *Elle est à la maison. Elle est sur le balcon.*
« Être originaire de »	GN [$_{GV}$ V GPrép] *Elle est de Liège.*
« Avoir une certaine caractéristique »	GN [$_{GV}$ V GAdj] *Elle est gentille. C'est gentil.*
	GN [$_{GV}$ V GAdv] *Elle est bien.*
	GN [$_{GV}$ V GN] *Elle est chirurgienne.*
	GN [$_{GV}$ V GPrép] *Elle est de bonne humeur. Elle est en tenue de soirée. Ce livre est à moi. Ce livre est de cet auteur à succès. La mariée est en blanc.*
Pour indiquer le temps	Il [$_{GV}$ V GN] *Il est quinze heures.*
Pour poser l'existence, présenter	Ce [$_{GV}$ V GN] *C'est moi. C'est toi. C'est lui. C'est elle. C'est nous. C'est vous. C'est eux. Ce sont eux. C'est elles. Ce sont elles. C'est votre voisine. C'est ici.*
	Il [$_{GV}$ V GN] *Il était une fois une jolie princesse.*

2. AVOIR – Avoir eu	
« Posséder »	GN [$_{GV}$ V GN] *Elle a des amis. Elle a des problèmes.*
Pour indiquer une quantité	GN [$_{GV}$ V GN] *Elle a vingt ans.*
	GN [$_{GV}$ en V GPrép] *Elle en a pour vingt dollars. Elle en a pour deux minutes.*
Pour présenter une caractéristique	GN [$_{GV}$ V GN GAdj] *Elle a les yeux bleus. Elle a les cheveux courts.*
Pour poser l'existence, présenter	Il [$_{GV}$ y V GN] *Il y a une fuite.*

3. ALLER – être allé	
« Être dans un certain état »	GN [$_{GV}$ V GAdv] *Elle va bien.*
« Convenir »	GN [$_{GV}$ V GAdv GPrép] *Cette robe va bien à Nadine. Le bleu va bien avec tes yeux.*

3. ALLER – être allé

« Se déplacer vers une destination »	GN [$_{GV}$ V GPrép] *Elle va en Italie, à Rome, dans les Alpes. Elle va chez le médecin. Elle va à la clinique. La route va à la plage.*
	GN [$_{GV}$ V GPrép GPrép] *Elle va de la chambre à la cuisine. La route va du village jusqu'à la plage.*

4. FAIRE – avoir fait

« Réaliser »	GN [$_{GV}$ V GN] *Elle a fait un reportage. Elle a fait un article sur ce thème.*
« Donner »	GN [$_{GV}$ V GN GPrép] *Elle a fait un cadeau à son amie.*
« Transformer »	GN [$_{GV}$ V GN GPrép] *Elle a fait un bon sportif de cet adolescent.*
« Donner une impression »	GN [$_{GV}$ V GAdj] *Elle fait vieille. Cette couleur fait très jeune.*
« Avoir une caractéristique »	Il [$_{GV}$ V GN] *Il fait nuit. Il fait jour. Il fait soleil.*
	Il [$_{GV}$ V GAdj] *Il fait froid. Il fait chaud. Il fait humide. Il fait beau.*
« Mesurer, avoir pour mesure »	GN [$_{GV}$ V GN] *La pièce fait 20 mètres carrés. La valise fait 20 kilos. La facture fait 20 $.*

5. DIRE – avoir dit

« Communiquer »	GN [$_{GV}$ V GN] *Elle a dit quelques mots.*
	GN [$_{GV}$ V GN GPrép] *Elle a dit merci à son collègue. Elle a dit du mal de son voisin. Elle a dit du bien de ce dictionnaire.*

6. POUVOIR – avoir pu

« Être en mesure de faire quelque chose »	GN [$_{GV}$ le V] *Je vous appelle dès que je le peux.*
« Être à bout »	GN [$_{GV}$ n'en V plus] *Je n'en peux plus.*
« Ne pas avoir de responsabilité »	GN [$_{GV}$ n'y V rien] *Elle n'y peut rien.*

7. PLAIRE – avoir plu	
« Aimer »	GN [$_{GV}$ V GPrép] *L'hôtel plaît* Ⓡⓞ *plait à ma mère. Les voisins plaisent à ma mère.*

8. VOULOIR – avoir voulu	
« Avoir envie »	GN [$_{GV}$ V GN] *Elle veut un pantalon. Elle veut du pain. Elle veut cet enseignant.*
	GN [$_{GV}$ V GPrép] *Elle veut de ce gâteau. Elle ne veut plus de ce collègue.*
	GN [$_{GV}$ V GN GPrép] *Elle veut de l'admiration de ses parents. Elle veut du bien à ses enfants.*
« Éprouver des sentiments négatifs »	GN [$_{GV}$ en V GPrép] *Elle en veut à ce policier.*

9. SAVOIR – avoir su	
« Connaître Ⓡⓞ connaitre »	GN [$_{GV}$ V GN] *Elle sait leurs secrets. Elle sait la vérité sur lui.*

10. VOIR – avoir vu	
« Percevoir par la vue (concret ou abstrait) »	GN [$_{GV}$ V GN] *Elle a vu les voisins.*
	GN [$_{GV}$ V GN GPrép] *Elle a vu de la gentillesse en lui. Elle a vu son voisin dans le jardin.*
	GN [$_{GV}$ V Gadj] *Elle voit flou. Elle voit rouge. Elle voit trouble.*
	GN [$_{GV}$ V GAdv] *Elle voit mal.*

11. DEVOIR – avoir dû	
« Avoir une dette »	GN [$_{GV}$ V GN GPrép] *Elle doit de l'argent à des amis.*

12. VENIR – être venu	
« Arriver »	GN [$_{GV}$ V] *Tes parents viendront. Ce jour-là viendra.*
« Se déplacer vers un lieu de référence »	GN [$_{GV}$ V GPrép] *Elle vient du bureau. Elle viendra chez moi.*

12. VENIR – être venu	
« Avoir pour origine »	GN [$_{GV}$ V GPrép] *Ce mot vient du grec. Elle vient de Liège.*
	GN [$_{GV}$ Pro V GPrép] *Cette maladie leur vient de leur père. Cette bague lui vient de sa famille.*

13. SUIVRE – avoir suivi	
« Être attentif (par obligation ou non) »	GN [$_{GV}$ V GN] *Elle suit un cours. Un médecin suit un patient.* *Elle a suivi ton conseil.*
« Comprendre »	GN [$_{GV}$ V] *L'étudiante suit.*
	GN [$_{GV}$ V GN] *Je suis ton raisonnement. Je ne vous suis plus.*
« Se déplacer en ayant un objectif devant »	GN [$_{GV}$ V GN] *Elle a suivi son chien. Elle suit le sentier.*

14. PARLER – avoir parlé	
« S'exprimer »	GN [$_{GV}$ V] *Elle parle.*
	GN [$_{GV}$ V GN] *Elle parle français. Elles parlent vêtements.*
	GN [$_{GV}$ V GPrép] *Elle parle en français. Elle parle à un ami. Elle parle avec un ami.* *Ils parlent entre amis. Elle parle contre le président.* *Elle parle pour sa sœur. Elle parle de son travail.*
	GN [$_{GV}$ V GPrép GPrép] *Elle parle de ses problèmes avec tout le monde, à tout le monde.*

15. PRENDRE – avoir pris	
« Exister »	GN [$_{GV}$ V] *La dispute a pris. Le feu a pris. La mayonnaise prend.*
« Saisir, utiliser »	GN [$_{GV}$ V GN] *Elle a pris son sac. Elle a pris le métro.*
	GN [$_{GV}$ V GN GPrép] *Elle a pris un livre à la bibliothèque. Elle a pris l'enfant par la main. Elle a pris cette personne comme assistante.* *Elle a pris l'étudiant sur le fait.*

15. PRENDRE – avoir pris	
« Se déplacer en empruntant une direction, un trajet »	GN [$_{GV}$ V GPrép] *Elle a pris <u>à droite</u>, <u>sur la droite</u>, <u>vers la droite</u>.* *Elle a pris <u>par cette rue</u>.*
	GN [$_{GV}$ V GN] *Elle a pris <u>l'autoroute</u>.*
« Croire »	GN [$_{GV}$ V GN GPrép] *Elle a pris <u>cet homme</u> <u>pour un voleur</u>.*

16. PARTIR – être parti	
« Se déplacer, quitter un lieu»	GN [$_{GV}$ V] *Nous partirons.*
	GN [$_{GV}$ V GPrép] *Elle part <u>de chez ses parents</u>. Elle part <u>pour le Mexique</u>.* *Elle part <u>en vacances</u>.*
« Disparaître (RO) disparaitre »	GN [$_{GV}$ V] *La tache de chocolat est partie.*
« Prendre comme point de départ »	GN [$_{GV}$ V GPrép] *Elle part <u>de ce principe</u>.*

17. CROIRE – avoir cru	
« Tenir pour vrai, avoir confiance »	GN [$_{GV}$ V GN] *Elle croit <u>n'importe quoi</u>. Elle croit <u>son fils</u>.*
	GN [$_{GV}$ V GPrép] *Elle a cru <u>en ses amis</u>. Elle a cru <u>à ce mensonge</u>.*
	GN [$_{GV}$ V GN GAdj] *Elle a cru <u>son ami</u> <u>fâché contre elle</u>.*

18. AIMER – avoir aimé	
« Avoir des sentiments »	GN [$_{GV}$ V GN] *Elle aime <u>son compagnon</u>. Elle aime <u>le chocolat</u>.*

19. FALLOIR – avoir fallu	
« Être nécessaire »	Il [$_{GV}$ V GN] *Il faut <u>un remplaçant</u>.*
	Il [$_{GV}$ V GN GPrép] *Il faut <u>un nouveau manteau</u> <u>à ta fille</u>.*

20. PASSER – être passé, avoir passé

« Se déplacer »	GN [$_{GV}$ V] *Le bus est passé.*
	GN [$_{GV}$ V GPrép] *Elle est passée par le parc. Elle est passée chez le médecin. Elle est passée au salon.*
« Déplacer quelque chose »	GN [$_{GV}$ V GN GPrép] *Elle a passé le poivre à son voisin. Elle a passé la main sur la nappe.*
« Enfiler un vêtement »	GN [$_{GV}$ V GN] *Elle a passé une veste.*
« Franchir quelque chose (concret ou non) »	GN [$_{GV}$ V GN] *Elle a passé la frontière. Elle a passé son examen.*
« Avoir lieu »	GN [$_{GV}$ V GPrép] *Le film passe dans les salles. La chanson passe à la radio.*
« Cesser d'exister »	GN [$_{GV}$ V] *Ça passera. La douleur n'est pas passée.*
« Avancer dans le temps »	GN [$_{GV}$ V] *La vie passe. Le temps passe.*
« Être à un endroit pendant un certain temps »	GN [$_{GV}$ V GN GPrép] *Elle a passé deux ans dans cette ville.*
« Changer d'état »	GN [$_{GV}$ V GN] *Elle est passée chirurgienne en chef.*
	GN [$_{GV}$ V GPrép] *La température est passée à 40. L'or est passé sous la barre des 350 dollars.*
« Avoir comme réputation »	GN [$_{GV}$ V GPrép] *Elle passe pour gentille. Elle passe pour une spécialiste.*

21. PENSER – avoir pensé

« Réfléchir »	GN [$_{GV}$ V] *Elle pense.*
	GN [$_{GV}$ V GPrép] *Elle pense à ses parents. Elle pense à son rendez-vous.*
« Avoir comme opinion »	GN [$_{GV}$ V GN GPrép] *Elle pense beaucoup de bien de ce nouveau projet.*
	GN [$_{GV}$ V GN] *Je n'ai jamais pensé une telle chose !*

22. ENTRER – être entré, avoir entré	
« Se déplacer, aller à l'intérieur »	GN [$_{GV}$ V] *J'entre !*
	GN [$_{GV}$ V GPrép] *Elle est entrée dans le magasin. L'eau entre par la fenêtre. Le train entre en gare. Elle entre dans le vif du sujet. Elle est entrée dans une rage folle.*
« Déplacer quelque chose »	GN [$_{GV}$ V GN GPrép] *Ils ont entré le divan par le balcon.*

23. ATTENDRE – avoir attendu	
« Être dans un lieu jusqu'à ce que quelque chose se produise »	GN [$_{GV}$ V] *Elle attend.*
	GN [$_{GV}$ V GPrép] *Elle attend dans le bureau.*
	GN [$_{GV}$ V GN] *Elle attend un taxi. Elle attend son amoureux.*
	GN [$_{GV}$ V GN GPrép] *Elle attend ses amis sur la place. Elle attend le médecin dans son cabinet.*
« Compter sur quelque chose »	GN [$_{GV}$ V GN GPrép] *Elle attend une réponse de sa collègue. Elle attend beaucoup de vous.*

24. TROUVER – avoir trouvé	
« Découvrir, obtenir »	GN [$_{GV}$ V GN] *Elle a trouvé la solution. Elle a trouvé un emploi à temps plein.*
« Découvrir dans un lieu »	GN [$_{GV}$ V GN GPrép] *Elle a trouvé un billet sous le tapis.* *Vous trouverez le directeur dans son bureau.*
« Avoir une opinion, juger »	GN [$_{GV}$ V GN GAdj] *Elle a trouvé cet employé vraiment impoli.*

25. LAISSER – avoir laissé	
« Abandonner, quitter »	GN [$_{GV}$ V GN] *Elle a laissé son amoureux.*
	GN [$_{GV}$ y V GN] *Elle y a laissé sa santé.*

25. LAISSER – avoir laissé

« Abandonner dans un lieu »	GN [$_{GV}$ V GN GPrép] *Elle a laissé son sac dans l'avion. Elle a laissé ses enfants à l'école.*
« Ne pas s'occuper »	GN [$_{GV}$ V GN GAdj] *Elle a laissé son frère tranquille. Elle a laissé la porte ouverte.*
« Ne pas prendre »	GN [$_{GV}$ V GN] *Elle a laissé ses épinards.*

26. ARRIVER – être arrivé

« Se déplacer vers un lieu de référence »	GN [$_{GV}$ V] *Elle arrive.*
	GN [$_{GV}$ V GPrép] *Elle arrive à la maison. Elle arrive par l'allée du jardin. Elle arrive du bureau.*
« Aboutir, parvenir »	GN [$_{GV}$ V GPrép] *Elle est arrivée à cette solution.*
	GN [$_{GV}$ en V GPrép] *Elle en est arrivée à cette solution.*
« Parvenir à existence »	GN [$_{GV}$ V] *La chaleur arrive. L'été arrive.*
	GN [$_{GV}$ V GPrép] *Un malheur est arrivé à mes voisins.*

27. METTRE – avoir mis

« Déplacer d'un endroit vers un autre »	GN [$_{GV}$ V GN GPrép] *Elle a mis le portefeuille dans le tiroir. Elle a mis le produit sur le bois. Elle a mis les graines en terre. Elle a mis ses chaussures à son enfant.*
« Enfiler un vêtement»	GN [$_{GV}$ V GN] *Elle a mis un pantalon jaune.*
« Faire fonctionner »	GN [$_{GV}$ V GN] *Elle a mis la radio. Elle a mis le chauffage. Elle a mis la climatisation.*
« Faire changer d'état »	GN [$_{GV}$ V GN GPrép] *Elle a mis sa collègue en colère. Elle a mis sa mère dans un état de stress. Elle a mis ce fait en lumière.*

28. DONNER – avoir donné

« Présenter, échanger, faire don de quelque chose »	GN [$_{GV}$ V GN] *Elle a donné une mauvaise explication.*
	GN [$_{GV}$ V GN GPrép] *Elle a donné une bouteille de vin à son ami. Elle a donné sa veste contre une montre / pour une montre. Elle donne le bras à son ami.*

28. DONNER – avoir donné	
« Avoir une vue sur »	GN $[_{GV}$ V GPrép] *Le balcon donne sur la mer. La fenêtre donne dans la cour.*
« Entrer »	GN $[_{GV}$ V GPrép] *Le soleil donne dans le salon.*
« Avoir un effet »	GN $[_{GV}$ V GAdv] *La décoration donne bien.*

29. REGARDER – avoir regardé	
« Percevoir par la vue, avec attention »	GN $[_{GV}$ V] *Je regarde, c'est tout.*
	GN $[_{GV}$ V GN] *Elle a regardé un film.*
« Concerner »	GN $[_{GV}$ V GN] *Tes problèmes ne regardent que toi.*
« Faire attention »	GN $[_{GV}$ V GPrép] *Elle regarde à la dépense.*

30. APPELER – avoir appelé	
« Demander, lancer un appel, communiquer »	GN $[_{GV}$ V] *Elle appelle.*
	GN $[_{GV}$ V GN] *Elle appelle son frère. Elle a appelé les pompiers. Elle a appelé l'ascenseur.*
	GN $[_{GV}$ V GPrép] *Elle a appelé à l'aide. Elle a appelé au secours.*
« Donner comme nom »	GN $[_{GV}$ V GN GN] *Elle a appelé sa fille Mathilde.*

32. RESTER – être resté	
« Être dans un lieu pendant un certain temps »	GN $[_{GV}$ V] *Moi, je reste. Je suis restée.*
	GN $[_{GV}$ V GPrép] *Elle est restée dans sa chambre. Elle est restée à Paris.*
	GN $[_{GV}$ V GN GPrép] *Elle est restée deux heures dans sa chambre. Elle est restée un an à Paris.*
« Ne pas continuer »	GN $[_{GV}$ en V GPrép] *Elle en est restée là.*

32. RESTER – être resté	
« Continuer d'être »	GN [$_{GV}$ V GAdj] *Elles sont restées fâchées.*
	GN [$_{GV}$ V GN] *Elles sont restées amies.*
« Encore y avoir »	Il [$_{GV}$ V GN] *Il reste des pâtes. Il reste de la soupe.*
	Il [$_{GV}$ V GN GPrép] *Il reste du fromage dans le réfrigérateur. Il reste deux séances à ce cours.*

33. ARRÊTER – avoir arrêté	
« Faire cesser de se déplacer »	GN [$_{GV}$ V GN] *La policière a arrêté une voiture.*
« Mettre fin à quelque chose »	GN [$_{GV}$ V] *Vous arrêtez.*
	GN [$_{GV}$ V GN] *Elle a arrêté la séance.*

34. DEMANDER – avoir demandé	
« Réclamer »	GN [$_{GV}$ V GN] *Elle a demandé un café.*
	GN [$_{GV}$ V GN GPrép] *Elle a demandé un service à son amie.*

35. CONNAÎTRE (RO) CONNAITRE – avoir connu	
« Savoir, avoir la connaissance »	GN [$_{GV}$ V GN] *Je connais cette personne. Tu connais la région.*
	GN [$_{GV}$ V GN GPrép] *Je connais ce chercheur de nom. Je connais cet homme de vue.*
« Rencontrer »	GN [$_{GV}$ V GN GPrép] *Elle a connu son mari dans un cours à l'université.*

36. TUER – avoir tué	
« Enlever la vie »	GN [$_{GV}$ V GN] *Elle a tué une mouche.*
« Faire cesser »	GN [$_{GV}$ V GN] *Elle a tué tout enthousiasme.*

37. MOURIR – être mort

« Perdre la vie »	GN [$_{\text{GV}}$ V] *Elle est morte.*
	GN [$_{\text{GV}}$ V GPrép] *Elle est morte en 2009. Elle est morte de vieillesse.*
« Ressentir très fort »	GN [$_{\text{GV}}$ V GPrép] *Elle meurt de soif. Elle meurt de faim.*

38. COMPRENDRE – avoir compris

« Interpréter clairement »	GN [$_{\text{GV}}$ V] *Je comprends.*
	GN [$_{\text{GV}}$ V GN] *Elle comprend le problème. Elle comprend le français.* *Elle comprend l'enseignant.*
	GN [$_{\text{GV}}$ V GN GPrép] *Elle n'a rien compris à ton attitude.*
« Contenir »	GN [$_{\text{GV}}$ V GN] *Le forfait comprend les repas. Le jouet vendu comprend les piles.*

39. SORTIR – avoir, être sorti

« Se déplacer vers l'extérieur »	GN [$_{\text{GV}}$ V] *Je sors. Elle est sortie.*
	GN [$_{\text{GV}}$ V GPrép] *Elle est sortie de sa chambre. Elle sort d'une période difficile.*
	GN [$_{\text{GV}}$ V GAdj GPrép] *Elle est sortie déçue de la salle d'examen.*
	GN [$_{\text{GV}}$ V GPrép GPrép] *Elle est sortie en rage du bureau du professeur.*
« Déplacer vers l'extérieur »	GN [$_{\text{GV}}$ V GN GPrép] *Elle a sorti une trousse de son sac à main.*
« Mettre dans le commerce »	GN [$_{\text{GV}}$ V GN] *La romancière a sorti un nouveau livre.*
« Être en couple »	GN [$_{\text{GV}}$ V GPrép] *Elle est sortie avec cet homme.*

40. COURIR – avoir couru

« Se déplacer à la course »	GN [$_{\text{GV}}$ V] *Elle court.*
	GN [$_{\text{GV}}$ V GPrép] *Elle a couru jusqu'à la ligne d'arrivée. Elle a couru dans les bois.*

40. COURIR – avoir couru

« Aller rapidement quelque part »	GN [$_{GV}$ V GPrép] *Elle a couru à la pharmacie.*

41. TENIR – avoir tenu

« Être en contact »	GN [$_{GV}$ V GN] *Elle a tenu la corde. La colle tient la feuille.*
	GN [$_{GV}$ V GN GPrép] *Elle a tenu le petit chat dans ses bras. Elle a tenu l'enfant par la main.*
« Être fixe »	GN [$_{GV}$ V] *La neige tient. Ton raisonnement ne tient pas.*
	GN [$_{GV}$ V GPrép] *Les lunettes tiennent sur le nez.*
« Maintenir, rester »	GN [$_{GV}$ V GAdj] *Ces vêtements tiennent chaud. Elle a tenu bon.*
« Occuper, remplir »	GN [$_{GV}$ V GPrép] *Mon exposé tient en 20 minutes.*
« Avoir des sentiments »	GN [$_{GV}$ V GPrép] *Ces parents tiennent à leur enfant.*
« Être comme quelqu'un, par hérédité »	GN [$_{GV}$ V GPrép] *Tu tiens de ta mère.*
« Avoir comme point de vue, juger »	GN [$_{GV}$ V GN GPrép] *Elle tient cette matière pour acquise. Elle tient ce fait pour certain.*

42. ENTENDRE – avoir entendu

« Percevoir par l'ouïe »	GN [$_{GV}$ V] *Elle n'entend pas.*
	GN [$_{GV}$ V GN] *Elle a entendu des pas. Elle a entendu toute notre conversation.*
	GN [$_{GV}$ V GN GPrép] *On entend l'alarme dans tout le quartier.*
« Vouloir dire »	GN [$_{GV}$ V GN GPrép] *Qu'est-ce que vous entendez par « le plus tôt possible » ?*

43. SENTIR – avoir senti

« Percevoir par l'odorat »	GN [$_{GV}$ V] *Elle ne sent plus.*
	GN [$_{GV}$ V GN] *Elle a senti une odeur bizarre.*

43. SENTIR – avoir senti	
« Avoir une impression »	GN [$_{GV}$ V GN GAdj] *Elle a senti son amie déprimée.*
	GN [$_{GV}$ V GN GPrép] *Elle a senti son amie de mauvaise humeur.*
« Produire une odeur »	GN [$_{GV}$ V GN] *Tes vêtements sentent l'humidité. Elle sent le parfum.*
	GN [$_{GV}$ V GAdj] *Elle sent bon. Ces chaussures sentent mauvais.*

44. CHERCHER – avoir cherché	
« Faire un effort pour trouver »	GN [$_{GV}$ V] *Elle cherche. Le chien cherche.*
	GN [$_{GV}$ V GN] *Elle a cherché son téléphone. Elle cherche une solution.*
	GN [$_{GV}$ V GN GPrép] *Elle cherchait ce mot dans le dictionnaire. Elle a cherché son chien dans le parc.*

45. COMPTER – avoir compté	
« Calculer le nombre »	GN [$_{GV}$ V GN] *Elle a compté les étudiants présents.*
« Avoir »	GN [$_{GV}$ V GN] *Le village compte 250 habitants.*
« Avoir confiance en »	GN [$_{GV}$ V GPrép] *Elle compte sur ses amis. Elle a compté sur la générosité des gens.*
« Avoir de l'importance »	GN [$_{GV}$ V] *Ça compte. Ça ne compte pas. C'est l'intention qui compte.*

46. AIDER – avoir aidé	
« Apporter de l'aide »	GN [$_{GV}$ V GN] *Elle a aidé ses amis. Le gouvernement a aidé les entreprises.*
« Faciliter »	GN [$_{GV}$ V GPrép] *Elle a aidé à la découverte de ce vaccin.*

47. ESSAYER – avoir essayé	
« Tester »	GN [$_{GV}$ V GN] *Elle a essayé une voiture. Elle a essayé des bottes. Elle a essayé une nouvelle procédure.*

48. PORTER – avoir porté

« Tenir au-dessus du sol »	GN [$_{GV}$ V GN] *Elle a porté sa valise.*
	GN [$_{GV}$ V GN GPrép] *Elle a porté le chien dans ses bras.*
« Transporter (ce qui peut être porté) »	GN [$_{GV}$ V GN GPrép] *Elle a porté le colis à la police. Elle a porté les caisses chez sa sœur.*
« Avoir pour thème »	GN [$_{GV}$ V GPrép] *Le cours a porté sur l'accord du verbe. La discussion portait sur ce sujet.*

49. ENTREPRENDRE – avoir entrepris

« Commencer »	GN [$_{GV}$ V GN] *Elle a entrepris les démarches pour l'immigration.*

50. PERMETTRE – avoir permis

« Autoriser »	GN [$_{GV}$ V GN GPrép] *Elle permet beaucoup de choses à son enfant.*
	GN [$_{GV}$ V GN] *Ce but a permis la victoire de l'équipe.*

51. REVENIR – être revenu

« Se déplacer de nouveau, être là de nouveau »	GN [$_{GV}$ V] *Elle est revenue.*
	GN [$_{GV}$ V GPrép] *Elle est revenue à la maison. Elle est revenue de vacances.*
« Parler de nouveau d'un sujet »	GN [$_{GV}$ V GPrép] *Elle est revenue sur la conversation d'hier. Nous reviendrons à notre discussion de départ.*
« Changer d'avis »	GN [$_{GV}$ V GPrép] *Elle est revenue sur sa décision.*
« Être là de nouveau »	GN [$_{GV}$ V] *Le calme est revenu.*
	GN [$_{GV}$ V GPrép] *La situation est revenue à la normale. Le rouge est revenu à la mode.*

52. PRÉSENTER – avoir présenté

« Faire les présentations »	GN [$_{GV}$ V GN GPrép] *Elle a présenté son amoureux à sa famille.*

52. PRÉSENTER – avoir présenté

« Montrer, proposer »	GN [$_{GV}$ V GN GPrép] *Elle a présenté son passeport au douanier.*
	GN [$_{GV}$ V GN] *Elle a présenté ses idées. Cet exposé présente quelques lacunes.* *Elle a présenté sa démission.*
« Montrer sous un angle particulier »	GN [$_{GV}$ V GN GPrép] *Elle a présenté son collègue comme quelqu'un de très serviable.*

53. DEVENIR – être devenu

« Changer, évoluer »	GN [$_{GV}$ V GAdj] *Elle est devenue célèbre.*
	GN [$_{GV}$ V GN] *Elle est devenue avocate.*
	GN [$_{GV}$ V GPrép] *Elle est devenue de très mauvaise humeur.*

54. VIVRE – avoir vécu

« Être en vie »	GN [$_{GV}$ V] *Elle vit.*
« Avoir une vie d'une certaine durée »	GN [$_{GV}$ V GN] *Elle a vécu 122 ans.*
« Être dans un certain état dans sa vie »	GN [$_{GV}$ V GAdj] *Elle a vécu heureuse. Elle vit seule.*
« Passer sa vie dans un lieu »	GN [$_{GV}$ V GPrép] *Elle a vécu à Madrid. Elle a vécu dans un milieu familial privilégié.* *Elle a vécu avec sa mère. Elle a vécu chez ses parents.*
	GN [$_{GV}$ V GN GPrép] *Elle a vécu deux ans en Espagne.*

55. EMPLOYER – avoir employé

« Se servir de quelque chose »	GN [$_{GV}$ V GN] *Elle a employé un nouveau produit. Elle a employé les grands moyens.*
	GN [$_{GV}$ V GN GPrép] *Elle a employé cet argent pour une bonne cause.*
« Avoir comme employés »	GN [$_{GV}$ V GN] *Cette société espagnole emploie 5 000 personnes.*

56. FORMER – avoir formé

« Organiser, constituer »	GN [$_{GV}$ V GN] *Elle a formé une équipe de spécialistes. Elle a formé un gouvernement. Ces chapitres forment un livre.*
« Donner une formation »	GN [$_{GV}$ V GN] *Elle a formé des étudiants.*
	GN [$_{GV}$ V GN GPrép] *Elle a formé des étudiants en informatique.*

57. SEMBLER – avoir semblé

« Avoir l'air »	GN [$_{GV}$ V GAdj GPrép] *Elle a semblé nerveuse à son meilleur ami.*
	GN [$_{GV}$ V GAdj] *Elle semblait nerveuse.*

58. JOUER – avoir joué

« S'amuser »	GN [$_{GV}$ V] *Elles ont joué.*
	GN [$_{GV}$ V GPrép] *Elle a joué avec ses amis.*
« Pratiquer un sport, un jeu, un instrument »	GN [$_{GV}$ V GPrép] *Elle a joué à des jeux en ligne. Elle a joué au tennis. Elle a joué de la trompette.*
« Faire une activité (sport, théâtre, cinéma, musique) »	GN [$_{GV}$ V GN] *Elles ont joué un match de tennis. Elles ont joué une pièce de Molière. Elle a joué ce personnage difficile. Elle a joué Mozart.*
« Présenter une activité (sport, théâtre, cinéma, musique) »	GN [$_{GV}$ V GN] *Ce théâtre joue une pièce de Molière. Ce cinéma joue le film d'un réalisateur grec. La radio joue le tube de l'été.*
« Parier, miser »	GN [$_{GV}$ V GN GPrép] *Elle a joué de l'argent en bourse. Elle a joué sa carrière sur cette décision.*

59. FINIR – avoir fini

« Terminer »	GN [$_{GV}$ V] *Elle a fini.*
	GN [$_{GV}$ V GN] *Elle a fini son travail. Elle a fini son assiette.*
« Terminer dans un certain endroit, d'une certaine manière »	GN [$_{GV}$ V GN GPrép] *Elle a fini sa carrière dans une entreprise internationale. Elles ont fini la soirée dans un café.*

59. FINIR – avoir fini	
« Se terminer dans le temps »	GN [$_{GV}$ V GPrép] *Le cours finit à midi. Le programme finit en 2035.*
	GN [$_{GV}$ V GN] *Le cours finit le 20 avril. Le programme finit l'an prochain.*
« Se terminer dans l'espace »	GN [$_{GV}$ V GPrép] *La route finit à la plage.*
« Se terminer d'une certaine manière »	GN [$_{GV}$ V GPrép] *Le mot finit par une consonne muette. Le mot finit en -x.*
« Avoir comme fin »	GN [$_{GV}$ V GAdv] *Le film finit mal.*

60. PLACER – avoir placé	
« Mettre à un endroit »	GN [$_{GV}$ V GN GPrép] *Elle a placé les feuilles dans le tiroir de l'imprimante. Elle a placé ses économies sur un compte d'épargne. Elle a placé ses invités à table.*

61. PERDRE – avoir perdu	
« Ne plus avoir (en tout ou en partie) »	GN [$_{GV}$ V GN] *Elle a perdu son passeport. Elle a perdu son emploi. Elle a perdu du poids. Elle perd ses cheveux.*
« Ne plus avoir par la mort »	GN [$_{GV}$ V GN] *Elle a perdu sa grand-mère.*

62. PRODUIRE – avoir produit	
« Causer »	GN [$_{GV}$ V GN] *La réaction chimique a produit une odeur désagréable.*
	GN [$_{GV}$ V GN GPrép] *La décision de l'acteur a produit une vive émotion dans tout le pays.*
« Cultiver, fabriquer »	GN [$_{GV}$ V GN] *Ce pays produit des choux. L'entreprise produit de l'acier.*
« Assurer la production d'une œuvre »	GN [$_{GV}$ V GN] *Elle a produit un film.*

63. PRÉVOIR – avoir prévu	
« Croire que quelque chose va arriver »	GN [$_{GV}$ V GN] *Elle avait prévu la récession de l'Europe. Elle prévoit un réchauffement.*

63. PRÉVOIR – avoir prévu	
« Imaginer à l'avance »	GN [$_{GV}$ V GN] *Elle avait prévu la réaction de son amie.*
« Avoir au programme »	GN [$_{GV}$ V GN] *Elle avait prévu un dessert. La ministre a prévu des coupures budgétaires.*

64. MAINTENIR – avoir maintenu	
« Garder »	GN [$_{GV}$ V GN GPrép] *Les soldats ont maintenu la paix dans ce pays.*
« Confirmer »	GN [$_{GV}$ V GN] *Elle a maintenu ses accusations.*

65. RENDRE – avoir remis	
« Remettre »	GN [$_{GV}$ V GN GPrép] *Elle a rendu les copies d'examen à ses étudiants.*
« Mettre dans un état »	GN [$_{GV}$ V GN GAdj] *Elle a rendu les auditeurs mécontents.*
	GN [$_{GV}$ V GN GPrép] *Elle a rendu sa mère de mauvaise humeur.*

66. MESURER – avoir mesuré	
« Prendre les dimensions »	GN [$_{GV}$ V GN] *Elle a mesuré la pièce. Elle a mesuré la portée de ses paroles.*
« Avoir telle dimension »	GN [$_{GV}$ V GN] *La pièce mesure dix mètres de long. Elle mesure 1 m 65.*

67. REGROUPER – avoir regroupé	
« Mettre ensemble ce qui ne l'était pas ou ce qui ne l'était plus »	GN [$_{GV}$ V GN] *Elle a regroupé les valeurs semblables. Elle a regroupé les enfants. Ce livre regroupe des articles déjà parus.*
	GN [$_{GV}$ V GN GPrép] *Elle a regroupé les commentaires dans un autre document.*

68. ÉLEVER – avoir élevé	
« Amener à maturité »	GN [$_{GV}$ V GN] *Elle élève deux enfants. Elle élève des poules.*

69. OUVRIR – avoir ouvert	
« Faire une ouverture »	GN [$_{GV}$ V GN] *Elle a ouvert les fenêtres. Elle a ouvert la bouteille.*
« Être accessible au public, commencer à être actif »	GN [$_{GV}$ V GN] *Le magasin ouvre le dimanche.*
	GN [$_{GV}$ V GPrép] *Le magasin ouvre à 9 heures. La succursale a ouvert en 2010.*
« Commencer »	GN [$_{GV}$ V GN] *Elle a ouvert une enquête.*
« Créer »	GN [$_{GV}$ V GN] *Elle a ouvert une succursale.*
	GN [$_{GV}$ V GN GPrép] *Elle a ouvert une succursale en Asie.*

70. OUBLIER – avoir oublié	
« Ne plus avoir en mémoire »	GN [$_{GV}$ V GN] *Elle a oublié le nom du voisin. Elle a oublié la règle du participe passé.*
« Ne plus avoir à l'esprit »	GN [$_{GV}$ V GN] *Elle a oublié l'heure. Elle a oublié l'anniversaire de son neveu. Elle a oublié l'essentiel. Elle a oublié ses amis.*
« Laisser, ne pas prendre avec soi »	GN [$_{GV}$ V GN] *Elle a oublié ses gants.*
	GN [$_{GV}$ V GN GPrép] *Elle a oublié ses gants dans la salle d'attente. Elle a oublié son sac sur la table.*

71. ÉCRIRE – avoir écrit	
« Tracer les lettres »	GN [$_{GV}$ V GN] *Elle a écrit son nom.*
« Mettre par écrit »	GN [$_{GV}$ V GN GPrép] *Elle a écrit le numéro de téléphone sur un bout de papier.*
« Envoyer un message »	GN [$_{GV}$ V GN GPrép] *Elle a écrit un courriel à l'agente de voyage.*
« Faire une œuvre écrite »	GN [$_{GV}$ V GN] *Elle a écrit deux romans. Elle a écrit un mémoire.*
	GN [$_{GV}$ V] *Elle écrit.*

72. TRAVAILLER – avoir travaillé	
« Faire un travail (pour gagner sa vie ou non) »	GN [$_{GV}$ V] *Elle travaille.*
	GN [$_{GV}$ V GPrép] *Elle travaille sur son dernier roman.*
« Faire un travail pour gagner sa vie »	GN [$_{GV}$ V GPrép] *Elle travaille dans cette usine. Elle travaille chez …*
« Se déformer »	GN [$_{GV}$ V] *Le bois a travaillé.*

73. ÉCOUTER – avoir écouté	
« Percevoir par l'ouïe, avec attention »	GN [$_{GV}$ V GN] *Elle écoute la radio. Elle a écouté le discours de la juge. Elle a écouté la juge.*
« Suivre les conseils »	GN [$_{GV}$ V GN] *Elle a écouté les conseils de sa médecin. Elle a écouté sa médecin.*

74. MANGER – avoir mangé	
« Se nourrir »	GN [$_{GV}$ V GN] *Elle a mangé de la viande. Elle a mangé un dessert.*
	GN [$_{GV}$ V] *Elle a mangé.*

75. RÉPONDRE – avoir répondu	
« Donner une réponse »	GN [$_{GV}$ V GPrép] *Elle a répondu à la cliente. Elle a répondu au téléphone. Elle a répondu à mon message.*
	GN [$_{GV}$ V GN GPrép] *Elle a répondu non à cette question. Elle a répondu oui à son interlocuteur.*
« Être conforme »	GN [$_{GV}$ V GPrép] *Ce travail répond aux attentes établies.*

76. UTILISER – avoir utilisé	
« Se servir »	GN [$_{GV}$ V GN] *Elle a utilisé un dictionnaire. L'usine utilise l'eau du fleuve.*

77. OFFRIR – avoir offert	
« Donner en cadeau »	GN [$_{GV}$ V GN GPrép] *Elle a offert un ordinateur à sa mère.*

77. OFFRIR – avoir offert	
« Payer »	GN [$_{GV}$ V GN GPrép] *Elle a offert un verre à cet inconnu.*
« Proposer »	GN [$_{GV}$ V GN] *L'agence de voyages offre plusieurs destinations de vacances.*
	GN [$_{GV}$ V GN GPrép] *L'entreprise offre plusieurs solutions à ses clients.*

78. PENDRE – avoir pendu	
« Être tenu par le haut »	GN [$_{GV}$ V GPrép] *La serviette pend à un crochet.*

79. PARAÎTRE (RO) PARAITRE – avoir paru	
« Être publié »	GN [$_{GV}$ V] *Cette grammaire a paru. Cette grammaire est parue.*
	GN [$_{GV}$ V GPrép] *Cette grammaire a paru en 1780. Cette grammaire est parue en 1780.*
« Avoir l'air »	GN [$_{GV}$ V GAdj] *Elle a paru fâchée.*
	GN [$_{GV}$ V GN] *Elle ne paraît (RO) parait pas son âge. Elle paraît (RO) parait 25 ans.*

80. BOIRE – avoir bu	
« Avaler un liquide »	GN [$_{GV}$ V GN] *Elle a bu un verre de vin. Elle a bu du vin.*
	GN [$_{GV}$ V] *Elle a bu.*
« Prendre de l'alcool, trop d'alcool »	GN [$_{GV}$ V] *Elle a bu. Elle boit.*
« Fêter quelque chose, quelqu'un »	GN [$_{GV}$ V GPrép] *Nous buvons à ta réussite. Nous boirons à ta santé.*

81. TOMBER – être tombé	
« Faire une chute »	GN [$_{GV}$ V] *Elle est tombée. La pluie tombe.*
	GN [$_{GV}$ V GPrép] *Elle est tombée de sa chaise. Elle est tombée à terre. Elle est tombée dans l'eau. La valeur du titre est tombée sous la barre des 80 dollars.*

81. TOMBER – être tombé

« Cesser d'exister »	GN [$_{GV}$ V] *Le gouvernement est tombé. Le vent tombe.*
« Se trouver soudainement dans une situation, dans un état »	GN [$_{GV}$ V GPrép] *Elle est tombée dans un piège.*
	GN [$_{GV}$ V GAdj] *Elle est tombée malade. Elle est tombée amoureuse.*
« Arriver »	GN [$_{GV}$ V GN] *Son anniversaire tombe un dimanche.*
	GN [$_{GV}$ V GAdv] *Vous tombez mal. Ça tombe bien.*
« Trouver par hasard »	GN [$_{GV}$ V GPrép] *Elle est tombée sur un ancien collègue. Elle est tombée sur ce livre.*

82. LEVER – avoir levé

« Mettre plus haut »	GN [$_{GV}$ V GN] *Elle a levé un poids de 25 kilos. Elle a levé la tête. Elle a levé la main.*
« Porter un toast »	GN [$_{GV}$ V GN GPrép] *Elle lève son verre à cet exploit.*
	GN [$_{GV}$ V GN] *Elle lève son verre.*
« Finir »	GN [$_{GV}$ V GN] *Elle a levé la séance. L'armée a levé le siège.*
« Supprimer »	GN [$_{GV}$ V GN] *Le gouvernement a levé cette interdiction.*

83. COMMENCER – avoir commencé

« Faire le début »	GN [$_{GV}$ V GN] *Elle a commencé son travail. Elle a commencé ses études.*
« Être au début »	GN [$_{GV}$ V] *Le film commence. Le film a commencé. Le film est commencé.*
« Faire en premier lieu »	GN [$_{GV}$ V GPrép] *Elle a commencé par un résumé de la séance précédente.*
	GN [$_{GV}$ V GN GPrép] *Elle a commencé la séance par un résumé.*

83. COMMENCER – avoir commencé	
« Avoir comme début »	GN [$_{GV}$ V GPrép] *Le mot commence par un h muet. La séance commence par un résumé.*
	GN [$_{GV}$ V GN] *L'année a commencé un mardi.*
	GN [$_{GV}$ V GPrép] *Le cours a commencé à 9 heures.*
	GN [$_{GV}$ V GAdv] *La journée commence mal. La journée commence bien.*

84. RECHERCHER – avoir recherché	
« Chercher activement »	GN [$_{GV}$ V GN] *La police recherche le meurtrier. Les spécialistes recherchent l'origine de la fuite de gaz.*
	GN [$_{GV}$ V GN GPrép] *La police recherche le meurtrier dans les bois avoisinants.*

85. PROGRAMMER – avoir programmé	
« Planifier, faire le programme »	GN [$_{GV}$ V GN] *Elle a programmé ses vacances d'été. Elle a programmé son voyage en Italie.*
« Mettre un programme, configurer »	GN [$_{GV}$ V GN] *Elle a programmé la télécommande. Elle a programmé le temps de cuisson.*
« Mettre au programme »	GN [$_{GV}$ V GN] *Le directeur a programmé une réunion.*
	GN [$_{GV}$ V GN GPrép] *Le directeur a programmé une réunion à 15 heures.*

86. PAYER – avoir payé	
« Donner de l'argent en échange »	GN [$_{GV}$ V GN] *Elle a payé l'addition. Elle a payé le divan. Elle a payé un décorateur.*
	GN [$_{GV}$ V GN GN] *Elle a payé son divan une fortune. Elle a payé son divan 5 000 euros.*

86. PAYER – avoir payé

« Donner quelque chose en échange »	GN [${}_{GV}$ V GPrép] *Elle a payé de sa poche. Elle a payé de sa personne. Elle a payé de sa santé.*
	GN [${}_{GV}$ V GPrép GN] *Elle a payé de sa santé son assiduité au travail.*
« Rapporter »	GN [${}_{GV}$ V GAdv] *Ce métier paie / paye mal.*
	GN [${}_{GV}$ V] *Son choix a payé.*

87. RETROUVER – avoir retrouvé

« Trouver ce qui était perdu »	GN [${}_{GV}$ V GN] *Elle a retrouvé son sac. La police a retrouvé l'enfant disparu. Elle a retrouvé son calme.*
« Avoir rendez-vous »	GN [${}_{GV}$ V GN GPrép] *Elle a retrouvé ses amis sur le quai.*
« Être une nouvelle fois à un endroit, avec quelqu'un »	GN [${}_{GV}$ V GN] *Elle a retrouvé sa ville natale. Elle a retrouvé ses parents.*
	GN [${}_{GV}$ V GN GPrép] *Elle a retrouvé ses parents à la gare.*

88. TIRER – avoir tiré

« Exercer une force sur quelque chose »	GN [${}_{GV}$ V GN] *Elle a tiré la sonnette d'alarme.*
	GN [${}_{GV}$ V] *Le chien tire.*
	GN [${}_{GV}$ V GPrép] *Le chien tire sur la laisse. Elle a tiré sur la corde.*
« Faire aller dans une direction »	GN [${}_{GV}$ V GN] *Elle a tiré les rideaux.*
« Aller dans une direction »	GN [${}_{GV}$ V GPrép] *L'été tire à sa fin. Son comportement ne tire pas à conséquence. Cette couleur tire sur le bleu.*
« Faire sortir »	GN [${}_{GV}$ V GN] *Elle a tiré le bon numéro. Elle a tiré une mauvaise conclusion.*
	GN [${}_{GV}$ V GN GPrép] *Ces gens tirent un bon revenu d'activités illégales. Elle a tiré des informations de son collègue. Elle a tiré des conclusions de son expérience. Ce plat tire son nom d'un cuisinier japonais.*

88. TIRER – avoir tiré	
« Être publié »	GN [$_{GV}$ V GPrép] *Ce journal tire à 50 000 exemplaires.*
« Utiliser une arme »	GN [$_{GV}$ V] *Elle a tiré.*
	GN [$_{GV}$ V GN] *Elle a tiré deux coups de feu.*
	GN [$_{GV}$ V GPrép] *Elle a tiré sur l'intrus. Elle a tiré à l'arme lourde.*
	GN [$_{GV}$ V GN GPrép] *Elle a tiré deux coups de feu sur l'intrus.*

89. CHANGER – avoir changé	
« Échanger »	GN [$_{GV}$ V GN] *Elle a changé des euros.*
	GN [$_{GV}$ V GN GPrép] *Elle a changé des euros en dollars / pour des dollars / contre des dollars. Elle a changé ce forfait pour un autre / contre un autre.*
« Remplacer (une chose par une autre, un lieu par un autre) »	GN [$_{GV}$ V GN] *Elle a changé la roue avant. Elle a changé la décoration de son salon.*
	GN [$_{GV}$ V GPrép] *Elle a changé d'école. Elle a changé de voiture. Elle a changé de poste. Elle a changé d'attitude.*
« Modifier »	GN [$_{GV}$ V GN] *Elle a changé son horaire. La maladie a changé mon voisin. Ça ne change rien.*
« Se transformer »	GN [$_{GV}$ V] *La ville a changé. Le temps change.*

90. POSER – avoir posé	
« Mettre à un endroit »	GN [$_{GV}$ V GN GPrép] *Elle a posé son sac à terre. Elle a posé le livre sur la table.*
« Formuler, faire exister »	GN [$_{GV}$ V GN] *Elle a posé des questions. Cela pose un problème. Cela pose problème.*
	GN [$_{GV}$ V GN GPrép] *Elle a posé une question à l'enseignant.*

90. POSER – avoir posé	
« Déclarer officiellement »	GN [$_{GV}$ V GN] *Elle a posé sa candidature.*
	GN [$_{GV}$ V GN GPrép] *Elle a posé sa candidature à un poste important.*
« Prendre la pose (peinture, photographie) »	GN [$_{GV}$ V] *Elle pose.*
	GN [$_{GV}$ V Gprép] *Elle a posé pour un magazine très connu. Elle a posé pour Courbet.*

91. MONTER – avoir, être monté	
« Aller plus haut »	GN [$_{GV}$ V GPrép] *Elle est montée à l'étage. Elle est montée par l'escalier. Elle est montée dans le bus. L'avion est monté à 8 000 mètres. L'eau est montée de la cave. L'eau a monté, est montée de 50 centimètres.*
	GN [$_{GV}$ V] *La directrice est montée.* *L'eau a monté. Les prix ont monté. La rue monte.*
« Mettre quelque chose plus haut »	GN [$_{GV}$ V GN] *Elle a monté les valises.*
	GN [$_{GV}$ V GN GPrép] *Elle a monté les valises à l'étage.*
« Assembler »	GN [$_{GV}$ V GN] *Elle a monté l'armoire.*

92. EXCUSER – avoir excusé	
« Justifier quelque chose »	GN [$_{GV}$ V GN] *La situation excuse sa conduite.*
« Pardon, pardonner » (formule de politesse)	GN [$_{GV}$ V GN] *Excusez-moi.*

93. AGIR – avoir agi	
« Être actif, faire quelque chose »	GN [$_{GV}$ V] *Elle a agi.*
	GN [$_{GV}$ V GPrép] *Elle a agi en personne immature.*
« Produire un effet »	GN [$_{GV}$ V] *Le produit agit.*

94. ASSEOIR (RO) ASSOIR – avoir assis	
« Mettre sur un siège »	GN [$_{GV}$ V GN] *Elle a assis l'enfant.*
	GN [$_{GV}$ V GN GPrép] *Elle a assis le bébé dans sa chaise haute. Elle a assis l'enfant sur la chaise.*

95. DORMIR – avoir dormi	
« Être dans un état de sommeil »	GN [$_{GV}$ V] *Elle dort.*
	GN [$_{GV}$ V GAdj] *Elles dorment tranquilles.*
« Ne pas être utilisé, être oublié »	GN [$_{GV}$ V] *Les capitaux dorment. Le dossier dort.*
	GN [$_{GV}$ V GPrép] *Les capitaux dorment à l'étranger. Le dossier dort dans le fond d'un tiroir.*

96. ASSURER – avoir assuré	
« Affirmer, garantir quelque chose »	GN [$_{GV}$ V GN GPrép] *Elle a assuré ses employeurs de sa bonne volonté.*
« Faire »	GN [$_{GV}$ V GN] *La compagnie assure le transport des marchandises. Les bus assurent le service.*
« Garantir »	GN [$_{GV}$ V GN GPrép] *La compagnie assure les voitures contre le vol. L'État assure un revenu minimum aux plus démunis.*

97. TOURNER – avoir tourné	
« Faire se déplacer (en rotation) »	GN [$_{GV}$ V GN] *Elle a tourné les pages du livre. Elle a tourné la tête.*
	GN [$_{GV}$ V GN GPrép] *Elle a tourné l'écran vers la gauche. Elle a tourné les yeux vers son père.*
« Se déplacer (en rotation) »	GN [$_{GV}$ V GPrép] *Elle a tourné autour de la table. Elle a tourné dans les airs. Elle tourne en rond.*
« Changer de direction »	GN [$_{GV}$ V GPrép] *Elle a tourné à droite.*

97. TOURNER – avoir tourné	
« Changer, modifier »	GN [$_{GV}$ V GN GPrép] *Elle a tourné son collègue en ridicule. Elle a tourné la situation à son avantage.*
« Se changer »	GN [$_{GV}$ V GPrép] *Le temps a tourné à l'orage. Les vacances ont tourné au cauchemar.*
« Avoir pour sujet »	GN [$_{GV}$ V GPrép] *La discussion a tourné autour du financement des universités.*
« Être dans les environs »	GN [$_{GV}$ V GPrép] *Les pertes tournent autour de 20 000 dollars.*

98. CENTRER – avoir centré, être centré	
« Mettre au centre (concret, abstrait) »	GN [$_{GV}$ V GN] *Elle a centré le texte.*
	GN [$_{GV}$ V GN GPrép] *Elle a centré la discussion sur le déficit budgétaire.*
	GN [$_{GV}$ V GPrép] *Elle est centrée sur ses propres problèmes.*

99. OCCUPER – avoir occupé	
« Prendre un endroit »	GN [$_{GV}$ V GN] *Elles ont occupé la salle de réunion. Elle occupe la place 32.*
« Prendre le temps et l'attention »	GN [$_{GV}$ V GN] *Les entretiens d'embauche occupent le patron.*

100. IMPORTER – avoir importé	
« Faire venir dans un pays »	GN [$_{GV}$ V GN] *Ce pays importe son pétrole.*
	GN [$_{GV}$ V GN GPrép] *Ce pays importe des fruits de Colombie.*
« Avoir de l'importance »	GN [$_{GV}$ V GPrép] *L'attitude du président importe à ses électeurs.*
	GN [$_{GV}$ V GAdv] *Son avis importe peu.*

Chapitre V

Phrase transformée, séquence textuelle et accords

1 L'utilisation des pronoms

Utilité des pronoms

- Style : certains pronoms permettent d'alléger le texte et d'assurer son unité.
- Analyse : découvrir les fonctions de certains groupes à l'intérieur de la phrase.

Avertissement

- Les pronoms sont porteurs de sens, leur mauvais emploi (ou leur mauvaise connaissance) ralentit la compréhension du texte qu'on écrit ou qu'on lit.
- Tout en aidant à la découverte de la fonction des groupes, la pronominalisation repose sur une bonne analyse de ceux-ci.

Définition

- Un pronom est une classe de mot qui permet de former un groupe (nominal, prépositionnel ou adjectival).
- Un pronom possède un sens et une forme (traits de genre, de nombre et de personne) essentiellement dépendants.

1.1. Caractéristiques des pronoms

a) Caractéristiques de sens

Un pronom possède un sens imprécis qui peut être précisé via un autre élément. Le calcul du sens permet d'établir deux types de pronoms : les pronoms libres (qui ne dépendent d'aucun autre élément) et les pronoms liés (qui dépendent d'un autre élément).

Caractéristiques de sens		Pronoms
Sens indépendant	Pronom de sens très général, sens par défaut	Pronom général (pronom libre) *quelqu'un, quelque chose, quelque part,* etc.
Sens dépendant	Lien de dépendance avec un élément du contexte situationnel	Pronom de renvoi (pronom lié) *je, tu, nous, vous, ici, maintenant, demain, ainsi, là-bas,* etc.
	Lien de dépendance avec un élément (explicite ou implicite) du contexte écrit ou oral	Pronom de remplacement (pronom lié) *il, elle, celui, quelques-uns, la mienne, y, en,* etc.

b) Caractéristiques de forme

Certains pronoms ont une forme indépendante et fixe tandis que d'autres ont une forme dépendante de l'élément auquel ils sont liés. Leur forme peut aussi dépendre de la fonction occupée.

Caractéristiques de forme		Pronoms
Forme indépendante	Pronom à forme fixe	Pronoms généraux, certains pronoms de renvoi *quelqu'un, demain, nous,* etc.
Forme dépendante	Pronom à forme variable selon l'accord avec le donneur (genre, nombre, personne)	Pronoms de remplacement, certains pronoms de renvoi *il, elle, le, la, la mienne, celui-ci,* etc.
	Pronom à forme variable selon la fonction occupée	Pronoms de remplacement, certains pronoms de renvoi *je, me, moi ; il, elle, le, la, lui ;* etc.

1.2. Listes des pronoms

Les listes ci-dessous proposent un classement des pronoms essentiellement d'après leurs traits de personne et une de leurs caractéristiques de sens (identification ou quantification).

Pronoms

- **De P1 à P6**
  - Conjoints (identifiants)
  - Disjoints (identifiants)
- **P3-P6**
  - Identifiants : Possessifs, Démonstratifs, Indéfinis
  - Quantifiants : Numéraux (définis), Indéfinis
- **P3**
  - Identifiants : Démonstratifs, Indéfinis, Interrogatifs
  - Quantifiants : Indéfinis, Négatifs

VOIR la négation, l'interrogation.

a) Les pronoms qui ont des formes de P1 à P6

Les pronoms qui présentent des formes pour l'ensemble des traits de personne sont les pronoms personnels. Ils se répartissent en deux groupes.

A. Les pronoms qui sont proches du verbe

Ce sont des pronoms dits conjoints. Ils se placent avant le verbe. Ils y sont tellement liés qu'ils ne peuvent en être séparés par aucun autre mot (excepté la négation *ne*) et qu'ils doivent être reliés au verbe par un trait d'union dès qu'ils sortent de cette position initiale : *en veux-tu ? vas-y !* VOIR l'interrogation, l'impératif.

				< pronom + V >			
				Pronom sujet	Pronom complément		
					Réfléchi	Non réfléchi	
	Personne	Singulier / pluriel	Masculin / féminin			De type GN	De type GPrép
Personnels simples	P1	SG	M / F	*je*	*me*	*me*	*me*
	P2	SG	M / F	*tu*	*te*	*te*	*te*
	P3	SG	M	*il, on*	*se*	*le, en*	*lui, y, en*
			F	*elle*		*la, en*	
		SG / PL	M / F	*on*		–	–
	P4	SG / PL	M / F	*nous*	*nous*	*nous*	*nous*
	P5	SG / PL	M / F	*vous*	*vous*	*vous*	*vous*
	P6	PL	M	*ils*	*se*	*les, en*	*leur, y, en*
			F	*elles*			

Savoir ⊕

- ***On*** occupe uniquement la fonction sujet.

[$_{Pronom}$ On] n'a rien fait. [$_{Pronom}$ On] s'est écrit.
**Ils [$_{Pronom}$ on] l'ont promis. (Ils nous l'ont promis.)*

B. Les pronoms qui sont détachés du verbe

Ce sont des pronoms dits disjoints. Ces pronoms personnels apparaissent dans trois positions.

- Pronom placé après le verbe avec une préposition : *il a pensé à nous.*
- Pronom placé dans certaines constructions sans préposition : *ce sont eux.*
- Pronom détaché du verbe, en dédoublement du sujet : *Moi, je lui avais dit de faire attention. Je lui avais dit de faire attention, moi.*

Il est possible d'utiliser ces pronoms avec des adjectifs en renforcement (*même, autre*).

J'ai préparé ce dossier moi-même.
Toi-même, tu le lui as dit à plusieurs reprises.
Les candidats eux-mêmes ont préparé leur publicité.
Nous autres, nous irons à gauche ; vous autres, vous irez à droite.

	Personne	Singulier / pluriel	Masculin / féminin	Pronom de base	Pronom d'insistance *-même*	Pronom d'opposition *autres*
Personnels simples et composés	P1	SG	M / F	*moi*	*moi-même*	–
	P2	SG	M / F	*toi*	*toi-même*	–
	P3	SG	M	*lui*	*lui-même*	–
			M	*soi*	*soi-même*	–
			F	*elle*	*elle-même*	–
	P4	PL	M / F	*nous*	*nous-mêmes*	*nous autres*
		SG	M / F	*nous*	*nous-même*	–
	P5	PL	M / F	*vous*	*vous-mêmes*	*vous autres*
		SG	M / F	*vous*	*vous-même*	–
	P6	PL	M	*eux*	*eux-mêmes*	(NN) *eux autres*
			F	*elles*	*elles-mêmes*	–

Savoir +

- ***On*** n'a pas de forme disjointe.
  **[$_{Pronom}$ On], on n'a rien fait. (Nous, on n'a rien fait.)*
  **C'est le phare à [$_{Pronom}$ on].*
- ***Eux autres*** est une forme ancienne qui est encore en usage dans certaines régions (par exemple, au Québec), mais qui est maintenant considérée comme familière.

b) Les pronoms qui ont des formes P3 et P6

Il existe des pronoms qui présentent des formes P3 et P6 uniquement, voire seulement P3 ou P6 pour des raisons de sens (par exemple, *chacun, plusieurs*). Ils ont la particularité d'être associés à des déterminants et s'emploient à la place d'un groupe nominal contenant ce déterminant.

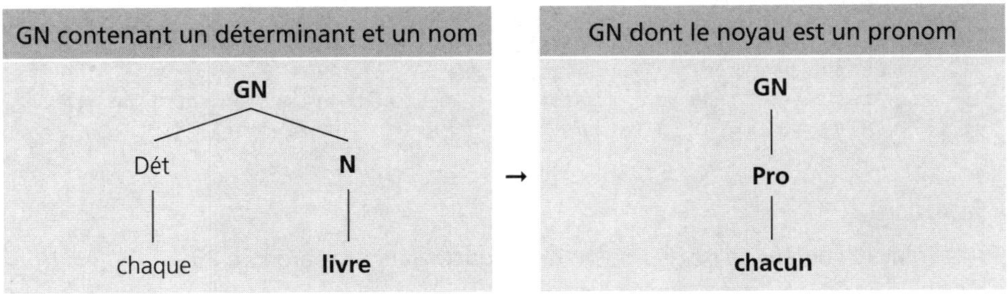

Le tableau ci-dessous présente les formes des pronoms et les déterminants avec lesquels ils sont associés.

			P3				P6			
			Masculin singulier		Féminin singulier		Masculin pluriel		Féminin pluriel	
			Dét.	Pronom	Dét.	Pronom	Dét.	Pronom	Dét.	Pronom
Identifiants	Possessifs	Sans expansion	*mon* *ton* *son* *notre* *votre* *leur*	*le mien* *le tien* *le sien* *le nôtre* *le vôtre* *le leur*	*ma, mon* *ta, ton* *sa, son* *notre* *votre* *leur*	*la mienne* *la tienne* *la sienne* *la nôtre* *la vôtre* *la leur*	*mes* *tes* *ses* *nos* *vos* *leurs*	*les miens* *les tiens* *les siens* *les nôtres* *les vôtres* *les leurs*	*mes* *tes* *ses* *nos* *vos* *leurs*	*les miennes* *les tiennes* *les siennes* *les nôtres* *les vôtres* *les leurs*
Identifiants	Démonstratifs	Sans	*ce, cet…-ci* *ce, cet…-là*	*celui-ci* *celui-là*	*cette…-ci* *cette…-là*	*celle-ci* *celle-là*	*ces…-ci* *ces…-là*	*ceux-ci* *ceux-là*	*ces…-ci* *ces…-là*	*celles-ci* *celles-là*
Identifiants	Démonstratifs	Avec expansion	*ce, cet*	*celui*	*cette*	*celle*	*ces*	*ceux*	*ces*	*celles*
Identifiants	Indéfini	Avec ou sans	*n'importe quel*	*n'importe lequel*	*n'importe quelle*	*n'importe laquelle*	*n'importe quels*	*n'importe lesquels*	*n'importe quelles*	*n'importe lesquelles*
Quantifiants	Définis		*un*		*une*		*deux, trois, etc.*			
Quantifiants	Indéfinis	Avec ou sans expansion	*chaque*	*chacun*	*chaque*	*chacune*	–			
Quantifiants	Indéfinis	Avec ou sans expansion	*tout*		*toute*		*tous*		*toutes*	
Quantifiants	Indéfinis	Avec ou sans expansion	–				*quelques*	*quelques-uns*	*quelques*	*quelques-unes*
Quantifiants	Indéfinis	Avec ou sans expansion	–				*certains*		*certaines*	
Quantifiants	Indéfinis	Avec ou sans expansion	–				*plusieurs*			
Quantifiants	Indéfinis	Avec ou sans expansion	*la plupart du*	*(la plupart)*	*la plupart de la*	*(la plupart)*	*la plupart des* (déterminant) *la plupart* (pronom)			
Quantifiants	Indéfinis	Avec ou sans expansion	Modèle : *assez de* (déterminant) – *assez* (pronom) *assez (de), autant (de), beaucoup (de), combien (de), davantage (de), énormément (de), moins (de), peu (de), plus (de), suffisamment (de), tant (de), tellement (de), trop (de)*							

Savoir ⊕

- Le français courant utilise le pronom ***la plupart*** comme un pronom P6.
  La plupart ont réussi. La plupart sont venu(e)s.

Les pronoms P3-P6 associés à des déterminants présentent trois profils de construction.

Construction du groupe	Exemple
Groupe sans expansion obligatoire	*[$_{Groupe}$ Le mien] est meilleur.* *Il a pris [$_{Groupe}$ le mien].*
Groupe avec expansion obligatoire en tout temps	Expansion sous la forme d'un groupe prépositionnel *[$_{Groupe}$ Celui [$_{expansion}$ de ta mère]] est plus beau.* *Il a choisi [$_{Groupe}$ celui [$_{expansion}$ de ta mère]].* Expansion sous la forme d'une subordonnée *[$_{Groupe}$ Ceux [$_{expansion}$ que j'ai vus]] sont importés.* *Il a acheté [$_{Groupe}$ ceux [$_{expansion}$ que j'avais vus]].*
Groupe avec expansion obligatoire dans certaines fonctions	Expansion non obligatoire pour les fonctions de sujet ou d'attribut *[$_{Groupe}$ Plusieurs] sont arrivés en retard.* *Ils sont [$_{Groupe}$ plusieurs].* Expansion obligatoire pour les autres fonctions • < verbe + pronom + expansion $_{GPrép}$ > *Elle a lu [$_{Groupe}$ plusieurs [$_{expansion}$ de tes livres]].* • < expansion $_{en}$ + verbe + pronom > *Elle [$_{expansion}$ en] a lu [$_{Groupe}$ plusieurs].*

c) Les pronoms qui ont seulement une forme P3

Parmi les pronoms, certains présentent des traits de variation fixés à la P3, masculin singulier. Ce sont le plus souvent des pronoms généraux (*quelque chose, quelqu'un, quelque part,* etc.) et des pronoms de renvoi (*ici, demain, là-bas*, etc.). Certains sont issus de groupes figés. C'est essentiellement le calcul du sens (renvoi à quelque chose de général ou à un élément de la situation de communication) qui permet de ranger ces mots dans la classe du pronom.

	P3 masculin singulier				
	Sens « chose »	Sens « personne »	Sens « lieu »	Sens « temps »	Sens « manière »
Identifiants démonstratifs	*ce* *ceci* *cela* *ça*	–	*ici, là, ailleurs ;* *ci-après, ci-contre, ci-dessous, ci-dessus, ci-devant, ici-bas ;* *là-bas, là-dedans, là-dessous, là-dessus, là-haut ;* *çà et là, de-ci de-là ;* *par-ci par-là*	*hier, avant-hier, aujourd'hui, demain, après-demain, maintenant, tantôt, alors, autrefois, jadis, naguère*	*ainsi*

	P3 masculin singulier				
	Sens « chose »	Sens « personne »	Sens « lieu »	Sens « temps »	Sens « manière »
Identifiants indéfinis	*quelque chose* *autre chose* *quoi* *n'importe quoi*	*quelqu'un* *quelqu'un d'autre* *on, quiconque* *n'importe qui*	*quelque part* *autre part* *n'importe où*	*n'importe quand*	*en quelque sorte* *n'importe comment*
Quantifiants indéfinis	*tout* *peu de chose*	*tout le monde*	*partout*	*tout le temps* *quelque temps*	–

Savoir

- ***Partout*** présente des variantes anciennes, encore utilisées dans certaines régions mais considérées comme familières.
  - o Renforcement en *tout*
  - (NN) *C'est l'automne, il y a des feuilles [$_{\text{Pronom}}$ tout partout].*
    C'est l'automne, il y a des feuilles [$_{\text{Pronom}}$ partout], [$_{\text{Pronom}}$ un peu partout].
  - o Expression *en tout et partout* (initialement *en tout et par tout*)
  - (NN) *Il y avait en tout et partout 23 spectateurs dans la salle.*
    Il y avait en tout et pour tout 23 spectateurs dans la salle.
- ***Quelque chose*** présente la variante *de quoi*, utilisée dans certaines régions mais considérée comme familière.
  (NN) *Il faut lui donner [$_{\text{Pronom}}$ <u>de quoi</u>] pour qu'elle se calme.*
  Il faut lui donner [$_{\text{Pronom}}$ <u>quelque chose</u>] pour qu'elle se calme.
  (NN) *L'imprimante bloque quand je veux imprimer [$_{\text{Pronom}}$ <u>de quoi</u>].*
  L'imprimante bloque quand je veux imprimer [$_{\text{Pronom}}$ <u>quelque chose</u>].
- ***Quelque part*** peut être utilisé, en français normé, avec la préposition *de*, mais pas avec *à* ou *en* (emploi ancien).
  L'eau doit bien tomber <u>de</u> [$_{\text{Pronom}}$ <u>quelque part</u>].
  On est tous <u>de</u> [$_{\text{Pronom}}$ <u>quelque part</u>].
  Il est allé [$_{\text{Pronom}}$ <u>quelque part</u>]. ((NN) *à quelque part, en quelque part*)
  Je l'ai déjà vu [$_{\text{Pronom}}$ <u>quelque part</u>].
- ***Quelque temps*** peut être utilisé avec ou sans préposition.
  La voiture est restée [$_{\text{GN}}$ quelque temps] au garage.
  Cette entreprise est devenue incontournable [$_{\text{GPrép}}$ en quelque temps].
  Le chien est resté dehors [$_{\text{GPrép}}$ pendant quelque temps].

d) Les emplois pronominaux frontières

Les adjectifs et certaines prépositions sont employés dans des contextes qui les situent à la frontière entre leur classe initiale d'adjectif ou de préposition et la classe des pronoms. Il s'agit d'emplois pronominaux frontières.

A. < Déterminant + adjectif + nom effacé >

Des séquences *déterminant* + *adjectif* peuvent être utilisées de manière pronominale si le nom noyau est absent.

Quelles tasses voulez-vous acheter ?
Je vais prendre les vertes / les grandes / les premières.

	P3		P6	
	masculin singulier	féminin singulier	masculin pluriel	féminin pluriel
Identifiant	*le même* *l'autre* *le premier* *le vert* *le petit* etc.	*la même* *l'autre* *la première* *la verte* *la petite* etc.	*les mêmes* *les autres* *les premiers* *les verts* *les petits* etc.	*les mêmes* *les autres* *les premières* *les vertes* *les petites* etc.
Quantifiant	*un autre* *un vert* etc.	*une autre* *une verte* etc.	*d'autres* *des verts* etc.	*d'autres* *des vertes* etc.

B. < Préposition + groupe effacé >

Des prépositions peuvent être utilisées de manière pronominale si elles changent légèrement de forme et que le groupe nominal qui devrait les compléter est absent. Pour les emplois de prépositions orphelines sans changement de forme (*avant, après*, etc.), VOIR le GPrép.

Préposition	Préposition pronominale	Exemple
dans *sous* *sur*	→ *dedans* *dessous* *dessus*	*Il l'a mis dedans ____.* *Il l'a caché dessous ____.* *Il l'a posé dessus ____.*
à contre-courant de (RO) *à contrecourant de* *à côté de* *à couvert de* *à l'abri de* *à l'écart de* *à l'inverse de* *à l'opposé de* *à proximité de* *au contraire de* *au-dessus de* *autour de*	→ *à contre-courant* (RO) *à contrecourant* *à côté* *à couvert* *à l'abri* *à l'écart* *à l'inverse* *à l'opposé* *à proximité* *au contraire* *au-dessus* *autour*	*Ce politicien va à contre-courant ____.* (RO) *Ce politicien va à contrecourant ____.* *Mon père est à côté ____.* *Mettons-nous à couvert____.* *Le témoin est à l'abri ____.* *La piscine est à l'écart ____.* *Il a affirmé cela à l'inverse ____.* *Le restaurant est à l'opposé ____.* *Il travaille à proximité ____.* *Il ne pense pas à lui, au contraire____.* *Nos amis habitent au-dessus ____.* *Le chien tourne autour ____.*

Préposition	Préposition pronominale	Exemple
en arrière de	*en arrière*	*Je l'ai aperçu en arrière* ____.
en avant de	*en avant*	*Sa voiture est en avant* ____.
en bas de	*en bas*	*Les bouteilles sont en bas* ____.
en cachette de	*en cachette*	*Il a fallu partir en cachette* ____.
en conséquence de	*en conséquence*	*Nous avons agi en conséquence* ____.
en dessous de	*en dessous*	*Les feuilles sont en dessous* ____.
en échange de	→ *en échange*	*Nous l'avons reçu en échange* ____.
en face de	*en face*	*Il vit en face* ____.
en haut de	*en haut*	*Les chambres sont en haut* ____.
en regard de	*en regard*	*La traduction est en regard* ____.
ensuite de	*ensuite*	*Il est arrivé ensuite* ____.
loin de	*loin*	*Mes parents habitent loin* ____.
près de	*près*	*Ses parents habitent tout près* ____.
hors de	→ *dehors*	*Il est dehors* ____.

Savoir +

- Les formes ***dedans***, ***dessous*** et ***dessus*** employées avec un complément sont des emplois anciens, qui sont passés aujourd'hui dans l'usage non normé.
  (NN) *Il l'a mis dedans le sac* ; (NN) *Il l'a caché dessous le lit* ; (NN) *Il l'a posé dessus la table*.
- ***Ensuite de*** : emploi ancien (*ensuite de cela*), non normé (*ensuite de ça*) ou littéraire (*ensuite de quoi*).

1.3. L'élision des pronoms

a) Quels pronoms peuvent s'élider ?

Les pronoms suivants, qui se terminent par *e* ou par *a*, peuvent s'élider.

je		*j'*
me		*m'*
te		*t'*
le	→	*l'*
la		*l'*
se		*s'*
ce		*c'*

b) Quand y a-t-il élision ?

Dès que le pronom est suivi par un mot commençant par une voyelle ou un *h* muet, il s'élide. La séquence au sein de laquelle l'élision prend place comprend uniquement les pronoms qui sont avant le verbe.

Cas de figure			
Un verbe à un temps simple	Pronom sujet Pronom complément	+ voyelle	*J'entre dans la salle.* *Ils l'exportent en Asie. Il s'énerve.*
	Pronom sujet Pronom complément	+ *h* muet	*J'hésite entre ces deux solutions.* *Sa peau, elle l'hydrate souvent.*
L'auxiliaire *avoir*	Pronom sujet Pronom complément	+ voyelle	*J'ai sorti les poubelles.* *Ce secret, ils l'ont bien caché.*
L'auxiliaire *être*	Pronom sujet Pronom complément	+ voyelle	*C'est incroyable.* *Elle s'est cachée sous le lit.*
Un autre pronom (*en, y*)	Pronom sujet Pronom complément	+ voyelle	*J'y vais. J'en reviens.* *Elle l'en empêche. Elle l'y envoie.*
Pronom après le verbe	Aucune élision	+ voyelle	*Dis-le à ta sœur.* *Conduis-la à l'école.*

Quelques verbes commençant par un *h*
La lettre *h* compte comme une consonne s'il s'agit d'un *h* aspiré (pas d'élision) et comme une lettre invisible s'il s'agit d'un *h* muet (élision).

Verbes commençant par un *h* muet ***j'* + verbe**	Verbes commençant par un *h* aspiré ***je* + verbe**
habiter *héberger* *hériter* *hésiter* *honorer* *humilier* *hydrater*	*hacher* *hachurer* *haïr* *hanter* *harceler* *héler* *hisser* *hurler*

1.4. Les pronoms de remplacement

a) Le remplacement

La pronominalisation de remplacement consiste à remplacer par un pronom une séquence de mots qui, sans ce remplacement, serait répétée.

Sans pronominalisation :

Tanguy s'occupera de ses neveux mardi. Tanguy emmènera ses neveux au parc.

Avec pronominalisation :

Tanguy s'occupera de ses neveux mardi. Il les emmènera au parc.

Dans une séquence de phrases, la progression de l'information peut se faire en reprise totale, en reprise partielle ou en progression floue.

- Progression en reprise totale (groupe répété identique)
  Sans pronominalisation
  Les sacs sont dans le coffre de la voiture. Les sacs sont bien rangés.
  Avec pronominalisation
  Les sacs sont dans le coffre de la voiture. Ils sont bien rangés.

- Progression en reprise partielle (groupe répété presque identique, déterminant différent)
  Sans pronominalisation
  Les sacs sont dans le coffre de la voiture. Mon sac est posé sur ton sac.
  Les clients de ce magasin ont répondu à un questionnaire. Quelques clients de ce magasin sont mécontents.
  Avec pronominalisation
  Les sacs sont dans le coffre de la voiture. Le mien est posé sur le tien.
  Les clients de ce magasin ont répondu à un questionnaire. Quelques-uns sont mécontents.

- Progression floue (groupe absent du contexte)
  Avec pronominalisation
  Tu as entendu à la télévision ? Ils [les présentateurs à la télévision] *ont dit que les travaux dureraient encore un an.*

Savoir +

On évitera ce genre de progression à l'écrit.

La pronominalisation de remplacement repose sur les éléments suivants :
- un groupe donneur de sens et de forme,
- un groupe sous-entendu en reprise d'information (partielle ou totale),
- un groupe exprimé, receveur de sens et de forme, en remplacement du groupe sous-entendu : c'est le pronom.

	Situation	Exemple
Phrase 1	Phrase contenant le donneur de sens et de forme pour la phrase suivante	*Elle adore [Donneur de sens et de forme les chiens] depuis qu'elle est toute* petite.
Phrase 2	Version initiale contenant le groupe en reprise de la phrase 1	*[Reprise partielle Son chien] est très gentil.*
	Version finale contenant le pronom	*[Receveur de sens et de forme Le sien] est très gentil.*
Phrase 3	Version initiale contenant le groupe en reprise de la phrase 2	*[Reprise totale Son chien] n'aboie pas souvent.*
	Version finale contenant le pronom	*[Receveur de sens et de forme Il] n'aboie pas souvent.*

	Situation	Exemple
Phrase 4	Version initiale contenant le groupe en reprise de la phrase 3	*Elle promène [$_{\text{Reprise totale}}$ son chien] dans le parc le soir.*
	Version finale contenant le pronom	*Elle [$_{\text{Receveur de sens et de forme}}$ le] promène dans le parc le soir.*

Le choix du pronom de remplacement repose
- sur la reprise de l'information (partielle ou totale),
- sur sa fonction (sujet, attribut du sujet, complément du verbe),
- sur le type de groupe qui est répété (groupe nominal, prépositionnel, adjectival).

b) Reprise partielle

S'il y a reprise partielle de l'information, on utilise les pronoms P3 et P6 qui peuvent être associés aux déterminants, quelle que soit la fonction du groupe. Certains pronoms requièrent une expansion.

		Reprise partielle avant et après pronominalisation
Pronom sujet	sans expansion	• *Il y a [$_{\text{Donneur}}$ beaucoup de stylos] dans ce tiroir. [$_{\text{Reprise partielle}}$ N'importe quel stylo] fera l'affaire.* → *[$_{\text{Receveur}}$ N'importe lequel] fera l'affaire.* • *[$_{\text{Donneur}}$ Les électeurs] sont arrivés tôt. [$_{\text{Reprise partielle}}$ La plupart des électeurs] ont déjà voté.* → *[$_{\text{Receveur}}$ La plupart] ont déjà voté.* • *J'ai parlé avec [$_{\text{Donneur}}$ quelques voisins]. [$_{\text{Reprise partielle}}$ Chaque voisin] avait un point de vue différent.* → *[$_{\text{Receveur}}$ Chacun] avait un point de vue différent.*
Pronom sujet	avec expansion	• *J'ai acheté [$_{\text{Donneur}}$ des fraises]. [$_{\text{Reprise partielle}}$ Ces fraises sur la table] sont pour grand-maman.* → *[$_{\text{Receveur}}$ Celles sur la table] sont pour grand-maman.* → * *[$_{\text{Receveur}}$ Celles] sont pour grand-maman.*
Pronom complément du verbe (GN)	sans expansion	• *J'ai reçu [$_{\text{Donneur}}$ les travaux des étudiants]. J'ai corrigé [$_{\text{Reprise partielle}}$ son travail] en premier.* → *J'ai corrigé [$_{\text{Receveur}}$ le sien] en premier.* • *J'ai acheté [$_{\text{Donneur}}$ plusieurs romans]. Je commencerai [$_{\text{Reprise partielle}}$ ce roman-ci] ce soir.* → *Je commencerai [$_{\text{Receveur}}$ celui-ci] ce soir.*
Pronom complément du verbe (GN)	avec expansion	• *[$_{\text{Donneur}}$ Les cafés] arrivent. Nous avions commandé [$_{\text{Reprise partielle}}$ quatre cafés].* → *Nous [$_{\text{Expansion}}$ en] avions commandé [$_{\text{Receveur}}$ quatre].* • *Nous avons cherché [$_{\text{Donneur}}$ les symptômes de la grippe] sur Internet. Élisa a eu [$_{\text{Reprise partielle}}$ la plupart des symptômes de la grippe].* → *Élisa [$_{\text{Expansion}}$ en] a eu [$_{\text{Receveur}}$ la plupart].* ou *Élisa a eu [$_{\text{Receveur}}$ la plupart [$_{\text{Expansion}}$ d'entre eux]].*

		Reprise partielle avant et après pronominalisation
Pronom complément du verbe (GPrép)	sans expansion	• *Géraldine est partie [$_{\text{Donneur}}$ avec son sac]. Valérie est partie [$_{\text{Reprise partielle}}$ sans son sac].* → *Valérie est partie [$_{\text{Receveur}}$ sans le sien].* • *Il y a [$_{\text{Donneur}}$ deux voitures] dans la rue. Les chats se sont cachés [$_{\text{Reprise partielle}}$ sous cette voiture-ci].* → *Les chats se sont cachés [$_{\text{Receveur}}$ sous celle-ci].*
	avec expansion	• *[$_{\text{Donneur}}$ Notre réussite] dépend [$_{\text{Reprise partielle}}$ de la réussite de l'équipe précédente].* → *[$_{\text{Donneur}}$ Notre réussite] dépend [$_{\text{Receveur}}$ de celle [$_{\text{expansion}}$ de l'équipe précédente]].* • *La chercheuse a identifié [$_{\text{Donneur}}$ les causes de cette maladie]. Dans cet article, elle traite [$_{\text{Reprise partielle}}$ de chaque cause de cette maladie].* → *Dans cet article, elle traite [$_{\text{Receveur}}$ de chacune [$_{\text{expansion}}$ d'entre elles]].*

Savoir +

Dans le cas d'un pronom qui est complément du verbe de type *groupe prépositionnel*, l'expansion ne peut pas prendre la forme du pronom *en*.

Il parlera [$_{\text{GPrép}}$ à deux candidats].
→ Expansion obligatoire : **Il parlera à [$_{\text{pronom}}$ deux].*
→ Pas d'expansion sous la forme du pronom *en* : **Il [$_{\text{expansion}}$ en] parlera à deux.*
→ Expansion sous la forme d'un groupe prépositionnel :
Il parlera à deux [$_{\text{expansion}}$ des candidats]. Il parlera à deux [$_{\text{expansion}}$ d'entre eux].

c) Reprise totale

Les pronoms à utiliser en situation de reprise totale de l'information sont choisis en tenant compte de la fonction occupée par le groupe qui doit être remplacé par un pronom. Ils portent des traits (P3 ou P6, masculin, etc.) qu'ils reçoivent de leur donneur.

A. Pronom sujet

Si le groupe qui a la fonction de sujet doit être remplacé par un pronom, on utilise les pronoms personnels de forme sujet.

Pronom P3		Pronom P6	
masculin singulier	féminin singulier	masculin pluriel	féminin pluriel
il	*elle*	*ils*	*elles*

Voici une série d'exemples.

[$_{\text{Donneur}}$ Mes deux meilleures amies] reviennent d'un voyage en Asie. [$_{\text{Reprise totale}}$ Mes deux meilleures amies] ont dû se rendre à l'hôpital.
→ *[$_{\text{Receveur}}$ Elles] ont dû se rendre à l'hôpital.*

[$_{\text{Donneur}}$ Un agent de sécurité] m'a demandé ma carte d'embarquement. [$_{\text{Reprise totale}}$ Un agent de sécurité] m'a fait changer de file.
→ *[$_{\text{Receveur}}$ Il] m'a fait changer de file.*

J'ai emprunté [$_{\text{Donneur}}$ ce livre] à la bibliothèque. [$_{\text{Reprise totale}}$ Ce livre] est difficile à lire.
→ *[$_{\text{Receveur}}$ Il] est difficile à lire.*

Nous avons posé cette question à [$_{\text{Donneur}}$ quelques personnes]. [$_{\text{Reprise totale}}$ Ces quelques personnes] ont répondu adéquatement.
→ *[$_{\text{Receveur}}$ Elles] ont répondu adéquatement.*

B. Pronom complément du verbe, de type groupe nominal

Si le groupe nominal qui a la fonction de complément du verbe doit être remplacé par un pronom, on utilise les pronoms personnels de forme complément ou le démonstratif *ça*.

Les pronoms à placer avant le verbe

Les pronoms de remplacement sont *le, la, les,* sauf quand le déterminant du groupe nominal remplacé est un déterminant partitif (*du, de la, des*) ou un quantifiant d'existence (*des*). Dans ce cas, on emploie le pronom *en.* Les pronoms portent des traits (P3, masculin, etc.) qu'ils reçoivent de leur donneur.

	Pronom P3		Pronom P6	
Déterminant	masculin singulier	féminin singulier	masculin pluriel	féminin pluriel
un, ce, etc.	*le*	*la*	*les*	
du, de la, des	*en*	*en*	*en*	

Voici quelques exemples.

Nous devons vérifier le poids de [$_{\text{Donneur}}$ votre valise]. Vous déposerez [$_{\text{Reprise totale}}$ votre valise] sur la balance dans une minute.
→ *Vous [$_{\text{Receveur}}$ la] déposerez sur la balance dans une minute.*

[$_{\text{Donneur}}$ Les pâtes] sont prêtes. J'égoutte [$_{\text{Reprise totale}}$ les pâtes].
→ *Je [$_{\text{Receveur}}$ les] égoutte.*

Le nouveau parc éolien produira [$_{\text{Donneur}}$ de l'électricité] dès cet hiver. Les communes avoisinantes achèteront [$_{\text{Reprise totale}}$ de l'électricité] à prix réduit.
→ *Les communes avoisinantes [$_{\text{Receveur}}$ en] achèteront à prix réduit.*

Est-ce qu'il y a $[_{\text{Donneur}}$ des frais supplémentaires pour ce type d'envoi] ? Oui, il y a $[_{\text{Reprise totale}}$ des frais supplémentaires pour ce type d'envoi].
→ Oui, il y $[_{\text{Receveur}}$ en] a.

Le pronom ça complément, à placer après le verbe

Le pronom *ça* relève de la variété courante orale et est particulièrement utilisé en situation de renvoi. Il est évité en français soutenu.

Est-ce que tu vas acheter $[_{\text{Donneur}}$ ce fromage] pour ce soir ? Oui, je vais acheter $[_{\text{Reprise totale}}$ ce fromage].
→ Oui, je vais acheter $[_{\text{Receveur}}$ ça].

C. Pronom attribut du sujet

Si le groupe qui a la fonction d'attribut du sujet doit être remplacé par un pronom, on utilise

- le pronom *le* dans la plupart des cas, quels que soient les traits du groupe repris ;
- un pronom avec l'expansion *en* s'il s'agit de pronominaliser un groupe nominal contenant le déterminant *un, une*.

	Avant la pronominalisation		Après la pronominalisation
GN	*Elle sera*	*$[_{\text{GN}}$ avocate].*	*Elle le sera.*
	Ils seront	*$[_{\text{GN}}$ avocats].*	*Ils le seront.*
	Elles seront	*$[_{\text{GN}}$ avocates].*	*Elles le seront.*
	Elle restera	*$[_{\text{GN}}$ ma meilleure amie].*	*Elle le restera.*
	Elle deviendra	*$[_{\text{GN}}$ une avocate féroce].*	*Elle en deviendra une.*
GAdj	*La nageuse sera*	*$[_{\text{GAdj}}$ très fatiguée].*	*La nageuse le sera.*
	Ils seront	*$[_{\text{GAdj}}$ fatigués].*	*Ils le seront.*
	Ce serait	*$[_{\text{GAdj}}$ vraiment gentil].*	*Ce le serait.*
GPrép	*Elle deviendra*	*$[_{\text{GPrép}}$ de mauvaise humeur].*	*Elle le deviendra.*
	Elle sera	*$[_{\text{GPrép}}$ en rage].*	*Elle le sera.*
	Ils seront	*$[_{\text{GPrép}}$ en rouge].*	*Ils le seront.*

D. Pronom de type groupe prépositionnel complément du verbe

Si le groupe prépositionel qui a la fonction de complément du verbe doit être remplacé par un pronom, le choix du pronom repose sur ce qu'il représente : une personne, une chose ou un lieu.

Le groupe prépositionnel représente une personne

Si le groupe à remplacer représente une personne, on utilise les pronoms personnels de type GPrép. Deux configurations sont possibles :

- le pronom est placé avant le verbe, la préposition est absente ;
- le pronom est placé après le verbe, la préposition est présente.

Pronom avant le verbe

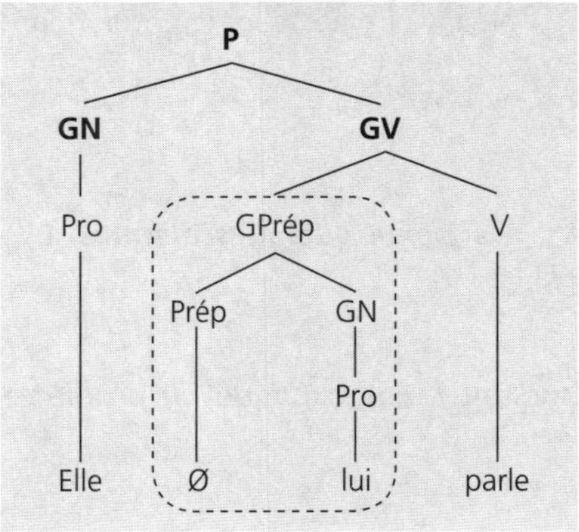

Pronom après le verbe

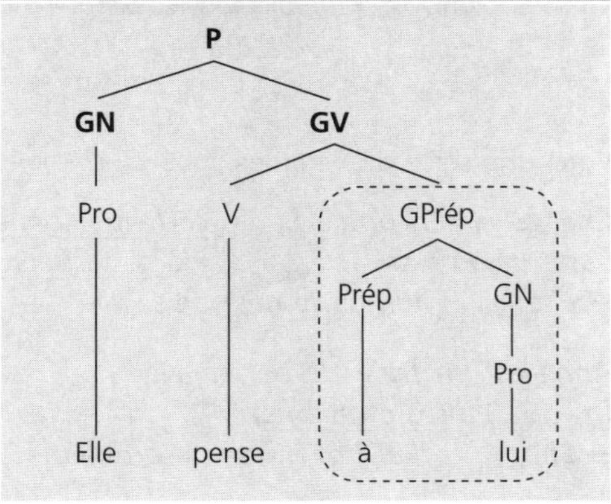

Quelle configuration utiliser ?

Préposition	Groupe prépositionnel pronominalisé	P3		P6	
		m sg	f sg	m pl	f pl
à	• Pour les verbes qui se construisent avec un complément en *à* qui ne peut représenter qu'un être en vie • Verbe modèle : *parler à qqn* (*parler à qqch.* ne se dit pas)	*lui* + verbe		*leur* + verbe	
	• Pour les verbes qui se construisent avec un complément en *à* qui peut représenter un être en vie ou non • Verbe modèle : *penser à qqn* (*penser à qqch.* se dit)	verbe + *à lui*	verbe + *à elle*	verbe + *à eux*	verbe + *à elles*
de	• La variété courante utilise de plus en plus (mais pas systématiquement) un pronom avant le verbe quand le complément représente un être en vie	(*en* + verbe)			
	• La variété soutenue utilise systématiquement un pronom après le verbe quand le complément représente un être en vie	verbe + *de lui*	verbe + *d'elle*	verbe + *d'eux*	verbe + *d'elles*

Préposition	Groupe prépositionnel pronominalisé	P3		P6	
		m sg	f sg	m pl	f pl
autres prépositions (*avec, par, sans*, etc.)	• Verbe modèle : *discuter avec qqn*	verbe + prép. + *lui*	verbe + prép. + *elle*	verbe + prép. + *eux*	verbe + prép. + *elles*

Voici une série d'exemples.

Chantal a rencontré [$_{\text{Donneur}}$ cette personne] il y a à peine quelques minutes. Elle parle déjà de sa vie [$_{\text{Reprise totale}}$ à cette personne].
→ Elle [$_{\text{Receveur}}$ lui] parle déjà de sa vie.

Anne est en train de parler avec [$_{\text{Donneur}}$ ses étudiants]. Elle explique un problème [$_{\text{Reprise totale}}$ à ses étudiants].
→ Elle [$_{\text{Receveur}}$ leur] explique un problème.

Karl a revu [$_{\text{Donneur}}$ Vincent] la semaine dernière. Il pense [$_{\text{Reprise totale}}$ à Vincent] tous les jours.
→ Il pense [$_{\text{Receveur}}$ à lui] tous les jours.

Paul a [$_{\text{Donneur}}$ une nouvelle compagne]. Il tient beaucoup [$_{\text{Reprise totale}}$ à sa compagne].
→ Il tient beaucoup [$_{\text{Receveur}}$ à elle].

Paul a [$_{\text{Donneur}}$ une compagne]. Il parle tout le temps [$_{\text{Reprise totale}}$ de sa compagne].
→ Il parle tout le temps [$_{\text{Reprise totale}}$ d'elle].
→ Il [$_{\text{Reprise totale}}$ en] parle tout le temps. (Courant)

Stéphane ne veut pas aller habiter ailleurs que chez [$_{\text{Donneur}}$ sa mère]. Il dépend trop [$_{\text{Reprise totale}}$ de sa mère].
→ Il dépend trop [$_{\text{Receveur}}$ d'elle].

David critique [$_{\text{Donneur}}$ ses anciens amis]. Il s'est disputé [$_{\text{Reprise totale}}$ avec ses anciens amis].
→ Il s'est disputé [$_{\text{Receveur}}$ avec eux].

***Elle lui a répondu* ou *Elle a répondu à lui* ?**

Voici la liste des verbes fréquents qui se construisent avec un pronom avant le verbe. L'utilisation d'un pronom après le verbe n'est pas impossible, mais elle ne peut être justifiée que dans une expression de contraste.

Alors, elle te l'a dit ? – Non, elle l'a dit à lui, pas à moi.

Emploi modèle	Exemple
Quelque chose va bien à quelqu'un.	*Cette couleur lui va bien.*
Quelqu'un fait quelque chose à quelqu'un.	*Elle nous a fait un cadeau.*
Quelqu'un dit quelque chose à quelqu'un.	*Il m'a dit des choses insensées.*

Emploi modèle	Exemple
Quelqu'un plaît / (RO) plait à quelqu'un.	*Elle t'a plu.*
Quelqu'un en veut à quelqu'un.	*Tu lui en veux.*
Quelqu'un doit quelque chose à quelqu'un.	*Nous vous devons de l'argent.*
Quelqu'un parle à quelqu'un.	*Vous leur parlez.*
Il faut quelque chose à quelqu'un.	*Il lui faut du temps.*
Quelqu'un passe quelque chose à quelqu'un.	*Je te passerai mes notes.*
Quelque chose arrive à quelqu'un.	*Un accident nous est arrivé.*
Quelqu'un donne quelque chose à quelqu'un.	*Ils vous ont donné des médicaments.*
Quelqu'un demande quelque chose à quelqu'un.	*Elles nous ont demandé plus de temps.*
Quelqu'un permet quelque chose à quelqu'un.	*Nous t'avons permis beaucoup de choses.*
Quelqu'un présente quelqu'un à quelqu'un.	*Elle leur a présenté sa meilleure amie.*
Quelqu'un / quelque chose semble… à quelqu'un.	*Elle leur a semblé nerveuse.*
Quelqu'un rend quelque chose à quelqu'un.	*Je vous rendrai vos notes.*
Quelqu'un écrit quelque chose à quelqu'un.	*Tu lui as écrit un message impoli.*
Quelqu'un répond quelque chose à quelqu'un.	*Vous leur répondrez ce que vous voudrez.*
Quelqu'un offre quelque chose à quelqu'un.	*Je leur ai offert du vin.*
Quelqu'un pose quelque chose à quelqu'un.	*Nous lui avons posé une question.*
Quelque chose importe à quelqu'un.	*Votre point de vue nous importe beaucoup.*
Quelqu'un envoie quelque chose à quelqu'un.	*Elle leur a envoyé sa réponse.*

Il lui est passé devant **ou** ***Il est passé devant elle*** **?**

Dans l'usage soutenu, si le groupe prépositionnel représente une personne et que la préposition n'est ni *à* ni *de*, on utilise la préposition suivie du pronom après le verbe (*devant moi, toi, lui, elle,* etc.).

Variété courante < *lui* + verbe + préposition >	Variété soutenue < verbe + préposition + *lui* >
Il lui est passé devant. *On lui a tiré dessus.* *Il leur est passé derrière.* *Il leur tourne autour.*	*Il est passé devant elle.* *On a tiré sur lui.* *Il est passé derrière eux.* *Il tourne autour d'elles.*

Elle y a parlé **ou** ***Elle lui a parlé*** **?**

Le pronom *y* comme équivalent de *lui, à lui, à elle, à quelqu'un* appartient à la variété non normée.

Il a dit non à son supérieur. → *Il lui a dit non.* (NN) *Il y a dit non.*

***Il en parle* ou *Il parle d'elle* ?**

Le pronom *en* comme équivalent de *de lui, d'elle, de quelqu'un* n'appartient pas à la variété soutenue, qui utilise des pronoms différents selon qu'il s'agit d'une personne (*de lui, d'elle,* etc.) ou d'une chose (*en*). Cependant, l'usage du *en* pour signifier une personne fait désormais partie de la variété courante pour *parler.*

Le pronom renvoie à une chose : *il en parle* = *il parle de quelque chose*

Le pronom renvoie à une personne : *il parle d'elle* = *il parle de quelqu'un*

il en parle (de plus en plus en variété courante)

Le groupe prépositionnel représente une chose

Si le groupe à remplacer représente une chose, on utilise les pronoms personnels de type GPrép (*en, y*) ou les pronoms démonstratifs en emploi de remplacement ou de renvoi (*ceci, cela, ça,* etc.). Trois configurations sont possibles :

- le pronom est placé avant le verbe et contient la préposition ;
- le pronom est placé après le verbe et ne contient pas la préposition ;
- le pronom est placé après le verbe et contient la préposition.

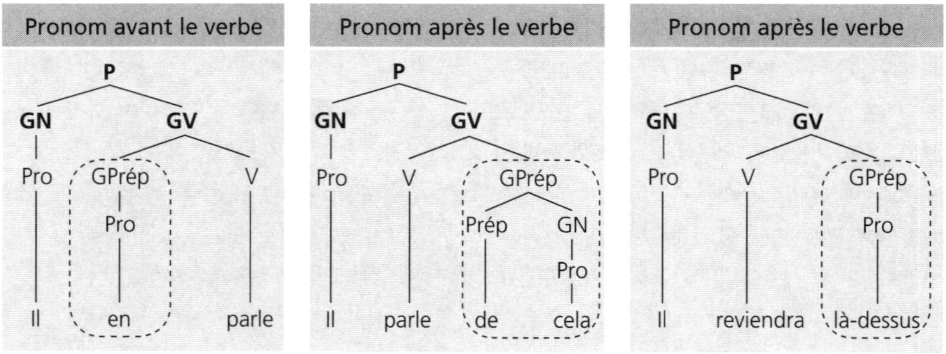

Quelle forme utiliser ?

S'il est possible d'utiliser un pronom avant le verbe (*y, en*), il faut préférer cette solution dans l'usage soutenu. Les séquences < préposition + *ça* > font de plus en plus partie du français oral courant, en priorité avec les prépositions *à, de*, nettement moins avec d'autres prépositions.

Préposition	P3		P6	
	m sg	f sg	m pl	f pl
à	*y* + verbe verbe + *à cela, à ça*			
de	*en* + verbe verbe + *de cela, de ça*			
sur	verbe + *là-dessus, sur cela, sur ça*			
autre	préposition + *cela (ça)*			

Voici une série d'exemples.

Nathalie a [$_{\text{Donneur}}$ un emploi du temps très flexible]. Elle tient beaucoup [$_{\text{Reprise totale}}$ à son emploi du temps très flexible].
→ *Elle [$_{\text{Receveur}}$ y] tient beaucoup.*
→ *Elle tient beaucoup [$_{\text{Receveur}}$ à cela].*

[$_{\text{Donneur}}$ Le film du réalisateur espagnol] sortira dans les salles de cinéma demain. Les journalistes ont parlé [$_{\text{Reprise totale}}$ du film du réalisateur espagnol] ce matin.
→ *Les journalistes [$_{\text{Receveur}}$ en] ont parlé ce matin.*
→ *Les journalistes ont parlé [$_{\text{Receveur}}$ de cela] ce matin.*

[$_{\text{Donneur}}$ Les paroles du premier ministre] ont fait le tour des médias. Il n'y a rien de vrai [$_{\text{Reprise totale}}$ dans les paroles du premier ministre].
→ *Il n'y a rien de vrai [$_{\text{Receveur}}$ là-dedans].*
→ (NN) *Il n'y a rien de vrai [$_{\text{Receveur}}$ dans ça].*

Le groupe prépositionnel représente un lieu

Si le groupe à remplacer représente un lieu, on utilise les pronoms personnels de type GPrép (*en, y*) ou les pronoms démonstratifs en emploi de remplacement ou de renvoi (*ici, là, là-dessus,* etc.) voire des prépositions pronominales (*dessus, dedans,* etc.). Trois configurations sont possibles :

- le pronom est placé avant le verbe et contient la préposition,
- le pronom est placé après le verbe et contient la préposition,
- la préposition est placée après le verbe et a un complément sous-entendu.

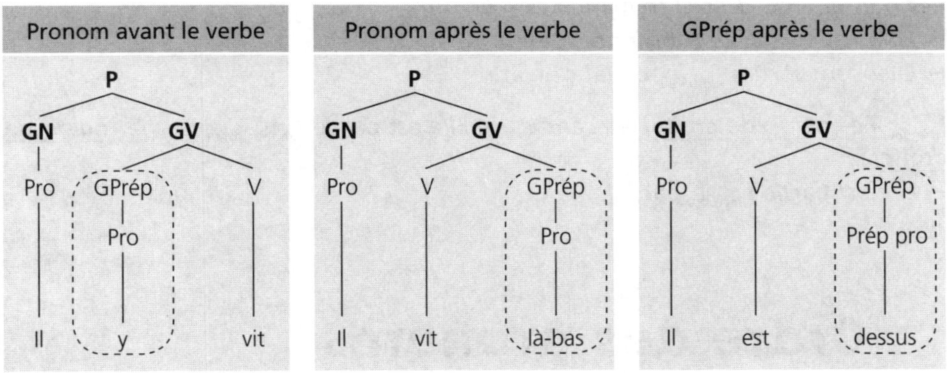

Quelle forme utiliser ?

Le français soutenu utilise les pronoms placés avant le verbe. Les emplois de *là, là-bas,* ou d'une préposition + *cela* relèvent souvent d'un usage plus courant.

Préposition	P3		P6	
	m sg	f sg	m pl	f pl
à	*y* + verbe verbe + *là, ici, ailleurs* (et composés : *là-bas*, etc.)			
de	*en* + verbe verbe + *de là, d'ici, d'ailleurs* (et composés)			
sur	*y* + verbe verbe + *dessus, là-dessus*			
dans	*y* + verbe verbe + *dedans, là-dedans*			
sous	*y* + verbe verbe + *dessous, là-dessous*			
autre	verbe + préposition + *là, là-bas, ici*			

Voici une série d'exemples.

[$_{\text{Donneur}}$ Le supermarché] est ouvert jusqu'à 20 heures. Isabelle est allée [$_{\text{Reprise totale}}$ au supermarché].

→ *Isabelle [$_{\text{Receveur}}$ y] est allée.*

→ *Isabelle est allée [$_{\text{Receveur}}$ là-bas].*

Les troupes sont restées cachées dans [$_{\text{Donneur}}$ le désert] plusieurs jours. Elles sont sorties [$_{\text{Reprise totale}}$ du désert] ce matin.

→ *Elles [$_{\text{Receveur}}$ en] sont sorties ce matin.*

→ *Elles sont sorties [$_{\text{Receveur}}$ de là] ce matin.*

[$_{\text{Donneur}}$ Le couloir de droite] est sans issue. Elle est partie [$_{\text{Reprise totale}}$ par le couloir de droite].

→ *Elle est partie [$_{\text{Receveur}}$ par là].*

1.5. Ordre des pronoms avant le verbe

Les pronoms qui se placent avant le verbe doivent se suivre dans un certain ordre.

Pronom 1 Sujet	Pronom 2 Complément	Pronom 3 Complément	Exemple	
je *tu* *il, elle, on* *nous* *vous* *ils, elles*	*me* *te* *se* *nous* *vous* *se*	*y* *en* *le* *la* *les* **lui*, **leur*	*Je me rends au bureau.*	*Je m'y rends.*
			Il te donnera du lait.	*Il t'en donnera.*
			On s'expose au soleil.	*On s'y expose.*
			Ils nous rendront le ticket.	*Ils nous le rendront.*
			Elles me donnent le sac.	*Elles me le donnent.*
			Ils se présentent à lui.	**Ils se lui présentent.*
	le *la* *les*	*lui* *leur* *y* *en*	*Tu le donneras à Anne.*	*Tu le lui donneras.*
			Il la confiera aux policiers.	*Il la leur confiera.*
			Nous les donnerons à Éric.	*Nous les lui donnerons.*
			Elle les mène à l'école.	*Elle les y mène.*
			Il les empêche de sortir.	*Il les en empêche.*
	lui *leur*	*en*	*Ils lui parlent de ce sujet.*	*Ils lui en parlent.*
			Vous leur parlez de ce sujet.	*Vous leur en parlez.*

1.6. Cas particuliers de pronominalisation

a) Les déterminants *tout* et *chaque*

Les groupes comprenant les déterminants *tout* et *chaque* ont un comportement particulier lors de la pronominalisation. Il faut être attentif à leur position par rapport au verbe et à l'auxiliaire.

		Groupe avant la pronominalisation	Groupe après la pronominalisation
Tout	dans un groupe sujet	*[GN Tout le réseau] a connu des problèmes.*	*Il a connu des problèmes.*
Tout	dans un groupe sujet	*[GN Toute la région] a reçu de la neige.*	*Elle a reçu de la neige.*
Tout	dans un groupe sujet	*[GN Tous les étudiants] recevront / ont reçu une carte.*	*Tous recevront / ont reçu une carte.* *Ils [Verbe recevront] tous une carte.* *Ils [Auxiliaire ont] tous [Participe passé reçu] une carte.*
Tout	dans un groupe sujet	*[GN Toutes les étudiantes] recevront / ont reçu une carte.*	*Toutes recevront / ont reçu une carte.* *Elles [Verbe recevront] toutes une carte.* *Elles [Auxiliaire ont] toutes [Participe passé reçu] une carte.*
Tout	dans une groupe complément	*Elle corrigera / a corrigé [GN tout cela].*	*Elle corrigera tout. Elle a tout corrigé.* (NN) *Elle a tout corrigé ça.*
Tout	dans une groupe complément	*La fuite inondera / a inondé [GN tout le salon].*	*La fuite inondera tout.* *La fuite a tout inondé.* *La fuite l'a tout inondé.* (NN) *La fuite a tout inondé le salon.*
Tout	dans une groupe complément	*La fuite inondera / a inondé [GN toute la cuisine].*	*La fuite inondera tout.* *La fuite a tout inondé.* *La fuite l'a toute inondée.* (NN) *La fuite a tout inondé la cuisine.*
Tout	dans une groupe complément	*La fuite inondera / a inondé [GN tous les étages].*	*La fuite inondera tout.* *La fuite a tout inondé.* *La fuite les a tous inondés.* (NN) *La fuite a tout inondé les étages.*
Tout	dans une groupe complément	*La fuite inondera / a inondé [GN toutes les pièces].*	*La fuite inondera tout.* *La fuite a tout inondé.* *La fuite les a toutes inondées.* (NN) *La fuite a tout inondé les pièces.*
Chaque	dans un groupe sujet	*[GN Chaque étudiant] recevra / a reçu un numéro.*	*Chacun recevra / a reçu un numéro.* *Ils recevront / ont reçu chacun un numéro.* *Ils ont chacun reçu un numéro.*
Chaque	dans un groupe sujet	*[GN Chaque étudiante] recevra / a reçu un numéro.*	*Chacune recevra / a reçu un numéro.* *Elles recevront / ont reçu chacune un numéro.* *Elles ont chacune reçu un numéro.*
Chaque	complément	*L'employeur rencontre / a rencontré [GN chaque candidat].*	*L'employeur les rencontre chacun.* *L'employeur les a rencontrés chacun.*
Chaque	complément	*L'employeur rencontre / a rencontré [GN chaque candidate].*	*L'employeur les rencontre chacune.* *L'employeur les a rencontrées chacune.*

b) *Voici, voilà, c'est* et *il y a*

Les groupes nominaux utilisés en complément dans les phrases en *voici, voilà, c'est* et *il y a* ont des comportements différents, bien qu'ils puissent tous servir à présenter.

Groupe pronominalisé	Pronominalisation avec *voici, voilà*	Pronominalisation avec *c'est*	Pronominalisation avec *il y a*
mes papiers	*Voici les miens.*	*C'est / ce sont les miens.*	*Il y a les miens.*
du pain	*En voici.*	*C'en est.*	*Il y en a.*
un scandale	*En voici un.*	*C'en est un.*	*Il y en a un.*
assez de feuilles	*En voilà assez.*	*C'en est assez.* *C'est assez.*	*Il y en a assez.*
–	*Me voici.*	*C'est moi.*	*Il y a moi.*
–	*Te voici.*	*C'est toi.*	*Il y a toi.*
mon père, ma mère	*Le voici. La voici.*	*C'est lui. C'est elle.*	*Il y a lui. Il y a elle.*
–	*Nous voici.*	*C'est nous.*	*Il y a nous.*
–	*Vous voici.*	*C'est vous.*	*Il y a vous.*
mes parents	*Les voici.*	*C'est eux. Ce sont eux.*	*Il y a eux.*
mes amies	*Les voici.*	*C'est elles. Ce sont elles.*	*Il y a elles.*

Les formes verbales pronominales

2.1. Définition

Une forme verbale pronominale présente un pronom réfléchi, qui est le reflet du sujet.

Formes pronominales
[P2 Tu] [P2 réfléchi te] laves.
[P3 Il] [P3 réfléchi se] lave.

Formes non pronominales
[P2 Tu] [P1 non réfléchi me] laves.
[P3 Il] [P3 non réfléchi le] lave.

2.2. Liste des pronoms réfléchis

Voici la liste des pronoms réfléchis que l'on utilise pour les formes verbales pronominales. Le pronom réfléchi fait partie du groupe verbal et se place avant le verbe, à moins que le verbe ne soit à l'impératif affirmatif.

Personne	Pronom sujet	Pronom réfléchi
P1	*je*	*me*
P2	*tu*	*te*

Personne	Pronom sujet	Pronom réfléchi
P3	*il, elle, on*	*se*
P4	*nous*	*nous*
P5	*vous*	*vous*
P6	*ils, elles*	*se*

2.3. Les types de formes verbales pronominales

Les formes verbales pronominales se répartissent en deux grands ensembles : les verbes pronominaux (verbes essentiellement pronominaux) et les constructions pronominales (verbes occasionnellement pronominaux).

Formes verbales pronominales

Verbes pronominaux
« se » obligatoire
Environ 180 verbes
Ces verbes s'emploient toujours avec un pronom réfléchi.

Le pronom fait partie du verbe, dont il est une sorte d'excroissance.

Type 1.
Elle s'enfuit

Constructions pronominales
« se » non obligatoire
Environ 1 100 verbes
Selon leur sens, ces verbes s'emploient parfois avec, parfois sans pronom réfléchi.

Pas de pronominalisation en « se »

Le pronom fait partie du verbe, dont il est une sorte d'excroissance.

Type 2.
Il s'arrête

Pronominalisation en « se »

Le pronom fait partie du groupe verbal. Il est un complément du verbe sous la forme d'un pronom placé avant le verbe.

« Se » occupe la position d'un GN

= « soi-même » (sens réfléchi)
Type 3.
Je me lave

= « l'un l'autre » (sens réciproque)
Type 4.
Nous nous regardons

« Se » occupe la position d'un GPrép

= « à soi-même » (sens réfléchi)
Type 5.
Je me lave les mains

= « l'un à l'autre », « l'un avec l'autre », etc. (sens réciproque)
Type 6.
Ils se parlent

2.4. Formes verbales pronominales fréquentes

Excepté les verbes pronominaux, toutes les constructions pronominales présentées ci-dessous relèvent des cent verbes les plus fréquents en français. **Leur rang** est indiqué. **Certains verbes** fréquents sont **absents** parce qu'ils ne présentent pas de construction pronominale ou que l'emploi pronominal relève du français soutenu.

3. S'EN ALLER – s'en être allé		
« Partir »	GN [$_{GV}$ s'en V] *Les invités s'en vont. La douleur s'en est allée.*	Type 2.

4. SE FAIRE – s'être fait		
« Devenir »	GN [$_{GV}$ se V GAdj] *Elle se fait vieille.*	Type 2.
« S'habituer »	GN [$_{GV}$ se V GPrép] *Elle s'est faite à son nouvel appartement.*	

5. SE DIRE – s'être dit		
« Faire croire à propos de soi »	GN [$_{GV}$ se V GAdj] *Elle s'est dite malade.*	Type 3.
	GN [$_{GV}$ se V GPrép] *Elle s'est dite en forme.*	
	GN [$_{GV}$ se V GN] *Elle s'est dite spécialiste en la matière.*	
« Communiquer »	GN [$_{GV}$ se V GN] *Elles se sont dit la vérité.*	Type 6.

6. SE POUVOIR		
« Être possible »	Cela [$_{GV}$ se V] *Cela / ça ne se peut pas. Ça se peut.*	Type 2.

7. SE PLAIRE – s'être plu		
« Être bien »	GN [$_{GV}$ se V GPrép] *Elles se sont plu dans cette ville.*	Type 2.
« S'apprécier »	GN [$_{GV}$ se V] *Elles se sont plu.*	Type 6.

9. SE SAVOIR – s'être su		
« Connaître (RO) connaitre à propos de soi »	GN [$_{GV}$ se V GAdj] *Elle se sait très affaiblie.*	Type 3.
	GN [$_{GV}$ se V GN] *Elle se sait quelques défauts.*	Type 5.

10. SE VOIR – s'être vu		
« S'imaginer »	GN [$_{GV}$ se V GN] *Elle s'est vue conductrice de bus.*	Type 3.
	GN [$_{GV}$ se V GAdj] *Elle se voit fiancée.*	

13. SE SUIVRE– s'être suivi		
« Se succéder »	GN [$_{GV}$ se V] *Les jours se suivent.*	Type 2.
« Être l'un derrière l'autre »	GN [$_{GV}$ se V] *Les enfants se sont suivis.*	Type 4.

14. SE PARLER – s'être parlé		
« S'exprimer »	GN [$_{GV}$ se V] *Elles se sont parlé.*	Type 6.

15. SE PRENDRE – s'être pris		
« Agir méchamment »	GN [$_{GV}$ s'en V GPrép] *Elle s'en est prise à sa petite sœur.*	Type 2.
« Se croire »	GN [$_{GV}$ se V GPrép] *Elle se prend pour quelqu'un d'important.*	Type 3.

17. SE CROIRE – s'être cru		
« Tenir pour vrai »	GN [$_{GV}$ se V GN] *Elle s'est crue musicienne.*	Type 3.
	GN [$_{GV}$ se V GAdj] *Elle s'est crue intelligente.*	

18. S'AIMER – s'être aimé		
« Avoir des sentiments »	GN [$_{GV}$ se V] *Ils se sont aimés.*	Type 4.

20. SE PASSER – s'être passé

« Avoir lieu à un endroit, à un moment »	GN $[_{GV}$ se V GPrép] *L'affaire s'est passée en 1980. Cette histoire s'est passée en Italie.*	**Type 2.**
« Avoir lieu, d'une telle manière »	GN $[_{GV}$ se V GAdv] *L'examen s'est bien passé.*	
« Ne pas prendre »	GN $[_{GV}$ se V GPrép] *Elle s'est passée de son avis. Elle s'est passée d'avocat.*	
« Arriver »	Il $[_{GV}$ se V GN] *Qu'est-ce qu'il s'est passé ? Il se passe des choses étranges.*	
	GN $[_{GV}$ se V] *Qu'est-ce qui s'est passé ?*	

23. S'ATTENDRE – s'être attendu

« Penser que quelque chose va se produire »	GN $[_{GV}$ se V GPrép GPrép] *Elle s'attend à une remarque de (la part de) son collègue.*	**Type 2.**
	GN $[_{GV}$ se V GPrép] *Elle s'attend au pire. Elle s'attend à tout. Elle s'attend à un cadeau.*	

24. SE TROUVER – s'être trouvé

« Être dans un lieu »	GN $[_{GV}$ se V GPrép] *Elle se trouvait à la bibliothèque. Nous nous trouvons dans un village rebelle.*	**Type 2.**
« Parvenir à avoir »	GN $[_{GV}$ se V GN] *Elle s'est trouvé un nouvel ami. Elle s'est trouvé un emploi.*	
« Avoir une opinion, une sensation »	GN $[_{GV}$ se V GAdj] *Elle se trouve trop grosse.*	**Type 3.**
	GN $[_{GV}$ se V GAdv] *Elle s'est trouvée mal.*	

25. SE LAISSER – s'être laissé

« Terminer une relation amoureuse »	GN $[_{GV}$ se V] *Ils se sont laissés.*	**Type 4.**

27. SE METTRE – s'être mis

« Commencer »	GN $[_{GV}$ se V GPrép] *Elle s'est mise à la natation.*	**Type 2.**

27. SE METTRE – s'être mis		
« Déplacer d'un endroit vers un autre »	GN [$_{GV}$ se V GPrép] *Elle s'est mise dans le fauteuil. Elle s'est mise au lit.*	**Type 3.**
« Changer d'état »	GN [$_{GV}$ se V GPrép] *Elle s'est mise en colère. Elle s'est mise dans un état de stress.*	

28. SE DONNER – s'être donné		
« Présenter, échanger, faire don de quelque chose »	GN [$_{GV}$ se V GN] *Elles se sont donné leurs adresses.*	**Type 6.**

29. SE REGARDER – s'être regardé		
« Percevoir par la vue, avec attention »	GN [$_{GV}$ se V] *Elles se sont regardées.*	**Type 4.**

30. S'APPELER – s'être appelé		
« Avoir comme nom »	GN [$_{GV}$ se V GN] *Elle s'appelle Mathilde. Cette fonction s'appelle un attribut.*	**Type 3.**
« Communiquer »	GN [$_{GV}$ se V] *Elles se sont appelées.*	**Type 4.**

31. SE TAIRE – s'être tu		
« Ne pas parler »	GN [$_{GV}$ se V] *Elle s'est tue.*	**Type 2.**
« Ne pas parler d'un sujet »	GN [$_{GV}$ se V GPrép] *Elle s'est tue sur son rôle. Elle s'est tue à propos de cette affaire.*	

33. S'ARRÊTER – s'être arrêté		
« Cesser de se déplacer »	GN [$_{GV}$ se V] *La voiture s'est arrêtée.*	**Type 2.**
	GN [$_{GV}$ se V GPrép] *Le train s'arrête à la gare centrale. La voiture s'est arrêtée devant le parc.*	
« Cesser »	GN [$_{GV}$ se V] *La musique s'est arrêtée.*	
« Donner trop d'importance à qqch. »	GN [$_{GV}$ se V GPrép] *Elle s'arrête à des détails.*	

35. SE CONNAÎTRE (RO) CONNAITRE – s'être connu		
« Savoir, avoir la connaissance »	GN [$_{GV}$ s'y V GPrép] *Elles s'y connaissent en grammaire.*	**Type 2.**
« Rencontrer »	GN [$_{GV}$ se V GPrép] *Elles se sont connues lors d'un congrès. Ils se sont connus à Rome.*	**Type 4.**

36. SE TUER – s'être tué		
« s'enlever la vie, involontairement »	GN [$_{GV}$ se V GPrép] *Elle s'est tuée dans un accident de voiture.*	**Type 2.**
« Se fatiguer énormément »	GN [$_{GV}$ se V GPrép] *Elle se tue à la tâche.*	

38. SE COMPRENDRE – s'être compris		
« Interpréter clairement »	GN [$_{GV}$ se V] *Elles se sont comprises.*	**Type 4.**

39. S'EN SORTIR – s'en être sorti		
« Être hors d'une situation ou d'un état difficile »	GN [$_{GV}$ s'en V] *Fort heureusement, elle s'en est sortie.*	**Type 2.**

41. SE TENIR – s'être tenu		
« Être en contact »	GN [$_{GV}$ se V GPrép] *Elle se tient à la rampe. Elle s'est tenue à la corde.*	**Type 2.**
« Être dans un lieu »	GN [$_{GV}$ se V GPrép] *Elle se tenait au milieu de la scène. Elle se tenait en haut de l'escalier.*	
« Ne pas aller plus loin »	GN [$_{GV}$ s'en V GPrép] *Elle s'en est tenue au strict minimum. Elle s'en tient à ses paroles.*	

42. S'ENTENDRE – s'être entendu		
« Être en bons termes »	GN [$_{GV}$ se V GAdv GPrép] *Elle s'entend bien avec son nouveau collègue.*	**Type 2.**
« Passer un accord »	GN [$_{GV}$ se V GPrép GPrép] *Elle s'est entendue avec son voisin au sujet du mur mitoyen.*	
« Être en bons termes »	GN [$_{GV}$ se V GAdv] *Ils s'entendent bien.*	**Type 6.**
« Passer un accord »	GN [$_{GV}$ se V GPrép] *Ils se sont entendus au sujet du mur mitoyen.*	

43. SE SENTIR – s'être senti

« Se percevoir dans un état »	GN [$_{GV}$ se V GAdv] *Elle se sent bien.*	**Type 2.**
	GN [$_{GV}$ se V GPrép] *Elle se sent en pleine forme.*	
	GN [$_{GV}$ se V GAdj] *Elle se sent fatiguée.*	

46. S'AIDER – s'être aidé

« S'apporter de l'aide mutuellement »	GN [$_{GV}$ se V] *Elles se sont aidées.*	**Type 4.**

48. SE PORTER – s'être porté

« Être dans un état »	GN [$_{GV}$ se V GAdv] *Elle se porte bien. Elle se porte mieux.*	**Type 2.**

50. SE PERMETTRE – s'être permis

« S'autoriser »	GN [$_{GV}$ se V GN] *Elle s'est permis quelques dépenses.*	**Type 5.**

52. SE PRÉSENTER – s'être présenté

« Venir, arriver »	GN [$_{GV}$ se V] *Une belle occasion s'est présentée. La candidate s'est présentée.*	**Type 2.**
	GN [$_{GV}$ se V GPrép] *Elle s'est présentée à son examen. Elle s'est présentée au mauvais local. Elle s'est présentée à 10 heures. Une belle occasion s'est présentée à moi.* *Elle s'est présentée pour cet emploi. Elle s'est présentée aux élections.*	

55. S'EMPLOYER – s'être employé

« Être utilisé »	GN [$_{GV}$ se V GPrép] *Ce mot s'emploie au pluriel.*	**Type 2.**

56. SE FORMER – s'être formé

« Apparaître (RO) apparaitre »	GN [$_{GV}$ se V GPrép] *Une boule s'est formée dans le tuyau.*	**Type 2.**

61. SE PERDRE – s'être perdu		
« Ne plus exister »	GN [$_{GV}$ se V] *Cette tradition s'est perdue. Les bonnes manières se perdent.*	**Type 2.**
« Aller dans une mauvaise direction (figuré) »	GN [$_{GV}$ se V GPrép] *Elle se perd dans des explications inutiles. Elle s'est perdue dans une anecdote sans fin.*	
« Ne pas comprendre, par manque de clarté »	GN [$_{GV}$ s'y V] *On s'y perd.*	
« Ne plus trouver son chemin »	GN [$_{GV}$ se V] *Elle s'est perdue.*	
	GN [$_{GV}$ se V GPrép] *Elle s'est perdue dans le magasin.*	

62. SE PRODUIRE – s'être produit		
« Arriver »	GN [$_{GV}$ se V] *Une chose terrible s'est produite.*	**Type 2.**
	GN [$_{GV}$ se V GPrép] *Un accident s'est produit à l'angle de ces deux rues.*	

64. SE MAINTENIR – s'être maintenu		
« Rester dans un état qui n'est pas trop mauvais »	GN [$_{GV}$ se V] *Les actions de cette compagnie se maintiennent.*	**Type 2.**
	GN [$_{GV}$ se V GPrép] *Les actions de cette compagnie se sont maintenues à 80 dollars.*	

65. SE RENDRE – s'être remis		
« Se soumettre »	GN [$_{GV}$ se V] *Les preneurs d'otages se sont rendus.*	**Type 2.**
	GN [$_{GV}$ se V GPrép] *Elle s'est rendue à l'évidence. Elle s'est rendue à l'avis de la majorité.*	
« Se déplacer »	GN [$_{GV}$ se V GPrép] *Elle s'est rendue à l'étranger.*	
« Se faire »	GN [$_{GV}$ se V GAdj] *Elles se sont rendues utiles. Elles se sont rendues malades.*	**Type 3.**

67. SE REGROUPER – s'être regroupé		
« Se mettre ou se remettre ensemble »	GN [$_{GV}$ se V] *Elles se sont regroupées.*	**Type 3.**
	GN [$_{GV}$ se V GPrép] *Elles se sont regroupées autour de la table.*	

68. S'ÉLEVER – s'être élevé	
« Se mettre plus haut »	GN [$_{GV}$ se V GPrép] **Type 2.** *La fumée s'élève dans le ciel. De la fumée s'élève au-dessus de la ville. Cette personne s'élève au-dessus des critiques.*
« Monter »	GN [$_{GV}$ se V GPrép] *La température s'est élevée de deux degrés.*
« Se chiffrer »	GN [$_{GV}$ se V GPrép] *La facture s'élève à trois millions de dollars. Le nombre de disparus s'élève à plusieurs centaines.*

69. S'OUVRIR – s'être ouvert	
« Devenir ouvert »	GN [$_{GV}$ se V GPrép] **Type 2.** *Le parti au pouvoir s'ouvre au dialogue. Il s'ouvre à un dialogue avec ses opposants.*

71. S'ÉCRIRE – s'être écrit	
« Envoyer un message »	GN [$_{GV}$ se V] **Type 6.** *Elles se sont écrit.*
	GN [$_{GV}$ se V GN] *Elle se sont écrit des courriels.*
« Être orthographié »	GN [$_{GV}$ se V GPrép] **Type 2.** *Ce mot s'écrit avec deux* t.

74. SE MANGER – s'être mangé	
« Être consommé »	GN [$_{GV}$ se V GAdj] **Type 2.** *Ce plat se mange froid.*

75. SE RÉPONDRE – s'être répondu	
« Se donner une réponse, l'un à l'autre »	GN [$_{GV}$ se V] **Type 6.** *Elles se sont répondu.*
	GN [$_{GV}$ se V GPrép] *Elles se sont répondu par courriel.*

77. S'OFFRIR – s'être offert	
« Se donner quelque chose »	GN [$_{GV}$ se V GN] **Type 6.** *Elles se sont offert des cadeaux.*

80. SE BOIRE – s'être bu	
« Être consommé »	GN [$_{GV}$ se V GAdj] **Type 2.** *Ce vin se boit frais.*

82. SE LEVER – s'être levé	
« Se mettre debout, sortir du lit »	GN [$_{GV}$ se V] **Type 2.** *Elle s'est levée.*
« Se mettre debout »	GN [$_{GV}$ se V GPrép] *Elle s'est levée de sa chaise.*

87. SE RETROUVER – s'être retrouvé	
« Être une nouvelle fois à un endroit »	GN [$_{GV}$ se V GPrép] **Type 2.** *Elle s'est retrouvée à son point de départ.*
« Être soudainement dans une situation, dans un lieu »	GN [$_{GV}$ se V GPrép] *Elle s'est retrouvée sans argent. Elle s'est retrouvée dans l'eau.*
« Comprendre, être à l'aise »	GN [$_{GV}$ se V GPrép] *Elle se retrouve dans son désordre. Elle se retrouve dans toutes ses notes.*
« Avoir rendez-vous »	GN [$_{GV}$ se V GPrép] **Type 4.** *Elles se sont retrouvées sur le quai.*

89. SE CHANGER – s'être changé	
« Se transformer »	GN [$_{GV}$ se V GPrép] **Type 2.** *Sa colère s'est changée en tristesse.*
« Mettre d'autres vêtements »	GN [$_{GV}$ se V] **Type 3.** *Elle s'est changée.*

90. SE POSER – s'être posé	
« Atterrir, se mettre à un endroit après un vol »	GN [$_{GV}$ se V GPrép] **Type 2.** *L'avion s'est posé à Londres. L'oiseau s'est posé sur la branche.*

93. S'AGIR – s'être agi	
« Être question »	Il [$_{GV}$ se V GPrép] **Type 2.** *Il s'agit de votre santé. Il s'agit de votre avenir.*

94. S'ASSEOIR (RO) S'ASSOIR – s'être assis		
« Se mettre sur un siège »	GN [$_{GV}$ se V] *Elle s'est assise.*	**Type 3.**
	GN [$_{GV}$ se V GPrép] *Elle s'est assise sur la chaise. Elle s'est assise dans le fauteuil.*	

96. S'ASSURER – s'être assuré		
« Contracter une assurance »	GN [$_{GV}$ se V GPrép] *Elle s'est assurée contre le vol.*	**Type 2.**

97. SE TOURNER – s'être tourné		
« Faire une rotation sur soi-même »	GN [$_{GV}$ se V] *Elle s'est tournée.*	**Type 2.**
	GN [$_{GV}$ se V GPrép] *Elle s'est tournée vers son voisin. Elle s'est tournée de l'autre côté.*	

99. S'OCCUPER – s'être occupé		
« Avoir une occupation »	GN [$_{GV}$ se V] *Elle s'occupe.*	**Type 2.**
« Prendre soin de »	GN [$_{GV}$ se V GPrép] *Elle s'est occupée de la mise en pages. Elle s'est occupée de sa fille.*	

640. S'ENFUIR – s'être enfui		
« Partir en fuyant »	GN [$_{GV}$ se V] *Elle s'est enfuie.*	**Type 1.**
	GN [$_{GV}$ se V GPrép] *Elle s'est enfuie de la maison. Elle s'est enfuie à l'étranger.*	

866. S'EMPARER – s'être emparé		
« Prendre vite ou violemment »	GN [$_{GV}$ se V GPrép] *L'armée s'est emparée de ce village. Les enfants se sont emparés de la télécommande.*	**Type 1.**

900. S'ÉCROULER – s'être écroulé		
« Tomber »	GN [$_{GV}$ se V] *La maison s'est écroulée.*	**Type 1.**

996. S'ENVOLER – s'être envolé	
« Partir en volant ou en avion »	GN [$_{GV}$ se V] **Type 1.** *Les oiseaux se sont envolés. Les papiers se sont envolés. L'avion s'envole.*
	GN [$_{GV}$ se V GPrép] *Elles se sont envolées pour Bruxelles.*

2258. S'ABSENTER – s'être absenté	
« Être absent pour peu de temps »	GN [$_{GV}$ se V] **Type 1.** *La directrice s'est absentée.*
	GN [$_{GV}$ se V GPrép] *La directrice s'est absentée de son bureau.*

3 La négation

La négation relève

- tantôt de mots qui ont des sens contraires
  Efficace – inefficace ; permettre – interdire ; beaucoup – peu ; etc.
- tantôt de phrases transformées qui utilisent des mots dits *négatifs*
  Il pleut – Il ne pleut pas ; quelqu'un est en retard – personne n'est en retard ; etc.

Ce chapitre traite des phrases transformées par l'utilisation de mots négatifs.

3.1. Les mots négatifs

Voici la liste des mots le plus souvent utilisés pour construire des phrases négatives.

Type de mot négatif	Classe	Mot négatif	Exemple
MOT$_{\text{négatif de base}}$	(1) Adverbe	*ne*	*Il ne parle pas.*
	(2) Adverbe	*pas* *aucunement* *nullement*	*Il ne parle pas.* *Elle n'a aucunement envie de partir.* *Il n'a nullement l'intention de changer.*
MOT$_{\text{négatif fort}}$	Déterminant ou pronom	*aucun, aucune* *pas un, pas une*	*Il n'y a aucun document dans le dossier.* *Pas un d'entre eux ne l'a remercié.*
	Pronom général	*rien* *personne* *nulle part* *nul*	*Rien ne se passera.* *On n'a vu personne.* *Ils n'iront nulle part.* *Nul n'est censé ignorer la loi.*
	Adverbe	*plus* *jamais*	*Il ne travaille plus.* *Tu ne me réponds jamais.*
MOT$_{\text{négatif faible}}$	Déterminant	*de*	*Il ne boit pas de thé.* *Il ne mange pas de fruits.*

Élision

Les mots négatifs *ne* et *de* sont les seuls à s'élider devant une voyelle ou un *h* muet.

Mot négatif	Exemple
Ne → n'	*Tu n'as plus le temps. Je n'hésiterai plus.*
De → d'	*Je ne bois pas d'alcool. Vous n'avez pas d'humour.*

3.2. Le fonctionnement de la négation

Voici les combinaisons possibles de mots négatifs. Un seul élément peut être nié (*elle ne viendra pas*) ou plusieurs (*personne n'a rien fait*).

	Nombre de mots négatifs	Explication
Un seul élément nié	1 mot négatif	**Pas de *ne*** À l'heure actuelle, le *ne* est le plus souvent omis en français oral courant, mais il reste obligatoire à l'écrit en français normé. *Je viendrai pas ce soir. J'ai plus faim.*
	2 mots négatifs	**< NE + MOT $_{\textbf{négatif de base 2}}$ >** *Je ne viendrai pas ce soir.*
		< NE + MOT $_{\textbf{négatif fort}}$ > *Aucun voisin ne s'est plaint. Aucun ne s'est plaint.* *Je n'ai rien fait. Personne n'est passé.* *Je n'ai plus faim. Je n'ai jamais faim.*
	3 mots négatifs	**< NE + ADVERBE $_{\textbf{négatif de base 2}}$ + MOT $_{\textbf{négatif faible}}$ >** *Je ne bois pas de thé.*
		< NE + ADVERBE $_{\textbf{négatif fort}}$ + MOT $_{\textbf{négatif faible}}$ > *Je ne bois plus de thé. Je ne bois jamais de thé.*
Plusieurs éléments niés	3 mots négatifs ou plus	**< NE + MOT $_{\textbf{négatif fort}}$ + MOT $_{\textbf{négatif fort}}$ + … >** Dans ce cas, il n'y a pas d'adverbe négatif *pas, aucunement, nullement.* *Personne n'a jamais rien fait ici.* *Rien n'est plus jamais arrivé nulle part.* *Il ne parle jamais à personne nulle part.* *Il ne dit plus rien.* *Il n'a jamais rien dit.* *Aucun voisin ne l'a plus jamais critiqué.*

Savoir +

- Dans ***plus jamais***, il ne s'agit pas de deux adverbes employés séparément, mais de deux adverbes faisant partie d'un même groupe : le noyau est *jamais*, modifié par *plus*.
- **< PAS + MOT $_{\textbf{négatif fort}}$ > : *pas aucun, pas personne, pas rien.*** Cette combinaison a le sens d'une seule négation, en français non normé.
  (NN) *J'ai pas rien fait.* → *Je n'ai rien fait.*
  (NN) *Elle l'a pas dit à personne.* → *Elle ne l'a dit à personne.*
  (NN) *Elle a pas envoyé aucun document.* → *Elle n'a envoyé aucun document.*

3.3. La transformation en une phrase négative

Une phrase positive est transformée en une phrase négative au moyen de mots négatifs.

a) La phrase positive contient des groupes qui sont identifiés

Un groupe (nominal ou prépositionnel) identifié peut contenir :

- un déterminant identifiant (*le, la, les ; ce, cette, ces* ; etc.) VOIR déterminant ;
- un pronom identifiant (*y, en, lui, le mien,* etc.) VOIR utilisation des pronoms ;
- un nom propre.

→ Procédure de négation en < NE + PAS >

Les adverbes de négation *aucunement* et *nullement* sont beaucoup moins fréquents.

	Groupe sujet	Groupe complément du verbe
Déterminant identifiant	*[Le film] est une comédie romantique.* → *Le film n'est pas une comédie romantique.*	*Nous avons regardé [le film].* → *Nous n'avons pas regardé le film.*
	[Ces biscuits] sont bons. → *Ces biscuits ne sont pas bons.*	*J'aime [ces biscuits].* → *Je n'aime pas ces biscuits.*
	[Votre réponse] est juste. → *Votre réponse n'est pas juste.*	*Vous avez répondu [à notre question].* → *Vous n'avez pas répondu à notre question.*
	[Toute infraction] est condamnée. → *Toute infraction n'est pas condamnée.*	*Nous condamnons [toute infraction].* → *Nous ne condamnons pas toute infraction.*
	[N'importe quel papier] fera l'affaire. → *N'importe quel papier ne fera pas l'affaire.*	*Je prendrai [n'importe quel papier].* → *Je ne prendrai pas n'importe quel papier.*
Pronom identifiant	*[Elle] est sympathique.* → *Elle n'est pas sympathique.*	*Il [l']a rencontrée.* → *Il ne l'a pas rencontrée.*
		Il [lui] a parlé. → *Il ne lui a pas parlé.*
		Il est venu avec [elle]. → *Il n'est pas venu avec elle.*
		Il vient de [là]. → *Il ne vient pas de là.*

	Groupe sujet	Groupe complément du verbe
Nom propre	*[Madame Z.] est sympathique.* → *Madame Z. n'est pas sympathique.*	*Il a rencontré [Madame Z.]* → *Il n'a pas rencontré Madame Z.*

A. L'ordre des mots

Les mots négatifs de base *ne… pas*

- encadrent le verbe (ou l'auxiliaire) conjugué et ses pronoms compléments placés devant ;
- précèdent le verbe (ou l'auxiliaire) à l'infinitif et ses pronoms compléments placés devant.

	Ordre des mots						Exemple
Verbe conjugué	*ne*		VERBE$_{conjugué}$	*pas*			*Elle ne réfléchit pas.*
	ne	pronom	VERBE$_{conjugué}$	*pas*			*Elle n'y pense pas.*
	ne		VERBE$_{conjugué}$	*pas*		…	*Elle ne pense pas à lui.*
	ne		AUXILIAIRE$_{conjugué}$	*pas*	PP		*Elle n'a pas réfléchi.*
	ne	pronom	AUXILIAIRE$_{conjugué}$	*pas*	PP		*Elle n'y a pas pensé.*
	ne		AUXILIAIRE$_{conjugué}$	*pas*	PP	…	*Elle n'a pas pensé à lui.*
Verbe à l'infinitif	*ne pas*		VERBE$_{infinitif}$				*Ne pas réfléchir.*
	ne pas	pronom	VERBE$_{infinitif}$				*Ne pas y penser.*
	ne pas		VERBE$_{infinitif}$			…	*Ne pas penser à lui.*
	ne pas		AUXILIAIRE$_{infinitif}$		PP		*Ne pas avoir réfléchi.*
	ne pas	pronom	AUXILIAIRE$_{infinitif}$		PP		*Ne pas y avoir pensé.*
	ne pas		AUXILIAIRE$_{infinitif}$		PP	…	*Ne pas avoir pensé à lui.*

B. Qu'est-ce qui est nié ?

La portée de la négation est variable.

- Si le verbe n'est suivi d'aucun groupe, c'est le verbe seul qui est nié.
  Je n'ai pas lu signifie « Je n'ai pas fait de lectures. »
- Si le verbe est suivi d'un groupe, c'est avant tout ce groupe qui est nié.
  Je n'ai pas lu ce livre signifie « J'ai lu un ou des livres, mais pas celui-là. »
- Si le verbe est suivi de plusieurs groupes, la négation porte sur le dernier d'entre eux.
  Je n'ai pas lu ce livre sur la plage signifie « J'ai lu ce livre, mais pas sur la plage. »

b) La phrase positive contient des groupes qui sont quantifiés

Un groupe (nominal ou prépositionnel) quantifié peut contenir :
- un déterminant quantifiant (*une, une, des ; deux, trois ; beaucoup, plusieurs,* etc.) VOIR déterminant ;
- un pronom quantifiant (*deux, beaucoup, quelques-uns,* etc.) VOIR utilisation des pronoms.

Dans ce cas, selon le procédé de négation, deux interprétations sont possibles :
- quantité nulle (*je n'ai aucun problème),*
- quantité positive (*je n'ai pas un problème, mais deux ; je n'ai pas un problème, mais une solution*).

A. Quantité nulle

La quantité nulle peut être exprimée de manière générale (par exemple, *je ne vois personne*) ou de manière précise (par exemple, *je ne vois aucun manifestant*).

Sens général

Les pronoms généraux de négation (*personne, rien, nulle part*) indiquent uniquement s'il s'agit d'un être humain, d'une chose ou d'un lieu. Ils sont les équivalents négatifs des pronoms généraux positifs *quelqu'un, quelque chose* et *quelque part.*

Quantité nulle	Procédé de négation	Exemple
Être humain → *personne*	**< NE + PERSONNE >**	*Personne n'a appelé.* *Je n'ai appelé personne.* *Je n'ai téléphoné à personne.*
Chose → *rien*	**< NE + RIEN >**	*Rien n'est tombé.* *Je ne fais rien.* *Je n'ai [$_{GN}$ rien] cassé.* (Position après l'auxiliaire) *Je n'ai pensé [$_{GPrép}$ à rien].* (Position après le participe passé)
Lieu → *nulle part*	**< NE + NULLE PART >**	*Il n'est allé nulle part.*

Sens précisé

Au lieu d'utiliser des pronoms généraux (*personne, rien, nulle part*), il est possible d'utiliser des déterminants ou des pronoms négatifs dont le sens est plus précis.
- Déterminants *aucun(e), de, pas un(e)*
  Le sens est précisé parce que la négation utilise une séquence < déterminant + nom >
- Pronoms *aucun(e), pas un(e)*
  Le sens est précisé parce que le pronom renvoie à un groupe de mots du contexte.

Quantité positive initiale	Procédé de négation		Exemple
un + nom *une* + nom *des* + nom *deux* + nom, *trois* + nom, *quelques* + nom, etc.	***Aucun***	**< AUCUN(E) + NE >, < NE + AUCUN(E) >**	**Déterminant *aucun*** *[$_{\text{GN sujet}}$ Aucun client] ne s'est plaint.* *[$_{\text{GN sujet}}$ Aucune cliente] ne s'est plainte.* *Je n'ai appelé [$_{\text{GN complément}}$ aucun client].* *Je n'ai appelé [$_{\text{GN complément}}$ aucune cliente].* *Je n'ai téléphoné [$_{\text{GPrép complément}}$ à aucun client].* *Je n'ai téléphoné [$_{\text{GPrép complément}}$ à aucune cliente].*
			Pronom *aucun* *[$_{\text{GN sujet}}$ Aucun] ne s'est plaint.* *[$_{\text{GN sujet}}$ Aucune] ne s'est plainte.*
		< N'EN + AUCUN(E) >	**Pronom *aucun*** *Je n'en ai appelé [$_{\text{GN complément}}$ aucun].* *Je n'en ai appelé [$_{\text{GN complément}}$ aucune].* Impossible avec un groupe prépositionnel **Je n'en ai téléphoné [$_{\text{GPrép complément}}$ à aucun].* **Je n'en ai téléphoné [$_{\text{GPrép complément}}$ à aucune].*
	Pas un	**< PAS UN(E) + NE >, < PAS UN(E) SEUL(E) + NE >**	**Déterminant *pas un(e)*** *[$_{\text{GN sujet}}$ Pas un étudiant] n'est venu.* *[$_{\text{GN sujet}}$ Pas une étudiante] n'est venue.* **Déterminant *pas un(e)* + adjectif *seul(e)*** *[$_{\text{GN sujet}}$ Pas un seul étudiant] n'est venu.* *[$_{\text{GN sujet}}$ Pas une seule étudiante] n'est venue.*
			Pronom *pas un(e)* *[$_{\text{GN sujet}}$ Pas un] n'a appelé.* *[$_{\text{GN sujet}}$ Pas une] n'a appelé.* **Pronom *pas un(e)* + adjectif *seul(e)*** *[$_{\text{GN sujet}}$ Pas un seul] n'a appelé.* *[$_{\text{GN sujet}}$ Pas une seule] n'a appelé.*
		< NE + PAS + UN(E) SEUL(E) >	**Déterminant *un(e)* + adjectif *seul(e)*** *Je n'ai pas vu [$_{\text{GN complément}}$ un seul étudiant].* *Je n'ai pas vu [$_{\text{GN complément}}$ une seule étudiante].* *Je n'ai pas téléphoné [$_{\text{GPrép complément}}$ à un seul étudiant].*

Quantité positive initiale	Procédé de négation		Exemple
		< N'EN + PAS + UN(E) SEUL(E) >	**Pronom *un(e)* + adjectif *seul(e)*** *Je n'en ai pas appelé [$_{\text{GN complément}}$ un seul].* *Je n'en ai pas appelé [$_{\text{GN complément}}$ une seule].* Impossible avec un groupe prépositionnel **Je n'en ai pas téléphoné [$_{\text{GPrép complément}}$ à un seul].* **Je n'en ai pas téléphoné [$_{\text{GPrép complément}}$ à une seule].*
	De	**< NE + PAS + DE >**	**Déterminant *de*** *Je n'ai pas appelé [$_{\text{GN complément}}$ de clients].* *Je n'ai pas cassé [$_{\text{GN complément}}$ de verres].*
Partitifs *du* + nom *de la* + nom *des* + nom	***De***	**< NE + PAS + DE >**	**Déterminant *de*** *Je n'ai pas mangé [$_{\text{GN complément}}$ de chocolat].* *Je n'ai pas mangé [$_{\text{GN complément}}$ de confiture].* *Je n'ai pas mangé [$_{\text{GN complément}}$ de pâtes].*

B. Quantité positive

La négation porte

- sur la quantité précise indiquée,
- sur le verbe et ses éventuels compléments.

Quantité positive initiale	Procédé de négation	Exemple
un + nom *une* + nom *deux* + nom, *trois* + nom, *quelques* + nom, etc.	**< NE + PAS >**	**Déterminant** *Un étudiant n'a pas étudié (mais les 30 autres oui).* *Une étudiante n'a pas étudié (mais a lu la matière).* *Je n'ai pas appelé un client (mais deux / mais un ami).* *Je n'ai pas téléphoné à un client (mais je suis allé le voir).*
		Pronom sujet *Un n'a pas étudié.* *Une n'a pas étudié.* *Deux n'ont pas étudié.*
	< N'EN + PAS + pronom >	**Pronom complément** *Je n'en ai pas vu un (mais deux / mais je lui ai écrit).* *Je n'en ai pas vu une.* Impossible avec un groupe prépositionnel **Je n'en ai pas téléphoné [$_{\text{GPrép complément}}$ à un].*

Quantité positive initiale	Procédé de négation	Exemple
tous les + nom, *toutes les* + nom	**< NE + PAS >**	*Tous les hommes ne sont pas là. (= Pas tous)* *Je n'ai pas interrogé toutes les femmes. (= Pas toutes)*

c) La phrase positive contient un modifieur du verbe

Un verbe peut être modifié au moyen d'un groupe adverbial qui marque la quantité, le degré, le déroulement dans le temps ou la manière. La phrase négative utilisera :

- la séquence < NE + PAS + adverbe positif >
  Je voyage beaucoup. →*Je ne voyage pas beaucoup.*
- la séquence < NE + adverbe négatif > lorsqu'il existe un adverbe négatif correspondant
  Je voyage parfois. →*Je ne voyage jamais.*

Séquence positive		Procédé de négation	Exemple
Modifieur de degré-quantité	*assez,* *beaucoup,* *moins,* *plus,* *trop*	**< NE + PAS + ADVERBE** $_{\text{positif}}$ **>**	*Je voyage beaucoup.* → *Je ne voyage pas beaucoup.* *Elle a beaucoup voyagé.* → *Elle n'a pas beaucoup voyagé.* *Tu travailles plus.* → *Tu ne travailles pas plus.* *Nous avons plus travaillé.* → *Nous n'avons pas plus travaillé.* *Ils ont trop bu.* → *Ils n'ont pas trop bu.*
Modifieur de déroulement dans le temps	*toujours* *souvent*	**< NE + PAS + ADVERBE** $_{\text{positif}}$ **>**	*Il a toujours mangé salé.* → *Il n'a pas toujours mangé salé.* *Il voyage souvent.* → *Il ne voyage pas souvent.* *Il a voyagé souvent.* → *Il n'a pas voyagé souvent.* *Il a souvent voyagé.* → *Il n'a pas souvent voyagé.*

Séquence positive		Procédé de négation	Exemple
Modifieur de déroulement dans le temps	*toujours* *souvent* *parfois* *quelquefois*	**< NE + JAMAIS >**	*Il a toujours mangé salé.* → *Il n'a jamais mangé salé.* *Il a voyagé souvent.* → *Il n'a jamais voyagé.* *Il parie quelquefois / parfois.* → *Il ne parie jamais.* *Il a parié quelquefois / parfois.* → *Il n'a jamais parié.*
	encore *toujours*	**< NE + PLUS >**	*Il a encore eu peur.* → *Il n'a plus eu peur.* *Il travaille toujours là.* → *Il ne travaille plus là.*
	déjà	**< NE + PAS ENCORE >**	*Il a déjà mangé son dessert.* → *Il n'a pas encore mangé son dessert.*
	longtemps	**< NE + PAS + ADVERBE $_{\text{positif}}$ >**	*Il dort longtemps.* → *Il ne dort pas longtemps.* *Il a travaillé là longtemps.* → *Il n'a pas travaillé là longtemps.*
Manière	*calmement*, *poliment*, etc.	**< NE + PAS + ADVERBE $_{\text{positif}}$ >**	*Tu me parles calmement.* → *Tu ne me parles pas calmement.* *Vous m'avez répondu poliment.* → *Vous n'avez pas répondu poliment.*

Attention ❗

L'adverbe positif *plus* (prononcé [plys]) est un adverbe de degré-quantité. Il peut être combiné à *pas* (*il ne travaille pas plus qu'avant*). Il ne doit pas être confondu avec l'adverbe négatif *plus* (prononcé [ply]), qui, lui, ne peut pas être combiné à *pas* (*il travaillait, maintenant il ne travaille plus*).

3.4. La préposition *sans*

La préposition *sans* est un mot négatif au comportement particulier.

- Tous les emplois de *avec* ne sont pas transformables en *sans*.

  Je partage mon repas avec toi. → **Je partage mon repas sans toi.*
  → *Je ne partage pas mon repas avec toi.*

- L'emploi de la préposition *sans* n'indique pas une négation qui porte sur le verbe, mais sur le groupe prépositionnel introduit par la préposition.
  Elles sont parties [$_{\text{GPrép}}$ sans bagages]. « Elles sont parties. »
- La préposition *sans* est un mot négatif de base semblable à *ne*. Elle peut donc se combiner avec *rien, personne, aucun, jamais* ou *plus*. Ces mots employés ensemble ne forment pas une double négation.
  Elle est venue [$_{\text{GPrép}}$ sans rien]. « Elle n'avait rien avec elle. »
  Il s'en sort [$_{\text{GPrép}}$ sans personne]. « Il s'en sort seul. »

Séquence positive	Procédé de négation	Exemple
avec	**< SANS >**	*Je voyage avec des bagages.* → *Je voyage sans bagages.* *Je répondrai avec de la difficulté.* → *Je répondrai sans difficulté.* *Avec un doute* → *Sans doute* (sens moderne : « probablement »)
	< SANS + MOT$_{\textbf{négatif fort}}$ >	*Je voyage sans aucun bagage.* *Je répondrai sans aucune difficulté.* *Je partirai sans personne.* *J'arriverai sans rien.* *Sans aucun doute* (sens : « certainement ») *Sans nul doute* (sens : « certainement »)
toujours *encore*	**< SANS + MOT$_{\textbf{négatif fort}}$ >**	*En faisant toujours attention* → *Sans jamais faire attention* *En faisant toujours des cadeaux* → *Sans jamais faire de cadeaux* *En faisant encore des remarques* → *Sans plus faire de remarques*

3.5. La restriction

La restriction est un procédé qui est proche de la négation et qui permet de mettre en évidence un mot, un groupe de mots, tout en le présentant comme une exception, comme la limite de ce dont il est question.

Elle critique. → *Elle ne fait que [$_{\text{Restriction}}$ critiquer].*

Il a parlé de lui toute la soirée. → *Il n'a fait que [$_{\text{Restriction}}$ parler de lui] toute la soirée.*

Il a parlé de lui toute la soirée. → *Il n'a parlé que [$_{Restriction}$ de lui] toute la soirée.*

Le film dure une heure. → *Le film dure seulement [$_{Restriction}$ une heure].*

Il y a deux personnes. → *Il y a uniquement [$_{Restriction}$ deux personnes].*

Les mots de restriction *que, juste, seulement* et *uniquement* se placent juste devant ce qui doit être restreint.

Mot de restriction	Emploi normé	ⓃⓃ Emploi non normé (variations au sein de la francophonie)
ne + que (2 termes)	*Nous ne voyons que [$_{Restriction}$ des ruines].*	**Omission du *ne*** *Nous voyons que [$_{Restriction}$ des ruines].*
juste seulement uniquement (1 terme)	*Il a développé une surdité juste [$_{Restriction}$ d'un côté].* *L'enquête durera seulement [$_{Restriction}$ 15 minutes].* *L'examen portera uniquement [$_{Restriction}$ sur la section 2].*	**Combinaisons avec *que*** *Il a développé une surdité juste que [$_{Restriction}$ d'un côté].* *L'enquête durera seulement que 15 minutes.* *L'examen portera uniquement que [$_{Restriction}$ sur la section 2].*

3.6. On en a, on n'en a ou on en n'a ?

La prononciation de ces séquences de mots est identique à cause du phénomène de liaison. Le même phénomène se produit avec *aucun* et *rien.*

Séquence	Explication	
On en a.	Phrase positive, contenant le pronom de remplacement *en*.	
	On a du temps. *On a beaucoup de temps.*	→ *On en a.* → *On en a beaucoup.*
On n'en a pas.	Phrase négative avec la présence d'un mot négatif fort (*pas, plus, aucun*, etc.) et du pronom de remplacement *en*. Le *ne* de négation se place tout de suite après le pronom sujet, les pronoms compléments positionnés avant le verbe apparaissent donc après lui. On a des séquences du type < ON + NE + pronom(s) + verbe >	

Séquence	Explication
	On le lui a dit. → *On ne le lui a pas dit.* *On a du temps.* → *On n'en a pas.* *On a beaucoup de temps.* → *On n'en a plus beaucoup.*
**On en n'a pas.*	Cette suite de mots est impossible à l'écrit parce qu'elle ne respecte pas l'ordre < ON + NE + pronom(s) + verbe > : elle inverse le *ne* et le pronom *en*.

L'interrogation

Utilité

Une phrase interrogative permet de s'adresser à quelqu'un et

- de lui demander une information.
  Quelle heure est-il ? Où sont les caisses ? Est-ce que vous vous sentez bien ?
- de lui demander une information, mais de manière détournée.
  Avez-vous l'heure ? Savez-vous où sont les caisses ? Ces phrases n'ont pas pour objectif de savoir si l'interlocuteur a l'heure ou s'il sait où sont les caisses (sinon *oui* serait une réponse attendue), mais plutôt d'obtenir des informations (l'heure qu'il est, l'endroit où sont les caisses).
- de lui donner un ordre de manière détournée.
  Pouvez-vous fermer la porte ? Cette question est un équivalent poli de la phrase impérative *fermez la porte.*

4.1. Les mots interrogatifs

Voici la liste des mots utilisés pour construire des phrases interrogatives.

Type de mot interrogatif	Classe	Mot interrogatif
MOT$_{\text{interrogatif de base}}$	Pronom	*qui* *que* *quoi* *quel, quels, quelle, quelles* *lequel, lesquels, laquelle, lesquelles* *combien* *où* *quand* *comment* *pourquoi*
	Déterminant	*quel, quels, quelle, quelles* *combien de*
MOT$_{\text{interrogatif de renforcement}}$	Mot ou séquence figée	*est-ce que, est-ce qui* (NN) *c'est que, c'est qui* (NN) *que, qui*

Savoir +

- ***Où, quand, comment*** et ***pourquoi*** se comportent comme les autres pronoms interrogatifs. Le fait qu'ils expriment un lieu, du temps, une manière ou une cause ne constitue pas un critère de définition d'une classe de mot.
- Le pronom ***quel*** n'est pas accompagné d'un nom, contrairement au déterminant *quel.*
  [$_{\text{Pronom}}$ Quel] est votre numéro ? *[$_{\text{Déterminant}}$ Quel] numéro avez-vous ?*

a) Élision

Seul le mot *que* s'élide devant une voyelle ou un *h* muet. VOIR *h* muet

Que → Qu'

Qu'ai-je dit de si amusant ? Est-ce qu'il faut payer immédiatement ? Est-ce qu'hydrater sa peau est important ?

b) Contraction avec une préposition

La plupart des mots interrogatifs peuvent être employés avec une préposition (*à qui, à quoi, à combien, jusqu'où, jusqu'à quand, sur lequel, avec laquelle, dans lesquelles,* etc.). Seules les prépositions *à* et *de* et leurs composées (*grâce à, à partir de,* etc.) se contractent avec certaines formes du pronom *lequel.*

Préposition + mot interrogatif		Exemple
à +	*lequel*	→ contraction en ***auquel*** *Auquel est-ce que vous pensez ? Grâce auquel avez-vous réussi ?*
	laquelle	→ pas de contraction *À laquelle est-ce qu'il faut se rendre ?*
	lesquels	→ contraction en ***auxquels*** *Auxquels faut-il s'adresser ? Jusqu'auxquels faut-il aller ?*
	lesquelles	→ contraction en ***auxquelles*** *Auxquelles faut-il s'adresser ? Conformément auxquelles agit-on ?*
de +	*lequel*	→ contraction en ***duquel*** *Duquel est-ce que je dois me servir ? À partir duquel compte-t-on ?*
	laquelle	→ pas de contraction *De laquelle est-ce qu'il faut se méfier ?*
	lesquels	→ contraction en ***desquels*** *Desquels est-ce que nous devrons nous séparer ?*
	lesquelles	→ contraction en ***desquelles*** *Desquelles faut-il se méfier ? À partir desquelles compte-t-on ?*

4.2. Le fonctionnement de l'interrogation

Le fonctionnement de l'interrogation présente plusieurs combinaisons possibles de mots interrogatifs. Il peut y avoir une seule interrogation ou plusieurs.

	Nombre de mots interrogatifs	Explication
Une seule interrogation	Aucun mot interrogatif	**Intonation montante** *Tu viens avec nous ce soir ?* (Variété orale)
		Inversion sujet – verbe *Viens-tu avec nous ce soir ?*
	1 mot interrogatif	**< EST-CE QUE >** *Est-ce que tu viens avec nous ce soir ?*
		< $\textbf{MOT}_{\text{interrogatif de base}}$ **>** *Qui vient avec nous ce soir ?* *Tu fais quoi ce soir ?* (Variété orale)
	2 mots interrogatifs	**<** $\textbf{MOT}_{\text{interrogatif de base}}$ **+** $\textbf{MOT}_{\text{interrogatif de renforcement}}$ **>** *Qui est-ce qui vient avec nous ce soir ?* *Où est-ce que nous allons ce soir ?*

	Nombre de mots interrogatifs	Explication
Plusieurs interrogations	2 mots interrogatifs ou plus (procédé qui relève d'une variété à la limite du familier)	**< MOT$_{\text{interrogatif de base}}$ + MOT$_{\text{interrogatif de base}}$ + … >** *Qui fait quoi dans ce bureau ?* *Qui va où cet été ?* *Qui part où à quelle heure ?*

Construction

La construction d'une phrase interrogative dépend de deux choses.

- Le type de question :
  - question totale (réponse du type *oui, non*) ;
  - question partielle (réponse autre que le type *oui, non*).
- La variété de langue choisie :
  - variété orale ou écrite,
  - variété courante ou soutenue,
  - variété géographique (de petites différences existent entre ce qui est considéré comme courant ou soutenu).

Ponctuation

À l'écrit, une phrase interrogative se termine toujours par un point d'interrogation.

4.3. La phrase interrogative totale

Une phrase interrogative totale pose une question sur l'ensemble de la phrase. La réponse attendue est du type *oui* ou *non*. Des variantes seraient *peut-être, probablement,* etc.

Est-ce que tu viens avec nous ce soir ? Oui.

Voici les constructions possibles pour une phrase interrogative totale.

	Construction	Exemple
Ordre de base	**< EST-CE QUE + phrase >** **Variété courante** La phrase suit l'ordre normal, de base : < sujet + prédicat + complément de phrase >	*Est-ce que tu viens au restaurant ce soir ?* *Est-ce que c'est important ?* *Est-ce que le repas est prêt ?*
	Intonation montante, ponctuation **Variété orale courante** La phrase suit l'ordre normal, de base : < sujet + prédicat + complément de phrase > À l'écrit, seul le point d'interrogation permet d'indiquer qu'il s'agit d'une phrase interrogative.	*Tu viens au restaurant ce soir ?* *C'est important ?* *Le repas est prêt ?* *Tes vacances le dérangent ?*
Inversion	**Inversion sujet – verbe** **Variété soutenue en Europe, plutôt courante au Québec** Pour cela, il faut que le sujet soit • *je, tu, nous, vous, il(s), elle(s), on* • *ce*	*Dois-je vous répondre ?* *Faut-il vous aider ? Est-il trop tard ?* *Me laissez-vous passer ? T'es-tu trompé ?* *Fait-on le travail à la maison ?* *Est-ce important ?*
	Pronom de reprise du sujet après le verbe **Variété soutenue** Pour cela, le sujet ne doit pas être un des pronoms *je, tu, nous, vous, il(s), elle(s) on, ce.*	*[$_{\text{Sujet}}$ Le repas] est-il prêt ?* *[$_{\text{Sujet}}$ Pierre] la fuit-il ?* *[$_{\text{Sujet}}$ Tes vacances] le dérangent-elles ?*

4.4. La phrase interrogative partielle

Une phrase interrogative partielle pose une question sur une partie de la phrase, plus précisément sur un groupe de mots. La réponse attendue n'est pas du type *oui* ou *non*, mais une information plus spécifique.

Où est-ce que Magali ira en vacances ? En Espagne.

La phrase interrogative partielle comprend toujours un mot interrogatif (*qui, où, quand,* etc.) qui est un pronom général (VOIR utilisation des pronoms).

Voici la plupart des constructions possibles pour une phrase interrogative partielle.

	Construction	Exemple
Ordre de base	**< MOT $_{\text{interrogatif}}$ à sa position de base >** **Variété orale** Intonation montante puis descendante La phrase suit l'ordre de base : < sujet + prédicat + complément de phrase > Le *que* prend la forme *quoi.*	*Tu vas où en vacances cet été ?* *Tu pars quand en vacances ?* *Elle a fait comment ?* *Vous vous attendiez à quoi ?* *Tu fais quoi ce soir ?*
Mot interrogatif en tête de phrase	**< MOT $_{\text{interrogatif}}$ + P >** **Variété orale** Après le mot interrogatif, la phrase suit l'ordre de base.	*Où tu vas en vacances cet été?* *Qui tu as vu ? De quoi tu parles ? Où il va ? Comment je fais ? Pourquoi elle se vexe si vite ? Combien tu as payé ?*
	< MOT $_{\text{interrogatif}}$ + EST-CE QUE/QUI + P > **Variété courante** Après les mots interrogatifs, la phrase suit l'ordre de base.	*Où est-ce que tu vas en vacances cet été?* *Qui est-ce qui est allé en Grèce ?*
	< MOT $_{\text{interrogatif}}$ + inversion > **Variété soutenue** Après le mot interrogatif, présence d'une inversion entre un pronom sujet et le verbe.	*Où vas-tu en vacances cet été?* *Où tes amis iront-ils en vacances cet été ?*
(NN) Constructions très familières (non normées)	***C'est quoi*** Procédé utilisé à la place du *quel* + *être*	*C'est quoi ton problème ?* Variété normée : *quel est ton problème ?*
	C'est … qui ; c'est … que Mise en évidence du mot interrogatif en l'encadrant par • *c'est… qui* pour le sujet, • *c'est… que* pour ce qui n'est pas sujet.	*C'est qui qui a cassé le verre ?* *C'est quand que tu passes ton entrevue ?*
	… c'est qui ; … c'est que Mot interrogatif en première position • *Qui c'est qui* pour le sujet, • *… c'est que* pour ce qui n'est pas sujet (avec ou sans renforcement).	*Qui c'est qui a cassé le verre ?* *Quand c'est que tu passes ton entrevue ?* *Qu'est-ce que c'est que la linguistique ?*
	< MOT $_{\text{interrogatif de base}}$ + QUI/QUE > La phrase suit l'ordre normal après les mots interrogatifs	*Qui qui a fait ça ?* *Pourquoi que tu t'en vas ?* *Lequel qu'elle a pris ?*

Le choix du mot interrogatif croise deux types d'informations concernant le groupe de mots à propos duquel on pose la question :

- le sens général (humain, chose, lieu, etc.) ;
- sa construction (groupe nominal, prépositionnel ; sujet, complément, etc.).

a) Français courant : interrogation en *est-ce que, est-ce qui*

Le français courant utilise les mots interrogatifs de renforcement *est-ce que* et *est-ce qui,* ce qui permet de ne pas faire d'inversion sujet – verbe. Seuls les groupes interrogatifs sont déplacés en tête de phrase.

	Sens du pronom	Groupe sur lequel porte la question	Groupe interrogatif	Exemple
< Mot interrogatif + EST-CE QUE / QUI >	Humain	GN sujet	*Qui est-ce qui*	*Qui est-ce qui a téléphoné ? Qui est-ce qui est fatigué ?*
		GN complément, attribut	*Qui est-ce que*	*Qui est-ce que tu as appelé ? Qui est-ce que vous voyez ? Qui est-ce que tu es ?*
		GPrép complément	Prép. + *qui est-ce que*	*Avec qui est-ce que tu parlais ?*
	Chose	GN sujet	*Qu'est-ce qui*	*Qu'est-ce qui s'est passé ? Qu'est-ce qui est fini ?*
		GN complément, attribut	*Qu'est-ce que*	*Qu'est-ce qu'elle fait ? Qu'est-ce que tu as dit ?*
		GPrép complément	Prép. + *quoi est-ce que*	*De quoi est-ce que tu parles ? À quoi est-ce qu'elle pense ?*
	Action	GV	*Qu'est-ce que + faire*	*Qu'est-ce qu'elle fait ?*
	Lieu	GN ou GPrép complément	*Où est-ce que*	*Où est-ce qu'il va ?* *Où est-ce que vous habitez ?*
		GPrép complément	*Par où est-ce que* *Jusqu'où est-ce que*	*Par où est-ce qu'il est parti ?* *Jusqu'où est-ce qu'il faut aller ?*
	Temps	GN ou GPrép complément	*Quand est-ce que* *À quel moment est-ce que*	*Quand est-ce qu'il prend l'avion ?* *À quel moment est-ce que nous aurons les résultats ?*
		GPrép complément	*Jusqu'à quand est-ce que*	*Jusqu'à quand est-ce qu'il est en vacances ?*
			À partir de quelle heure est-ce que *Jusqu'à quelle heure est-ce que*	*À partir de quelle heure est-ce que je peux passer ?* *Jusqu'à quelle heure est-ce que vous serez là ?*

< Mot interrogatif + EST-CE QUE >

Sens du pronom	Groupe sur lequel porte la question	Groupe interrogatif	Exemple
Durée	GN ou GPrép complément	*Combien de temps est-ce que*	*Combien de temps est-ce qu'il vous faudra ?*
		Pendant combien de temps est-ce que	*Pendant combien de temps est-ce que nous serons ici ?*
		Depuis combien de temps est-ce que	*Depuis combien de temps est-ce que vous me suivez ?*
Manière	GAdv ou GPrép complément	*Comment est-ce que*	*Comment est-ce que je dois faire ?* *Comment est-ce qu'elle va ? Comment est-ce qu'elle est ?*
Cause	GPrép complément	*Pourquoi est-ce que*	*Pourquoi est-ce qu'elle se vexe si vite ?*
Quantité	GN complément	*Combien est-ce que* (argent, poids, dimension)	*Combien est-ce que tu as payé pour ce voyage ?* *Combien est-ce que ta valise pèse ?* *Combien est-ce qu'il mesure ?*
		Combien de … est-ce que	*Combien de cafés est-ce que vous aviez commandés ?*
Définition	GN attribut	*Qu'est-ce que*	*Qu'est-ce que la linguistique ?*
Choix Identité	GN ou GPrép complément (pas sujet)	(Prép. +) *quel … est-ce que*	*Quel horaire est-ce que vous avez choisi ?* *Quelles fleurs est-ce que vous voulez commander ?* *À quel siège est-ce que vous êtes assis ?* *Avec quelle compagnie est-ce que tu voyages ?*
		(Prép. +) *lequel est-ce que*	*Lequel est-ce que vous avez choisi ?* *Lesquelles est-ce que vous voulez prendre ?* *Auxquels est-ce que vous voulez parler ?* *Avec laquelle est-ce que tu feras affaire ?*
	GN complément	*Qu'est-ce qu'il y a de* + adjectif	*Qu'est-ce qu'il y a de bon à la télévision ce soir ?*

b) Français soutenu : interrogation en *qui, que*, etc. avec inversion

Le français soutenu utilise les mots interrogatifs sans renforcement en *est-ce que, est-ce qui*. Une inversion est alors requise, elle suit les mêmes conditions que celles de l'inversion lors de l'interrogation totale.

- Si le sujet est un pronom de la liste *je, tu, nous, vous, il(s), elle(s), on* ou *ce*, alors on inverse le sujet et le verbe.
  Pourquoi est-ce si cher ? Quand arriveras-tu à l'aéroport ?
- Si le sujet n'appartient pas à la liste précédente, alors on utilise un pronom de reprise après le verbe.
  Pourquoi ce canapé est-il si cher ? Dans quel pays celui qu'elle a acheté est-il fabriqué ?

	Sens du pronom	Groupe sur lequel porte la question	Groupe interrogatif	Exemple
< MOT interrogatif + inversion >	Humain	GN sujet	*Qui*	*Qui a téléphoné ? Qui est fatigué ?*
		GN complément, attribut	*Qui*	*Qui as-tu appelé ? Qui voyez-vous ? Qui es-tu ?*
		GPrép complément	Prép. + *qui*	*Avec qui parlais-tu ?*
	Chose	GN sujet	–	**Que s'est passé ? *Que est fini ?*
		GN complément, attribut	*Que*	*Que fait-elle ? Qu'as-tu dit ?*
		GPrép complément	Prép. + *quoi*	*De quoi parles-tu ? À quoi pense-t-elle ?*
	Action	GV	*Que + faire*	*Que fait-elle ?*
	Lieu	GN ou GPrép complément	*Où*	*Où va-t-il ?* *Où habitez-vous ?*
		GPrép complément	*Par où* *Jusqu'où*	*Par où est-il parti ?* *Jusqu'où faut-il aller ?*
	Temps	GN ou GPrép complément	*Quand* *À quel moment*	*Quand prend-il l'avion ?* *À quel moment aurons-nous les résultats ?*
		GPrép complément	*Jusqu'à quand*	*Jusqu'à quand est-il en vacances ?*
			À partir de quelle heure *Jusqu'à quelle heure*	*À partir de quelle heure puis-je passer ?* *Jusqu'à quelle heure serez-vous là ?*

< MOT interrogatif + inversion >

Sens du pronom	Groupe sur lequel porte la question	Groupe interrogatif	Exemple
Durée	GN ou GPrép complément	*Combien de temps*	*Combien de temps vous faudra-t-il ?*
		Pendant combien de temps *Depuis combien de temps*	*Pendant combien de temps serons-nous ici ?* *Depuis combien de temps me suivez-vous ?*
Manière	GAdv ou GPrép complément	*Comment*	*Comment dois-je faire ?* *Comment va-t-elle ? Comment est-elle ?*
Cause	GPrép complément	*Pourquoi*	*Pourquoi se vexe-t-elle si vite ?*
Quantité	GN complément	*Combien* (argent, poids, dimension)	*Combien as-tu payé pour ce voyage ?* *Combien ta valise pèse-t-elle ?* *Combien mesure-t-il ?*
		Combien de …	*Combien de cafés aviez-vous commandés ?*
Définition	GN complément	–	**Qu'est la linguistique ?*
Choix Identité	GN ou GPrép complément (pas sujet)	(Prép. +) *quel …*	*Quel horaire avez-vous choisi ?* *Quelles fleurs voulez-vous commander ?* *À quel siège êtes-vous assis ?* *Avec quelle compagnie voyages-tu ?*
		(Prép. +) *lequel*	*Lequel avez-vous choisi ?* *Lesquelles voulez-vous prendre ?* *Auxquels voulez-vous parler ?* *Avec laquelle feras-tu affaire ?*
	GN complément	*Quel + être*	*Quel est le résultat ?*
		Qu'y a-t-il de + adjectif	*Qu'y a-t-il de bon à la télévision ce soir ?*

Les questions à l'infinitif

Il est possible de poser des questions à l'infinitif en français soutenu, sauf sur le sujet.

Qui appeler ? *Que faire ?* (familier *Quoi faire ?*) *Où aller ?* *Quel horaire choisir ? Auquel parler en premier ?*
À qui parler ? *À quoi penser ? De quoi parler ?* *Quand partir ?* *Comment faire ? Pourquoi rester ici ?*

4.5. L'inversion

Lorsqu'une phrase interrogative requiert l'inversion, plusieurs problèmes se posent : quand faut-il insérer un *t* entre le verbe et le pronom ? quelle forme le pronom de reprise doit-il avoir ? quand faut-il inverser le sujet et le verbe ?

	Explication	Exemple
-t-	Conditions • Le pronom sujet placé après le verbe est *il, elle* ou *on* ; • Le verbe ou l'auxiliaire ne se termine ni par *-t* ni par *-d.*	**Avec *-t-*** *A-t-il fini ? A-t-elle fini ? A-t-on fini ? Y va-t-on ? Y a-t-il un problème ?* *Parle-t-il ? Parle-t-elle ? Parle-t-on ?* *Convainc-t-il ? Convainc-t-elle ? Convainc-t-on ?* **Sans *-t-*** *Est-il là ? Est-elle là ? Est-on là ?* *Part-il ? Part-elle ? Part-on ?* *Répond-il ? Répond-elle ? Répond-on ?* *Où vont-ils ? À qui parlent-elles ?*
Pronom de reprise	Le pronom de reprise portera les mêmes traits que le sujet (P3, masculin, etc.). Un pronom complément aux marques différentes peut être placé entre le sujet et sa reprise.	*[$_{\text{Sujet}}$ Pierre] la fuit-[$_{\text{Reprise du sujet}}$ il] ?* *[$_{\text{Sujet}}$ Marie] le fuit-[$_{\text{Reprise du sujet}}$ elle] ?* *[$_{\text{Sujet}}$ Ses vacances] le calment-[$_{\text{Reprise du sujet}}$ elles] ?* *[$_{\text{Sujet}}$ Ses travaux] la troublent-[$_{\text{Reprise du sujet}}$ ils] ?*
GN sujet avant ou après le verbe	S'il n'y a pas de complément du verbe après le verbe (mais un complément de phrase est possible), • il peut y avoir reprise du sujet • le sujet et le verbe peuvent être inversés • Si le mot interrogatif est *que*, l'inversion sujet – verbe est obligatoire	**Inversion** *Avec qui [$_{\text{Sujet}}$ le voisin] est-[$_{\text{Reprise du sujet}}$ il] ?* *Comment [$_{\text{Sujet}}$ le voisin] est-[$_{\text{Reprise du sujet}}$ il] sorti ?* *Où [$_{\text{Sujet}}$ Julie] va-t-[$_{\text{Reprise du sujet}}$ elle] en juin ?* *Avec qui est [$_{\text{Sujet inversé}}$ le voisin] ?* *Comment est sorti [$_{\text{Sujet inversé}}$ le voisin] ?* *Où va [$_{\text{Sujet inversé}}$ Julie] en juin ?* *Que dit [$_{\text{Sujet inversé}}$ le voisin] ?* **Que [$_{\text{Sujet}}$ le voisin] dit-[$_{\text{Reprise du sujet}}$ il] ?*
	Si le mot interrogatif est *pourquoi*, l'inversion sujet – verbe est interdite	**Pas d'inversion** *Pourquoi [$_{\text{Sujet}}$ le voisin] sort-[$_{\text{Reprise du sujet}}$ il] ?* **Pourquoi sort [$_{\text{Sujet inversé}}$ le voisin] ?*
	S'il y a un complément du verbe après le verbe, l'inversion sujet – verbe est le plus souvent interdite	*Quand [$_{\text{Sujet}}$ Julie] part-[$_{\text{Reprise du sujet}}$ elle] <u>en Asie</u> ?* **Quand part [$_{\text{Sujet inversé}}$ Julie] <u>en Asie</u> ?*

5 L'impératif

Utilité

La phrase impérative permet d'exprimer au moyen de sa structure spécifique un ordre plus ou moins fort (conseil, souhait, demande, incitation, commandement, interdiction, etc.).

Définition

L'impératif est un mode de conjugaison du verbe. Une phrase qui présente un verbe à l'impératif est une phrase qui a subi une transformation dans sa construction (absence de sujet, conjugaison à l'impératif, déplacement de certains pronoms).

5.1. La conjugaison au mode impératif

Ce mode de conjugaison du verbe permet de s'adresser à quelqu'un qui fait partie de la situation de communication. C'est la raison pour laquelle l'impératif ne se conjugue qu'à trois personnes grammaticales : P2, P4 et P5. Voici la formation régulière de l'impératif. VOIR aussi la classe du verbe.

Personne	Impératif présent		Impératif passé	
Sujet non exprimé	Infinitif en [e] (*-er*)	Infinitif en [R] (*-ir, -oir, -re*)	Tous les verbes	
P2 (*tu*)	base + *e*	base + *s*	*aie* *sois*	
P4 (*nous*)	base + *ons*		*ayons* *soyons*	+ participe passé
P5 (*vous*)	base + *ez*		*ayez* *soyez*	

Savoir +

Voici quelques formations particulières à l'impératif présent. VOIR la classe du verbe.

Aller :	*va*	*allons*	*allez*
Avoir :	*aie*	*ayons*	*ayez*
Être :	*sois*	*soyons*	*soyez*
Savoir :	*sache*	*sachons*	*sachez*
Vouloir :	*veuille*	*veuillons*	*veuillez*

5.2. Le fonctionnement de l'impératif

a) Condition préalable

Pour pouvoir transformer une phrase de base en une phrase impérative, il faut que la phrase soit conjuguée à l'une des personnes P2, P4 ou P5.

Tu arrêtes. → *Arrête.*
Nous arrêtons. → *Arrêtons.*
Vous arrêtez. → *Arrêtez.*

b) Transformations obligatoires

Pour construire une phrase à l'impératif, deux transformations sont obligatoires :
- conjuguer le verbe au mode impératif,
- supprimer le sujet.

Tu parles. → *Parle.*

c) Ponctuation

La ponctuation finale est soit un point, soit un point d'exclamation si l'ordre est donné avec plus de force, plus d'enthousiasme selon les cas.

Tu arrêtes. → *Arrête.* *Arrête !*

5.3. La phrase impérative positive

Les opérations de base (suppression du sujet, conjugaison du verbe au mode impératif) se font dans tous les cas.

Caractéristiques de la phrase de départ	Règles de transformation
Pas de pronom complément avant le verbe	• Opérations de base *Tu expliques cette notion.* → *Explique cette notion.* *Tu vas à la piscine.* → *Va à la piscine.* *Tu penses à elle.* → *Pense à elle.* *Tu restes là.* → *Reste là.*
Un pronom complément avant le verbe	Dans tous les cas : • Opérations de base • Déplacement du pronom après le verbe • Trait d'union entre le verbe et le pronom
Pronoms *le, la, lui, nous, vous, les, leur*	*Tu le dis.* → *Dis-le.* *Tu la portes.* → *Porte-la.* *Nous lui parlons.* → *Parlons-lui.* *Nous nous levons.* → *Levons-nous.* *Vous nous écoutez.* → *Écoutez-nous.* *Vous vous retournez.* → *Retournez-vous.* *Tu les manges.* → *Mange-les.* *Vous leur répondez.* → *Répondez-leur.*

Caractéristiques de la phrase de départ	Règles de transformation	
Pronoms *me, te*	Particularité supplémentaire : • Modification des pronoms pour leurs formes *moi, toi*	
	Tu me parles.	→ *Parle-moi.*
	Vous m'écoutez.	→ *Écoutez-moi.*
	Tu te rends.	→ *Rends-toi.*
	Tu t'endors.	→ *Endors-toi.*
Pronoms *en, y*	Particularité supplémentaire : • Modification de la forme du verbe à la P2 : ajout d'un *-s* si le verbe se termine par *-e* ou *-a* (verbes dont l'infinitif est en *-er*)	
	Tu y vas.	→ *Va**s**-y.*
	Vous y allez.	→ *Allez-y.*
	Tu en parles.	→ *Parle**s**-en.*
	Nous en parlons.	→ *Parlons-en.*
Deux pronoms compléments avant le verbe	Dans tous les cas : • Opérations de base • Déplacement des pronoms après le verbe • Traits d'union entre le verbe et chacun des deux pronoms	
Pronoms (sauf *en, y*)	Particularités supplémentaires : • Ordre : *le, la, les* en première position (pronoms qui représentent un groupe nominal) • Modification des pronoms *me, te* pour leurs formes *moi, toi*	
	Tu le lui donnes.	→ *Donne-le-lui.*
	Tu te la prépares.	→ *Prépare-la-toi.*
	Nous les leur remettons.	→ *Remettons-les-leur.*
	Vous nous la transmettez.	→ *Transmettez-la-nous.*
	Vous la leur rendez.	→ *Rendez-la-leur.*
	Vous vous le dites.	→ *Dites-le-vous.*
	Tu me le donnes.	→ *Donne-le-moi.*
Pronoms (dont *en, y*)	Particularités supplémentaires : • Ordre : *en, y* en dernière position	
	Vous vous en allez.	→ *Allez-vous-en.*
	Tu lui en parles.	→ *Parle-lui-en.*
	Vous nous y préparez.	→ *Préparez-nous-y.*
	Tu nous y conduis.	→ *Conduis-nous-y.*
	Vous vous en souvenez.	→ *Souvenez-vous-en.*

Caractéristiques de la phrase de départ	Règles de transformation	
Pronoms *me, te + en, y*	Particularités supplémentaires : • Ordre : *en, y* en dernière position • Élision des pronoms *me, te* • Trait d'union, ensuite apostrophe entre *me, te* et *en, y*	
	Tu m'en donnes.	→ *Donne-m'en.*
	Tu t'en vas.	→ *Va-t'en.*
	Tu t'en procures.	→ *Procure-t'en.*
	Tu t'y mets.	→ *Mets-t'y.* (Rare)
Pronoms *le, la + en, y*	Particularités supplémentaires (construction rare) : • Ordre : *en, y* en dernière position • Élision des pronoms *le, la* • Trait d'union, ensuite apostrophe entre *le, la* et *en, y*	
	Tu l'y laisses.	→ *Laisse-l'y.*
	Tu t'y prends à temps.	→ *Prends-t'y à temps.*
Deux verbes	Particularités supplémentaires : • Seuls les pronoms compléments placés avant le premier verbe passent après celui-ci et y sont reliés par un trait d'union.	
	Tu la laisses faire son travail.	→ *Laisse-la faire son travail.*
	Vous me le faites savoir.	→ *Faites-le-moi savoir.*
	Tu vas le chercher chez le dentiste.	→ *Va le chercher chez le dentiste.*
	Tu oses en parler à tes parents.	→ *Ose en parler à tes parents.*

5.4. La phrase impérative négative

La transformation en une phrase impérative négative repose sur les opérations suivantes :

- suppression du sujet ;
- conjugaison du verbe au mode impératif ;
- si la phrase de départ n'est pas déjà négative, ajout des mots de négation (le *ne* se place avant les éventuels pronoms placés avant le verbe) VOIR la négation ;
- élision du *ne* devant les pronoms *en* et *y* placés avant le verbe.

Aucun autre changement n'a lieu, qu'il y ait ou non des pronoms placés avant le verbe.

Caractéristiques de la phrase de départ	Transformation	
Pas de pronom complément avant le verbe	*Tu ne vas pas à la piscine.* *Tu n'es pas fâché.* *Tu ne restes pas là.*	→ *Ne va pas à la piscine.* → *Ne sois pas fâché.* → *Ne reste pas là.*
Un pronom complément avant le verbe	*Tu ne le dis pas.* *Tu ne t'endors pas.* *Tu n'y vas pas.* *Nous n'en parlons pas.*	→ *Ne le dis pas.* → *Ne t'endors pas.* → *N'y va pas.* → *N'en parlons pas.*
Deux pronoms compléments avant le verbe	*Tu ne me le donnes pas.* *Vous ne vous en allez pas.* *Tu ne t'en vas pas.* *Tu ne t'en procures pas.*	→ *Ne me le donne pas.* → *Ne vous en allez pas.* → *Ne t'en va pas.* → *Ne t'en procure pas.*
Deux verbes	*Tu ne la laisses pas faire.* *Tu ne vas pas le chercher.*	→ *Ne la laisse pas faire.* → *Ne va pas le chercher.*

5.5. Emplois dans la variété non normée

Les emplois issus du français non normé peuvent présenter des variations au sein de la francophonie.

Explication	Variété non normée	Variété normée
Ordre des pronoms	(NN) *Donne-moi-le.* (NN) *Souvenez-en-vous.*	*Donne-le-moi.* *Souvenez-vous-en.*
Forme des pronoms	(NN) *Parles-y.* (NN) *Donne-moi-z-en.*	*Parle-lui.* *Donne-m'en.*
Position des pronoms à l'impératif négatif	(NN) *Vas-y pas.*	*N'y va pas.*

La subordination 6

Utilité

Les termes de subordination rendent un texte plus fluide en associant les informations présentées. Certains d'entre eux créent de la cohésion parce qu'ils précisent des liens de sens entre des unités de la phrase.

Avertissement

- Une bonne compréhension de la phrase de base est préalable.
- Ce chapitre n'aborde pas toutes les sortes de subordonnées. De plus, il se limite à des éléments jugés essentiels.

6.1. Les subordonnants

Les subordonnants forment une classe de mots qui permet de construire une phrase subordonnée et qui se positionnent en tête de celle-ci. Ils assurent une liaison sur le plan de la construction (une liaison hiérarchisée entre une subordonnée et une principale), mais aussi parfois sur le plan du sens (temps, cause, etc.).
Certains subordonnants présentent comme seule caractéristique celle d'être des marqueurs de subordination (*je pense que ça va ; quand tu auras fini, tu me le diras*), d'autres présentent en plus des caractéristiques de la classe du pronom. C'est le cas des subordonnants pronoms interrogatifs (*il ne sait pas pourquoi il a eu une contravention*) et pronoms relatifs (*voici le livre dont il nous a parlé*).

Type de subordonnant	Liste
SUBORDONNANT $_{marqueur}$	*que, à ce que, dès que, lorsque, quand, parce que,* etc. + verbe conjugué *à, afin de, avant de, de, pour,* etc. + verbe à l'infinitif
SUBORDONNANT $_{interrogatif}$	*qui, ce qui, ce que, quoi, où, pourquoi, comment, quand, lequel, quel, si*
SUBORDONNANT $_{relatif}$	*qui, que, quoi, dont, où, lequel*

6.2. Le fonctionnement de la subordination

a) Principe de la subordination

La subordination est un procédé de formation d'une phrase complexe. La complexité ne se définit pas par la longueur, mais par la construction : une phrase complexe contient au moins deux verbes, dont l'un est généralement conjugué.
La phrase complexe par subordination est une phrase (P = GN + GV (+ G_x)) qui en contient une autre, appelée *phrase subordonnée* (P_{Sub}). Celle-ci commence, en principe, par un mot qui appartient à la classe des subordonnants (Sub).

$P_{complexe\ par\ subordination}$ = GN + GV (+ G_x), contenant P_{Sub}
P_{Sub} = Sub + P

[$_{P\ complexe}$ Elle pense [$_{Psub}$ <u>que</u> les tarifs de cette compagnie sont trop élevés]].
[$_{P\ complexe}$ Tu suivras cette procédure [$_{Psub}$ <u>pour</u> résoudre ton problème]].
[$_{P\ complexe}$ Il aime [$_{Psub}$ écouter de la musique]].

b) Construction d'une phrase complexe par subordination

La construction d'une phrase complexe par subordination repose sur un processus virtuel.

- Deux phrases de départ (au minimum) sont associées, soit P_1 et P_2.
- P_1 contient un groupe de mots générique (*quelque chose, quelque part, pour une raison,* etc.) qui sera précisé par l'insertion de P_2.
- P_2 se transforme en phrase subordonnée (P_{Sub}) en subissant une ou plusieurs transformations (par exemple, l'utilisation d'un subordonnant).
- P_{Sub} est insérée dans P_1 à l'endroit du groupe de mots générique.

P_1 = *Je pense* [*quelque chose*].
P_2 = *Vous comprendrez dans quelques minutes.*

P_2 transformée = P_{Sub} = *<u>que</u> vous comprendrez dans quelques minutes.*
P_{Sub} insérée dans P_1 = $P_{complexe}$ = *Je pense [$_{Psub}$ que vous comprendrez dans quelques minutes].*

Une phrase complexe par subordination présente
- Un verbe principal (soit $V_{principal}$, verbe généralement conjugué)
- Une phrase subordonnée (soit P_{Sub})
  - o qui contient un verbe subordonné (soit V_{Sub}), conjugué ou à l'infinitif ;
  - o qui occupe la position d'un groupe dans la phrase complexe, position à laquelle est associée une fonction.

6.3. La phrase subordonnée complément du verbe

Une phrase subordonnée complément du verbe est placée dans le groupe verbal. Elle y occupe la position d'un groupe nominal ou prépositionnel dont la fonction est d'être complément du verbe.

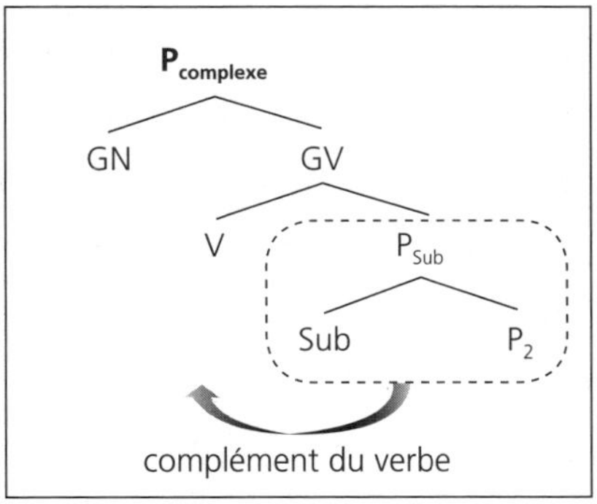

a) La phrase subordonnée en *que*

La phrase subordonnée en *que* contient un verbe conjugué à l'indicatif ou au subjonctif. Le subordonnant est *que*, plus rarement *à ce que.* Plusieurs éléments doivent être pris en compte lors de la construction : le verbe principal peut-il être construit avec une subordonnée ? le verbe subordonné doit-il être à l'indicatif ou au subjonctif ? le sujet de la subordonnée peut-il être identique à celui de la principale ?

A. Verbe subordonné à l'indicatif ou au subjonctif ?

Le choix du mode repose sur le sens du verbe principal. Les dictionnaires indiquent quel mode choisir. Ils le font tantôt de manière explicite (par exemple, « et subj. »), tantôt de manière implicite (citations et exemples proposés).

Le mode indicatif constitue le mode par défaut. Voici donc les cas d'emploi du subjonctif.

Sens du verbe principal obligeant l'emploi du subjonctif dans la subordonnée	Exemples avec PSub au subjonctif	
Volonté, but, nécessité	*Je voudrais*	*[$_{Psub}$ que tu remplisses ce formulaire].*
Sentiment	*Je me réjouis*	*[$_{Psub}$ que tu aies obtenu ton permis].*
Doute, possibilité, négation	*Je doute*	*[$_{Psub}$ qu'il ait pu arriver à temps].*

B. Verbes fréquents avec une subordonnée en *que*

La liste ci-dessous présente les verbes fréquents qui peuvent être construits avec une subordonnée en *que* et les modes qu'ils requièrent. Les rangs de fréquence sont indiqués. Les verbes pour lesquels le sujet principal et le sujet de la subordonnée ne peuvent absolument pas être identiques sont indiqués par ❖. Par exemple, le verbe *vouloir* ne permet pas une construction comme **je veux [$_{Psub}$ que je fasse des économies].*

	Sens	Verbe	Exemple
+ Subjonctif	Nécessité, volonté	8 vouloir ❖	*Je veux [$_{Psub}$ que nous fassions des économies].*
		18 aimer ❖	*Elle aimerait [$_{Psub}$ qu'il lui fasse des cadeaux].*
		19 falloir ❖	*Il faut [$_{Psub}$ qu'elle aille chez le dentiste].*
		34 demander ❖	*Nous demandons [$_{Psub}$ qu'ils soient jugés].*
		100 il importe ❖	*Il importe [$_{Psub}$ que tout soit mis en place à temps].*
		il est nécessaire ❖	*Il était nécessaire [$_{Psub}$ qu'ils écrivent ce rapport].*
		il est important ❖	*Il est important [$_{Psub}$ que nous nous comprenions bien].*
		il est temps ❖	*Il est temps [$_{Psub}$ que vous vous mettiez au travail].*
		il est urgent ❖	*Il serait urgent [$_{Psub}$ que tu remplisses ce formulaire].*
		il est préférable ❖	*Il est préférable [$_{Psub}$ qu'elle n'aille pas dans ce restaurant].*
	But	23 attendre ❖	*Nous attendons [$_{Psub}$ qu'il nous réponde].*
		47 essayer ❖	*Nous essayons [$_{Psub}$ qu'elle n'ait pas trop mal].*

	Sens	Verbe	Exemple
+ Subjonctif	Possibilité	23 s'attendre ❖	*Nous nous attendons [$_{Psub}$ à ce qu'il réponde d'ici à demain].*
		26 arriver ❖	*Il arrive [$_{Psub}$ que nous soyons impolis].*
		50 permettre ❖	*Elle a permis [$_{Psub}$ qu'il sorte plus tôt].*
		177 suffire ❖	*Il suffit [$_{Psub}$ que vous soyez là].*
		179 proposer	*Nous lui avons proposé [$_{Psub}$ qu'il prenne ce poste].*
	Doute	172 douter	*Je doute [$_{Psub}$ qu'il soit là-bas].*
	Sentiment	38 comprendre	*Nous comprenons [$_{Psub}$ que vous soyez exaspéré].*

	Verbe		Exemple
+ Indicatif	4	faire ❖	*La neige a fait [$_{Psub}$ que le toit s'est écroulé].*
	5	dire	*Je lui ai dit [$_{Psub}$ que je serais en retard].*
	9	savoir	*Elle sait [$_{Psub}$ qu'elle est en retard].*
	10	voir	*Les secouristes voient [$_{Psub}$ qu'ils y arriveront].*
	14	parler	Ce verbe ne se construit pas avec une subordonnée en *que*. (NN) *On m'a parlé [$_{Psub}$ qu'il avait démissionné].* → *On m'a dit [$_{Psub}$ qu'il avait démissionné].*
	17	croire	*Nous croyons [$_{Psub}$ que vous avez tort].*
	21	penser	*Vous pensez [$_{Psub}$ que vous êtes malade].*
	24	trouver	*Ils trouvent [$_{Psub}$ que l'addition est trop élevée].*
	32	il reste ❖	*Il reste [$_{Psub}$ que nous sommes endettés].*
	43	sentir	*Je sens [$_{Psub}$ que je tombe de fatigue].*
	57	il semble ❖	*Il me semble [$_{Psub}$ que tu es nerveux].*
	63	prévoir	*Elle avait prévu [$_{Psub}$ que tout se déroulerait bien].*
	64	maintenir	*Je maintiens [$_{Psub}$ qu'il a commis une erreur].*
	70	oublier	*J'avais oublié [$_{Psub}$ qu'il dormait].*
	71	écrire	*Vous lui écrirez [$_{Psub}$ que vous cédez votre bail].*

	Verbe		Exemple
+ Indicatif	75	répondre	*Je lui ai répondu [$_{Psub}$ que je serais en vacances].*
	79	il paraît ❖ (RO) il parait	*Il paraît (RO) parait [$_{Psub}$ que la tempête a fait des dégâts].*
	96	assurer	*Nous lui avons assuré [$_{Psub}$ que tout se déroulerait bien].*
	106	apprendre	*Elle a appris [$_{Psub}$ que sa proposition avait été acceptée].*
	111	montrer	*Tu montreras [$_{Psub}$ que ce n'est pas le bon document].*
	113	lire	*Ils ont lu [$_{Psub}$ que leur budget serait diminué].*
	116	reconnaître (RO) reconnaitre	*Nous avons reconnu [$_{Psub}$ qu'il y avait un problème].*
	118	se souvenir	*Tu t'es souvenu [$_{Psub}$ que tu lui devais de l'argent].*
	127	espérer	*J'espère [$_{Psub}$ que la soirée se passera bien].*
	128	expliquer	*Tu lui expliqueras [$_{Psub}$ que tu n'y es pour rien].*
	131	noter	*Vous noterez [$_{Psub}$ que je serai absente lundi prochain].*
	138	rappeler	*Elle a rappelé [$_{Psub}$ que c'était important].*
	142	ajouter	*Vous avez ajouté [$_{Psub}$ que ce projet de loi était une erreur].*
	145	considérer	*Tu as considéré [$_{Psub}$ que son dossier n'était pas bon].*
	150	raconter	*Je vous avais raconté [$_{Psub}$ que ma collègue s'était vexée].*
	152	il demeure ❖	*Il n'en demeure pas moins [$_{Psub}$ que la situation est difficile].*
	162	établir	*Ils ont établi [$_{Psub}$ que la situation empirait].*
	165	imaginer	*Nous avons imaginé [$_{Psub}$ que tu plaisantais].*
	166	crier	*Elle a crié [$_{Psub}$ qu'elle arrivait tout de suite].*
	174	apercevoir	*Ils se sont aperçus [$_{Psub}$ que le chien s'était enfui].*
	185	décider	*Tu as décidé [$_{Psub}$ qu'il ne ferait pas partie de l'équipe].*
	188	indiquer	*Vous avez indiqué [$_{Psub}$ que le camion roulait trop vite].*
	189	déterminer	*Cette étude a déterminé [$_{Psub}$ que les risques sont importants].*
	193	préciser	*Je précise [$_{Psub}$ que tout n'est pas fini].*
	200	enseigner	*Cette mauvaise expérience nous a enseigné [$_{Psub}$ qu'il faut avoir une assurance].*

		Verbe	Exemple
Ind. / subj.	38	comprendre Sens « percevoir » + ind. Sens « sentir » + subj.	 *Ils comprennent [$_{Psub}$ qu'ils sont en danger].* *Nous comprenons [$_{Psub}$ que vous soyez exaspéré].*
	172	douter Sens « incertitude » + subj. Sens « certitude » + ind.	 *Je doute [$_{Psub}$ qu'il soit là-bas].* (Douter) *Je me doute [$_{Psub}$ qu'il est là-bas].* (Se douter)

b) La phrase subordonnée à l'infinitif

Certains verbes peuvent se construire avec une subordonnée complément du verbe, à l'infinitif. Le verbe principal impose s'il faut

- employer ou non un subordonnant (*à, de*),
- exprimer ou non le sujet de la P_2.

A. Verbes fréquents avec une subordonnée à l'infinitif

Les verbes pour lesquels le sujet de la subordonnée est exprimé sont indiqués par le signe ❖.

		Verbe	Exemple
Sans subordonnant	8	vouloir	*Elle a voulu [$_{Psub}$ bien faire].*
	10	voir ❖	*Nous avons vu [$_{Psub}$ les pompiers passer].*
	17	croire	*Je crois [$_{Psub}$ rêver].*
	18	aimer	*Tu aimes [$_{Psub}$ écouter de la musique].*
	19	falloir	*Il faut [$_{Psub}$ faire attention].*
	21	penser	*Vous pensiez [$_{Psub}$ arriver à l'heure].*
	29	regarder ❖	*Elles ont regardé [$_{Psub}$ la neige tomber].*
	42	entendre ❖ entendre	*J'ai entendu [$_{Psub}$ le téléphone sonner].* *Elle a entendu [$_{Psub}$ dire que l'usine allait fermer].*
	43	sentir ❖	*Nous avons senti [$_{Psub}$ la chaleur revenir].*
	45	compter	*Elle comptait [$_{Psub}$ partir très tôt].*
	73	écouter ❖	*Vous écoutez [$_{Psub}$ l'enseignant parler].*
	116	reconnaître (RO) reconnaitre	*Ils ont reconnu [$_{Psub}$ avoir menti].*
	118	se souvenir	*Je me souviens [$_{Psub}$ avoir laissé mon sac là-bas].*
	127	espérer	*Nous espérons [$_{Psub}$ gagner une médaille].*
	145	considérer	*Elle considère [$_{Psub}$ avoir atteint ses objectifs].*

	Verbe		Exemple
Avec subordonnant	5	dire de	*Tu lui as dit [$_{Psub}$ de rester calme].*
	26	en arriver à	*Elle en est arrivée [$_{Psub}$ à ne plus croire en elle].*
	34	demander de demander à	*Ils nous ont demandé [$_{Psub}$ de remplir ces documents].* *Ils ont demandé [$_{Psub}$ à assister aux débats].*
	41	tenir à	*Je tiens [$_{Psub}$ à tout faire moi-même].*
	44	chercher à	*Elles cherchent [$_{Psub}$ à être acceptées].*
	46	aider à	*Nous aiderons Claude [$_{Psub}$ à remplir sa feuille d'impôts].*
	47	essayer de	*Nous essayons [$_{Psub}$ de lui faire plaisir].*
	49	entreprendre de	*Vous avez entrepris [$_{Psub}$ de changer cette situation].*
	50	permettre de	*Elle lui a permis [$_{Psub}$ de remettre le dossier le lendemain].*
	61	perdre à	*Tu perds ton temps [$_{Psub}$ à vouloir lui parler].*
	63	prévoir de	*Elle a prévu [$_{Psub}$ de travailler tard ce soir].*
	70	oublier de	*Tu as oublié [$_{Psub}$ de me donner ton adresse de courriel].*
	75	répondre de	*Ils nous ont répondu [$_{Psub}$ de ne pas nous inquiéter].*
	77	offrir de	*Je leur ai offert [$_{Psub}$ de les aider].*
	93	s'agir de	*Il s'agit [$_{Psub}$ de ne pas se tromper].*
	99	s'occuper de	*Vous vous occuperez [$_{Psub}$ de transférer les appels].*
	100	il importe de	*Il importe [$_{Psub}$ de souligner cette différence].*
	110	viser à	*Nous visons [$_{Psub}$ à produire du chocolat de qualité].*
	125	forcer à	*Tu m'as forcé [$_{Psub}$ à aller chez le médecin].*
	173	choisir de	*Vous avez choisi [$_{Psub}$ de ne rien faire].*
	177	il suffit de	*Il suffit [$_{Psub}$ de pousser sur ce bouton].*
	179	proposer de	*Vous lui avez proposé [$_{Psub}$ de l'aider].*
	182	tendre à	*Elle tend [$_{Psub}$ à exagérer son rôle].*
	185	décider de	*J'ai décidé [$_{Psub}$ de postuler à cet emploi].*

c) La phrase subordonnée interrogative

Certains verbes peuvent se construire avec une subordonnée qui ressemble à une question. Le subordonnant est interrogatif (*qui, quoi, quand, pourquoi, où, comment, si, lequel,* etc.).

Tu demanderas au voisin [$_{Psub}$ *pourquoi il a coupé cette branche].*
Nous nous sommes demandé [$_{Psub}$ *comment il en était arrivé là].*
Elle voudrait savoir [$_{Psub}$ *quand tu auras terminé].*
La police ignore [$_{Psub}$ *où le ravisseur se cache].*
Vous vérifierez [$_{Psub}$ *qui a le code d'accès].*
La responsable ne sait pas [$_{Psub}$ *ce qui s'est passé].*
La pharmacienne m'a expliqué [$_{Psub}$ *ce que je devais faire].*
On ne nous a pas indiqué [$_{Psub}$ *à qui nous devions nous adresser].*
Je ne sais pas [$_{Psub}$ *de quoi tu parles].*
L'employée m'a dit [$_{Psub}$ *quelle procédure je devais suivre].*
Les joueurs ne savaient pas [$_{Psub}$ *lesquels d'entre eux seraient sélectionnés].*
Le contrat indique [$_{Psub}$ *sous quelles conditions le remboursement se fait].*
L'avocate a demandé au jury [$_{Psub}$ *s'il croyait son client coupable].*
Les policiers ont demandé aux témoins [$_{Psub}$ *s'ils avaient noté le numéro de la plaque].*
Il ne sait pas [$_{Psub}$ *si elle l'a fait exprès].*
Le responsable ignore [$_{Psub}$ *si elles sont encore dans la salle].*

Particularités de la subordonnée interrogative

Il peut exister des variations dans la francophonie pour les emplois non normés.

Particularités	Explications
Verbe principal	**Verbes fréquents** qui peuvent être construits avec ce type de subordonnée : *demander, se demander, dire, expliquer, ignorer, indiquer, savoir, vérifier*
Subordonnant	**Liste** *si* (élision en *s'* uniquement devant *il, ils*) *qui, ce qui,* préposition + *qui* *ce que,* préposition + *quoi* (préposition +) *lequel, laquelle, lesquels, lesquelles* (contraction avec à, de) (préposition +) *quel, quelle, quels, quelles* (contraction avec à, de) *combien, où, quand, comment, pourquoi*
	Pas de *est-ce que* *Je ne sais pas [$_{Psub}$ ce que je vais faire].* (NN) *Je ne sais pas [$_{Psub}$ qu'est-ce que je vais faire].*
	Pas de *que, qui* en plus du subordonnant *Je me demande [$_{Psub}$ pourquoi tu as dit cela].* (NN) *Je me demande [$_{Psub}$ pourquoi que tu as dit cela].* *Je ne vois pas [$_{Psub}$ lesquels ont déjà servi].* (NN) *Je ne vois pas [$_{Psub}$ lesquels qui ont déjà servi].*

Particularités	Explications
P2	**Pas d'inversion dans la subordonnée** *Je me demande [$_{Psub}$ comment elle va].* (NN) *Je me demande [$_{Psub}$ comment va-t-elle].*
	Pas de subordonnant en fin de phrase *Je ne sais pas [$_{Psub}$ qui c'est], [$_{Psub}$ où c'est], [$_{Psub}$ comment ça s'est passé].* (NN) *Je ne sais pas [$_{P2}$ c'est qui], [$_{Psub}$ c'est où], [$_{Psub}$ ça s'est passé comment].*
Ponctuation	La ponctuation dépend de la phrase complexe. *Je ne sais pas [$_{Psub}$ comment elle va].* *Est-ce que tu sais [$_{Psub}$ comment elle va] ?*

6.4. La phrase subordonnée complément de phrase

Une phrase subordonnée complément de phrase occupe la position d'un groupe nominal ou prépositionnel complément de phrase (*à un moment, pour une raison*, etc.). Elle est souvent déplaçable. Le verbe principal n'impose pas de restriction de construction.

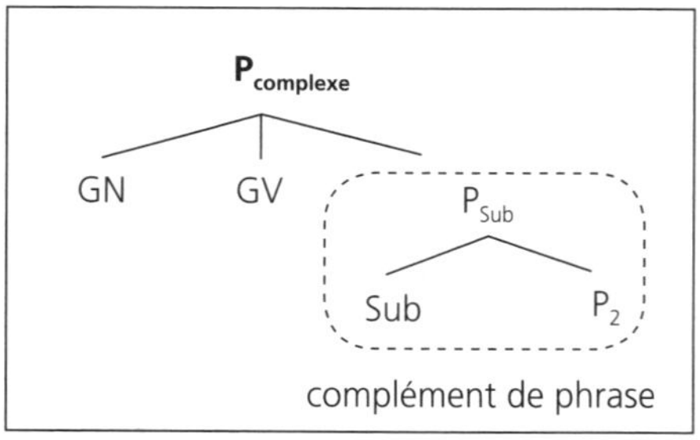

a) La phrase subordonnée conjuguée

Le mode de la subordonnée est dicté par le subordonnant. C'est pourquoi certaines notions peuvent être suivies de l'indicatif ou du subjonctif selon le subordonnant utilisé.

	Subordonnant	Exemple
+ Indicatif	**Temps**	
	après que (ou + subj.)	(Soutenu) *[$_{Psub}$ Après qu'il est parti], nous avons repris un verre.*
	au moment où	*Tu lui poseras cette question [$_{Psub}$ au moment où il abordera le sujet].* (NN) (ancien) *au moment que*
	aussitôt que	*Je t'appellerai [$_{Psub}$ aussitôt que je serai sur place].*
	depuis que	*Rien ne va plus [$_{Psub}$ depuis que la ministre a démissionné].*
	dès que	*Le comité examinera votre demande [$_{Psub}$ dès qu'il pourra].*
	lorsque	*[$_{Psub}$ Lorsque vous aurez fini], vous retournerez dans la salle d'attente.*
	pendant que	*On m'a volé mon sac [$_{Psub}$ pendant que je commandais un café].*
	quand	*Il ira chez le coiffeur [$_{Psub}$ quand il aura plus de temps].* (NN) *[$_{Psub}$ quand qu'il aura plus de temps].*
	une fois que	*[$_{Psub}$ Une fois que nous aurons les résultats], nous y verrons plus clair.*
	tandis que	*Certains travaillent [$_{Psub}$ tandis que d'autres sont en vacances].*
	Opposition	
	alors que	*Ils sont partis après la pause [$_{Psub}$ alors qu'ils auraient dû rester].*
	Cause	
	comme	*[$_{Psub}$ Comme il était interdit de fumer à l'intérieur], nous sommes sortis.*
	dans le sens où	*C'est différent [$_{Psub}$ dans le sens où il fait appel à une autre théorie].* (NN) *dans le sens que*
	étant donné que	*[$_{Psub}$ Étant donné qu'il s'agit d'une récidive], la justice a été sévère.*
	parce que	*Il ne sera pas remboursé [$_{Psub}$ parce qu'il a attendu trop longtemps].*
	(NN) *à cause que*	*Il ne sera pas remboursé [$_{Psub}$ à cause qu'il a attendu trop longtemps].*
	puisque	*C'est injuste [$_{Psub}$ puisqu'elle n'a rien fait].*
	vu que	*[$_{Psub}$ Vu que le contrat a été renouvelé], nous sommes assurés.*
	Conséquence	
	de sorte que	*La loi a changé [$_{Psub}$ de sorte que cette procédure n'est plus possible].*
	si bien que	*Les négociations ont duré longtemps [$_{Psub}$ si bien que je n'ai pas beaucoup dormi].*
	Condition	
	si (pas de conditionnel)	*[$_{Psub}$ Si je travaillais plus], j'aurais une augmentation.* (NN) *[$_{Psub}$ Si je travaillerais plus], j'aurais une augmentation.*
	au cas où	*[$_{Psub}$ Au cas où vous auriez oublié votre texte], en voici une photocopie.* (NN) (ancien) *au cas que*

	Subordonnant	Exemple
+ Indicatif	**Condition**	
	même si (pas de conditionnel)	[$_{Psub}$ *Même si je travaillais plus], je n'aurais pas d'augmentation.*
		(NN) [$_{Psub}$ *Même si je travaillerais plus], je n'aurais pas d'augmentation.*
	quand (bien) même	[$_{Psub}$ *Quand bien même tu serais malade], il faudrait que tu y ailles.*
+ Subjonctif	**But**	
	afin que	*L'entrevue sera enregistrée* [$_{Psub}$ *afin que nous en ayons une trace].*
	de peur que	*Elle n'a pas bougé* [$_{Psub}$ *de peur qu'on (ne) la voie].*
	pour que	*Vous travaillerez ce soir* [$_{Psub}$ *pour que le document soit prêt demain].*
	Temps	
	avant que	*Il faudra lui poser la question* [$_{Psub}$ *avant qu'il (ne) parte].*
	après que (ou + ind.)	(Courant) [$_{Psub}$ *Après qu'il soit parti], nous avons repris un verre.*
	d'ici à ce que	[$_{Psub}$ *D'ici à ce que les travaux soient finis], nous logerons à l'hôtel.*
	en attendant que	[$_{Psub}$ *En attendant que tu aies terminé], je vais prendre un café.*
	jusqu'à ce que	*Il restera en observation* [$_{Psub}$ *jusqu'à ce que son état se soit amélioré].*
	Condition	
	à condition que	*Vous partirez ce soir* [$_{Psub}$ *à condition qu'il y ait encore de la place].*
	à moins que	[$_{Psub}$ *À moins que ce (ne) soit urgent], je vous suggère la procédure B.*
	à supposer que	[$_{Psub}$ *À supposer qu'il ait commis ce crime], il y a prescription.*
	Concession	
	bien que	*Elle ne regardera pas la télévision* [$_{Psub}$ *bien qu'elle en ait très envie].*
	malgré que	*Je ne lui en veux pas* [$_{Psub}$ *malgré qu'il ait déclassé ma voiture].*
	quoique	[$_{Psub}$ *Quoiqu'il en soit presque sûr], il n'a pas voulu prendre de risques.*

Savoir +

- ***Après que*** se construit avec l'indicatif selon l'usage traditionnel et relève du français soutenu. Il se construit désormais avec le subjonctif en français courant.
- ***Malgré que*** a mauvaise réputation en français soutenu, mais il fait partie de la norme.

b) La phrase subordonnée infinitive

Les subordonnants qui servent à introduire une subordonnée infinitive sont peu nombreux. Le sujet d'une subordonnée infinitive en fonction complément de phrase n'est pas exprimé.

- Il peut être identique au sujet principal.
  Tu te lèveras tôt [$_{Psub}$ pour arriver à l'heure], c'est-à-dire *[$_{Psub}$ pour que tu arrives à l'heure].*
- Il peut faire référence à un sujet générique s'il y en a déjà un dans la phrase.
  Il faut suivre les instructions [$_{Psub}$ pour ne pas se tromper], c'est-à-dire *Il faut [$_{Psub}$ qu'on suive les instructions] [$_{Psub}$ pour qu'on ne se trompe pas].*

	Subordonnant	Exemple
+ Infinitif	**But**	
	afin de	*[$_{Psub}$ Afin d'être remboursé], vous devez remplir ce formulaire.*
	de peur de	*Elle n'a pas bougé [$_{Psub}$ de peur d'être vue].*
	pour	*[$_{Psub}$ Pour ne pas perdre de temps], vous irez directement dans la salle.*
	Temps	
	avant de	*Elle a tout rangé [$_{Psub}$ avant de partir].*
	après	*[$_{Psub}$ Après avoir passé une bonne nuit], on est de meilleure humeur.*
	en attendant de	*Il reste en retrait [$_{Psub}$ en attendant d'avoir mieux compris la situation].*
	Condition	
	à condition de	*On peut partir seul [$_{Psub}$ à condition d'être débrouillard].*
	à moins de	*[$_{Psub}$ À moins d'être irresponsable], personne ne prend ce raccourci.*

6.5. La phrase subordonnée complément du nom

Une phrase subordonnée complément du nom occupe la position d'un groupe adjectival ou prépositionnel complément du nom ou du pronom. Cette section traite d'un type de subordonnée en particulier, les subordonnées relatives.

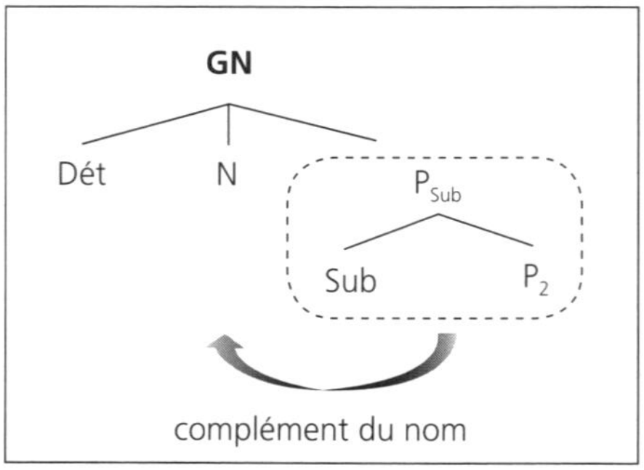

Le groupe nominal qui contient la subordonnée relative peut être positionné n'importe où dans la phrase, y compris à l'intérieur d'un groupe prépositionnel.

[$_{GN}$ La ministre [$_{PSub}$ qui a pris cette décision]] a été bien conseillée.
Elle est [$_{GN}$ la ministre [$_{PSub}$ qui a pris cette décision]].
Nous avons rencontré [$_{GN}$ la ministre [$_{PSub}$ qui a pris cette décision]].
Nous avons discuté avec [$_{GN}$ la ministre [$_{PSub}$ qui a pris cette décision]].
Nous sommes satisfaits de [$_{GN}$ la ministre [$_{PSub}$ qui a pris cette décision]].

a) Quelques constructions qui posent problème

(NN) Constructions non normées	Constructions normées
• **Utilisation du *que* pour un GPrép en *de***	• **Utilisation de subordonnants variés**
le dictionnaire [$_{PSub}$ que j'ai besoin]	*le dictionnaire [$_{PSub}$ dont (duquel) j'ai besoin]*
je vais chercher ailleurs ce [$_{PSub}$ que j'ai besoin]	*je vais chercher ailleurs ce [$_{PSub}$ dont j'ai besoin]*
le livre [$_{PSub}$ que je t'ai parlé]	*le livre [$_{PSub}$ dont (duquel) je t'ai parlé]*
la façon [$_{PSub}$ que vous êtes habillée]	*la façon [$_{PSub}$ dont vous êtes habillée]*
la façon [$_{PSub}$ que je vois le problème]	*la façon [$_{PSub}$ dont je vois le problème]*
la manière [$_{PSub}$ que c'est accordé]	*la manière [$_{PSub}$ dont c'est accordé]*
• **Préposition orpheline**	• **Préposition avec le subordonnant**
Le canapé [$_{PSub}$ que tu es assis dessus]	*Le canapé [$_{PSub}$ sur lequel tu es assis]*
La fille [$_{PSub}$ que je parle avec]	*La fille [$_{PSub}$ avec qui (avec laquelle) je parle]*
• **Dédoublement du subordonnant et du groupe remplacé**	• **Uniquement le subordonnant**
Le problème [$_{PSub}$ que c'est important]	*Le problème [$_{PSub}$ qui est important]*
Le verre [$_{PSub}$ dans lequel j'y ai mis le sirop]	*Le verre [$_{PSub}$ dans lequel j'ai mis le sirop]*
• **Subordonnants interrogatifs**	• **Subordonnants relatifs**
La raison [$_{PSub}$ pourquoi il a fait ça]	*La raison [$_{PSub}$ pour laquelle il a fait ça]*
C'est la maison [$_{PSub}$ où est-ce que j'habite].	*C'est la maison [$_{PSub}$ où j'habite].*

(NN) Constructions non normées	Constructions normées
• **Utilisation de *quoi* avec un antécédent « neutre » et la préposition *de*** *ce [$_{PSub}$ de quoi il s'agit]* *ce [$_{PSub}$ de quoi elle parle]*	• **Utilisation de *dont* avec un antécédent « neutre » et la préposition *de*** *ce [$_{PSub}$ dont il s'agit]* *ce [$_{PSub}$ dont elle parle]*
• **Utilisation de *lequel* avec un antécédent « neutre »** *quelque chose [$_{PSub}$ à laquelle il n'avait pas pensé]*	• **Utilisation de *quoi* avec un antécédent « neutre »** *quelque chose [$_{PSub}$ à quoi il n'avait pas pensé]* mais utilisation du pronom *lequel* si l'antécédent n'est pas « neutre » *une chose [$_{PSub}$ à laquelle il n'avait pas pensé]*
–	• **Antécédent : *là*** Le pronom *là* peut être suivi de *que* ou de *où*, même si le pronom relatif remplace un GPrép. *C'est là [$_{PSub}$ que je vis].* *C'est là [$_{PSub}$ où je vis].*
–	• **Antécédent : mot signifiant du temps** Le pronom *que* est possible (surtout dans certaines expressions), le pronom *où* est recommandé. *Le jour [$_{PSub}$ où nous nous sommes rencontrés]* *L'hiver [$_{PSub}$ où il a fait si froid]* *La nuit [$_{PSub}$ où cette tragédie a eu lieu]*

b) Les formes du subordonnant *lequel*

Ce subordonnant présente des formes différentes selon les traits qu'il porte. De plus, il se contracte avec les prépositions *à*, *de* et leurs composées.

Préposition	Masculin singulier	Féminin singulier	Masculin pluriel	Féminin pluriel
Ni à ni *de*	*lequel*	*laquelle*	*lesquels*	*lesquelles*
à (et composées)	**à lequel* → *auquel*	*à laquelle* –	**à lesquels* → *auxquels*	**à lesquelles* → *auxquelles*
de (et composées)	**de lequel* → *duquel*	*de laquelle* –	**de lesquels* → *desquels*	**de lesquelles* → *desquelles*

la rue [$_{PSub}$ vers laquelle vous vous dirigez]
les personnes [$_{PSub}$ desquelles vous parlez]
le point [$_{PSub}$ à partir duquel vous tracerez une droite]
les démarches [$_{PSub}$ grâce auxquelles ce service a signé un contrat]

c) Pour mieux comprendre les subordonnées relatives

A. Comment se construit une subordonnée relative ?

Voici le processus de construction d'une phrase subordonnée relative.

P_1	= *La ministre [...] a été bien conseillée.*
P_2	= *La ministre a pris cette décision.*
P_2 transformée = P_{Sub}	= *qui a pris cette décision.*
P_{Sub} insérée dans P_1 = $P_{complexe}$	= *La ministre [$_{Psub}$ qui a pris cette décision] a été bien conseillée.*

Sans ce remplacement par un pronom, on aurait eu la phrase suivante :
**La ministre [la ministre a pris cette décision] a été bien conseillée.*

B. Quel subordonnant choisir d'après le sens ?

Les subordonnants relatifs présentent des caractéristiques de la classe du pronom. À ce titre, ils sont des pronoms de remplacement (VOIR utilisation des pronoms). Ils remplacent le noyau du groupe nominal dans lequel ils s'insèrent : *[$_{GN}$ la ministre [$_{Psub}$ qui a pris cette décision]].* Ce noyau est leur antécédent et guide en partie le choix du subordonnant relatif.

Restriction de sens sur le subordonnant relatif	Subordonnant relatif
Aucune restriction	*qui, que, dont*
Une personne	préposition + *qui*
Un lieu, du temps	*où*
« Neutre » *Ce, cela, rien, quelque chose, autre chose, peu de chose, grand-chose*	*dont, quoi*
Une personne, une chose, un lieu, du temps, mais pas de « neutre »	*lequel*

C. Quel subordonnant choisir d'après la construction et le sens ?

Le choix du pronom relatif repose sur l'analyse du groupe qui se trouve à la fois dans la P_1 et dans la P_2, puisque c'est ce groupe qui devra être remplacé par un pronom relatif pour former une P_{Sub}. Il faut regarder les éléments suivants :

- la fonction ou le type de groupe dans la P_2 (groupe nominal sujet ou non, groupe prépositionnel en *de* ou non) ;
- ce que représente l'antécédent (le donneur de sens et de forme du pronom relatif) : personne, chose, lieu ou neutre (*ce, cela, rien, quelque chose, autre chose, peu de chose, grand-chose*).

P_2 avant pronominalisation (identification du groupe à pronominaliser)			GN contenant la P_{Sub} : Antécédent (noyau du GN)	GN contenant la P_{Sub} : P_{Sub} après pronominalisation
Groupe nominal	GN sujet	*[$_{personne}$ La ministre] a pris cette décision.*	*la ministre*	*[$_{PSub}$ qui a pris cette décision]*
Groupe nominal	GN sujet	*[$_{personne}$ J']ai renversé du café.*	*moi*	*[$_{PSub}$ qui ai renversé du café]*
Groupe nominal	GN sujet	*[$_{chose}$ La pluie] tombe.*	*la pluie*	*[$_{PSub}$ qui tombe]*
Groupe nominal	GN sujet	*[$_{lieu}$ Le pays] est en faillite.*	*le pays*	*[$_{PSub}$ qui est en faillite]*
Groupe nominal	GN sujet	*[$_{neutre}$ Cela] est arrivé.*	*ce*	*[$_{PSub}$ qui est arrivé]*
Groupe nominal	GN pas sujet	*Nous avons engagé [$_{personne}$ un avocat].*	*l'avocat*	*[$_{PSub}$ que nous avons engagé]*
Groupe nominal	GN pas sujet	*Vous êtes [$_{personne}$ une avocate].*	*l'avocate*	*[$_{PSub}$ que vous êtes]*
Groupe nominal	GN pas sujet	*La ministre a pris [$_{chose}$ une décision].*	*la décision*	*[$_{PSub}$ que la ministre a prise]*
Groupe nominal	GN pas sujet	*Il faudra [$_{chose}$ du temps].*	*le temps*	*[$_{PSub}$ qu'il faudra]*
Groupe nominal	GN pas sujet	*Je pense [$_{neutre}$ cela].*	*ce*	*[$_{PSub}$ que je pense]*
Groupe prépositionnel	GPrép en *de*	*Elle parle [$_{personne}$ d'une voisine].*	*la voisine*	*[$_{PSub}$ de qui elle parle]* *[$_{PSub}$ de laquelle elle parle]* *[$_{PSub}$ dont elle parle]*
Groupe prépositionnel	GPrép en *de*	*Elle parle [$_{chose}$ d'une série].*	*la série*	*[$_{PSub}$ de laquelle elle parle]* *[$_{PSub}$ dont elle parle]*
Groupe prépositionnel	GPrép en *de*	*Elle parle [$_{neutre}$ de cela].*	*ce*	*[$_{PSub}$ dont elle parle]*
Groupe prépositionnel	GPrép en *de*	*Elle vient [$_{lieu}$ de ce pays].*	*le pays*	*[$_{PSub}$ d'où elle vient]* *[$_{PSub}$ duquel elle vient]*
Groupe prépositionnel	GPrép pas en *de*	*Il travaille [$_{personne}$ avec un assistant].*	*l'assistant*	*[$_{PSub}$ avec qui il travaille]* *[$_{PSub}$ avec lequel il travaille]*
Groupe prépositionnel	GPrép pas en *de*	*Il travaille [$_{chose}$ avec un ordinateur].*	*l'ordinateur*	*[$_{PSub}$ avec lequel il travaille]*
Groupe prépositionnel	GPrép pas en *de*	*Il travaille [$_{neutre}$ avec cela].*	*ce*	*[$_{PSub}$ avec quoi il travaille]*
Groupe prépositionnel	GPrép pas en *de*	*Il a pensé [$_{neutre}$ à quelque chose].*	*quelque chose*	*[$_{PSub}$ à quoi il a pensé]*
Groupe prépositionnel	GPrép pas en *de*	*Ils vivent [$_{lieu}$ dans ce pays].*	*le pays*	*[$_{PSub}$ où ils vivent]* *[$_{PSub}$ dans lequel ils vivent]*

La coordination

7

Utilité

Les termes de coordination rendent un texte plus fluide en associant les informations présentées. Ils créent de la cohésion parce qu'ils précisent des liens de sens entre des entités (des groupes de mots ou des phrases).

Particularité

La coordination permet d'utiliser une construction relativement aisée à produire puisque les unités coordonnées sont placées côte à côte, au même rang, sans transformation, et reliées par un coordonnant.

7.1. Les coordonnants

Les coordonnants forment une classe de mots qui permet de construire une coordination. Ils assurent une liaison
- sur le plan du sens (addition, séparation, opposition, etc.) ;
- sur le plan de la construction (liaison de deux éléments en les plaçant sur un pied d'égalité).

Certains coordonnants présentent comme seule caractéristique celle d'être des marqueurs de coordination (*un stylo <u>et</u> du papier*), d'autres présentent en plus des caractéristiques d'une autre classe (*ensuite* est un coordonnant préposition se construisant sans complément). Ils peuvent être simples (*ou, et*) ou composés (le plus souvent des GPrép figés : *par contre, d'ailleurs, en d'autres termes*).

	Nombre d'éléments coordonnés	Nombre de coordonnants	Coordonnants
COORDONNANTS forts	2 ou plus	1	(Addition) *ainsi que, et, et même, puis*
			(Séparation) *ou*
	2	1	(Addition) *comme, ni*
			(Opposition) *mais, or*
			(Explication) *à savoir, autrement dit, c'est pourquoi, c'est-à-dire, car, soit*
			(Renforcement) *voire, voire même*
		2	(Addition) *et… et, ni… ni,* *non seulement… mais / mais aussi / mais encore*
			(Séparation) *ou… ou, ou bien… ou bien, soit… soit / ou*
			(Conséquence) *si…alors*
COORDONNANTS faibles	2	1	(Addition) *de même, de plus, de surcroît* (RO) *de surcroit, également, en outre, en plus, par ailleurs, par surcroît* (RO) *par surcroit*
			(Opposition) *à l'inverse, au contraire, cependant, d'ailleurs, du reste, en revanche, néanmoins, par contre, pourtant, quoi qu'il en soit, toutefois*
			(Explication) *ainsi, de fait, en d'autres mots, en d'autres termes, en effet, en fait, en particulier, entre autres, notamment, par exemple*
			(Conséquence) *alors, aussi, donc, par conséquent, en conséquence*
	série	série	(Addition) *d'abord, ensuite, puis, enfin ; premièrement, deuxièmement, … finalement ; d'une part, d'autre part ; en premier lieu, en second / deuxième lieu, … en dernier lieu*

7.2. Le fonctionnement de la coordination

a) Principe de la coordination

La coordination consiste

- à placer deux éléments ou plus, côte à côte, au même rang dans la construction, que l'on soit au niveau des groupes, de la phrase ou du texte ;
- à utiliser un coordonnant qui établit explicitement un lien entre les éléments.

L'employé a remis des documents [$_{Groupe\ 1}$ à ce client] [$_{Lien}$ et] [$_{Groupe\ 2}$ à moi].

Julie voudrait [$_{PSub\ 1}$ que nous arrivions tôt] [$_{Lien}$ et] [$_{PSub\ 2}$ que nous apportions le dessert].

[$_{Phrase\ 1}$ Hélène n'est pas encore arrivée] ; [$_{Lien}$ pourtant], [$_{Phrase\ 2}$ elle devrait déjà être là].

[$_{Phrase\ 1}$ Hélène n'est pas encore arrivée.] [$_{Lien}$ Pourtant], [$_{Phrase\ 2}$ elle devrait déjà être là].

Le coordonnant permet de construire une entité supérieure qui comprend les éléments à partir desquels elle est construite.

L'employé a remis des documents [$_{Groupe}$ à ce client et à moi].

Julie voudrait [$_{PSub}$ que nous arrivions tôt et que nous apportions le dessert].

[$_{Phrase\ graphique}$ Hélène n'est pas encore arrivée ; pourtant, elle devrait déjà être là.]

[$_{Séquence\ textuelle}$ Hélène n'est pas encore arrivée. Pourtant, elle devrait déjà être là.]

Il existe deux types de coordination en fonction de l'entité supérieure construite.

Formation d'une entité supérieure de même type (groupe, phrase subordonnée, phrase)	x + x = X	→ Coordination forte
Formation d'une entité supérieure de type différent (séquence textuelle, soit « T »)	x + x = T	→ Coordination faible

Le coordonnant n'a généralement pas de fonction grammaticale (sujet, complément), il est un marqueur de liaison. Cependant, certains coordonnants qui marquent la succession peuvent en même temps planter le cadre temporel et exercer la fonction de complément de phrase.

Il est passé à la maison à 17 heures. <u>Ensuite</u>, il est allé au cinéma.

b) Nombre de coordonnants et d'éléments coordonnés

Le nombre d'éléments coordonnés n'est pas systématiquement égal au nombre de coordonnants. Ainsi, les coordonnants *et, ou* peuvent coordonner plus de deux éléments. Le coordonnant est placé entre les deux derniers éléments.

1 coordonnant,	2 éléments coordonnés :	*[$_{Élément\ 1}$ le président] <u>comme</u> [$_{Élément\ 2}$ ses conseillers]*
1 coordonnant,	3 éléments coordonnés (ou plus) :	*[$_{Élément\ 1}$ une entrée], [$_{Élément\ 2}$ un plat consistant] <u>et</u> [$_{Élément\ 3}$ un dessert]*

2 coordonnants,	2 éléments coordonnés :	non seulement [$_{Élément\ 1}$ une entrée], mais aussi [$_{Élément\ 2}$ un dessert]
3 coordonnants,	3 éléments coordonnés :	d'abord [$_{Élément\ 1}$ une entrée], ensuite [$_{Élément\ 2}$ un plat consistant], enfin [$_{Élément\ 3}$ un dessert]

c) Position et cumul des coordonnants

On distingue les coordonnants faibles des forts sur la base de leur comportement (positions occupées et cumul).

	Caractéristiques des coordonnants
Position	**Coordonnant fort** • Uniquement juste avant le dernier élément coordonné *[$_{Élément\ 1}$ Il s'est présenté] puis [$_{Élément\ 2}$ il s'est assis].* • Pas de coordination en séquence textuelle, sauf en cas d'insistance.
	Coordonnant faible • Juste avant le dernier élément coordonné *[$_{Élément\ 1}$ Il s'est présenté], ensuite [$_{Élément\ 2}$ il s'est assis].* • Ailleurs (notamment après le verbe conjugué ou l'auxiliaire) *[$_{Élément\ 1}$ Il s'est présenté], [$_{Élément\ 2}$ il s'est ensuite assis].* • Coordination en séquence textuelle.
Cumul	**Coordonnant fort** • Pas de cumul entre deux coordonnants forts **Toi et ainsi que moi ; *difficile et car complexe* • Cas particulier : *et puis* *[$_{Élément\ 1}$ Il s'est présenté], et puis [$_{Élément\ 2}$ il s'est assis].* • La séquence *et/ou* ne constitue pas une combinaison de deux coordonnants, mais un choix, ce que marque d'ailleurs la barre oblique. Choix en principe inutile puisque le *ou* signifie l'exclusion ou non. *Nous recherchons quelqu'un qui parle [$_{Élément\ 1}$ italien] et/ou [$_{Élément\ 1}$ espagnol].*
	Coordonnant faible • Cumul possible avec un coordonnant fort, qui est en première position *[$_{Élément\ 1}$ Il s'est présenté], et ensuite [$_{Élément\ 2}$ il s'est assis].* *[$_{Élément\ 1}$ Ses amis sont partis], et donc [$_{Élément\ 2}$ il s'est retrouvé tout seul].*

7.3. La coordination de groupes

Il est possible de coordonner des groupes de mots (groupes nominaux, adjectivaux, etc.). Leur union forme un groupe de la même classe que les groupes réunis. Tous les coordonnants ne permettent pas de coordonner des groupes (par exemple, *car* et *or*).

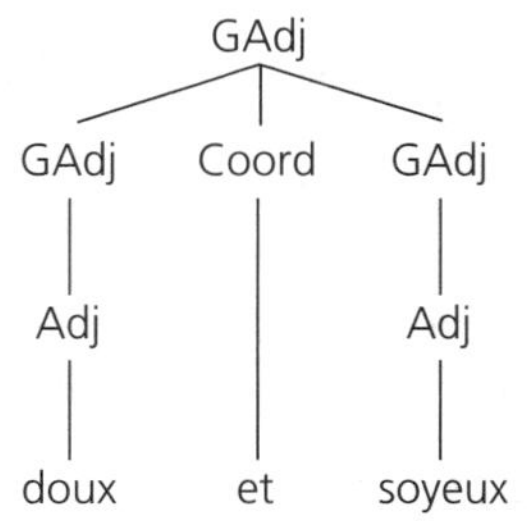

- Coordonnants courants : *et, ni, et même, puis, non seulement… mais (encore, aussi), d'abord, ensuite, au total, à savoir, en gros, somme toute, ainsi, autrement dit, c'est-à-dire, en d'autres mots, en d'autres termes, en particulier, entre autres, notamment, par exemple, soit, voire (même)*
- Exemples :

[$_{GN}$ le groupe au complet, soit 24 personnes,]
[$_{GN}$ le cholestérol HDL, c'est-à-dire le bon cholestérol,]
[$_{GN}$ les policiers comme les manifestants]
[$_{GPrép}$ à la mer ou à la montagne]
[$_{GPrép}$ grâce à lui et à sa gentillesse]
[$_{GAdj}$ aimable voire trop attentionné]
[$_{GAdj}$ d'abord contrariée ensuite fâchée]
[$_{GAdv}$ lentement mais sûrement (RO) *surement]*

a) *Moi et lui* ou *lui et moi* ?

Lorsqu'il y a des pronoms personnels, les groupes doivent être placés dans un ordre spécifique, qui correspond à un emploi de politesse.

Ordre	Exemple
La personne qui parle fait partie du groupe, elle se met **en dernière position**	*[$_{GN}$ Toi et moi] [$_{V}$ serons] en réunion à 14 heures.* *[$_{GN}$ Vous et moi] [$_{V}$ prendrons] un taxi à la gare.* *[$_{GN}$ Ma famille et moi] [$_{V}$ irons] en vacances dans cet hôtel.* *[$_{GN}$ Christian et nous] [$_{V}$ mangerons] à 13 heures.* (NN) *[$_{GN}$ Moi et ma famille] [$_{V}$ irons] en vacances dans cet hôtel.*
La personne qui parle ne fait pas partie du groupe • **Tutoiement :** *toi* en dernière position • **Vouvoiement :** *vous* en première position ou en dernière position	*[$_{GN}$ Lui et toi] [$_{V}$ serez] en réunion à 14 heures.* *[$_{GN}$ Ta famille et toi] [$_{V}$ irez] en vacances dans cet hôtel.* Présence de deux pronoms, P5 en premier ou en dernier *[$_{GN}$ Vous et lui] [$_{V}$ prendrez] un taxi à la gare ; [$_{GN}$ lui et vous].* Présence d'un nom, P5 en dernier *[$_{GN}$ Christian et vous] [$_{V}$ mangerez] à 13 heures.*

b) *Toi et moi, on…*

Le français normé utilise les pronoms de reprise *on, nous* et *vous* lors de la coordination de groupes en fonction sujet.

Groupes coordonnés	Pronom de reprise	Exemple
Toi et moi *Lui et moi* *Elle et moi* etc.	***on***	(français courant) *[$_{GN}$ Toi et moi, <u>on</u>] sera en réunion à 14 heures.* *[$_{GN}$ Mes collègues et moi, <u>on</u>] sera en réunion à 14 heures.*
	nous	(français un peu plus soutenu) *[$_{GN}$ Toi et moi, <u>nous</u>] serons en réunion à 14 heures.* *[$_{GN}$ Mes collègues et moi, <u>nous</u>] serons en réunion à 14 heures.*
Lui et toi *Elle et toi* etc.	***vous***	*[$_{GN}$ Lui et toi, <u>vous</u>] serez en réunion à 14 heures.* *[$_{GN}$ Ta famille et toi, <u>vous</u>] irez en vacances dans cet hôtel.* *[$_{GN}$ Les voisins et toi, <u>vous</u>] devez discuter de ce problème.*
Lui et elle *Elle et eux* etc.	***ils, elles***	(NN) *[$_{GN}$ Le président et son conseiller, <u>ils</u>] vous attendent dans la salle 2.* (NN) *[$_{GN}$ Ton amie et sa collègue, <u>elles</u>] sont parties en vacances en Grèce.*

7.4. La coordination de phrases subordonnées

Il est également possible de coordonner des phrases subordonnées du même type (complément du verbe, complément de phrase, etc.). Leur union constitue une nouvelle subordonnée.

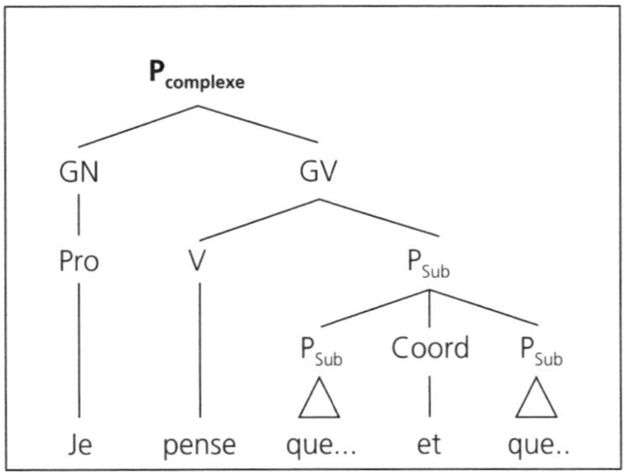

- Coordonnants courants : *et, ou, ni, mais*
- Exemples :

  Je pense [$_{Psub}$ qu'il a beaucoup de chance, <u>mais</u> qu'il ne s'en rend pas compte].

  Elle pense [$_{Psub}$ rester à la maison <u>et</u> aller se coucher tôt].

  Nous lui demanderons [$_{Psub}$ pourquoi il n'a pas répondu <u>et</u> s'il est fâché].

  [$_{Psub}$ Comme il était en retard <u>et</u> que tout le monde l'attendait], il a pris un taxi.

Si les deux subordonnants utilisés sont identiques (*si, quand, comme, parce que,* etc.), le second est remplacé par le subordonnant *que*, à moins qu'on ne veuille insister.

Si tu n'as pas fini et que tu veux plus de temps, appelle-moi.
Si tu n'as pas fini et si tu veux plus de temps, appelle-moi.

Quand vous serez assis et que vous serez détendu, vous remplirez ce formulaire.
Quand vous serez assis et quand vous serez détendu, vous remplirez ce formulaire.

7.5. La coordination de phrases

a) Dans une phrase

La coordination de phrases au sein d'une même phrase graphique (d'une majuscule à une ponctuation finale) permet de construire une phrase complexe.

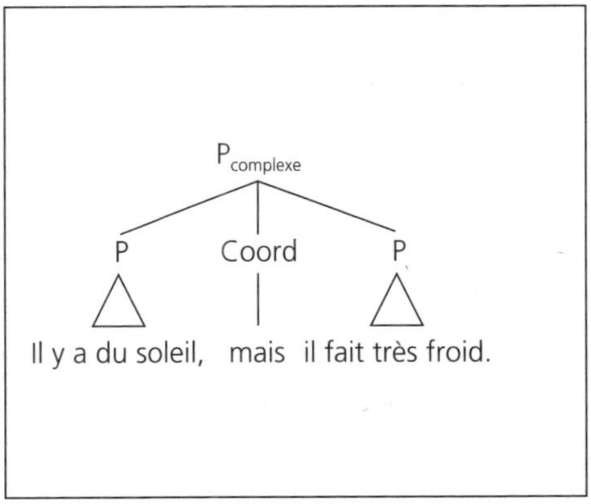

- Tous les coordonnants peuvent être utilisés (addition, séparation, opposition, explication ou conséquence).
- Exemples :
  [$_P$ *Le candidat a annoncé une mesure intéressante, pourtant ses partisans ne l'ont pas applaudi.*]
  [$_P$ *Nous partirons plus loin en vacances; par conséquent, nous partirons plus longtemps.*]
  [$_P$ *Nous partirons plus loin en vacances; nous partirons, par conséquent, plus longtemps.*]
  [$_P$ *Il va arriver d'une minute à l'autre ou il va nous appeler pour annuler.*]

b) Dans une séquence de texte

Des phrases graphiques (d'une majuscule à une ponctuation finale) placées les unes à la suite des autres forment une séquence textuelle à partir du moment où il y a cohérence entre elles. La coordination est un moyen de mettre en lumière cette cohérence à l'intérieur de courtes séquences. Sauf exception, le coordonnant n'a aucune fonction grammaticale dans la ou les phrases où il est inséré.

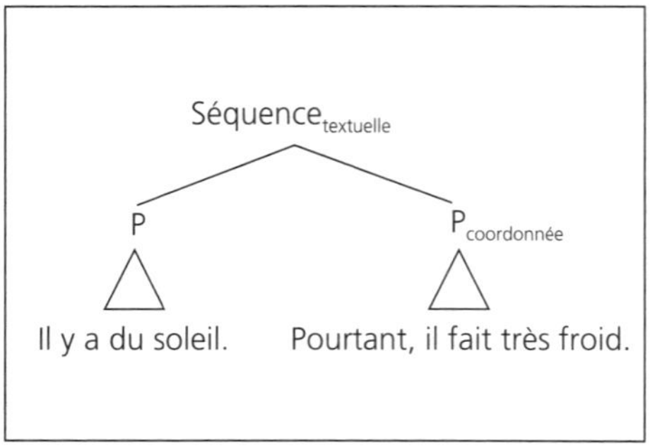

- Tous les coordonnants peuvent être utilisés (addition, séparation, opposition, explication, conséquence ou conclusion).
- Exemples :

  [$_P$ Il y a du soleil.] [$_P$ Pourtant, il fait très froid.]

  [$_P$ D'abord, tranchez le filet de poisson.]
  [$_P$ Ensuite, ajoutez du jus de citron.]
  [$_P$ Puis, mélangez avec de la coriandre.]
  [$_P$ Enfin, réfrigérez pendant 15 minutes.]

7.6. Les connecteurs

Les connecteurs ne constituent pas une classe de mots. Il s'agit d'une fonction d'organisation de la phrase, du texte et non d'une fonction grammaticale.
Les connecteurs tissent des liens de sens au sein d'une phrase complexe ou d'une séquence textuelle. Les textes qui n'en font pas usage sont jugés comme étant plutôt maladroits. Les prépositions, les subordonnants et les coordonnants sont les classes de prédilection pour jouer le rôle de connecteur, rôle qu'elles peuvent exercer en parallèle avec une fonction grammaticale.

Types de connecteurs	Caractéristiques	Exemples
Connecteurs textuels	Organisation du texte (balisage des séquences)	*d'abord, ensuite, enfin, en ce qui concerne, d'emblée,* etc.
Connecteurs argumentatifs	Organisation de l'argumentation (cause, conséquence, opposition, explication, exemplification, conclusion, etc.)	*car, parce que, en raison de, par exemple, à l'inverse, bref, en conclusion, en fin de compte, en gros, d'après,* etc.
Connecteurs temporels	Positionnement et organisation dans le temps	*en…, hier, la veille, le lendemain, quelques années plus tard,* etc.
Connecteurs spatiaux	Positionnement et organisation dans l'espace	*en haut, plus loin, derrière,* etc.

8 Les temps de la conjugaison

Utilité

- Le sens : les temps de la conjugaison ont des significations qui entremêlent des notions très diverses (passé, déroulement en cours, antériorité, possibilité, etc.).
- La cohésion du texte : le bon emploi des temps assure l'unité d'un texte.

Avertissement

- L'emploi des temps de conjugaison repose sur une bonne connaissance des temps de conjugaison. VOIR la classe du verbe

Introduction

Les temps de la conjugaison (indicatif passé composé, indicatif futur simple, subjonctif passé, etc.) constituent un classement des formes que peut prendre le verbe. Ils permettent d'exprimer des notions de temps (passé, futur, etc.) et de modalité (souhait, incertitude, etc.).
Ce chapitre aborde l'emploi des temps, mais aussi celui des auxiliaires liés à l'expression du temps et de la modalité. À côté des auxiliaires de conjugaison (*avoir* et *être*), qui sont suivis d'un participe passé, il existe des auxiliaires de temps et de modalité, qui sont suivis d'un infinitif (*devoir, venir de*, etc.).

Auxiliaire suivi d'un verbe au participe passé

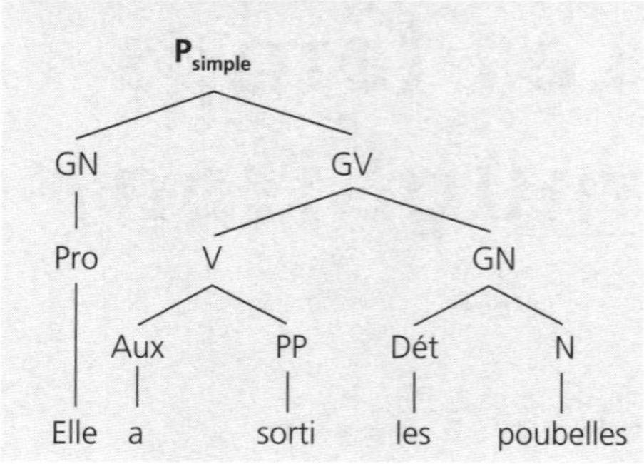

Auxilliaire suivi d'un verbe à l'infinitif

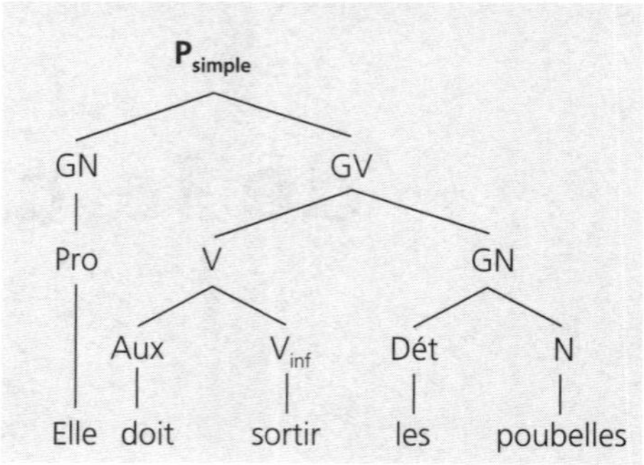

8.1. L'expression du temps

L'expression du temps est une combinaison entre le positionnement sur la ligne du temps, le phénomène décrit par le verbe, le déroulement sur la ligne du temps et le lien avec un point de référence. Dans les faits, l'expression du temps se manifeste par l'emploi des temps de conjugaison et de constructions particulières.

a) Le positionnement général sur la ligne du temps

La ligne du temps se divise en trois époques : le passé, le présent et le futur. Le moment où l'on parle définit le présent et, par la même occasion, le passé et le futur. Le phénomène décrit par un verbe pourra être positionné dans l'une de ces trois époques.

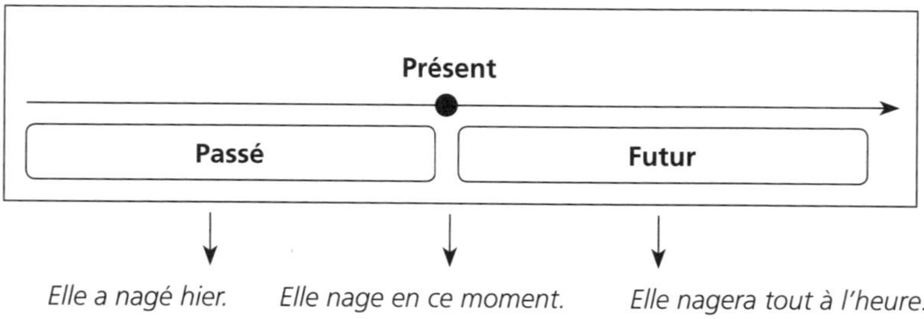

Voici les principaux emplois des temps de la conjugaison et des auxiliaires temporels sur la ligne du temps.

	Sens et caractéristiques	Temps de conjugaison et auxiliaires	Exemple
Présent	« Maintenant »	Indicatif présent	*Je travaille (en ce moment).*
	« Maintenant » étendu au passé ou au futur (précisé par un complément)		*[Passé Je travaille depuis plusieurs heures.]* *[Passé J'habite ici depuis plus de dix ans.]* *[Futur Je reste à la maison toute la soirée.]* *[Futur Je travaille toute la nuit.]*
	Phénomène vrai en tout temps, qui peut se répéter sur la ligne du temps		*La Terre est ronde.* *Mon chauffage fonctionne à l'électricité.* *Il prend une douche tous les matins.*
Futur	Futur certain (généralement précisé par un complément)	Indicatif présent	*Je pars dans deux minutes.* *Je lui téléphone samedi prochain.* *Elle se fait opérer dans un an.*
		aller + infinitif	*Elle va se faire opérer dans un an.* *Il va neiger.*
	Futur proche (généralement précisé par un complément)	*aller* + infinitif	*L'avion va décoller dans quelques minutes.* *Il va y avoir un orage.*
		être sur le point de + infinitif	*Anne est sur le point de s'énerver.* *Elle est sur le point de partir.*
		Indicatif passé composé	*J'ai fini dans deux minutes.* *Dans deux minutes, elle est partie.*
	Futur	Indicatif futur simple	*Je lui téléphonerai (samedi prochain).* *Elle se fera opérer (dans un an).*
Passé	Passé récent	*venir de* + infinitif	*Nathalie vient de signer son contrat.*
		Indicatif présent	*J'arrive (directement) de chez moi.* *J'arrive (à l'instant) de chez le dentiste.* *Il revient (tout juste) de vacances.*
	Passé précisé par un complément		*La France signe ce traité en 1763.* *La France signe ce traité au 18e siècle.*
	Passé terminé (phénomène ponctuel ou duratif ; passé proche ou lointain)	Indicatif passé composé	*La France a signé ce traité (en 1763).* *Il a travaillé là-bas (pendant 20 ans).* *Elle a nagé (jusqu'à 20 heures).* *Elle a bu deux cafés (ce matin).*

	Sens et caractéristiques	Temps de conjugaison et auxiliaires	Exemple
Passé	Phénomène passé ponctuel que l'on veut faire ressortir (complément)	Indicatif imparfait	*La France signait ce traité en 1763.*
	Phénomène passé qui a duré ou qui s'est répété, sans insistance sur le début ou la fin		*Nous nous promenions tous les dimanches.* *J'étais en Belgique au mois de novembre.* *Elle mangeait.* *Il avait les cheveux gris.* *Il portait un manteau bleu marine.*
	Phénomène passé qui a duré ou qui s'est répété, avec insistance sur le début		*Nous suivions cette série depuis le mois de mai.*

b) Le phénomène décrit par le verbe

Un verbe exprime un phénomène (physique, psychologique, affectif, etc.) qui prend automatiquement place sur la ligne du temps. Le phénomène décrit par le verbe et ses éventuels compléments pourra être :

- Un phénomène ponctuel (*tomber dans la piscine, arriver au bureau*)
- Un phénomène duratif
  - o dont le début et la fin sont pris en compte (*nager 60 longueurs*)
  - o dont le début et la fin ne sont pas pris en compte (*nager, se promener*)

Ce classement permet de savoir quelles notions de temps sont compatibles avec le verbe.

- Un phénomène ponctuel ne pourra pas être employé avec un complément de durée (**elle est arrivée au bureau pendant une heure*), mais bien avec un repère dans le temps (*elle est arrivée au bureau à 9 heures*).
- Un phénomène sans début ni fin comme *nager* ne pourra pas être utilisé avec un complément qui présente un intervalle de temps (**elle a nagé en 30 minutes*), mais bien avec un complément de durée (*elle a nagé pendant 30 minutes*).
- Un phénomène qui prend en compte le début et la fin du processus (*elle a nagé 60 longueurs*) ne pourra pas être utilisé avec un complément qui insiste sur la durée (**elle a nagé 60 longueurs pendant 30 minutes*), mais bien avec un complément qui présente un intervalle de temps (*elle a nagé 60 longueurs en 30 minutes*).

c) Le déroulement sur la ligne du temps

Le phénomène exprimé par un verbe (avec ses compléments) a son propre processus de développement, de déroulement. Il est possible d'insister sur ce processus, comme si on le regardait à la loupe, comme si on faisait un gros plan.
Des constructions spécifiques (auxiliaires suivis d'un infinitif), des temps de conjugaison (temps simples ou composés) permettront d'insister de manières diverses sur ce déroulement.

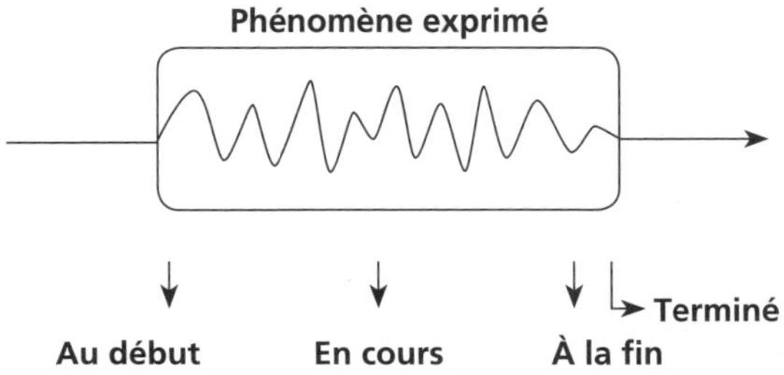

Sens	Temps de conjugaison et auxiliaires	Exemple
Au début du processus	*commencer à* + infinitif	*Le produit commence à faire effet.*
	se mettre à + infinitif	*Catherine se met à travailler.*
	(NN) *partir à* + infinitif	(NN) *Elles sont parties à rire.*
En cours de processus	*être en train de* + infinitif	*La chirurgienne est en train d'opérer.*
	continuer à (de) + infinitif	*Il continue à neiger.* *Il continue de neiger.*
	temps simples de la conjugaison	*Noémie joue dans le jardin.* *Alexandre mangeait son dessert.* *Pierre regardera ce reportage.*
À la fin du processus	*arrêter de* + infinitif *s'arrêter de* + infinitif	*Michel arrête de travailler en 2018.* *La pluie s'arrête de tomber.*
	finir de + infinitif	*La chercheuse finit de récolter les données.*
	achever de + infinitif	*Véronique achève d'écrire son livre.*
	cesser de + infinitif	*Michel cesse de fumer demain.*
Processus terminé	temps composés de la conjugaison	*Noémie a joué dans le jardin.* *Alexandre avait mangé son dessert.* *Pierre aura regardé ce reportage.* *Michel a arrêté de fumer.*

d) Le positionnement sur la ligne du temps par rapport à un point de référence

La ligne du temps présente toujours un point de référence. Il peut être déterminé par le moment où l'on parle, un complément de temps, etc. Il peut se situer dans n'importe quelle époque sur la ligne du temps (passé, présent, futur). Le phénomène décrit par le verbe sera positionné par rapport au point de référence. Trois positions sont possibles : l'antériorité (avant), la simultanéité (au même moment) et la postériorité (après).

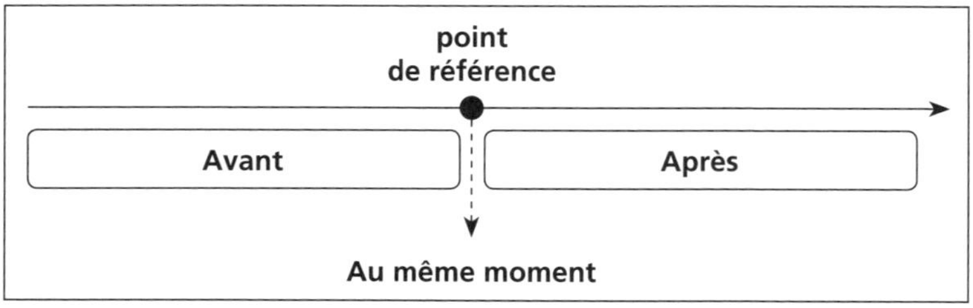

Le positionnement par rapport à un point de référence se fait en particulier chaque fois que l'on construit une phrase complexe par subordination. Le verbe principal est le point de référence (il peut être situé dans n'importe quelle époque : passé, présent ou futur). Le verbe subordonné se positionne par rapport à lui. Le tableau ci-dessous dresse la liste des principaux emplois de concordance des temps en situation de subordination.

Position par rapport au point de référence	Époque	Exemples
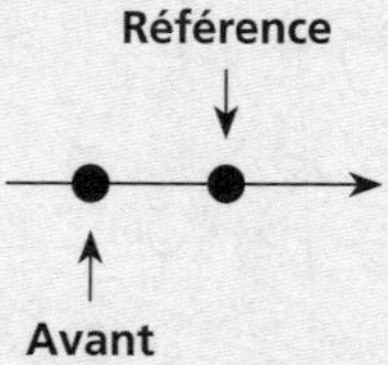	Passé	**Référence (verbe principal) à l'imparfait ou au passé composé** • **Verbe subordonné** au passé (sur)composé, au plus-que-parfait ou à l'infinitif passé ou au subjonctif passé *Elle [$_{\text{Référence}}$ a bu] son café après qu'elle y [$_{\text{Avant}}$ a (eu) mis] du sucre.* *Elle [$_{\text{Référence}}$ a bu] son café après qu'elle y [$_{\text{Avant}}$ ait mis] du sucre.* *Elle [$_{\text{Référence}}$ a bu] son café après y [$_{\text{Avant}}$ avoir mis] du sucre.* *Elle [$_{\text{Référence}}$ pensait] qu'il [$_{\text{Avant}}$ était parti].* *Elle [$_{\text{Référence}}$ a pensé] qu'il [$_{\text{Avant}}$ était parti].* *Elle [$_{\text{Référence}}$ pensait] [$_{\text{Avant}}$ avoir compris].* *Elle [$_{\text{Référence}}$ a pensé] [$_{\text{Avant}}$ avoir compris].* • **Verbe subordonné** au subjonctif passé ou à l'infinitif passé *Elle [$_{\text{Référence}}$ voulait] qu'il [$_{\text{Avant}}$ soit parti].* *Elle [$_{\text{Référence}}$ a voulu] qu'il [$_{\text{Avant}}$ soit parti].* *Elle [$_{\text{Référence}}$ voulait] [$_{\text{Avant}}$ être partie].*

Position par rapport au point de référence	Époque	Exemples
	Présent	**Référence (verbe principal) à l'indicatif présent** • **Verbe subordonné** au passé composé, à l'imparfait, à l'infinitif passé ou au subjonctif passé *Elle [$_{\text{Référence}}$ boit] son café après qu'elle y [$_{\text{Avant}}$ a mis] du sucre.* *Elle [$_{\text{Référence}}$ boit] son café après qu'elle y [$_{\text{Avant}}$ ait mis] du sucre.* *Elle [$_{\text{Référence}}$ boit] son café après y [$_{\text{Avant}}$ avoir mis] du sucre.* *Elle [$_{\text{Référence}}$ pense] qu'il [$_{\text{Avant}}$ est parti].* *Elle [$_{\text{Référence}}$ pense] [$_{\text{Avant}}$ avoir compris].* *Elle [$_{\text{Référence}}$ pense] qu'ils [$_{\text{Avant}}$ étaient] en vacances.* • **Verbe subordonné** au subjonctif passé ou à l'infinitif passé *Elle [$_{\text{Référence}}$ veut] qu'il [$_{\text{Avant}}$ soit parti].* *Elle [$_{\text{Référence}}$ veut] [$_{\text{Avant}}$ être partie].*
	Futur	**Référence (verbe principal) à l'indicatif futur simple** • **Verbe subordonné** au futur antérieur, au passé composé, à l'imparfait, au plus-que-parfait, à l'infinitif passé ou au subjonctif passé *Elle [$_{\text{Référence}}$ boira] son café après qu'elle y [$_{\text{Avant}}$ aura mis] du sucre.* *Elle [$_{\text{Référence}}$ boira] son café après qu'elle y [$_{\text{Avant}}$ ait mis] du sucre.* *Elle [$_{\text{Référence}}$ boira] son café après y [$_{\text{Avant}}$ avoir mis] du sucre.* *Elle [$_{\text{Référence}}$ pensera] qu'il [$_{\text{Avant}}$ est parti].* *Elle [$_{\text{Référence}}$ pensera] [$_{\text{Avant}}$ avoir compris].* *Elle [$_{\text{Référence}}$ pensera] qu'ils [$_{\text{Avant}}$ étaient] en vacances.* *Elle [$_{\text{Référence}}$ pensera] qu'ils [$_{\text{Avant}}$ étaient sortis].* • **Verbe subordonné** au subjonctif passé ou àl'infinitif passé *Elle [$_{\text{Référence}}$ voudra] qu'il [$_{\text{Avant}}$ soit parti].* *Elle [$_{\text{Référence}}$ voudra] [$_{\text{Avant}}$ être partie].*

Position par rapport au point de référence	Époque	Exemples
Référence 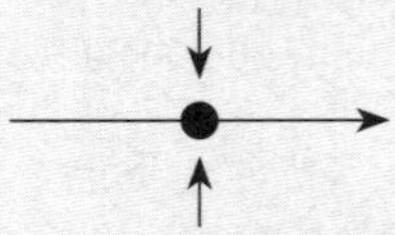 **Au même moment**	Passé	**Référence (verbe principal) à l'imparfait ou au passé composé** • **Verbe subordonné** à l'imparfait ou à l'infinitif présent *Elle [$_{\text{Référence}}$ a bu] son café pendant qu'elle [$_{\text{Même moment}}$ lisait] le journal.* *Elle [$_{\text{Référence}}$ buvait] son café pendant qu'elle [$_{\text{Même moment}}$ lisait] le journal.* *Elle [$_{\text{Référence}}$ pensait] qu'il [$_{\text{Même moment}}$ partait].* *Elle [$_{\text{Référence}}$ a pensé] qu'il [$_{\text{Même moment}}$ partait].* *Elle [$_{\text{Référence}}$ pensait] [$_{\text{Même moment}}$ comprendre].* *Elle [$_{\text{Référence}}$ a pensé] [$_{\text{Même moment}}$ comprendre].* • **Verbe subordonné** au subjonctif présent ou à l'infinitif présent *Elle [$_{\text{Référence}}$ voulait] qu'il [$_{\text{Même moment}}$ parte].* *Elle [$_{\text{Référence}}$ a voulu] qu'il [$_{\text{Même moment}}$ parte].* *Elle [$_{\text{Référence}}$ voulait] [$_{\text{Même moment}}$ comprendre].*
	Présent	**Référence (verbe principal) à l'indicatif présent** • **Verbe subordonné** à l'indicatif présent ou à l'infinitif présent *Elle [$_{\text{Référence}}$ boit] son café pendant qu'elle [$_{\text{Même moment}}$ lit] le journal.* *Elle [$_{\text{Référence}}$ pense] qu'il [$_{\text{Même moment}}$ part].* *Elle [$_{\text{Référence}}$ pense] [$_{\text{Même moment}}$ comprendre].* • **Verbe subordonné** au subjonctif présent ou à l'infinitif présent *Elle [$_{\text{Référence}}$ veut] qu'il [$_{\text{Même moment}}$ parte].* *Elle [$_{\text{Référence}}$ veut] [$_{\text{Même moment}}$ comprendre].*
	Futur	**Référence (verbe principal) à l'indicatif futur simple** • **Verbe subordonné** au futur simple, à l'indicatif présent ou à l'infinitif présent *Elle [$_{\text{Référence}}$ boira] son café pendant qu'elle [$_{\text{Même moment}}$ lira] le journal.* *Elle [$_{\text{Référence}}$ pensera] qu'il [$_{\text{Même moment}}$ part].* *Elle [$_{\text{Référence}}$ pensera] [$_{\text{Même moment}}$ comprendre].* • **Verbe subordonné** au subjonctif présent ou à l'infinitif présent *Elle [$_{\text{Référence}}$ voudra] qu'il [$_{\text{Même moment}}$ parte].* *Elle [$_{\text{Référence}}$ voudra] [$_{\text{Même moment}}$ comprendre].*

Position par rapport au point de référence	Époque	Exemples
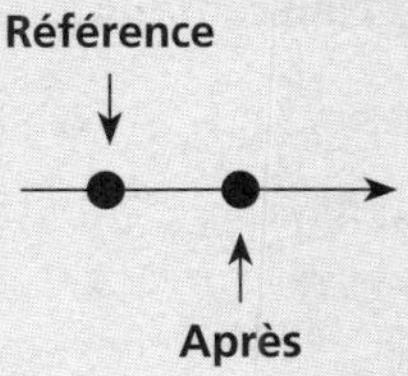	Passé	**Référence (verbe principal) à l'imparfait ou au passé composé** • **Verbe subordonné** à l'infinitif présent, à l'infinitif passé, au conditionnel présent ou au conditionnel passé *Elle [Référence a bu] son café avant de [Après lire] le journal.* *Elle [Référence a bu] son café avant d' [Après avoir lu] le journal.* *Elle [Référence buvait] son café avant de [Après lire] le journal.* *Elle [Référence buvait] son café avant d' [Après avoir lu] le journal.* *Elle [Référence pensait] qu'il [Après partirait].* *Elle [Référence a pensé] qu'il [Après partirait].* *Elle [Référence pensait] qu'il [Après serait parti].* *Elle [Référence a pensé] qu'il [Après serait parti].* • **Verbe subordonné** au subjonctif présent, au subjonctif passé ou à l'infinitif présent *Elle [Référence a bu] son café avant qu'il (n') [Après arrive].* *Elle [Référence a bu] son café avant qu'il (ne) [Après soit arrivé].* *Elle [Référence voulait] qu'il [Après parte] à 15 heures.* *Elle [Référence a voulu] qu'il [Après parte] à 15 heures.* *Elle [Référence voulait] qu'il [Après soit parti] pour 15 heures.* *Elle [Référence a voulu] qu'il [Après soit parti] pour 15 heures.* *Elle [Référence voulait] [Après partir] à 15 heures.* *Elle [Référence voulait] [Après être partie] pour 15 heures.*
	Présent	**Référence (verbe principal) à l'indicatif présent** • **Verbe subordonné** à l'indicatif futur simple *Elle [Référence pense] qu'il [Après partira].* • **Verbe subordonné** au subjonctif présent ou à l'infinitif présent *Elle [Référence boit] son café avant qu'il (n') [Après arrive].* *Elle [Référence veut] qu'il [Après parte] tout à l'heure.* *Elle [Référence veut] [Après partir] tout à l'heure.*

Position par rapport au point de référence	Époque	Exemples
	Futur	**Référence (verbe principal) à l'indicatif futur simple** • **Verbe subordonné** au futur simple ou à l'infinitif présent *Elle* $[_{\text{Référence}}$ *boira] son café avant de* $[_{\text{Après}}$ *partir].* *Elle* $[_{\text{Référence}}$ *pensera] qu'il* $[_{\text{Après}}$ *partira] plus tard.* *Elle* $[_{\text{Référence}}$ *pensera]* $[_{\text{Après}}$ *partir] le lendemain.* • **Verbe subordonné** au subjonctif présent ou à l'infinitif présent *Elle* $[_{\text{Référence}}$ *boira] son café avant qu'il (n')* $[_{\text{Après}}$ *arrive].* *Elle* $[_{\text{Référence}}$ *voudra] qu'il* $[_{\text{Après}}$ *parte] plus tard.* *Elle* $[_{\text{Référence}}$ *voudra]* $[_{\text{Après}}$ *partir] le lendemain.*

8.2. L'expression de la modalité

a) Temps et auxiliaires

Les temps de conjugaison et certains auxiliaires permettent d'exprimer la modalité, c'est-à-dire de présenter des phénomènes comme réels, irréels, incertains, souhaités, etc. Il est parfois nécessaire d'avoir un contexte spécifique pour obtenir l'interprétation recherchée.

Modalité	Temps de la conjugaison, auxiliaires et expressions	Exemple
Ordre, demande • destinataire identifié (P2, P4, P5)	Impératif présent Impératif passé	*Fais tes devoirs !* *Aie terminé à mon retour !*
	Indicatif présent	*Tu t'assieds et tu te tais.*
	Indicatif futur simple (futur de politesse)	*Vous déposerez la clé à la conciergerie.* *Vous fermerez la porte en sortant.*
	Indicatif conditionnel présent (conditionnel de politesse), en phrase interrogative	*Est-ce que vous éteindriez l'ordinateur ?* *Est-ce que vous posteriez cette carte pour moi ?*
	< *Pouvoir, vouloir bien* + infinitif > en phrase interrogative (présent, futur, conditionnel)	*Est-ce que vous pouvez / pourrez / pourriez fermer la porte ?* *Est-ce que vous voulez bien / voudrez bien / voudriez bien lui en parler ?*

Modalité	Temps de la conjugaison, auxiliaires et expressions	Exemple
• destinataire général	Infinitif présent	*Ne pas marcher sur la pelouse.* *Mettre le produit sur la tache et laisser agir.*
Obligation	< *Devoir* + infinitif >	*Elle a dû rester au lit.*
	< *Avoir à* + infinitif >	*Nous avons à lui poser quelques questions.*
Souhait (dans le présent)	< *Vouloir* + infinitif > à l'indicatif imparfait (imparfait de politesse)	*Je voulais vous demander un service.*
	< *Vouloir, aimer, souhaiter, désirer* + infinitif > À l'indicatif conditionnel présent (conditionnel de politesse)	*Je voudrais vous demander un service.* *J'aimerais (bien) voir mon examen.* *Mon amie aimerait vous remercier.* *Je souhaiterais vous rencontrer.* *Il désirerait obtenir un délai supplémentaire.*
	< *Vouloir, aimer, souhaiter* + infinitif > À l'indicatif conditionnel passé (conditionnel de politesse)	*J'aurais voulu vous demander un service.* *J'aurais aimé obtenir un rendez-vous.* *J'aurais souhaité vous rencontrer.*
Possibilité	< *Pouvoir* + infinitif >	*Il pourrait se faire mal.*
	< *Risquer de* + infinitif >	*L'animal risque de se blesser.*
Impression	< *Paraître* (RO) *paraitre* + infinitif >	*Il a paru se dévouer à cette cause.*
	< *Sembler* + infinitif >	*La situation semble s'être stabilisée.*
« Presque »	< *Faillir* + infinitif >	*Elle a failli tomber.*
Nécessité	< *Être à* + infinitif >	*La maison est à vendre.* *Tout est à recommencer.*
Irréel du présent	Indicatif conditionnel présent	*J'aimerais avoir plus de temps.* *Ce serait bien d'avoir une maison de campagne.*
Irréel du passé	Indicatif conditionnel passé	*J'aurais aimé avoir plus de temps l'année dernière.* *Il nous aurait été utile d'avoir ces informations.*
Incertitude	Indicatif conditionnel présent ou passé	*La baisse serait de 2 %.* *Il semblerait que la baisse soit de 2 %.* *Il aurait acquis la nationalité suisse en 2005.*

Modalité	Temps de la conjugaison, auxiliaires et expressions	Exemple
Conseil	< *Devoir, faire mieux de, valoir mieux* + infinitif > À l'indicatif conditionnel présent	*Vous devriez faire attention.* *Vous feriez mieux de suivre cette direction.* *Il vaudrait mieux être prêt.*
	< *Valoir mieux que* + subjonctif > Au conditionnel présent	*Il vaudrait mieux que vous soyez prêt.*
Reproche	< *Pouvoir* + infinitif > À l'indicatif conditionnel présent	*Tu pourrais faire un effort.* *Vous pourriez être plus clair.*
	< *Devoir, faire mieux de, pouvoir, valoir mieux* + infinitif > À l'indicatif conditionnel passé	*Vous auriez dû faire attention.* *Vous auriez mieux fait de partir à 17 h.* *Tu aurais pu faire un effort.* *Il aurait mieux valu être prêt.*
	< *Valoir mieux que* + subjonctif > Au conditionnel passé	*Il aurait mieux valu que vous soyez là.*
Déplacement avec but	< *Aller* + infinitif >	*Ils sont allés chercher du lait.*
	< *Venir* + infinitif >	*Le plombier est venu réparer la tuyauterie.*
	< *Monter* + infinitif >	*Charline est montée faire ses devoirs.*
	< *Descendre* + infinitif >	*Carole est descendue prendre du vin à la cave.*
	< *Courir* + infinitif >	*Elle a couru acheter du sirop à la pharmacie.*
	< *Partir* + infinitif >	*Ma mère est partie faire les courses.*
	< *Sortir* + infinitif >	*Le gérant est sorti faire un dépôt à la banque.*
Cause	< *Faire* + infinitif >	*Isabelle fait travailler l'ensemble du groupe.*
	< *Laisser* + infinitif >	*Elle a laissé la situation empirer.* *Elle a laissé empirer la situation.*

Attention !

Dans le cas des auxiliaires suivis d'un infinitif, les pronoms conjoints qui se rapportent au verbe à l'infinitif se placent

- devant le verbe à l'infinitif (règle générale)
  Elle doit les [$_{Inf}$ sortir]. Elle ne doit pas les [$_{Inf}$ sortir]. Elle n'a pas dû les [$_{Inf}$ sortir].
- devant les auxiliaires *faire* et *laisser*
  Elle le [$_{Aux}$ fait] travailler. Elle l'[$_{Aux}$ a fait] travailler. Elle l'[$_{Aux}$ a laissé] travailler.

b) Le fonctionnement de la condition en « si »

L'expression de la condition-conséquence en *si* impose de considérer les valeurs de la condition et de sa conséquence. Elle repose aussi sur la situation dans le temps.

	Sens	*Si* + …	Verbe principal
Vrai	Condition-conséquence vraie en tout temps « chaque fois que »	• Indicatif présent *Si on appuie sur ce bouton,*	• Indicatif présent *l'appareil se met en marche.*
Vrai	Condition-conséquence vraie dans le passé « chaque fois que »	• Indicatif imparfait *Si j'appelais ma maman,*	• Indicatif imparfait *elle arrivait tout de suite.*
Possible	Condition-conséquence possible dans le futur	• Indicatif imparfait *Si on partait ce soir,*	• Indicatif conditionnel présent *on arriverait à temps.*
		• Indicatif présent *Si tu es en retard,*	• Indicatif présent *tu m'appelles.*
			• Indicatif futur simple *tu m'appelleras.*
			• Impératif présent *appelle-moi.*
	Condition-conséquence possible dans le passé	• Indicatif passé composé *Si tu as envoyé le document,*	• Indicatif présent *tout est en ordre.*
			• Indicatif futur simple *tout ira bien.*
			• Impératif présent *ne t'inquiète pas.*
Impossible	Condition non remplie (contredite par la réalité du présent)	• Indicatif imparfait *Si tu faisais bien ton travail,* (NN) *Si tu ferais bien ton travail,*	• Indicatif conditionnel présent *nous n'aurions pas de problèmes.*
	Condition non remplie dans le passé et conséquence dans le présent	• Indicatif plus-que-parfait *Si tu avais envoyé le document,* (NN) *Si tu aurais envoyé …*	• Indicatif conditionnel présent *nous n'en serions pas là.*
	Condition non remplie dans le passé et conséquence dans le passé	• Indicatif plus-que-parfait *Si tu avais envoyé le document,* (NN) *Si tu aurais envoyé …*	• Indicatif conditionnel passé *elle n'aurait rien remarqué.*

Les accords

9

Utilité

Les marques d'accord, souvent redondantes à l'écrit, constituent des repères lors de la lecture et forment un fil rouge pour l'interprétation. Les accords jouent un rôle dans la cohérence d'un texte.

Avertissement

- Le français possède un système d'accords dont les marques ne s'entendent pas toujours, mais doivent toujours être écrites. Cette différence entre l'oral et l'écrit constitue une difficulté importante.
- L'accord en français repose sur les classes de mots, les groupes et les fonctions.

9.1. Définition et classement

L'accord est le transfert de traits grammaticaux (personne, genre et nombre) d'un mot donneur à un mot receveur. Celui-ci portera les traits reçus.
Le classement des accords repose

- sur le caractère systématique ou non du transfert de traits ;
- sur les types de traits transférés (genre, nombre et personne).

Système des accords

Accords systématiques (en tout temps)		Accords conditionnés (sous conditions)	
Transferts des traits masculin / féminin singulier / pluriel	**Transferts des traits P1 – P6**	**Transferts des traits masculin / féminin singulier / pluriel**	**Transferts des traits P1 – P6 masculin / féminin singulier / pluriel**
• Déterminant • Adjectif complément du nom • Attribut du sujet • Attribut du complément direct • Participe passé employé avec l'auxiliaire *être*	• Verbe et auxiliaire	• Participe passé employé avec l'auxiliaire *avoir* • Participe passé d'un verbe pronominal (avec l'auxiliaire *être*) • Certains adverbes modifieurs d'un adjectif	• Pronom de remplacement

9.2. Fonctions et accords

L'accord repose avant tout sur la structure des groupes et de la phrase ainsi que, dans certains cas, sur leurs positions respectives. Une bonne analyse est donc essentielle.

	Fonction	Caractéristiques
Fonctions donneuses d'accord	**Sujet (S)**	Groupe nominal Groupe essentiel Groupe sélectionné par le verbe Groupe qui est en lien avec le verbe En première position dans l'ordre de base de la phrase Encadrement possible par *c'est… qui* Pronoms spécifiques à la fonction de sujet : *je, tu, il(s), elle(s), on* *[$_{\text{Sujet}}$ Toutes les informations essentielles] se trouvent ici.* → Remplacement par le pronom *elles* : *[$_{\text{Sujet}}$ elles] se trouvent ici.*
	Complément direct (CD)	Groupe nominal Groupe essentiel (quelquefois sous-entendu) Groupe sélectionné par le verbe Expansion du noyau du groupe verbal Groupe qui est en lien avec le verbe, qui présente un élément de sens sélectionné par le verbe Position après le verbe dans l'ordre de base de la phrase Pronoms compléments directs : *le, la, les, en, me, te, se, nous, vous.* *J'ai trouvé [$_{\text{Complément direct}}$ toutes les informations essentielles].* → Remplacement par le pronom *les* : *je [$_{\text{Complément direct}}$ les] ai trouvées.*

	Fonction	Caractéristiques
Fonctions receveuses d'accord	**Déterminant**	En principe, le déterminant n'a pas de fonction puisque seuls les groupes en ont une.
	Complément du nom ou du pronom	Groupe nominal, prépositionnel ou adjectival Groupe généralement non essentiel Expansion du noyau du groupe nominal Groupe qui est en lien avec le noyau du groupe nominal Position avant ou après le noyau *Toutes les informations [Complément du nom essentielles] se trouvent ici.* *Les [Complément du nom premiers] touristes sont arrivés.* *Mon ami [Complément du nom Jean-Michel] est en voyage à l'étranger.* *Celles [Complément du pronom de gauche] sont de meilleure qualité.*
	Attribut du sujet (AttrS)	Groupe nominal, adjectival, prépositionnel ou adverbial Groupe essentiel Groupe sélectionné par le verbe (les verbes attributifs les plus courants sont *être, paraître* (RO) *paraitre, devenir, rester, sembler, demeurer* et *avoir l'air*) Expansion du noyau du groupe verbal Groupe qui est en lien avec le sujet et qui le qualifie sur le plan du sens Position après le verbe dans l'ordre de base de la phrase Pronom en fonction d'attribut : *le* *Toutes ces informations sont [Attribut du sujet essentielles].* → Remplacement par le pronom *le* : *toutes ces informations [Attribut du sujet le] sont.*
	Attribut du complément direct (AttrCD)	Groupe nominal, adjectival ou prépositionnel Groupe essentiel Groupe sélectionné par le verbe (les verbes courants sont *appeler, choisir, considérer, croire, désigner, juger, nommer, prendre, qualifier, regarder, traiter, trouver*) Expansion du noyau du groupe verbal Groupe qui est en lien avec le complément direct Second complément après le verbe dans l'ordre de base de la phrase Pas de remplacement par un pronom *Elle a nommé [CD Valérie] [Attribut du CD présidente].* *Nous jugeons [CD toutes ces informations] [Attribut du CD essentielles].* *Il considère [CD cette décision] [Attribut du CD comme un très mauvais choix].*
Fonctions qui bloquent l'accord	**Complément indirect (CI)**	Groupe prépositionnel Groupe essentiel (quelquefois sous-entendu) Expansion du noyau du groupe verbal Groupe sélectionné par le verbe Groupe qui est en lien avec le verbe, qui présente un élément de sens sélectionné par le verbe Position après le verbe dans l'ordre de base de la phrase Pronoms compléments indirects : *lui, leur, en, y, me, te, se, nous, vous.* *Elle est allée [Complément indirect chez le dentiste].* → Remplacement par le pronom *y* : *elle [Complément indirect y] est allée.* *Elle a parlé [Complément indirect de sa visite chez le dentiste].* → Remplacement par le pronom *en* : *elle [Complément indirect en] a parlé.* *Elle a bifurqué [Complément indirect vers la droite].* → Remplacement par un pronom : impossible

	Fonction	Caractéristiques
Fonctions qui bloquent l'accord	**Modifieur du verbe**	Groupe adverbial, adjectival, prépositionnel ou nominal Groupe essentiel ou non Expansion du noyau du groupe verbal Groupe sélectionné par le verbe s'il est essentiel Groupe qui est en lien avec le verbe et qui module son sens (degré, déroulement dans le temps, qualification, manière) Après le verbe dans l'ordre de base de la phrase Pas de remplacement par un pronom *Elles parlent [$_{\text{Modifieur du verbe}}$ vite]. Elle sent [$_{\text{Modifieur du verbe}}$ bon].* *J'accepte [$_{\text{Modifieur du verbe}}$ de bon cœur].* *Il travaille [$_{\text{Modifieur du verbe}}$ un maximum].*
	Modifieur de l'adjectif	Groupe adverbial Groupe non essentiel Avant l'adjectif noyau modifié *[$_{\text{Modifieur}}$ Très] gentil, [$_{\text{Modifieur}}$ tout] content*

9.3. Mots receveurs

Seules certaines classes de mots (et même parfois seuls certains types de mots) peuvent recevoir un accord. Pour que l'accord prenne place, il faut que les conditions d'accord (fonction, position) soient remplies.

Mots receveurs	Traits reçus lors d'un accord		
	masculin / féminin	singulier / pluriel	P1-P6
Déterminant	✓	✓	–
Adjectif	✓	✓	–
Nom animé	✓	✓	–
Adverbe (*le plus, tout*)	✓	✓	–
Participe passé	✓	✓	–
Verbe à un temps simple	–	–	✓
Auxiliaire	–	–	✓
Pronom de remplacement	✓	✓	✓

9.4. Accords systématiques

Ces accords ont la particularité de devoir être faits en tout temps, sans restriction. Ils doivent par conséquent faire partie d'une connaissance de base du système des accords. Des erreurs d'accords systématiques ne passent pas inaperçues et seront considérées comme des erreurs plus graves que celles concernant les accords conditionnés (VOIR accords conditionnés).

a) Transfert de traits *masculin / féminin* et *singulier / pluriel*

A. L'accord du déterminant

	Donneur	Receveur	Espace dans lequel se fait l'accord
Accord du déterminant	Nom ou pronom, noyau du groupe nominal	Déterminant	Dans le groupe nominal 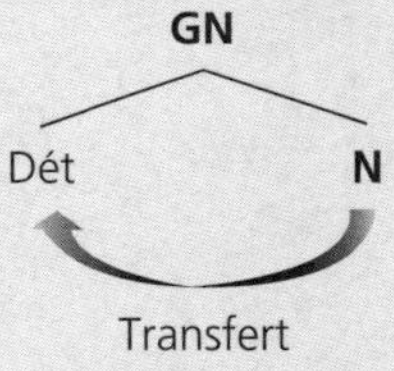 *[$_{GN}$ leurs livres]* *[$_{GN}$ toutes les données]* *[$_{GN}$ tous ceux-ci]*

Le déterminant s'accorde en genre et en nombre avec le noyau du groupe nominal dont il fait partie.

Savoir +

- Certains déterminants ont une **forme fixe**. Ils ne portent pas visiblement les traits reçus.
  [$_{GN}$ beaucoup de livres], [$_{GN}$ trop de fumée], [$_{GN}$ chaque personne]
  [$_{GN}$ cent livres], [$_{GN}$ les cinq personnes], [$_{GN}$ vingt étudiantes]

- La séquence ***une espèce de***
  En français normé, la séquence *une espèce de* est toujours au féminin puisque le mot *espèce* est féminin.
  [$_{GN}$ une espèce de fou], [$_{GN}$ une espèce de sac], [$_{GN}$ une espèce de chaise]
  En français non normé, la séquence sera au masculin ou au féminin selon le mot qui suit.
  (NN) *[$_{GN}$ un espèce de fou], [$_{GN}$ un espèce de sac]*

B. L'accord de l'adjectif complément du nom

L'adjectif s'accorde en genre et en nombre avec le noyau du groupe nominal dont il fait partie.

	Donneur	Receveur	Espace dans lequel se fait l'accord
Accord de l'adjectif complément du nom	Nom ou pronom, noyau du groupe nominal	Adjectif noyau du groupe adjectival qui est complément du nom ou du pronom	Dans le groupe nominal 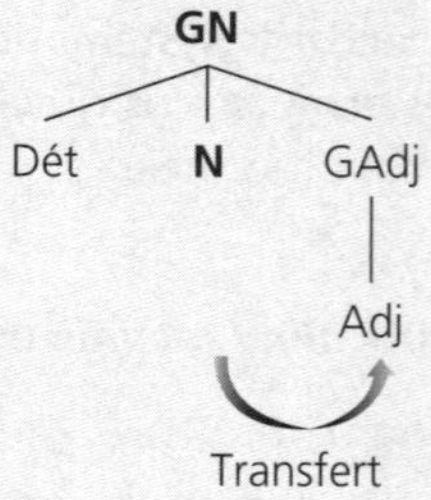 *[$_{GN}$ les infractions [$_{GAdj}$ commises]]* *[$_{GN}$ les colis [$_{GAdj}$ envoyés]]*
			Dans le groupe nominal 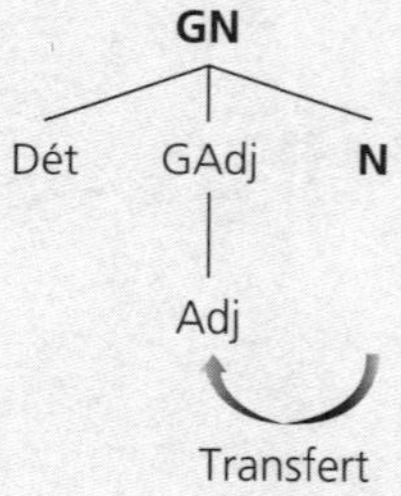 *[$_{GN}$ cette [$_{GAdj}$ grande] bouteille]* *[$_{GN}$ deux [$_{GAdj}$ anciens] collègues]*

Savoir

- L'accord se répète pour **chaque adjectif.**
  [$_{GN}$ une [$_{GAdj}$ grande] bouteille [$_{GAdj}$ verte]], [$_{GN}$ mes [$_{GAdj}$ anciens] souliers [$_{GAdj}$ noirs]]
- Si le groupe adjectival est **complexe**, seul le noyau (l'adjectif) varie.
  [$_{GN}$ deux feuilles [$_{GAdj}$ complètement blanches]], [$_{GN}$ des victimes [$_{GAdj}$ transies de froid]]
- L'accord se fait même si l'adjectif est **éloigné** du donneur.
  [$_{GN}$ [$_{GAdj}$ Particulièrement chères depuis quelques années], ces maisons] sont hors de prix pour la majorité des gens.
- Dans les cas de **coordination** de groupes nominaux, l'adjectif s'accorde avec les noyaux des deux groupes coordonnés ou bien avec l'un des deux selon le sens (et la structure qui en découle).
  [$_{GN}$ cet acteur et ce réalisateur [$_{GAdj}$ italiens]] (Accord avec les noyaux coordonnés)
  [$_{GN}$ des déchets et [$_{GN}$ un poisson [$_{GAdj}$ mort]]] (Accord avec un seul noyau)

- Dans les cas où le groupe nominal contient un **groupe prépositionnel,** l'adjectif peut, selon le sens (et la structure qui en découle), faire partie ou non du groupe prépositionnel. L'adjectif s'accorde avec le noyau du groupe nominal dont il fait partie.
  [$_{GN}$ une salade [$_{GPrép}$ de [$_{GN}$ haricots [$_{GAdj}$ rouges]]]]
  (*Des haricots rouges,* et non *une salade rouge*)
  [$_{GN}$ une sauce [$_{GPrép}$ au poivre] [$_{GAdj}$ onctueuse]]
  (*Une sauce onctueuse* et non *du poivre onctueux*)
- Si le noyau du groupe nominal est un **pronom général,** les traits transférés sont le masculin singulier.
  [$_{GN}$ quelque chose de [$_{GAdj}$ nouveau]], [$_{GN}$ quelque chose de [$_{GAdj}$ bon]]
  Expliquez-nous [$_{GN}$ autre chose d'[$_{GAdj}$ intéressant]].
  Cette fille est [$_{GN}$ quelqu'un de [$_{GAdj}$ gentil]].

C. L'accord de l'attribut du sujet

L'adjectif et certains noms dans un groupe ayant la fonction *attribut du sujet* s'accordent en genre et en nombre avec le noyau du groupe ayant la fonction *sujet*.

	Donneur	Receveur	Espace dans lequel se fait l'accord
Accord de l'attribut du sujet	Noyau du groupe ayant la fonction *sujet*	Noyau du groupe adjectival ayant la fonction *attribut du sujet*	Dans la phrase 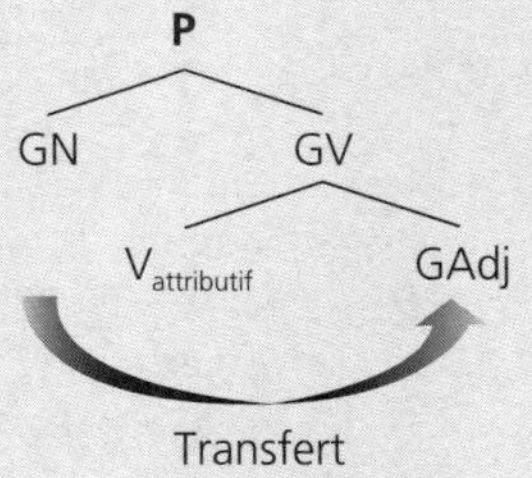 *[$_{Sujet}$ Tes voisins] sont [$_{AttrS}$ très gentils envers nous].* *[$_{Sujet}$ Les animaux] restent [$_{AttrS}$ calmes].* *[$_{Sujet}$ La maison] a l'air [$_{AttrS}$ délabrée].* *[$_{Sujet}$ La directrice] est devenue [$_{AttrS}$ blanche].*
		Noyau du groupe nominal ayant la fonction *attribut du sujet* (en particulier nom de métier, de fonction)	Dans la phrase 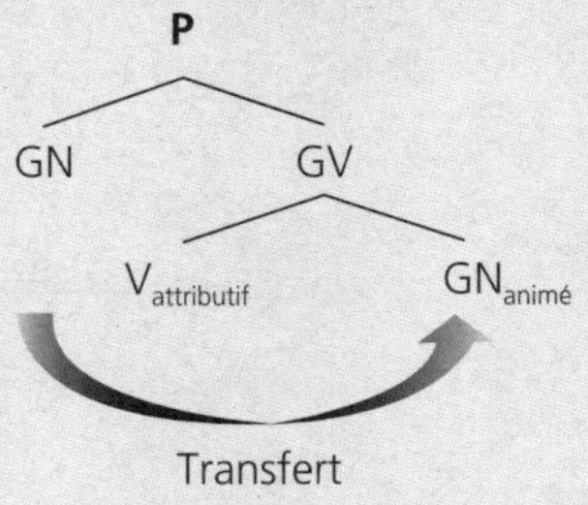 *[$_{Sujet}$ Elle] est [$_{AttrS}$ avocate].* *[$_{Sujet}$ Elle] est [$_{AttrS}$ présidente].* *[$_{Sujet}$ Elle] est [$_{AttrS}$ conseillère].*

Savoir

- Lorsque le **sujet est un pronom,** le transfert de traits se fait selon les traits que porte le pronom.

  Tu sembles $[_{\text{AttrS}}$ <u>fatigué</u>]. Tu sembles $[_{\text{AttrS}}$ <u>fatiguée</u>].
  Vous êtes $[_{\text{AttrS}}$ <u>prêt</u>]. Vous êtes $[_{\text{AttrS}}$ <u>prête</u>]. Vous êtes $[_{\text{AttrS}}$ <u>prêts</u>]. Vous êtes $[_{\text{AttrS}}$ <u>prêtes</u>].
  $[_{\text{Donneur initial}}$ De nombreuses femmes] prennent ce médicament. $[_{\text{Pronom sujet}}$ Beaucoup] en sont $[_{\text{AttrS}}$ très <u>satisfaites</u>].

D. L'accord de l'attribut du complément direct

<table>
<tr><th></th><th>Donneur</th><th>Receveur</th><th>Espace dans lequel se fait l'accord</th></tr>
<tr><td rowspan="2">Accord de l'attribut du complément direct</td><td rowspan="2">Noyau du groupe ayant la fonction CD</td><td>Noyau du groupe adjectival ayant la fonction attribut du CD</td><td>Dans le groupe verbal
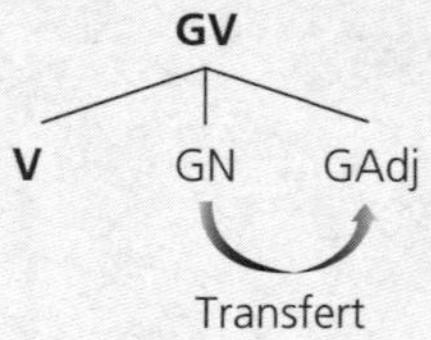

Il trouve $[_{\text{CD}}$ sa <u>chambre</u>] $[_{\text{AttrCD}}$ trop <u>petite</u>].
La médecin $[_{\text{CD}}$ <u>les</u>] croit $[_{\text{AttrCD}}$ <u>malades</u>].
Dominique a $[_{\text{CD}}$ les <u>yeux</u>] $[_{\text{AttrCD}}$ <u>bleus</u>].</td></tr>
<tr><td>Noyau du groupe nominal ayant la fonction attribut du CD (en particulier, nom de métier, de fonction)</td><td>Dans le groupe verbal
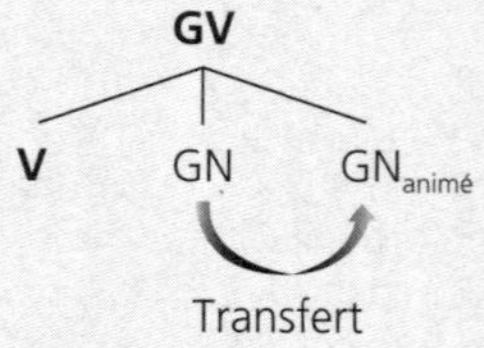

Le président nommera $[_{\text{CD}}$ <u>Anne</u>] $[_{\text{AttrCD}}$ <u>représentante</u>].</td></tr>
</table>

L'adjectif et certains noms dans un groupe ayant la fonction *attribut du complément direct* s'accordent en genre et en nombre avec le noyau du groupe ayant la fonction *complément direct.*

Savoir

- L'attribut du complément direct peut être **placé avant** le complément direct si celui-ci est long.
  Le président a jugé [$_{AttrCD}$ <u>coupables</u>] [$_{CD}$ les trois personnes qui comparaissaient ce matin].
- L'attribut du complément direct peut être un **groupe prépositionnel** contenant un groupe adjectival. L'accord prend place également.
  Bernard [$_{CD}$ la] considère [$_{AttrCD}$ <u>comme intelligente</u>].
  Le président a qualifié [$_{CD}$ la rencontre] [$_{AttrCD}$ <u>de fructueuse</u>].

E. L'accord du participe passé employé avec l'auxiliaire *être*

Rappel Un verbe non pronominal ne présente pas de pronom réfléchi.

	Donneur	Receveur	Espace dans lequel se fait l'accord
Accord du participe passé avec *être*	Noyau du groupe ayant la fonction *sujet*	Participe passé d'un verbe non pronominal employé avec l'auxiliaire *être*	Dans la phrase 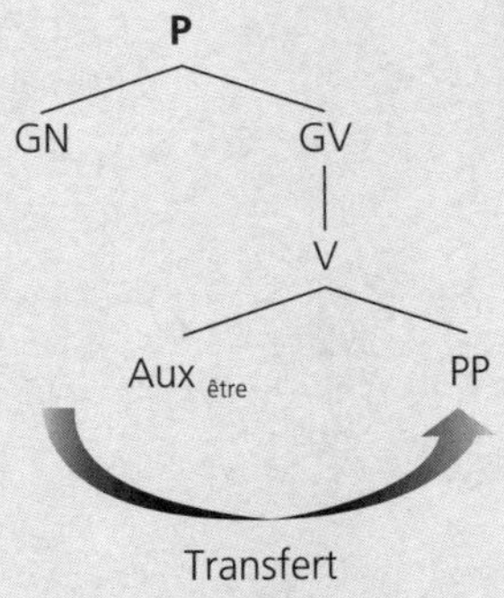 *[$_{Sujet}$ La <u>fille</u> de mes voisins] est [$_{PP}$ <u>passée</u>] à la maison hier soir.* *[$_{Sujet}$ L'<u>avocat</u> de la défense] est [$_{PP}$ <u>arrivé</u>] sans son client.* *[$_{Sujet}$ La <u>juge</u>] est [$_{PP}$ <u>parvenue</u>] à faire respecter le silence.* *[$_{Sujet}$ Ses <u>amis</u> d'enfance] sont [$_{PP}$ <u>allés</u>] à la même école que lui.*

Le participe passé d'un verbe non pronominal employé avec l'auxiliaire *être* s'accorde en genre et en nombre avec le noyau du groupe ayant la fonction *sujet*.

b) Transfert de traits *P1-P6*

A. L'accord du verbe avec le sujet

	Donneur	Receveur	Espace dans lequel se fait l'accord
Accord du verbe	Noyau du groupe ayant la fonction *sujet*	Verbe à un temps simple	Dans la phrase 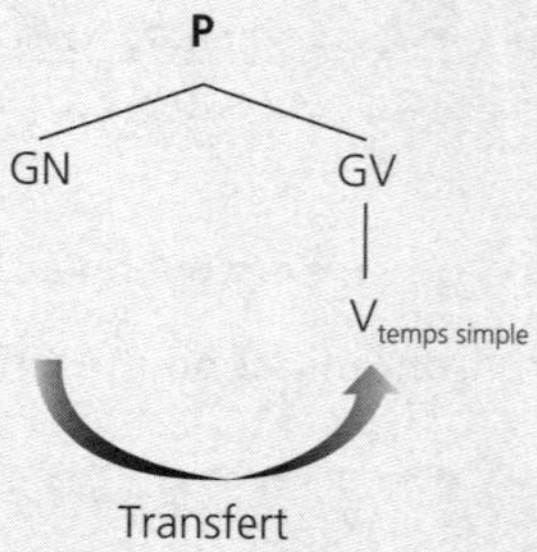 *[$_{Sujet}$ Les <u>chaussures</u> que vend ce magasin] ne [$_{V}$ <u>sont</u>] pas de bonne qualité.* *[$_{Sujet}$ <u>Celles</u> qui sont en solde] [$_{V}$ <u>sont</u>] à l'arrière du magasin.* *[$_{Sujet}$ Le petit <u>chat</u> des voisines] [$_{V}$ <u>miaule</u>] toute la journée.*
		Auxiliaire de conjugaison d'un verbe à un temps composé	Dans la phrase 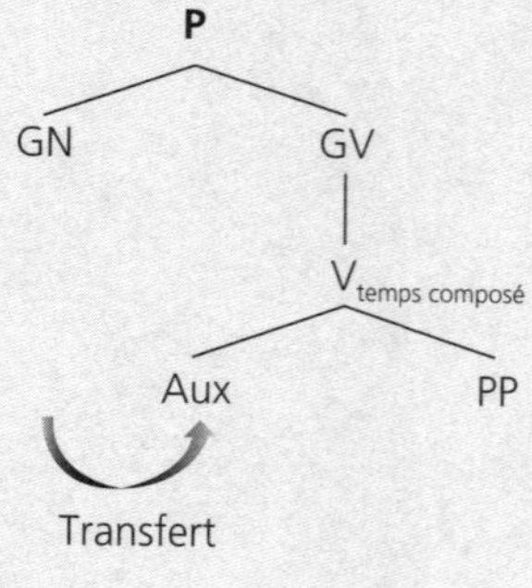 *[$_{Sujet}$ Le petit <u>garçon</u> des voisins] [$_{Aux}$ <u>a</u>] joué dans le jardin toute la journée.* *[$_{Sujet}$ Les <u>propriétaires</u> des trois voitures garées du mauvais côté de la rue] [$_{Aux}$ <u>ont</u>] reçu une contravention.*

Le verbe à un temps simple ou l'auxiliaire de conjugaison d'un verbe à un temps compo[sé] s'accorde en personne av[ec] le noyau du groupe ayant la fonction *sujet*.

Savoir +

- L'**auxiliaire suivi d'un infinitif** (auxiliaire de modalité et de temps) s'accorde, lui aussi, avec le noyau du groupe ayant la fonction *sujet.*
  [$_{\text{Sujet}}$ Maude] doit passer cet examen. [$_{\text{Sujet}}$ Maude] a dû passer cet examen.

- Le noyau du groupe ayant la fonction de sujet transfère ses traits grammaticaux, qui ne doivent **pas être confondus avec son sens**. Ainsi, un mot peut avoir un sens pluriel, mais des traits grammaticaux P3.
  [$_{\text{Sujet}}$ Tout le monde] [$_{\text{V}}$ parle] en même temps.
  [$_{\text{Sujet}}$ La foule] [$_{\text{V}}$ arrive] sur la place.
  [$_{\text{Sujet}}$ Sa famille] [$_{\text{V}}$ habite] en Belgique.

- Il faut bien repérer le **noyau** du groupe ayant la fonction de sujet puisque c'est lui qui transfère ses traits
  1) Le noyau peut être précédé de déterminants composés
     [$_{\text{Sujet}}$ Peu de personnes] [$_{\text{V}}$ mangent] sainement.
     [$_{\text{Sujet}}$ La plupart des gens] [$_{\text{V}}$ mentent].
  2) Le noyau peut avoir des expansions

une belle promenade	*[$_{\text{GPrép}}$ dans les bois]*
tous les anciens habitants	*[$_{\text{GPrép}}$ de cette petite ville]*
la participation	*[$_{\text{GPrép}}$ du public] [$_{\text{GPrép}}$ à ces expériences]*
l'installation extérieure	*[$_{\text{GPrép}}$ de balançoires]*

- Les **pronoms** qui occupent la fonction *sujet* portent les traits reçus de leur donneur, mais ceux-ci ne sont pas toujours visibles. Certains pronoms ne peuvent être employés que dans des cas de P6 (*plusieurs, quatre*), d'autres dans des cas de P3 (*chacun*).
  [$_{\text{Sujet}}$ Beaucoup] [$_{\text{V}}$ prennent] le métro.
  [$_{\text{Sujet}}$ Quatre] [$_{\text{Aux}}$ ont] obtenu une entente.
  [$_{\text{Sujet}}$ Chacun] [$_{\text{V}}$ travaille] en silence.
  C'est moi [$_{\text{Sujet}}$ qui] [$_{\text{Aux}}$ ai] cassé cette tasse.
  C'est toi [$_{\text{Sujet}}$ qui] [$_{\text{V}}$ es] énervé.
  C'est vous [$_{\text{Sujet}}$ qui] [$_{\text{V}}$ devez] remplir le questionnaire.

- Le noyau peut avoir une **expansion en *nous, vous, eux, elles.*** L'accord du verbe se fait avec le noyau et pas avec l'expansion.
  [$_{\text{Sujet}}$ Beaucoup parmi nous] [$_{\text{Aux}}$ sont] arrivés très tôt.
  [$_{\text{Sujet}}$ Peu d'entre eux] [$_{\text{V}}$ partiront] à l'heure.
  [$_{\text{Sujet}}$ La plupart d'entre nous] [$_{\text{V}}$ iront] en vacances.
  [$_{\text{Sujet}}$ Certains parmi vous] [$_{\text{V}}$ mangeront] au restaurant ce soir.
  [$_{\text{Sujet}}$ Chacun de vous] [$_{\text{Aux}}$ a] étudié ce chapitre.
  [$_{\text{Sujet}}$ Qui parmi vous] n'[$_{\text{Aux}}$ a] pas étudié ce chapitre ?

- Le groupe ayant la fonction *sujet* peut être placé **après le verbe**.
Dans ce document se [$_V$ trouvent] [$_{Sujet}$ plusieurs erreurs d'orthographe].
De la rue principale [$_V$ arrivaient] [$_{Sujet}$ des curieux].
Voici les bijoux que [$_V$ portait] [$_{Sujet}$ ma grand-mère].
C'est le tuyau par lequel [$_V$ passent] [$_{Sujet}$ les eaux usées].

	Donneur	Receveur	Espace dans lequel se fait l'accord
Accord du verbe (avec une coordination d'addition)	Les noyaux des groupes coordonnés formant le sujet	Verbe à un temps simple	Dans la phrase 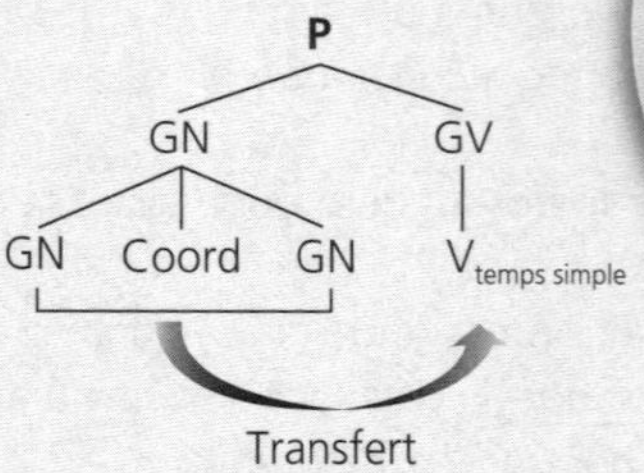 [$_{Sujet}$ *Le président et son conseiller]* *[$_V$ sont] ici.* [$_{Sujet}$ *Lui et toi] [$_V$ serez] en réunion à 14 h.*
		Auxiliaire de conjugaison d'un verbe à un temps composé	Dans la phrase 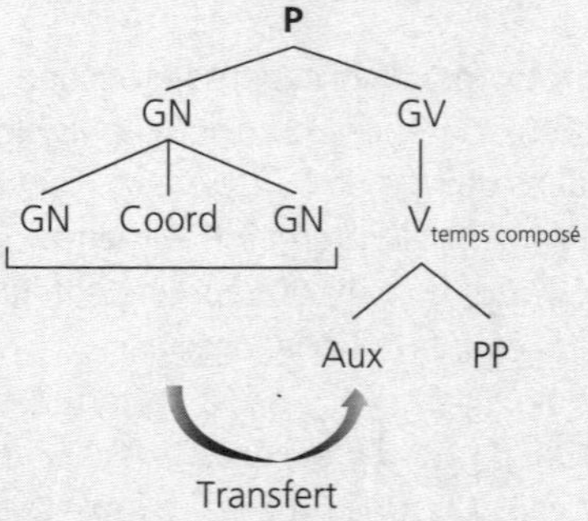 [$_{Sujet}$ *Vous et moi] [$_{Aux}$ aurons] payé trop cher.* [$_{Sujet}$ *Son stylo et son cahier] [$_{Aux}$ sont] tombés à terre.*

Le verbe à un temps simple ou l'auxiliaire de conjugaison d'un verbe à un temps composé s'accorde en personne avec le groupe qui résulte d'une coordination d'addition et qui a la fonction *sujet*.

Le calcul de la personne du groupe résultant de la coordination se fait comme suit, en tenant compte de la priorité entre les personnes P4, P5 et P6 :

- Si l'un des groupes est à la P1 ou à la P4
  → le groupe résultant vaut une P4 (*nous*)
  Toi et moi, elle et moi, vous et moi, elles et moi ; Stéphane et nous, vous et nous, eux et nous, etc.

- Si l'un des groupes est à la P2 ou à la P5
  → le groupe résultant vaut une P5 (*vous*)
  Lui et toi, eux et toi ; vous et elle, Charles et vous, etc.

- Si les groupes sont à la P3 ou à la P6
  → le groupe résultant vaut une P6 (*ils, elles*)
  Sa famille et lui, ses amis et elle, sa voisine et lui, etc.

Le verbe à un temps simple ou l'auxiliaire de conjugaison s'accorde en personne avec un seul membre du groupe qui résulte d'une coordination d'exclusion et qui a la fonction *sujet*.

	Donneur	Receveur	Espace dans lequel se fait l'accord
Accord du verbe (avec une coordination d'exclusion)	Un des noyaux des groupes coordonnés formant le sujet	Verbe à un temps simple	Dans la phrase 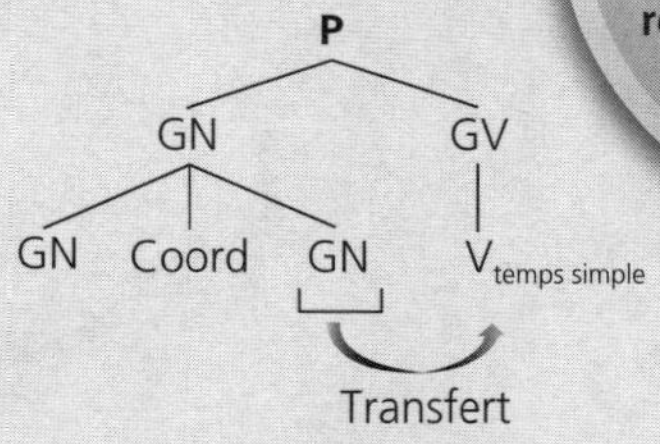 *[$_{Sujet}$ Le président ou son conseiller] [$_{V}$ agira] à titre de représentant.* *[$_{Sujet}$ Ce candidat ou son rival] [$_{V}$ gagnera] l'élection.* *[$_{Sujet}$ Ta mère ou cette autre personne] [$_{V}$ occupera] le seul siège disponible.*
		Auxiliaire de conjugaison d'un verbe à un temps composé	Dans la phrase 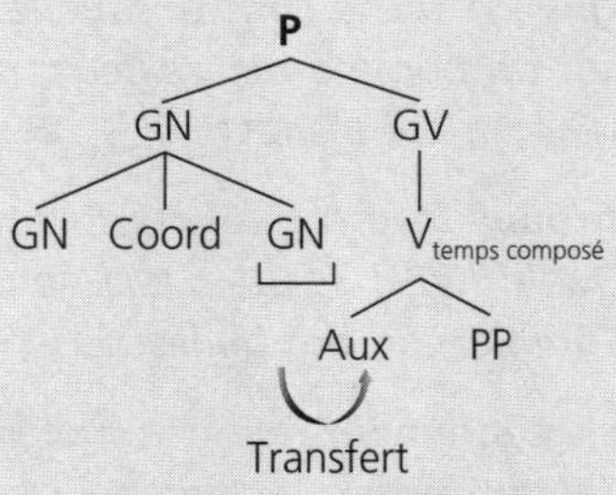 *[$_{Sujet}$ Nadine ou Anne] [$_{Aux}$ aura] déclenché l'alarme.* *[$_{Sujet}$ La bouteille de vin ou celle de jus] s'[$_{Aux}$ est] cassée dans le sac.*

Le sens d'exclusion repose sur le verbe et ses compléments (par exemple, *agir à titre de représentant, gagner l'élection, occuper le seul siège disponible*).

9.5. Accords conditionnés

Ces accords ont la particularité de ne pas devoir être faits en tout temps : l'accord ne prend place que si certaines conditions sont remplies.

a) Transfert de traits *masculin / féminin* et *singulier / pluriel*

A. L'accord du participe passé employé avec *avoir*

<table>
<tr><th></th><th>Donneur et situation</th><th>Receveur</th><th>Espace dans lequel se fait l'accord</th></tr>
<tr><td>Accord du participe passé avec avoir</td><td>Noyau du groupe ayant la fonction CD (verbe personnel), placé avant le participe passé employé avec l'auxiliaire avoir</td><td>Participe passé</td><td>Dans le groupe verbal
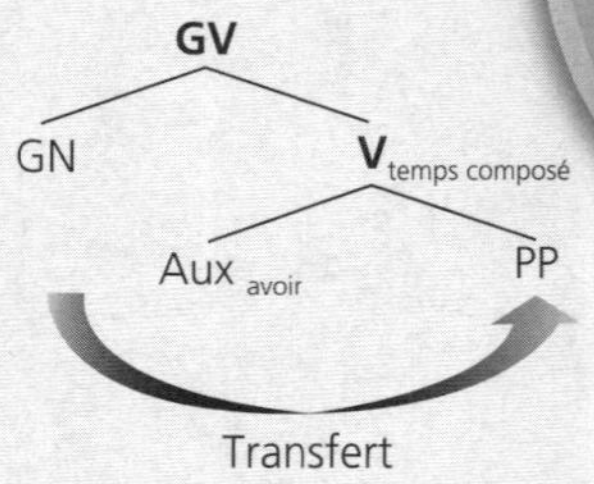

Madame, je [$_{CD}$ vous] ai [$_{PP}$ <u>vue</u>].
Elle [$_{CD}$ <u>les</u>] a [$_{PP}$ <u>nettoyées</u>], ses lunettes.</td></tr>
</table>

Le participe passé d'un verbe personnel employé avec l'auxiliaire *avoir* s'accorde en genre et en nombre avec le noyau du groupe ayant la fonction *complément direct*, uniquement si celui-ci est placé avant le participe passé.

Les cas où l'on trouve un complément direct avant le verbe

- Un **pronom personnel** complément direct avant le verbe (*me, te, le, la, nous, vous, les*)
  J'ai entendu ces paroles adorables. Victor [$_{CD}$ les] a effectivement [$_{PP}$ <u>dites</u>].
  Tanguy est fâché contre Isabelle. Il [$_{CD}$ l'] a [$_{PP}$ <u>surprise</u>] en train de tricher.
  C'était un homme merveilleux. Il [$_{CD}$ nous] a [$_{PP}$ <u>quittés</u>] trop tôt.
  Mesdames, cet inspecteur [$_{CD}$ vous] a [$_{PP}$ <u>suivies</u>] toute la journée.
- Un **groupe interrogatif** complément direct en tête de phrase
  [$_{CD}$ Quels <u>livres</u>] as-tu [$_{PP}$ <u>lus</u>] pendant tes vacances ?
  [$_{CD}$ Combien de <u>bouteilles</u> de vin] avez-vous [$_{PP}$ <u>rapportées</u>] ?
- Un **subordonnant relatif** complément direct (*que*) en tête de phrase subordonnée
  Tu devrais ranger les papiers [$_{CD}$ que] tu as [$_{PP}$ <u>déposés</u>] sur le divan.
  La voiture [$_{CD}$ qu'] il a [$_{PP}$ <u>achetée</u>] est très belle.
  Les coups de fil [$_{CD}$ que] vous avez [$_{PP}$ <u>donnés</u>] n'ont servi à rien.
- Un complément direct mis **en évidence** au moyen de *c'est... que*
  C'est une belle surprise [$_{CD}$ que] tu m'as [$_{PP}$ <u>faite</u>] ce soir.
  Ce sont des chocolats [$_{CD}$ que] nous lui avons [$_{PP}$ <u>offerts</u>].

Les cas où l'accord du participe passé ne se fait pas

Ces cas découlent de l'application de la règle, excepté pour le *en* complément direct et les verbes de mesure.

	Situation	Receveur	Exemple
Pas d'accord du participe passé avec *avoir*	Noyau du groupe ayant la fonction *CD* (verbe personnel), placé après le participe passé	Ø PP$_{avoir}$ au masculin singulier	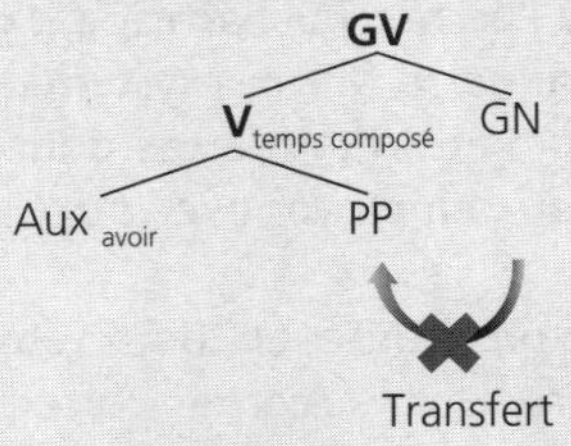 *J'ai [$_{PP}$ vu] [$_{CD}$ cette dame].* *Elle a [$_{PP}$ nettoyé] [$_{CD}$ ses lunettes].* *Elle [$_{expansion\ du\ CD}$ en] a [$_{PP}$ mangé] [$_{CD}$ beaucoup].*
	CD d'un verbe impersonnel		*Ces documents, il me [$_{CD\ impers}$ les] aurait [$_{PP}$ fallu] plus tôt.* *[$_{CD\ impers}$ Que de patience] il a [$_{PP}$ fallu] !* *Je me souviendrai des <u>températures glaciales</u> [$_{CD\ impers}$ qu'] il a [$_{PP}$ fait] hier.* *Les <u>disputes</u> [$_{CD\ impers}$ qu'] il y a [$_{PP}$ eu] entre eux ont laissé des traces.*
	Pas de CD		*Nous avons [$_{PP}$ parlé] [$_{Complément\ de\ phrase}$ des heures].* *Ils ont [$_{PP}$ marché] [$_{Complément\ de\ phrase}$ toute la matinée].* *Nous [$_{Complément\ indirect}$ leur] avons [$_{PP}$ parlé].*
	fait + infinitif *laissé* + infinitif (RO)		*Elle [$_{GN}$ les] a [$_{PP}$ fait] tomber.* (RO) *Elle [$_{GN}$ les] a [$_{PP}$ laissé] tomber.*
	CD complet = *en*		*Il reste encore des fraises même si Noémie [$_{CD}$ en] a [$_{PP}$ mangé].* On pourra cependant tolérer l'accord : *Il reste encore des fraises même si Noémie [$_{CD}$ en] a [$_{PP}$ mangées].*
	CD d'un verbe de mesure		Le participe passé des verbes qui signifient une mesure et qui ont comme complément un groupe nominal qui précise cette mesure (*coûter* (RO) *couter, mesurer, peser, valoir, vivre*) restent au masculin singulier. *Les 122 ans que Jeanne Calment a vécu constituent un record.* On pourra cependant tolérer l'accord : *Les 122 ans que Jeanne Calment a vécus constituent un record.*

B. L'accord du participe passé d'un verbe pronominal

Rappel Un verbe pronominal est toujours employé avec l'auxiliaire *être*. Il se conjugue avec un pronom personnel réfléchi.

Attention, l'accord du participe passé d'un verbe pronominal ne se fait pas systématiquement avec le sujet, comme c'était le cas pour les verbes non pronominaux employés avec *être*.

Voici une procédure en deux étapes, à appliquer dans l'ordre, pour accorder correctement le participe passé d'un verbe pronominal.

Le participe passé d'un verbe pronominal s'accorde avec le noyau du groupe complément direct uniquement si celui-ci est placé avant le verbe. S'il n'y a pas de complément direct, le participe passé s'accorde avec le noyau du groupe qui est sujet, sauf si le pronom réfléchi a la fonction de complément indirect (dans ce cas, le participe passé reste au masculin singulier).

Étape 1. Est-ce que le verbe pronominal est construit avec un complément direct ?

Oui

- Le complément direct est placé **après le verbe**
  → pas d'accord, participe passé au masculin singulier
  (s'arrêter ici, ne rien faire d'autre)

  Elles se sont [$_{PP}$ lavé] [$_{CD}$ les mains] avant de passer à table.
  Elle s'est [$_{PP}$ cogné] [$_{CD}$ la tête] contre le mur.
  Elles se sont [$_{PP}$ écrit] [$_{CD}$ des messages].

- Le complément direct est placé **avant le verbe**
  → accord avec le noyau du groupe qui est complément direct
  (s'arrêter ici, ne rien faire d'autre)

  La blessure [$_{CD}$ qu'] il s'est [$_{PP}$ faite] n'est pas trop grave.
  Les messages [$_{CD}$ qu'] elles se sont [$_{PP}$ écrits] étaient très fréquents.
  [$_{CD}$ Quels cadeaux] est-ce qu'elles se sont [$_{PP}$ envoyés] ?
  Ils [$_{CD}$ se] sont [$_{PP}$ lavés].
  Elles [$_{CD}$ se] sont [$_{PP}$ regardées].

Pour trouver le CD, on peut transformer l'auxiliaire *être* en *avoir*
(*ils se sont lavés = ils ont lavé eux*-mêmes ;
elles se sont lavé les mains = elles ont lavé leurs mains)
ou avoir en tête la manière dont on emploie le verbe
(*ils se sont lavés = quelqu'un lave quelqu'un ;*
elles se sont lavé les mains = quelqu'un lave quelque chose)

Non Passer à l'étape 2.

Étape 2. Est-ce que le pronom réfléchi (*me, te, nous, vous, se*) est complément indirect ?

Oui — Le pronom équivaut à *l'un à l'autre, l'une à l'autre, les uns aux autres, les unes aux autres*
→ pas d'accord, participe au masculin singulier
(s'arrêter ici, ne rien faire d'autre)

Elles [$_{CI}$ se] sont [$_{PP}$ écrit].
Ils [$_{CI}$ se] sont [$_{PP}$ parlé].
Elles [$_{CI}$ se] sont [$_{PP}$ téléphoné].
Ils [$_{CI}$ se] sont [$_{PP}$ succédé].
Vous [$_{CI}$ vous] êtes [$_{PP}$ menti].
Nous [$_{CI}$ nous] sommes [$_{PP}$ nui].

On peut transformer l'auxiliaire *être* en *avoir*
(*elles se sont écrit* = *elles ont écrit l'une à l'autre*)
ou avoir en tête la manière dont on emploie le verbe
(*elles se sont écrit* = *quelqu'un écrit à quelqu'un*)

Non — → Accord avec le noyau du groupe qui est sujet
[$_{Sujet}$ Elles] se sont [$_{PP}$ doutées] [$_{CI}$ qu'il y avait un problème].
[$_{Sujet}$ Ils] se sont [$_{PP}$ évanouis].
[$_{Sujet}$ Ils] se sont [$_{PP}$ aperçus] [$_{CI}$ de leur oubli].

C. L'accord de certains adverbes modifieurs d'un adjectif

	Donneur	Receveur	Espace dans lequel se fait l'accord
Accord de certains adverbes modifieurs d'un adjectif	Noyau du groupe adjectival	Adverbe modifieur *le plus, le moins*	Groupe adjectival 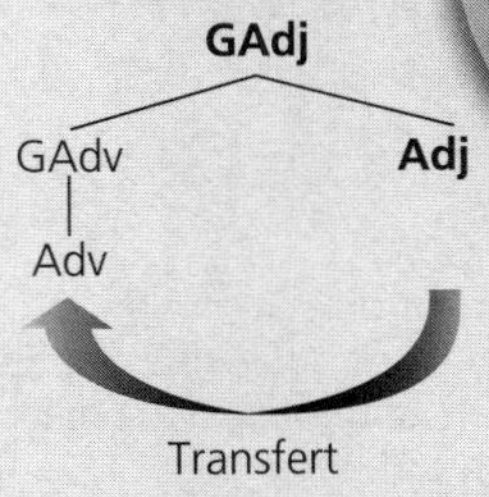
	Noyau du groupe adjectival, uniquement • s'il est féminin • et qu'il commence par une consonne ou un *h* aspiré	Adverbe modifieur *tout*	*[$_{GAdv}$ le plus] attentif* *[$_{GAdv}$ la plus] attentive* *[$_{GAdv}$ les plus] attentifs* *[$_{GAdv}$ les plus] attentives* *[$_{GAdv}$ tout] content, honteux, heureuse, acquis, acquise* *[$_{GAdv}$ toute] contente, honteuse* *[$_{GAdv}$ tout] contents, honteux, heureuses, acquis, acquises* *[$_{GAdv}$ toutes] contentes, honteuses*

Certains adverbes font exception et s'accordent en genre et en nombre avec l'adjectif qu'ils modifient.

b) Transfert de *traits masculin / féminin, singulier / pluriel* et *P1-P6*

L'accord des pronoms de remplacement repose sur un choix de reprise d'information (partielle ou totale) au sein d'une phrase complexe ou entre plusieurs phrases. Cet accord est très flexible.

	Donneur et situation	Receveur	Espace dans lequel se fait l'accord
Accord du pronom	Noyau du groupe qui sera répété (en reprise ou par anticipation)	Pronom	Dans la phrase ou dans une séquence textuelle *J'ai acheté [$_{\text{Groupe donneur}}$ deux livres] dans cette librairie. [$_{\text{Pronom}}$ Ils] sont très intéressants.*

VOIR utilisation des pronoms

9.6. Erreurs d'accords fréquentes

Erreur	Correction
• **Marques neutralisées** Des marques sont neutralisées à l'écrit à la P3, masculin, singulier parce que la prononciation ne permet pas de les distinguer (P3-P6 ; singulier-pluriel ; masculin-féminin). L'erreur peut être sur le donneur ou sur le receveur. **Les enfant* **Une méthode actuel* **Les élèves parle.*	• **Marques différenciées** Ces mots, prononcés de manière identique, ne s'écrivent pas de la même manière. → *Les enfants* → *Une méthode actuelle* → *Les élèves parlent.*
• **Marques confondues** La notion de pluriel est souvent associée à un *-s* final, mais ce n'est pas une marque de la P6 pour un verbe. **Ils dormes.*	• **Marques adéquates** Les marques du pluriel peuvent être différentes selon les classes de mots. → *Ils dorment.*

Erreur	Correction
• **Accord de gauche à droite** L'accord sujet – verbe se fait dans le sens de l'écriture, de gauche à droite, avec un mot distracteur. **Comme [$_{\text{distracteur}}$ le] précise nos résultats, il reste des efforts à faire.* **Il [$_{\text{distracteur}}$ les] donnent.* **Je [$_{\text{distracteur}}$ vous] avez appelé.*	• **Accord selon la structure** L'accord sujet – verbe doit avant tout reposer sur la structure plutôt que sur la position des mots. → *Comme le précisent [$_{\text{Sujet}}$ nos résultats], il reste des efforts à faire.* → *[$_{\text{Sujet}}$ Il] les donne.* → *[$_{\text{Sujet}}$ Je] vous avais appelé.*
• **Influence de l'oral** L'accord du participe passé employé avec *avoir* s'entend de plus en plus rarement à l'oral. **Ils les ont fait, ces réparations.* **Il l'a surpris en arrivant derrière elle.*	• **Respect de la norme** L'accord doit être fait à partir du moment où les conditions d'accord sont remplies. → *Ils [$_{\text{CD}}$ les] ont faites, ces réparations.* → *Il [$_{\text{CD}}$ l']a surprise en arrivant derrière elle.*
• **Confusion de règles** L'accord du participe passé employé avec *avoir* est fait par erreur avec le sujet, comme dans le cas de l'auxiliaire *être*. **Elle a changée.*	• **Distinction des règles** L'accord du participe passé employé avec *avoir* repose sur la présence d'un complément direct avant le verbe. → *Elle a changé.*
• **Hypercorrection** L'erreur consiste à appliquer une règle alors qu'elle ne devrait pas l'être. En particulier, l'accord du participe passé employé avec *avoir* est fait systématiquement avec le complément direct, même s'il est placé après le verbe ; un adjectif est accordé systématiquement alors qu'il est modifieur du verbe ; le participe passé est accordé avec le sujet parce qu'il y a l'auxiliaire *être*. **Elle a changés [$_{\text{CD}}$ ses codes].* **Elle sent [$_{\text{Groupe adjectival}}$ bonne].* **Elle s'est [$_{\text{Participe passé avec « être »}}$ permise] d'entrer.*	• **Application adéquate** L'application d'une règle d'accord requiert que certaines conditions très spécifiques soient remplies. Seule une bonne analyse permet de le vérifier. → *Elle a changé [$_{\text{CD}}$ ses codes].* → *Elle sent [$_{\text{Modifieur du verbe}}$ bon].* → *Elle [$_{\text{Pronominal}}$ s'est permis] [$_{\text{CD}}$ d'entrer].*

Chapitre VI

Annexes

1 Les majuscules, les abréviations et la ponctuation

Utilité

Les majuscules, les abréviations et la ponctuation constituent des appuis supplémentaires pour la compréhension d'un texte : ce sont des indices de sens ou de construction selon les cas. Ils sont très importants pour le lecteur.

Avertissement

L'utilisation de ces signes nécessite dans certains cas une bonne compréhension de la structure de la phrase.

1.1. Les majuscules

a) Les accents, le tréma et la cédille

À chaque lettre minuscule correspond une lettre majuscule. Par conséquent, si la minuscule s'écrit avec un accent, un tréma ou une cédille, la majuscule aussi. D'ailleurs, sans accent, certains mots écrits en majuscules sont ambigus : *MEME AGE (même âge, même âgé).*

Voyelles		Consonne	
Accent aigu :	*É*	Cédille :	*Ç*
Accent grave :	*È, Ù, À*		
Accent circonflexe :	*Ê, Û, Â, Ô, Î*		
Tréma :	*Ë, Ü, Ï*		

b) Règles d'utilisation

On distingue deux types d'emploi des majuscules : les majuscules de position et celles de signification.

	Règle	Exemple
Majuscule de position	Une majuscule de position marque le début	
	• d'une phrase graphique	*Une phrase graphique se termine par une ponctuation finale.*
	• d'une phrase citée	*Il m'a dit : « Je t'aimerai toujours. »*
	• d'un titre	*Règles d'utilisation*
Majuscule de signification	Une majuscule de signification permet de donner une signification particulière à un mot ou à une suite de mots.	
	Nom de personne	
	• Nom propre	*Maurice Grevisse*
	• Nom d'habitants, de peuple	*les Grecs, les Londoniens*
	• Nom de fonction : majuscule uniquement si on s'adresse à la personne	*Madame la Directrice* *Madame la Ministre*
	• Génériques *monsieur, madame* : majuscule uniquement si on s'adresse à la personne	*J'aimerais, Madame Tremblay, vous présenter monsieur Durand.*
	Nom de lieu	
	• Planète	*le Soleil, la Terre, Vénus*
	• Pays, région, ville	*la Belgique, la Wallonie, Liège*
	• Lieu contenant un générique (*parc, rue*, etc.), le générique n'a pas de majuscule	*le [$_{\text{générique}}$ parc] Lafontaine,* *la [$_{\text{générique}}$ rue] Sainte-Catherine,* *le [$_{\text{générique}}$ palais] des Congrès*
	Nom de temps	
	• Nom d'une période de l'histoire	*l'Antiquité, le Moyen-Âge, la Renaissance*

c) Erreurs fréquentes

Voici des situations où on a tendance à mettre une majuscule alors que la norme n'en admet pas.

Situation	Exemple
Nom de jour	*Nous nous verrons lundi prochain.*
Nom de mois	*Je partirai en vacances en juillet.*
Nom de langue	*Tu parles français.*
Adjectif relatif à des habitants, à un peuple	*Le climat québécois est rigoureux en hiver.*

1.2. Les abréviations

Une abréviation est la forme réduite d'un mot à l'écrit. Les abréviations suivantes peuvent être utilisées dans un texte, excepté

- celles pour *monsieur, madame* et leur pluriel si l'on s'adresse directement à la personne ;
- ainsi que les unités de mesure qui ne sont pas des indications de l'heure, du poids, de la mesure ou de la vitesse (*elle est restée deux heures, elle a bu un litre d'eau, elle a parcouru cinq kilomètres*).

	Mot	Abréviation au singulier	Abréviation au pluriel
Personnes	*docteur, docteurs*	D^{r} ou *Dr*	D^{rs} ou *Drs*
	docteure, docteures	D^{re} ou *Dre*	D^{res} ou *Dres*
	monsieur, messieurs	*M.* (et non *Mr*)	*MM.*
	madame, mesdames	Mme ou *Mme*	Mmes ou *Mmes*
	Saint, Saints	S^{t} ou *St*	S^{ts} ou *Sts*
	Sainte, Saintes	S^{te} ou *Ste*	S^{tes} ou *Stes*
Divers	*et cætera* (RO) *etcétéra*	etc. (et non etc…)	–
	confer (« voir ce qui suit »)	*cf.*	–
	nota bene	*NB* (ou *N.B.*)	–
	numéro, numéros	n^{o}	n^{os}
	page, pages	*p.*	*p.* (ou *pp.*)
	post-scriptum (RO) *postscriptum*	*PS* (ou *P.-S.*)	–
Ordre	*premier, premiers*	1er	1ers
	première, premières	1re	1res
	deuxième, deuxièmes	2^{e}	2^{es}

	Mot	Abréviation au singulier	Abréviation au pluriel
Unités de mesure	*heure, heures*	*h*	
	gramme, grammes	*g*	
	kilogramme, kilogrammes	*kg*	
	millilitre, millilitres	*ml*	
	centilitre, centilitres	*cl*	
	litre, litres	*l*	
	millimètre, millimètres	*mm*	
	centimètre, centimètres	*cm*	
	mètre, mètres	*m*	
	kilomètre, kilomètres	*km*	

1.3. La ponctuation

Il existe essentiellement dix signes de ponctuation. Ils se divisent en deux groupes selon qu'ils relèvent de la ponctuation finale ou interne. Il existe des signes de ponctuation encadrants (guillemets, parenthèses et doubles virgules) qui se positionnent au début et à la fin d'un segment de phrase.

Ponctuation finale		Ponctuation interne	
.	Le point	,	La virgule
?	Le point d'interrogation	;	Le point-virgule
!	Le point d'exclamation	:	Les deux-points
...	Les points de suspension	, ,	Les doubles virgules
		« »	Les guillemets
		( )	Les parenthèses

La ponctuation ne correspond pas systématiquement aux pauses que l'on fait à l'oral. Elle se fonde surtout sur l'analyse de la phrase, et c'est ce qui rend son emploi difficile.

a) Ponctuation finale

La ponctuation finale se met à la fin d'une phrase graphique (phrase simple ou complexe). Une phrase graphique correspond au modèle de la phrase.

Situation	Exemple
À la fin d'une phrase **déclarative** → un point	*La formation prend fin aujourd'hui.* *Tu me diras [$_{\text{Subordonnée interrogative}}$ pourquoi Louise est fâchée].* *J'ai du papier, des crayons, des feutre, etc.*
À la fin d'une phrase **déclarative** marquant une émotion en suspens → des points de suspension	*J'aurais vraiment voulu être ailleurs à ce moment-là…*
À la fin d'une phrase **déclarative** présentant une liste inachevée sans *etc.* → des points de suspension	*J'ai du papier, des crayons, des feutres…*
À la fin d'une phrase **interrogative** → un point d'interrogation	*Pourquoi es-tu ici ?* *Est-ce que tu me diras pourquoi Louise est fâchée ?*
À la fin d'une phrase **exclamative** → un point d'exclamation	*Comme tu es gentille !* *Qu'est-ce qu'elle est bavarde !*
À la fin d'une phrase **impérative** → un point → un point d'exclamation (ordre plus vif)	*Suis-moi.* *Suis-moi !*

b) Ponctuation interne

La ponctuation interne se met à l'intérieur d'une phrase graphique.

	Situation	Explications et exemples
Juxtaposition	Liste, succession	**Phrases juxtaposées** (deux ou plus) → virgules de séparation *[$_{\text{Phrase}}$ Je prends mon sac]**,** [$_{\text{Phrase}}$ je sors de chez moi]**,** [$_{\text{Phrase}}$ je me rends au bureau].*
		Phrases juxtaposées (deux ou plus) contenant au moins une virgule → point-virgule de séparation *[$_{\text{Phrase}}$ Dès le matin**,** les choses avaient mal commencé] **;** [$_{\text{Phrase}}$ elles ont empiré dans la journée].* *[$_{\text{Phrase}}$ Les choses avaient mal commencé le matin] **;** [$_{\text{Phrase}}$ plus tard dans la journée**,** elles ont empiré].* *[$_{\text{Phrase}}$ Dès le matin**,** les choses avaient mal commencé] **;** [$_{\text{Phrase}}$ plus tard dans la journée**,** elles ont empiré].*
		Groupes juxtaposés (deux ou plus) → virgules de séparation *J'ai avec moi [$_{\text{groupe}}$ mon sac]**,** [$_{\text{groupe}}$ mes clés]**,** [$_{\text{groupe}}$ mon ordinateur]**,** [etc.]*

	Situation	Explications et exemples
Juxtaposition	Explication, conclusion	**La seconde phrase** est une explication, une conclusion de la première. → deux-points *J'ai trouvé la solution : [$_{\text{Explication}}$ il faut augmenter la taille de l'image].* *Tu ne veux plus que je passe te chercher : [$_{\text{Conclusion}}$ tu rentreras à pied].*
		Le second groupe est une explication du premier (un GAdj explicatif au sein du sujet peut être en première position). → doubles virgules encadrantes (sauf en début ou en fin de phrase) *Isabelle, [$_{\text{Explication}}$ ma collègue de travail], est en vacances pour le moment.* *Il étudie l'architecture, [$_{\text{Explication}}$ sa nouvelle passion].* *[$_{\text{Explication}}$ Très distrait], le dernier client a oublié son sac ici.*
Insertion	Apostrophe (nom de la personne à qui on s'adresse)	La phrase est coupée par **le nom de la personne** à qui on s'adresse. → doubles virgules encadrantes (sauf en début ou en fin de phrase) *[$_{\text{Apostrophe}}$ Catherine], est-ce que tu pourrais m'aider ?* *Pardon, [$_{\text{Apostrophe}}$ Madame], je ne vous avais pas vue.* *Ce n'est pas à vous que je parle, [$_{\text{Apostrophe}}$ Monsieur].*
	Commentaire	La phrase est coupée par **un commentaire.** → doubles virgules encadrantes (sauf en début ou en fin de phrase) *[$_{\text{Commentaire}}$ Bien entendu], il est en retard.* *Voici un cadeau qui, [$_{\text{Commentaire}}$ je l'espère], te plaira.* *Jacques n'y arrivera pas, [$_{\text{Commentaire}}$ à mon avis].*
	Indication supplémentaire	La phrase est coupée par **une indication supplémentaire.** → parenthèses encadrantes *Il est agréable à côtoyer et très cultivé (il lit beaucoup).*
	Prise de parole	La phrase est coupée par une indication sur la prise de parole (la phrase est le complément du **verbe de prise de parole** *penser, dire…*) → doubles virgules encadrantes (sauf en fin de phrase) *Il faudrait se coucher, [$_{\text{Prise de parole}}$ pensait-elle], pas plus tard que minuit.* *Il vaut mieux bien dormir, [$_{\text{Prise de parole}}$ dit-on toujours].*
	Citation	La phrase est coupée par **une citation** (qui est le complément du verbe) → deux-points et guillemets *Il m'a dit : « [$_{\text{Citation}}$ Je t'aimerai toujours.] »*

	Situation	Explications et exemples
Déplacement	Complément de phrase déplacé	Le complément de phrase n'est **pas dans sa position de base** (en fin de phrase), mais déplacé ailleurs dans la phrase. → doubles virgules encadrantes (sauf en début de phrase) *[$_{\text{Complément de phrase}}$ Lundi prochain]**,** elle ira nager.* *Il pense que**,** [$_{\text{Complément de phrase}}$ malgré cet appui]**,** le dossier sera refusé.* *Elle a**,** [$_{\text{Complément de phrase}}$ dès son retour]**,** décidé de se remettre au travail.*
Coordination	Coordination en ***et, ou, ni***	**Deux** phrases ou deux groupes coordonnés → pas de virgule avant le coordonnant *[$_{\text{Phrase}}$ Elle a pris son sac] et [$_{\text{Phrase}}$ elle est sortie de chez elle].* *[$_{\text{Phrase}}$ Tu travailleras tard] ou [$_{\text{Phrase}}$ tu iras faire du sport].* *[$_{\text{Groupe}}$ Le candidat] et [$_{\text{Groupe}}$ ses gardes du corps] étaient présents.* *Ni [$_{\text{Groupe}}$ les enfants] ni [$_{\text{Groupe}}$ leurs parents] ne comprenaient.*
		Coordination à **trois éléments ou plus** → pas de virgule avant le coordonnant, mais virgules entre les éléments précédents de la liste *[$_{\text{Phrase}}$ Je prends mon sac]**,** [$_{\text{Phrase}}$ je sors de chez moi] et [$_{\text{Phrase}}$ je me rends au bureau].* *J'ai avec moi [$_{\text{groupe}}$ mon sac]**,** [$_{\text{groupe}}$ mes clés] et [$_{\text{groupe}}$ mon ordinateur].*
		Des phrases coordonnées dont **les sujets sont différents** → virgule avant le coordonnant *[$_{\text{Phrase}}$ Le candidat a annoncé cette mesure]**,** et [$_{\text{Phrase}}$ ses partisans l'ont tout de suite applaudi].*
	Coordination explicative en ***soit, c'est-à-dire, à savoir, voire***	**Deux groupes coordonnés** → doubles virgules encadrantes (sauf en fin de phrase) *Votre identifiant**,** [$_{\text{Explication}}$ c'est-à-dire le code inscrit dans votre contrat]**,** devra être fourni lors de chaque transaction.* *Vous devrez vous inscrire avant le 30 de ce mois**,** [$_{\text{Explication}}$ soit mardi prochain].*
	Coordination en ***mais, car, puis, alors, donc***	**Deux phrases ou deux groupes coordonnés** → virgule avant le coordonnant *[$_{\text{Phrase}}$ Elle a pris son sac]**,** mais [$_{\text{Phrase}}$ elle a oublié ses clés].* *Cet appartement est [$_{\text{Groupe}}$ très beau]**,** mais [$_{\text{Groupe}}$ beaucoup trop petit].* *[$_{\text{Phrase}}$ Ce système doit être bien géré]**,** car [$_{\text{Phrase}}$ toute la ville en dépend].* *[$_{\text{Phrase}}$ Pierre avait décidé de partir en juin]**,** puis [$_{\text{Phrase}}$ il a changé d'avis].* *[$_{\text{Phrase}}$ Marie a raté son examen]**,** alors [$_{\text{Phrase}}$ elle doit avoir une dérogation].* *[$_{\text{Phrase}}$ Éric a sa propre voiture]**,** donc [$_{\text{Phrase}}$ il ne prendra pas le train].*

	Situation	Explications et exemples
Coordination	Coordination en ***ainsi que, comme***	Deux groupes coordonnés → pas de virgules *J'ai envoyé cette lettre à vous ainsi qu'à votre collègue.* *Les directeurs comme les employés devront se plier au règlement.*
	Coordination en *néanmoins, cependant, en effet, en conséquence, par conséquent, par contre, pourtant, toutefois*, etc. **(coordonnants faibles)**	Deux phrases coordonnées → point-virgule avant le coordonnant, et virgule après celui-ci *[$_{\text{Phrase}}$ Ce système est mal géré]* **;** *pourtant***,** *[$_{\text{Phrase}}$ il n'y a pas de problème].* *[$_{\text{Phrase}}$ Elle a pris son sac]* **;** *cependant***,** *[$_{\text{Phrase}}$ elle a oublié ses clés].*
		Deux phrases coordonnées → virgule avant le coordonnant *[$_{\text{Phrase}}$ Elle a pris son sac]***,** *cependant [$_{\text{Phrase}}$ elle a oublié ses clés].*
		Deux phrases graphiques coordonnées → virgule après le coordonnant *[$_{\text{Phrase}}$ Elle a pris son sac]. Cependant***,** *[$_{\text{Phrase}}$ elle a oublié ses clés].*

c) Erreurs fréquentes

Voici quelques erreurs fréquentes relatives à l'emploi de la ponctuation.

Erreur	Correction
Une virgule après **une pause à l'oral,** par exemple :	Une pause à l'oral ne coïncide pas systématiquement avec un signe de ponctuation.
• après un sujet long *[$_{\text{Sujet}}$ Le petit chien des voisins du 4e étage], est en train d'aboyer.*	→ *[$_{\text{Sujet}}$ Le petit chien des voisins du 4e étage] est en train d'aboyer.*
• après un complément long *Elle a offert [$_{\text{Complément}}$ un superbe livre de photographies], à son amie.*	→ *Elle a offert [$_{\text{Complément}}$ un superbe livre de photographies] à son amie.*
• après un *que* *Je pense que, le sujet de ce reportage va toucher beaucoup de monde.*	→ *Je pense que le sujet de ce reportage va toucher beaucoup de monde.*
Plus que trois **points de suspension** *Elle aurait vraiment aimé aller plus vite….*	Les points de suspension sont au nombre de trois. → *Elle aurait vraiment aimé aller plus vite…*
Points de suspension après le ***etc.*** *J'ai du papier, des crayons, des feutres, etc…*	Pas de points de suspension après le *etc.* → *J'ai du papier, des crayons, des feutres, etc.*

2 Les homophones

Définition

Des homophones sont des mots ou des suites de mots qui se prononcent de la même manière, mais qui s'écrivent différemment.

Il a mangé du pain à l'ombre d'un pin.

Les mots d'une langue ont des prononciations différentes. Cependant, il arrive qu'au cours de son histoire, une langue produise des « accidents » : certains mots se prononcent de la même manière, mais n'ont pas le même sens. Ce sont des homophones. On les distingue généralement à l'écrit : la distinction constitue une difficulté d'orthographe (c'est un désavantage), mais, en même temps, cette distinction permet une compréhension plus rapide lors de la lecture (c'est un avantage).

Les homophones ne forment pas une classe de mots au même titre que les noms, les adjectifs, etc. Il s'agit d'un ensemble de mots que l'on a l'habitude de regrouper parce qu'ils posent des difficultés en orthographe.

2.1. Classement

Homophones

Un mot se prononce comme un autre mot
pain [pɛ̃] – *pin* [pɛ̃]

Un mot se prononce comme deux mots
ma [ma] – *m'a* [ma]

Type 1. Au sein d'une classe de mots	Type 2. Entre deux classes de mots	Type 3. Entre plusieurs classes de mots
1.1. Homophones de classe *pain, pin* (noms) *censé, sensé* (adjectifs) *ces, ses* (déterminants) → Orthographes différentes selon le sens	*a – à* (verbe, préposition) *ça – sa* (pronom, déterminant) *emploi – emploie* (nom, verbe) → Orthographes différentes en fonction du sens et de la construction de la phrase	*ma – m'a* *ta – t'a* (déterminant; pronom + verbe) → Orthographes différentes en fonction du sens et de la construction de la phrase
1.2. Homophones d'accord *pain, pains* (nom) *gentil, gentils* (adjectif) *parle, parlent* (verbe) → Orthographes différentes selon les marques d'accord		
1.3. Homophones de conjugaison (mode, temps) *manger, mangez; eut, eût* → Orthographes différentes selon le mode et le temps		

2.2. Liste d'homophones

Ci-dessous, les homophones sont classés alphabétiquement pour faciliter la consultation, mais leur étude devrait reposer sur leur classement (homophones de type 1, 2 ou 3).

La plupart des homophones de classe ont été présentés au fur et à mesure des classes de mots. De plus, les homophones *noms-verbes* (type 2) ont été présentés dans le chapitre sur les verbes.

Homophones	Explications et type d'homophones (1, 2, 3)	
À – a	**a :** verbe *avoir,* ind. présent P3 → conjugaison possible (*avait*, etc.) *Il [$_{GV}$ a deux télévisions]. Il [$_{GV}$ a travaillé].*	2
	à : préposition → remplacement par une autre préposition *Il est [$_{GPrép}$ à la maison].*	
Acquit – acquis	***acquit* :** nom formé à partir du verbe *acquitter* → fait partie d'expressions *par [$_{GN}$ acquit de conscience] ; pour [$_{GN}$ acquit]*	2
	***acquis* :** adjectif ou participe passé, verbe *acquérir* *Il [$_{GV}$ a acquis une solide expérience].* Emploi : *tenir pour [$_{GAdj}$ acquis].*	
Terminaisons *-ai, -ais, -ait*	***-ai,*** en principe prononcé [e] **:** verbe conjugué au futur simple, P1 *Demain, je travaillerai à la maison.*	1
	-ais, -ait, prononcé [ε] **:** verbe au conditionnel présent P1-P2-P3 *Je voudrais travailler dans le calme. Elle a dit qu'elle viendrait demain.*	
C'en – s'en	***c'en* :** pronom *ce* + *en* → remplacement par *cela en* *[$_{GN}$ C'] [$_{GV}$ en est trop] !*	1
	***s'en* :** pronom *se* devant un verbe pronominal → conjugaison : *je m'en…* *Il [$_{GV}$ s'en apercevra] tôt ou tard.*	
C'est – s'est	***c'est* :** pronom *ce* + verbe *être* → remplacement par *cela est* *[$_{GN}$ C'] [$_{GV}$ est un problème].*	1
	***s'est* :** pronom *se* devant un verbe pronominal → conjugaison : *je me suis…* *Il [$_{GV}$ s'est caché].*	
Ça – çà – sa	**ça :** pronom → remplacement par le pronom *cela* *Je n'ai jamais vu [$_{GN}$ ça] !*	1
	çà : pronom de lieu → remplacement par le pronom *là*, expression *Regarder [$_{GPrép}$ çà et là]*	
	sa : déterminant possessif → suivi d'un nom ; remplacement par *un, une, …* *Regarder [$_{GN}$ sa carte]*	2
Capital – capitale	***capital, capitale* :** adjectif → remplacement par l'adjectif *important* *C'est [$_{GAdj}$ capital]. Une question [$_{GAdj}$ capitale].*	2
	***une capitale* :** nom → précédé d'un déterminant *[$_{GN}$ La capitale du Danemark] est Copenhague.*	

Homophones	Explications et type d'homophones (1, 2, 3)	
Ce – se	***ce*** : pronom → *cela* *[$_{GN}$ C'] est bien. [$_{GN}$ Ce] n'est pas difficile. [$_{GN}$ Ce] l'est.* ***se*** : pronom avec un verbe pronominal *Il [$_{GV}$ se lave]. Elles [$_{GV}$ ne se grattent pas]. Ils [$_{GV}$ se le diront] plus tard.*	1
Ce qui – ce qu'il	***ce qui*** **+** verbe non impersonnel *C'est ce qui fonctionne.* ***ce qu'il*** **+** verbe impersonnel *C'est ce qu'il faut.*	3
Chez-soi – chez soi	***chez-soi*** **:** nom composé → remplacement par le nom *maison* *Tout le monde rêve d'avoir [$_{GN}$ son chez-soi].* ***chez soi*** **:** préposition + pronom → remplacement par *à un endroit* *Il est bon de rentrer [$_{GPrép}$ chez soi].*	3
Dans – d'en	***dans*** **:** préposition → remplacement par une autre préposition *Il est [$_{GPrép}$ dans la voiture].* ***d'en*** **:** préposition *de* + pronom *en* → *de cela* *Il vient d'en parler.*	3
Davantage – d'avantage	***davantage*** **:** déterminant, pronom → remplacement par *plus (de)* *Il en a [$_{GN}$ davantage]. Il a [$_{GN}$ davantage de problèmes].* ***d'avantage*** **:** déterminant négatif + nom → *un avantage* *Il n'y a pas [$_{GN}$ d'avantage à agir de la sorte].*	3
Du – dû	***du*** **:** déterminant (partitif ou contracté) → suivi d'un nom *Boire [$_{GN}$ du café] ; descendre [$_{GPrép}$ du train]* ***dû*** **:** adjectif, participe passé → accompagne un nom ; est précédé d'un auxiliaire *Le montant [$_{GAdj}$ dû] ; elle [$_{GV}$ a dû aller chez le médecin].*	2
Terminaisons *-é, -er, -ez*	***-er*** **:** un verbe à l'infinitif → remplacer par un infinitif comme *faire* *Je veux travailler = je veux faire ; je veux vous parler.* ***-é*** **:** le participe passé → présence d'un auxiliaire (*avoir, être*), remplaçable par un participe passé comme *fait* *J'ai travaillé = j'ai fait* ***-ez*** **:** verbe conjugué à un temps simple à la P5, présence d'un *vous* sujet *Vous travaillez.*	1

Homophones	Explications et type d'homophones (1, 2, 3)	
Eut, eût, eu	***eut*** : indicatif passé simple P3 du verbe *avoir* *Ce jour-là, il eut beaucoup de peine.* ***eût*** : subjonctif imparfait P3 du verbe *avoir* → rare, expression *Qui l'eût cru !* ***eu*** : participe passé du verbe *avoir,* précédé d'un auxiliaire *Il a eu de la chance.*	1
Fut, fût	***fut*** : indicatif passé simple P3 du verbe *être* *La soirée d'hier fut charmante.* ***fût*** : subjonctif imparfait P3 du verbe *être* → rare, expression *ne fût-ce que* *Entrez, ne fût-ce que pour quelques instants.*	1
Hors – or	***hors :*** préposition composée *hors de* → remplacement par *en dehors de* *[$_{GPrép}$ Hors d'ici], il est [$_{GPrép}$ hors de danger].* ***or :*** coordonnant → remplacement par le coordonnant *pourtant* *Le gouvernement dépense beaucoup, or c'est la crise.*	2
La – là – l'a	***la :*** déterminant → suivi d'un nom ; remplacement par *un, une, …* *[$_{GN}$ La difficulté] est ici.* ***la :*** pronom → remplacement par les pronoms *quelque chose / quelqu'un,* présence d'un verbe *Tu [$_{GV}$ [$_{GN}$ la] trouveras].* ***là :*** pronom de lieu → remplacement par les pronoms *là-bas, ici* *Il est [$_{GPrép}$ là].* ***l'a :*** pronom + verbe *avoir* → remplacement par *les a* *Il [$_{GV}$ l'a, ta carte d'étudiant].*	1 2 3
Leur – leurs	***leur :*** pronom (jamais de *-s*) → remplacement par *à eux, à elles* *Ils [$_{GPrép}$ leur] parlent. Parle-[$_{GPrép}$ leur].* ***leur, leurs :*** déterminant → suivi d'un nom ; remplacement par *un, une, …* *Ils ont trouvé [$_{GN}$ leurs chaussures]. Ils aiment [$_{GN}$ leur maman].*	2
Ma – m'a	***ma :*** déterminant → suivi d'un nom ; remplacement par *un, une, …* *[$_{GN}$ Ma carte de crédit] est ici.* ***m'a :*** pronom + verbe *avoir* → remplacement par *les a* *Il [$_{GV}$ m'a retrouvé(e)].*	3
Mais – mes	***mais :*** coordonnant *[$_{Phrase\ 1}$ Je ne dis rien], mais [$_{Phrase\ 2}$ je n'en pense pas moins].* ***mes :*** déterminant possessif → suivi d'un nom ; remplacement par *les, des, …* *J'ai retrouvé [$_{GN}$ mes clés].*	2

Homophones	Explications et type d'homophones (1, 2, 3)	
Même – mêmes	***même*** **:** adverbe → remplacement par *aussi, y compris* *Même les voisins étaient fâchés.*	2
	même, mêmes **:** adjectif (donc variable) → remplacement par *identique* *J'ai [$_{GN}$ le même problème]. Nous portons [$_{GN}$ les mêmes vêtements].*	
Mon – m'ont	***mon*** **:** déterminant → suivi d'un nom ; remplacement par *un, une, …* *[$_{GN}$ Mon pantalon] est à la lessive. J'ai téléphoné à [$_{GN}$ mon amie].*	3
	m'ont **:** pronom + verbe *avoir* → remplacement par *les ont* *Ils [$_{GV}$ m'ont retrouvé(e)].*	
Ni – n'y	***ni*** **:** coordonnant → remplacement par le coordonnant *et* *Ni toi ni moi.*	3
	n'y **:** négation + pronom *y* → remplacement par *ne + à cela* *Il [$_{GV}$ n'y participera pas].*	
Notre – nôtre	***notre*** **:** déterminant, prononcé [nɔtʀ] → suivi d'un nom ; remplacement par *un, une, …* *Tu comprendras [$_{GN}$ notre problème].*	2
	nôtre, nôtres **:** pronom composé, prononcé [notʀ] → précédé de *le, la, les* *Tu prendras [$_{GN}$ le nôtre]. Il a pris [$_{GN}$ la nôtre]. [$_{GN}$ Les nôtres] ont été volé(e)s.*	
On – ont	***on*** **:** pronom sujet → remplacement par les pronoms *nous, quelqu'un, personne* *[$_{GN}$ On] arrivera en retard. [$_{GN}$ On] ne fume pas ici.*	2
	ont **:** verbe *avoir*, indicatif présent P6 → remplacement par *avaient* *Ils [$_{GV}$ ont tout compris].*	
Ou – où	***ou*** **:** coordonnant → remplacement par le coordonnant *et* *[$_{Phrase\ 1}$ Il réfléchit les yeux fermés] ou [$_{Phrase\ 2}$ il dort].*	2
	où **:** pronom interrogatif ou relatif de lieu → remplacement par *à un endroit* *Où va-t-il ? Le lieu [$_{PSub}$ où il va en vacances] est paradisiaque.*	
Peut-être – peut être	***peut-être*** **:** adverbe composé → remplacement par l'adverbe *probablement* *Il y aura [$_{GAdv}$ peut-être] un cadeau pour toi.*	3
	peut être **:** verbe *pouvoir* + verbe *être* → remplacement par le verbe *est* *Attention, il [$_{GV}$ peut être méchant].*	

Homophones	Explications et type d'homophones (1, 2, 3)	
Prêt – près	***prêt* :** adjectif → remplacement par l'adjectif *préparé* *Il est [$_{GAdj}$ prêt] maintenant.*	2
	***près* :** préposition → remplacement par la préposition *proche (de)* *Il est [$_{GPrép}$ tout près]. Il est [$_{GPrép}$ près de moi].*	
Quand – quant – qu'en	***quand* :** subordonnant, pronom interrogatif → remplacement par *lorsque* ou *à quel moment* *Il te répondra [$_{PSub}$ quand il sera de retour]. Dis-moi [$_{PSub}$ quand il sera de retour]. Quand comptes-tu avoir fini ?*	2 3
	***quant* :** préposition composée *quant à* → remplacement par *en ce qui concerne* *[$_{GPrép}$ Quant à ce cas précis], nous y reviendrons tout à l'heure.*	
	***qu'en* :** pronom *que* + pronom *en* *Qu'en faire ? = Que faire de cela ?*	
Quelle – qu'elle	***quelle* :** déterminant → suivi d'un nom ; remplacement par *un, une, …* *[$_{GN}$ Quelle heure] est-il ? [$_{GN}$ Quelle joie] !*	3
	***qu'elle* :** subordonnant *que* + *elle* → remplacement par *que je, que tu,* etc. *Je ne veux pas [$_{PSub}$ qu'elle tombe].*	
Quelque – quelques	***quelque* :** adverbe + nombre → remplacement par l'adverbe *environ* *[$_{GN}$ Quelque soixante personnes] ont assisté à la conférence.*	2
	***quelque, quelques* :** déterminant → suivi d'un nom *[$_{GN}$ Quelques personnes] sont venues.* Expression : *dans [$_{GN}$ quelque temps]*	
Quelquefois – quelques fois	***quelquefois* :** adverbe → remplacement par l'adverbe *parfois* *Elle travaille [$_{GAdv}$ quelquefois] dans un café.*	3
	***quelques fois* :** déterminant + nom → remplacement par *deux fois* *Elle est passée ici [$_{GN}$ quelques fois].*	
Quoique – quoi que	***quoique* :** subordonnant → remplacement par le subordonnant *bien que* *[$_{PSub}$ Quoiqu'il soit tard], nous continuons.*	3
	***quoi que* :** pronom *quoi* + relatif *que* → remplacement par *peu importe ce que* *Quoi [$_{PSub}$ que je fasse], tu n'es jamais content.*	
Si – s'y	***si* :** subordonnant (introduit une phrase subordonnée) *[$_{PSub}$ Si tu ne viens pas], je m'arrangerai seul. Dis-moi [$_{PSub}$ si tu veux partir].*	3
	***s'y* :** pronom *se* + *y* → remplacement par *m'y, t'y, nous y…* *Il [$_{GV}$ s'y prend mal avec sa collègue].*	

Homophones	Explications et type d'homophones (1, 2, 3)	
Soit – soie	***soit*** : verbe être (subjonctif présent P3) → conjugaison possible *Il ne faudrait pas qu'elle [$_{GV}$ <u>soit</u> en retard].* ***soit*** : coordonnant → remplacement par le coordonnant *ou* *<u>Soit</u> il arrive maintenant, <u>soit</u> nous partons.* ***(de) la soie*** : nom → remplacement par un autre nom *Du papier de [$_{GN}$ <u>soie</u>] ; [$_{GN}$ la <u>soie</u>] est chère.*	2
Son – sont	***son*** : déterminant possessif → suivi d'un nom ; remplacement par *un, une, …* *Il exposera [$_{GN}$ <u>son</u> travail].* ***un son, des sons, du son*** : nom → remplacement par un autre nom *[$_{GN}$ Le <u>son</u>] est une onde. Du pain [$_{GPrép}$ au <u>son</u>].* ***sont*** : verbe être (indicatif présent P6) → conjugaison possible *Ils [$_{GV}$ <u>sont</u> en vacances].*	2
Subi – subit	***subi*** : verbe *subir* (participe passé) → conjugaison possible *Il [$_{GV}$ a <u>subi</u> de graves blessures]. Les blessures qu'il [$_{GV}$ a subies].* ***subit*** : verbe *subir* (ind. présent, P3) → conjugaison possible *Le régime de retraite [$_{GV}$ <u>subit</u> beaucoup de modifications].* ***subit*** : adjectif → remplacement par l'adjectif *soudain* *[$_{GN}$ Ce changement [$_{GAdj}$ <u>subit</u>]] nous a étonnés. Une mort [$_{GAdj}$ subite]*	1 2
Sûr – sur	***sûr, sûrs*** Ⓡⓞ ***surs, sûre*** Ⓡⓞ ***sure, sûres*** Ⓡⓞ ***sures*** : adjectif, sens de « certain » *Il est [$_{GAdj}$ <u>sûr</u> de lui]. C'est [$_{GAdj}$ <u>sûr</u>].* ***sur*** : préposition → remplacement par une autre préposition (*dans, au-dessus de*, etc.) *Le livre est [$_{GPrép}$ <u>sur</u> la table].*	2
Ta – t'a	***ta*** : déterminant → suivi d'un nom ; remplacement par *un, une, …* *[$_{GN}$ <u>Ta</u> veste] est sale.* ***t'a*** : pronom + verbe *avoir* → remplacement par *lui a* *Il [$_{GV}$ <u>t'a</u> remis un chèque].*	3
Tant – t'en – – temps – tend(s)	***tant*** : adverbe, déterminant ou pronom → remplacement par *tellement (de)* *Il travaille [$_{GAdv}$ <u>tant</u>]. Il a [$_{GN}$ <u>tant d'avenir</u>]. J'en ai vu [$_{GN}$ <u>tant</u>].* ***t'en*** : pronom *te* + pronom *en* → remplacement par *nous en*, etc. *Il [$_{GV}$ <u>t'en</u> parlera].* ***temps*** : nom → peut être précédé d'un déterminant *Nous avons [$_{GN}$ tout notre <u>temps</u>].* ***tend, tends*** : verbe *tendre* (ind. présent P1, P2, P3) → conjugaison possible *Je [$_{GV}$ <u>tends</u> la corde]. Il [$_{GV}$ <u>tend</u> la corde].*	2 3

Homophones	Explications et type d'homophones (1, 2, 3)	
Ton – tond – t'ont	***ton*** **:** déterminant possessif → suivi d'un nom ; remplacement par *un, une, …* *Prends [$_{GN}$ ton temps]. Il a pris [$_{GN}$ ton auto].*	2 3
	tond, tonds **:** verbe *tondre* (ind. présent P1, P2, P3) → conjugaison possible *Je [$_{GV}$ tonds la pelouse]. Il [$_{GV}$ tond les moutons].*	
	t'ont **:** pronom *te* + verbe *avoir* → remplacement par *lui ont,* etc. *Ils [$_{GV}$ t'ont téléphoné].*	
Tôt (aussi tôt, bien tôt, plus tôt, si tôt) – aussitôt, bientôt, plutôt, sitôt	***aussi tôt, bien tôt, plus tôt, si tôt*** **:** adverbe + *tôt* → remplacement par *très tôt* ou par adverbe + *tard* *Tu n'es jamais arrivé aussi tôt. Tu es bien tôt ce matin. Tu es plus tôt que d'habitude. Tu es si tôt que je n'en reviens pas.*	3
	aussitôt **:** adverbe → remplacement par *immédiatement* *Il a aussitôt commandé un apéritif.*	
	bientôt **:** adverbe → remplacement par *dans peu de temps* *Il arrivera bientôt.*	
	plutôt **:** adverbe → remplacement par *de préférence* *Tu devrais plutôt t'excuser.*	
	de sitôt **:** adverbe → remplacement par *tout de suite* *On ne la reverra pas de sitôt.*	
Tout	***tout, touts,*** prononcés [tu] : nom → remplacement par *un ensemble,* présence d'un déterminant *Votre recherche forme [$_{GN}$ un tout très intéressant].*	2
	tout, tous, déterminants prononcés [tu] ***toute, toutes,*** déterminants prononcés [tut] *Tout le monde ; tous les gens ; toute personne ; toutes les heures*	
	tout, pronom prononcé [tu] ***tous,*** pronom prononcé [tus] ***toutes,*** pronom prononcé [tut] *J'ai tout vu. Tous sont là. Ils sont tous là. Elles sont toutes là.*	
	tout, adverbe prononcé [tu] ou [tut] en liaison ***toute, toutes,*** adverbe prononcé [tut] → remplacement par *complètement* *Il est tout sale ; ils sont tout sales ;* *elle est tout attentive ;* *elles sont tout attentives ;* *elle est toute honteuse / sale ;* *elles sont toutes honteuses / sales.*	

Homophones	Explications et type d'homophones (1, 2, 3)	
Ver – verre – vers – vert	***un ver, des vers* :** nom, « animal » → précédé d'un déterminant *J'ai trouvé [$_{GN}$ un ver de terre]. Ver solitaire. Ver parasite. Ver luisant. Ver à soie.*	2
	un verre : nom, « récipient » *[$_{GN}$ Un verre de vin]*	
	***vers* :** préposition → suivie d'un groupe nominal *Je me dirige [$_{GPrép}$ vers la rue Saint-Denis].*	
	***vert* :** adjectif → accompagne un nom (complément, attribut) *Un pantalon [$_{GAdj}$ vert]. Il est [$_{GAdj}$ vert de rage].*	
Voie – voix – voie / voit / vois	***une voie*** : nom, « route » *Le train entre en gare, [$_{GN}$ voie 6] ; [$_{GN}$ la voie publique]*	1 2
	une voix : nom, « son » *Avoir une extinction de [$_{GN}$ voix]. [$_{GN}$ Ma voix] ne porte pas bien.*	
	voie, vois, voit, prononcés [vwa] : verbe *voir* → conjugaison possible *Il faut qu'on se voie* (subjonctif) ; *Je te vois d'ici* (indicatif) ; *Il me voit* (indicatif).	
Voir – voire	***voir* :** verbe *voir* (infinitif présent) → remplacement par *faire* *Il faut voir quelle décision prendre.*	2
	***voire* :** coordonnant → remplacement par *et même* *Il faisait [$_{GAdj\ 1}$ humide], voire [$_{GAdj\ 2}$ orageux].*	
Volatile – volatil	***volatile* :** nom → remplacement par *oiseau* *[$_{GN}$ Un volatile en cage] est fragile.*	2
	***volatil, volatile, volatils, volatiles* :** adjectif *Un gaz [$_{GAdj}$ volatil]. C'est un gaz [$_{GAdj}$ très volatil].*	

Les rectifications orthographiques de 1990

3

Les autorités

L'orthographe est une codification de l'écrit. Des instances comme l'Académie française en France, le Conseil supérieur de la langue française au Québec, le Conseil de la langue française et de la politique linguistique en Belgique, etc. travaillent entre autres sur le système orthographique et peuvent en proposer des modifications à la suite de concertations. Les instances de la politique linguistique de chaque pays légifèrent ensuite sur les conditions d'application des changements dans leur juridiction. C'est ainsi qu'en Belgique par exemple, des circulaires ministérielles demandent d'enseigner prioritairement l'orthographe rectifiée dans les écoles.

L'évolution de l'orthographe

Au cours des siècles, l'orthographe française a beaucoup évolué. Il n'est pas nécessaire de remonter très loin pour trouver une orthographe différente. Par exemple, au 19e siècle, on pouvait écrire *très-calmement, très-gentil. Grand-mère* s'est écrit *grand'mère* jusqu'en 1932. Plus on remonte dans le temps, plus les différences peuvent être nombreuses et importantes.

Les rectifications orthographiques

Les rectifications les plus récentes datent de 1990 et valent pour l'ensemble de la francophonie. Il ne s'agit pas d'une nouvelle orthographe puisque le système n'est pas profondément changé. Environ 2 000 mots sont touchés. Parmi les rectifications proposées, certaines étaient déjà utilisées avant 1990 comme variantes orthographiques (par exemple, *événement* ou *évènement*). La modernisation de l'orthographe touche des mots de fréquences variées : par exemple, *autoévaluation, corticospinal* au lieu de *auto-évaluation, cortico-spinal*.

Au choix

Les rectifications ne sont pas obligatoires, il est donc permis d'écrire selon l'orthographe rectifiée ou selon l'orthographe traditionnelle. Chacun peut même décider de n'appliquer les rectifications adoptées qu'aux mots de son choix parmi la liste des 2 000 mots rectifiés.

Liste officielle

La liste des mots touchés par les rectifications est disponible dans des publications (par exemple, *Le grand vadémécum de l'orthographe moderne recommandée*) ou sur internet (par exemple, http://www.orthographe-recommandee.info). Aujourd'hui, la plupart des dictionnaires ont intégré les rectifications aux côtés de l'orthographe traditionnelle.

Les règles

Le tableau ci-dessous présente un résumé des principales règles en jeu dans les rectifications.

	Règle	Exemple	
Trait d'union	Un numéral s'écrit avec des traits d'union	*vingt et un* *deux cents* *deux cent dix-huit*	→ (RO) *vingt-et-un* → (RO) *deux-cents* → (RO) *deux-cent-dix-huit*
	Certains mots qui s'écrivaient avec un trait d'union s'écrivent en un seul mot		
	• Mots composés sur *contre, entre, extra, infra, intra, ultra*	*contre-attaquer* *entre-temps* *extra-résistant* *infra-son* *intra-veineuse* *ultra-violet*	→ (RO) *contrattaquer* → (RO) *entretemps* → (RO) *extrarésistant* → (RO) *infrason* → (RO) *intraveineuse* → (RO) *ultraviolet*
	• Mots composés sur des éléments savants	*néo-capitalisme* *socio-historique*	→ (RO) *néocapitalisme* → (RO) *sociohistorique*
	• Onomatopées (imitation d'un son) ou formations semblables	*cui-cui* *tic-tac* *pêle-mêle*	→ (RO) *cuicui* → (RO) *tictac* → (RO) *pêlemêle*

	Règle	Exemple	
Trait d'union	• La plupart des mots empruntés (certains s'écrivaient sans trait d'union)	*statu quo* *water-polo*	→ (RO) *statuquo* → (RO) *waterpolo*
	• Certains mots composés sur *bas, bien, haut, mal, mille* ou se terminant par *tout*	*bien-être* *mille-pattes* *essuie-tout* *fourre-tout*	→ (RO) *bienêtre* → (RO) *millepatte* → (RO) *essuietout* → (RO) *fourretout*
	• Quelques mots composés ciblés	*croque-monsieur* *porte-clés* *porte-monnaie* *rond-point* *sage-femme* *tire-bouchon*	→ (RO) *croquemonsieur* → (RO) *porteclé* → (RO) *portemonnaie* → (RO) *rondpoint* → (RO) *sagefemme* → (RO) *tirebouchon*
Singulier et pluriel	Le singulier et le pluriel des noms composés ne repose plus sur le sens des composantes, mais sur le sens global du mot	*des après-midi* *des chasse-neige* *un mille-pattes* *un porte-clés* *un sèche-cheveux*	→ (RO) *des après-midis* → (RO) *des chasse-neiges* → (RO) *un millepatte* → (RO) *un porteclé* → (RO) *un sèche-cheveu*
	La marque du pluriel des mots étrangers est celle que l'on utilise en français	*des média* *des ravioli* *des stimuli* *des sandwiches*	→ (RO) *des médias* → (RO) *des raviolis* → (RO) *des stimulus* → (RO) *des sandwichs*
Accents et tréma	Les mots qui s'écrivaient avec *î* ou *û* s'écrivent sans accent circonflexe, excepté les homophones *dû, mûr, sûr, jeûne(s), croîs, croît, crû* (et autres de la même famille) ; excepté le passé simple et antérieur, le subjonctif imparfait et plus-que-parfait	*s'il vous plaît* *il paraît* *maîtrise* *entraîner* *goût* *août* *mûr* *dû*	→ (RO) *s'il vous plait* → (RO) *il parait* → (RO) *maitrise* → (RO) *entrainer* → (RO) *gout* → (RO) *aout* → (RO) – → (RO) –
	Ajustement à la prononciation • Les mots qui contenaient un é suivi d'un *e* dans la syllabe suivante remplacent le *é* par è	*événement* *réglementation* *céleri* *j'espérerai* *je considérerais*	→ (RO) *évènement* → (RO) *règlementation* → (RO) *cèleri* → (RO) *j'espèrerai* → (RO) *je considèrerais*
	• Les mots étrangers qui s'écrivaient avec *e* prennent un *é* si c'est la prononciation	*artefact* *pizzeria* *revolver* *diesel*	→ (RO) *artéfact* → (RO) *pizzéria* → (RO) *révolver* → (RO) *diésel*
	• Les verbes qui doublaient le *l* ou le *t* pour indiquer le son [ɛ] ne doublent plus la consonne et présentent un è (sauf *appeler, jeter* et leurs composés)	*il ruisselle* *on nivelle* *tu feuillettes* *j'appelle* *je jette*	→ (RO) *il ruissèle* → (RO) *on nivèle* → (RO) *tu feuillètes* → (RO) – → (RO) –

	Règle	Exemple	
Accents et tréma	• Un accent est ajouté sur le *e* selon la prononciation	*assener* *québecois*	→ (RO) *asséner* → (RO) *québécois*
	• Le tréma est déplacé ou ajouté sur le *u* pour indiquer que celui-ci se prononce	*ambiguë* *ambiguïté* *gageure* *arguer*	→ (RO) *ambigüe* → (RO) *ambigüité* → (RO) *gageüre* → (RO) *argüer*
Consonnes simples ou doubles	Certains mots s'écrivent désormais avec une consonne simple (*-ole, -oter*)	*corolle* *corollaire* *cachotterie*	→ (RO) *corole* → (RO) *corolaire* → (RO) *cachoterie*
	Des mots qui avaient une seule consonne contrairement aux mots de leur famille y sont désormais ajustés (consonne double)	*chariot* *bonhomie* *boursouflure* *combatif*	→ (RO) *charriot* → (RO) *bonhommie* → (RO) *boursoufflure* → (RO) *combattif*
Simplifications	Harmonisations diverses	*oignon* *asseoir* *dissous*	→ (RO) *ognon* → (RO) *assoir* → (RO) *dissout*
	Simplification de certaines finales *illier, illière* en *iller, illère*	*serpillière* *joaillier*	→ (RO) *serpillère* → (RO) *joailler*
	Le participe passé *laissé* est invariable s'il est suivi d'un infinitif (comme *fait* + infinitif)	*elle s'est laissée tomber à terre*	→ (RO) *elle s'est laissé tomber à terre*

Bibliographie sélective

Arrivé, Michel, Gadet, Françoise, Galmiche, Michel (1986). *La grammaire d'aujourd'hui : guide alphabétique de linguistique française.* Flammarion.

Boons, Jean-Paul (1987). « La notion sémantique de déplacement dans une classification syntaxique des verbes locatifs » *Langue française*, vol. 76, pp. 5-40.

Catach, Nina (2008 [1995]). *L'orthographe française.* Armand Colin.

Chartrand, Suzanne G., Aubin, Denis, Blain, Raymond, Simard, Claude (1999). *Grammaire pédagogique du français d'aujourd'hui.* Graficor.

Choi-Jonin, Injoo, Delhay, Corinne (1998). *Introduction à la méthodologie en linguistique. Application au français contemporain.* Presses Universitaires de Strasbourg.

Contant, Chantal (2009). *Grand vadémécum de l'orthographe moderne recommandée.* De Champlain S. F.

Dictionnaire de français Larousse. <www.larousse.fr/dictionnaires/francais>

Gobbe, Roger, Tordoir, Michel (1984). *Grammaire française.* Plantyn.

Grevisse, Maurice (2009, 6e édition). *Le français correct. Guide pratique des difficultés.* De Boeck – Duculot.

Grevisse, Maurice, Goosse, André (2011, 15e édition). *Le bon usage. Grammaire française.* De Boeck – Duculot.

Jones, Michael Allan (1996). *Foundations of French Syntax.* Cambridge University Press.

Lexique 3.1. <www.lexique.org>

Lonsdale, Deryle, Le Bras, Yvon (2009). *A Frequency Dictionary of French.* Routledge.

Office québécois de la langue française <www.oqlf.gouv.qc.ca>

Pellat, Jean-Christophe, dir. (2009). *Quelle grammaire enseigner ?* Hatier.

Petit Robert 2013. Dictionnaire alphabétique et analogique de la langue française, sous la direction de Josette Rey-Debove et d'Alain Rey, 2012, Paris, Le Robert.

Riegel, Martin, Pellat, Jean-Christophe, Rioul René (2009 [1994]). *Grammaire méthodique du français.* Presses Universitaires de France.

Tomassone, Roberte (2002 [1996]). *Pour enseigner la grammaire d'aujourd'hui.* Delagrave.

Usito. Dictionnaire général de la langue française (2013). Sous la direction éditoriale d'Hélène Cajolet- Laganière (dir. gén.) et de Pierre Martel, sous la direction informatique de Chantal-Édith Masson et avec le concours de Louis Mercier. <www.usito.com>

Wilmet, Marc (2010 [1997]). *Grammaire critique du français.* De Boeck – Duculot.

Index

Table des matières